ライブラリ 経済学への招待――――10

経済統計への招待

肥後 雅博
MASAHIRO HIGO

新世社

はしがき

　多くの人にとって，日本や世界の経済の動きは大きな関心事である。近年の動きをみても，新型コロナウイルスの感染症拡大に伴う経済の落ち込みやその後の景気回復，資源価格の高騰に端を発するインフレの加速など，経済は大きく変動している。今後の日本の経済成長率はどうなるのか，低迷を続けてきた賃金と物価の上昇率は持続的に高まるのかなど，経済動向の先行きを見通すうえでは，経済理論に加えて，統計データを利用して定量的に分析を行う必要がある。その際には，経済統計に関する基礎的な知識や特性に関する実践的な知見が不可欠である。

　経済統計を適切に利用するうえでは統計学の知識に加え，個別の統計に関する実務知識を学習する必要がある。生産，設備投資，家計消費，労働，物価など様々な分野にどのような統計が存在するのか，それぞれの統計はどのように作成され，どのような特性を有するのかなどを理解しておくことが大切である。というのも，統計の精度は，作成過程における協力者の負担とのバランスの中で最適解を探っている以上，一定の限界もある。そうした点に留意したうえで，適切な統計を適切に利用することが求められるからである。

　本書は，初めて「経済統計」を利用する方々を対象に，現実の経済を分析するために必要となる経済統計に関する基礎知識の習得を目的としている。具体的には，以下の2点を目標として意識した。

　第1は経済統計の作成方法に関する基本的な知識を習得することである。経済統計は様々な方法で作成されており，その作成方法に起因する統計の性質や留意点を踏まえたうえで利用する必要がある。例えば，物価指数やGDPなど加工統計を使いこなす際には，その作成方法をしっかりと理解し，誤差や「くせ」を把握することが不可欠である。

　第2は目的に適った経済統計を選び，適切に読み解けるようにデータ・リテラシーを向上させることである。経済統計の利用目的には様々なものがあるが，本書では世の中で最も利用ニーズが高い経済変動の分析 — 景気の分析 — に焦点を

あてて，経済統計に関するデータ・リテラシーを教授する。本書をマスターすることで，読者は経済統計を独力で利用するうえでの基礎的な知識を修得することが可能となる。

　本書は2部構成となっている。第1部（第1章〜第5章）では，経済統計の作成方法に関する基礎的な知識を説明する。第1章は統計に関するイントロダクションである。第2章から第4章にかけては調査統計，業務統計，加工統計の作成方法について取り上げるほか，統計を利用する際に障害となる調査統計の標本誤差と非標本誤差を詳細に説明する。これらを学んだあと，第1部の総仕上げとして，第5章において景気の分析に焦点を当てて統計の利用方法を取り上げる。

　第2部（第6章〜第14章）では，景気分析に必要となる個別統計の特徴や留意点，その利用方法について詳述する。各統計が抱える精度面の課題を説明し，それを踏まえたうえで統計をどのように利用すべきか，実践的なノウハウを提示する。第6章と第7章では生産，収益，設備投資など企業に関する統計を，第8章では雇用，賃金に関する統計，第9章では家計消費に関する統計を取り上げる。さらに，第10章では物価に関する統計，第11章では対外バランスに関する統計，第12章では財政と金融に関する統計について各々取り上げる。第13章と第14章ではGDPを中心とする国民経済計算の概念，統計の作成方法とその利用方法について詳細に説明している。

　類似のテキストとの比較を念頭に本書の特徴を著者なりに示すと，個別統計の概要や作成方法の説明にとどまることなく，各統計がもつ様々な特性，とりわけ，経済変動を把握する際に留意すべき統計の誤差や「くせ」について踏み込んだ説明を行っていることである。さらに，そうした理解を共有しながら，様々な統計をどのように利用するべきか，実践的なノウハウを提示している。日本の経済統計に関する作成環境を眺めると，厳しさを増しており，そのことが正確な経済動向を把握する精度面にも影響をもたらしている。第1に，サービス化，デジタル化，グローバル化に代表される経済の構造変化が持続的に進展している。従来の統計作成手法では経済全体を把握するうえで不十分になっている。第2に，社会的な変化やプライバシー保護など企業や家計など報告者の統計への協力度合いは低下する方向にある。また，政府など統計作成部署では，厳しいリソース制約にも直面している。そうした状況のもとでも，実務家をはじめとする関係者は統計の精度向上に向け懸命に取り組んでいるが，現状，成果は十分なものとはなっていない。

本書は，テキストブックであると同時に，実践書でもある。上記のように，統計を利用するうえでは，統計に関する広い実践的知識を十分に持っていないと経済変動を的確に把握するのは容易ではなく，誤った判断を行う可能性すらある。本書は，統計ユーザーが統計の「迷い道」に入り込まないようにできる限りの配慮を行っている。一方，読者（例えば，公的統計を作成する統計作成部署の方々）のなかには，本書の踏み込んだ記述に驚かれる方もあることが想像される。もとより，著者が提示した見方が必ずしも全て正しいとは限らず，異なる意見や見方があることは十分に予想される。統計実務に携わる方々やユーザーからのご批判や意見交換を通じ，経済統計への関心が高まり，よりよい統計作成や適切な利用が進むことも，本書を上梓するうえでの筆者の思いとして込められている。なお，各章末のコラムでは，経済統計に慣れた読者が利用する際に気をつけることが望ましい，より高度な知見について取り上げている。初めて学ばれる方は，後に回していただいて差し支えない。

　本書は著者が勤務する東京大学での「経済統計」（主として学部3年・4年向け：半年間）の講義がベースとなっている。講義の際の学生のみなさんとの質疑応答が本書の記述に役立っている。また，大森裕浩先生（東京大学），亀卦川緋菜さん（みずほリサーチ＆テクノロジーズ），関根敏隆先生（一橋大学），竹内淳一郎さん（SBIネオファイナンシャルサービシーズ），西村清彦先生（政策研究大学院大学），藤原裕行さん（日本銀行），渡邉昌一さんの方々には本書の原稿を丁寧にお読みいただき，貴重なコメントを頂いた。さらに本書の刊行は，学習院大学の宮川努先生にお声がけをいただき，新世社の御園生晴彦さん，谷口雅彦さんにご編集いただくことによって実現した。お世話になった関係する方々に，この場をお借りして心より御礼を申し上げたい。筆者は日本銀行に在籍している期間，様々な統計のユーザーであると同時に，統計作成部署の責任者も務め，多くの先生方や官庁の実務家などと意見交換してきた。本書の上梓は，広く多くの方々へのお礼という気持ちも込めている。

　2024年10月

肥後　雅博

目　次

第1部　経済統計の作成方法と利用方法：総論

第1章　統計とは何か　　2

1.1　統計の役割 · 　2

1.2　統計の活用事例 · 　5

1.3　統計の作成方法による分類：調査統計・業務統計・加工統計 · · · · · · · 　8

1.4　統計の作成主体による分類：公的統計・民間統計 · · · · · · · · · · · · · 　10

1.5　統計対象の状態による分類：構造統計・動態統計 · · · · · · · · · · · · · 　15

コラム　日本の公的統計の作成体制 · 　16

練習問題　　19

第2章　調査統計の作成方法　　20

2.1　調査統計の作成方法：全数調査と標本調査 · · · · · · · · · · · · · · · · · · 　20

2.2　世帯に関する全数調査：「国勢調査」 · 　22

2.3　事業所・企業に関する全数調査：「経済センサス」 · · · · · · · · · · · · · 　24

2.4　標本調査（1）：単純無作為抽出と標本誤差 · · · · · · · · · · · · · · · · · · 　30

2.5　標本調査（2）：標本設計の実際・標本抽出方法の選択 · · · · · · · · · · 　39

2.6　標本調査（3）：継続標本を活用した標本調査 · · · · · · · · · · · · · · · · 　47

2.7　裾切り調査とその他の有意抽出調査 · 　49

コラム　標本調査において無作為抽出はなぜ重要か · · · · · · · · · · · · · · · 　52

練習問題　　55

iv

第 3 章　調査統計が持つ誤差／業務統計の作成方法　　56

3.1　調査統計が持つ誤差：標本誤差 ・・・・・・・・・・・・・・・・・・・・・・・・・・・・　56

3.2　標本誤差に関する情報の活用方法 ・・・・・・・・・・・・・・・・・・・・・・・・　61

3.3　調査統計が持つ誤差：非標本誤差 ・・・・・・・・・・・・・・・・・・・・・・・・　67

3.4　業務統計の作成方法 ・・　73

　コラム　調査統計における精度の限界：都市別のぎょうざ購入額 ・・・・・・・　75

　練習問題　77

第 4 章　加工統計の作成方法：指数を中心に　　78

4.1　指数とは何か ・・　78

4.2　指数の作成方法：価格指数 ・・・・・・・・・・・・・・・・・・・・・・・・・・・・・・・・　82

4.3　指数の作成方法：数量指数／価格指数と数量指数との関係 ・・・・・・・　86

4.4　指数の経済理論 ・・　89

4.5　指数作成の実際 ・・　95

　コラム　連鎖指数の上方バイアス：ドリフト現象 ・・・・・・・・・・・・・・・・　100

　練習問題　102

第 5 章　統計の利用方法：景気分析を中心に　　103

5.1　経済政策と景気判断 ・・　103

5.2　景気判断の実際 ・・　110

5.3　統計データの見方：前月比と前年同月比の使い分け ・・・・・・・・・・・・・　113

5.4　景気判断における統計データの問題点と対処方法 ・・・・・・・・・・・・・・　119

　コラム　潜在 GDP・需給ギャップ・潜在成長率の不確実性 ・・・・・・・・・・　122

　練習問題　125

第2部　経済統計の利用方法：各論

第6章　企業に関する統計（1）：生産と収益　128

6.1　生産に関する統計：鉱工業指数　・・・・・・・・・・・・・・・・・・・・・・・・・・　128

6.2　収益に関する統計：法人企業統計調査・・・・・・・・・・・・・・・・・・・・・　135

6.3　企業マインドに関する統計：短観・・・・・・・・・・・・・・・・・・・・・・・・・・　140

コラム　鉱工業指数の品質バイアスと速報性とのトレードオフ　・・・・・・・　148

練習問題　150

第7章　企業に関する統計（2）：設備投資　151

7.1　設備投資の特徴とその把握方法　・・・・・・・・・・・・・・・・・・・・・・・・・・　151

7.2　設備投資の「計画」を把握する統計：短観　・・・・・・・・・・・・・・・・　154

7.3　設備投資の先行指標：機械受注と建築着工・・・・・・・・・・・・・・・・・　159

7.4　設備投資の一致指標：資本財総供給と建設工事出来高　・・・・・・・　166

コラム　建設総合統計：建設工事出来高（民間）のどの系列を利用すべきか

・・　172

練習問題　175

第8章　労働に関する統計：雇用・賃金　176

8.1　雇用・賃金の特徴とその把握方法　・・・・・・・・・・・・・・・・・・・・・・・・・　176

8.2　雇用を把握する統計：労働力調査・・・・・・・・・・・・・・・・・・・・・・・・・　178

8.3　求人・求職を把握する統計：職業安定業務統計　・・・・・・・・・・・・・・　186

8.4　賃金を把握する統計：毎月勤労統計調査　・・・・・・・・・・・・・・・・・・・・　189

コラム　毎月勤労統計調査における「共通事業所」系列の有効性・・・・・・・　196

練習問題　199

第 9 章　家計に関する統計：家計消費　200

9.1　家計消費の特徴とその把握方法 ・・・・・・・・・・・・・・・・・・・・・・・・・・　200

9.2　家計の消費構造を把握する統計：家計調査 ・・・・・・・・・・・・・・・・　203

9.3　家計消費の基調判断指標：消費活動指数 ・・・・・・・・・・・・・・・・・・　209

9.4　家計消費の詳細な分析に役立つ各種の統計 ・・・・・・・・・・・・・・・　213

9.5　消費者マインド統計：消費者態度指数/景気ウォッチャー調査 ・・・・・　219

　コラム　家計調査：2018 年の大幅見直しによる段差の影響 ・・・・・・・・・　223

　練習問題　226

第 10 章　物価に関する統計　227

10.1　物価変動の特徴とその把握方法 ・・・・・・・・・・・・・・・・・・・・・・・・・　227

10.2　消費者物価指数 ・・・・・・・・・・・・・・・・・・・・・・・・・・・・・・・・・・・・・・　230

10.3　企業物価指数と企業向けサービス価格指数 ・・・・・・・・・・・・・・・　242

10.4　地価と不動産価格指数 ・・・・・・・・・・・・・・・・・・・・・・・・・・・・・・・・・　250

　コラム　消費者物価指数：直面する作成上の課題と精度への影響 ・・・・・・　254

　練習問題　260

第 11 章　対外バランスに関する統計　261

11.1　対外バランスの特徴とその把握方法 ・・・・・・・・・・・・・・・・・・・・・・　261

11.2　貿易統計・実質輸出入の動向 ・・・・・・・・・・・・・・・・・・・・・・・・・・・　264

11.3　国際収支統計 ・・　272

　コラム　国際収支統計・その他サービスにおける 2014 年の段差 ・・・・・・　278

　練習問題　281

第 12 章　財政と金融に関する統計　282

12.1　財政・金融の特徴とその把握方法 ・・・・・・・・・・・・・・・・・・・・・・・・・・・・・・　282

12.2　公共投資を捕捉する統計：公共工事請負金額/公共工事出来高・・・・　285

12.3　資金循環統計 ・・・　289

12.4　その他の金融に関する統計 ・・・・・・・・・・・・・・・・・・・・・・・・・・・・・・・・・・・・　295

　　コラム　公共投資の真の姿（確定値）を早期に把握するには・・・・・・・・・　300

　　練習問題　302

第 13 章　国民経済計算（1）：GDP の概念と推計方法　303

13.1　国民経済計算（SNA）の概要 ・・・・・・・・・・・・・・・・・・・・・・・・・・・・・・・・・　303

13.2　GDP とは何か ・・　308

13.3　GDP の三面等価と産業連関表 ・・・・・・・・・・・・・・・・・・・・・・・・・・・・・・・・　312

13.4　GDP の実質化 ・・　316

13.5　GDP の推計方法①：年次推計 ・・・・・・・・・・・・・・・・・・・・・・・・・・・・・・・・　321

13.6　GDP の推計方法②：QE 推計 ・・・・・・・・・・・・・・・・・・・・・・・・・・・・・・・・・　328

　　コラム　QE 推計における供給側推計への依存度の高まり・・・・・・・・・・・　331

　　練習問題　334

第 14 章　国民経済計算（2）：利用方法と利用上の注意点　335

14.1　四半期別 GDP 速報（QE）の利用方法 ・・・・・・・・・・・・・・・・・・・・・・　335

14.2　年次推計の利用方法 ・・　345

14.3　四半期別 GDP 速報（QE）の事後改訂 ・・・・・・・・・・・・・・・・・・・・・・　352

14.4　基準改定に伴う GDP 年次推計値の上方改訂 ・・・・・・・・・・・・・・・・・・　358

　　コラム　GDP のカバレッジ拡大に向けた税務情報の活用 ・・・・・・・・・・・　364

　　練習問題　366

経済統計のより深い理解に役立つ参考図書・文献／本書で引用した文献　367

索　引　374

viii

第1部

経済統計の作成方法と
利用方法：総論

第1章　統計とは何か

第2章　調査統計の作成方法

第3章　調査統計が持つ誤差
　　　　/業務統計の作成方法

第4章　加工統計の作成方法
　　　　：指数を中心に

第5章　統計の利用方法
　　　　：景気分析を中心に

第1章
統計とは何か

- ■1.1 統計の役割
- ■1.2 統計の活用事例
- ■1.3 統計の作成方法による分類：調査統計・業務統計・加工統計
- ■1.4 統計の作成主体による分類：公的統計・民間統計
- ■1.5 統計対象の状態による分類：構造統計・動態統計
- コラム　日本の公的統計の作成体制

　第1章ではイントロダクションとして統計の役割と統計の活用事例について取り上げる。さらに統計を①統計の作成方法，②統計の作成主体，③統計対象の状態，の3つの点で分類し，統計の様々な特徴について概観する。

1.1　統計の役割

●統計とは

　統計は，「集団における個々の要素の分布を調べ，その集団の傾向・性質などを数量的に統一的に明らかにすること。また，その結果として得られた数値」（岩波書店『広辞苑　第7版』）と定義されている。具体的には，対象となる集団を観察・測定し，データを収集する。収集したデータを目的に沿って整理して，合計値や平均値などを求めて指標として捉えたものが統計である。統計をみることで，その集団の傾向や性質を数量的に明らかにすることができる。

　例えば，自動車メーカーから自動車生産台数のデータを収集して合計したものが日本の自動車生産台数である（表1.1）。この統計から日本の自動車生産が，①1990年以降2015年にかけて大きく減少したこと，②2015年から2019年にかけては幾分増加したこと，③コロナ禍の影響で2020〜2022年にかけて再び減少し，2023年になって回復していることが明らかになる。

表 1.1　日本の自動車生産台数

暦　年 (年)	1990	2000	2010	2015	2018	2019	2020	2021	2022	2023
台　数 (万台)	1,349	1,014	963	928	973	968	807	785	784	900

（出所）　矢野恒太記念会『日本国勢図会』，日本自動車工業会 HP

●統計の歴史

　統計は古くから国を富ませ兵力を強める「富国強兵」や，国を治め国民を幸福にする「治国斉民」を図ることを目的に，皇帝や国王など国の為政者が国力を測定するために作成されてきた。

　例えば，中国では 2,000 年前の漢王朝の時代から戸籍を整備し，それを集計して人口統計を作成してきた。『漢書』地理志には，西暦 2 年の世帯数は約 1,200 万戸，人口は約 6,000 万人に達していたことが記載されている。古代ローマにおいても，市民の申告データをもとに人口統計が作成されていた。人口に加えて経済データを収集したものとしては，イングランド王国のウィリアム 1 世（ノルマン朝の創設者・征服王）が 1086 年に実施した「ドゥームズデー・ブック」がある。ウィリアム 1 世はイングランドの国力を測るために，人口，耕地など土地の面積，穀物の生産量，家畜の頭数，税収など多岐にわたる項目を調査している。中世における「経済センサス」（経済活動に関する包括的な全数調査）とみなすことができるだろう。

　日本においても，江戸時代の諸藩は領内の経済力を把握するため，米や麦などの穀物に加え特産物の生産高の統計を作成していた。特筆すべきは長州藩が 1842 年に作成した『防長風土注進案』である。この調査報告では，藩政改革の一環として，各村の人口，各産業の生産高に加え，生産活動に必要となる原材料等の中間投入額や減価償却費を調査し，生産額から中間投入額・減価償却費を控除した付加価値額（純付加価値額）を明らかにしている。GDP に類似した統計を算出した先駆的な事例といえる。長州藩が藩内の経済力を詳細に把握できたことが，討幕実現の経済力の源泉となった可能性がある。

　統計は，為政者の利益のためだけに存在してきたわけではない。統計を集めることで社会的な事象の観察を行い，各種の公的施策の基礎資料とするとの動きが，17 世紀以降のヨーロッパで広がってきた。そうした点ではフロレンス=ナイチン

ゲールの貢献が名高い。ナイチンゲールは「近代看護教育の生みの親」として有名であるが，同時に統計学者でもあった。イギリス政府から看護師団長としてクリミア戦争に派遣されると，野戦病院で看護活動に励むとともに，病院内の衛生状況を改善して傷病兵の死亡率を劇的に引き下げた。彼女は兵士の死亡データを収集し，これを一般人の死亡率と比較することで，イギリスの陸軍兵士が死亡するのは，戦争によって受けた傷そのものではなく，その後の傷の治療や病院の衛生状態が不十分なことによるものが多いこと（兵舎の衛生状況はロンドンの貧民窟以下であること）を明らかにし，政府に対して改善を訴えた。

●現代における統計の役割

　現代では，民主主義社会のもと，統計は為政者の独占物ではなく，**国民全体の情報基盤（公共財）**としての役割を担っている。統計法では，公的統計を「国民にとって合理的な意思決定を行うための基盤となる重要な情報」（第1条）と位置付けている。具体的には統計は以下の役割を果たしている。

① 統計は，企業や個人が「事実」を正しく認識し，中長期の事業計画や生活設計，資金調達などの経済行動を正しく意思決定するために利用される。

② 統計は，財政政策や金融政策など経済政策の判断における基礎資料として利用される。経済政策は，現実の経済に関する確たる「証拠」に基づいて行われるべきとの "Evidence-based Policy" の考え方が広がっている。行政施策や政策効果の評価において，統計は合理性・客観性を担保するためにも利用される。

③ 統計は，学術研究において様々な分析に活用することで真理の探究を支え，社会を豊かにするために利用される。例えば，経済学の理論は統計データで実証的に裏付けられて初めて確かなものとなり，社会に説得力を持つことになる。

④ 統計は，客観性に優れ，相互の比較が容易であるとの特性がある。この特性を活かして，国際社会における相互理解，経済・社会の各分野の開発促進にも有用である。例えば，言語が通じなくても人口や GDP などの統計を通じて，外国の経済や社会の構造を理解することができる。

1.2 統計の活用事例

統計が具体的にどのように活用されているのか，事例を 2 つ紹介する。

●政府の景気判断「月例経済報告」― 統計の役割②の事例 ―

政府は，毎月 1 回「月例経済報告等に関する関係閣僚会議」を開催し，政府の景気判断「月例経済報告」を決定している。これをもとに政府は経済政策の発動の可否を判断している。会議では事務局である内閣府が統計を利用して景気判断を行い，資料として提出している（**表 1.2**）。

「個人消費」「設備投資」「物価」など項目別に基調判断を行い，それを総括して，日本経済全体の景気判断を決定する。項目別に関連する統計を用いて判断を行っている。例えば，「物価」については，日本銀行が作成する「企業物価指数」からメーカーの財の出荷価格（国内企業物価）や輸入品の物価動向（輸入物価）を，総務省が作成する「消費者物価指数」から消費者が購入する財やサービスの物価動向を各々把握し，基調判断を行っている。**図 1.1** で 2022 年秋時点の状況をみると，国内企業物価，消費者物価いずれも上昇を続けていたことから，「上昇している」との判断を行っている（**表 1.2**）。こうした項目別の判断を総括して，2022 年 11 月の日本経済の基調判断を「景気は，緩やかに持ち直している」としている。

表 1.2 「月例経済報告（2022 年 11 月）」における景気判断

（総括判断）：日本経済の基調判断（現状）

景気は，緩やかに持ち直している。

（項目別判断〈抜粋〉）

項目別	判断
個人消費	緩やかに持ち直している
設備投資	持ち直している
輸 出	おおむね横ばいとなっている
生 産	持ち直しの動きがみられる
国内企業物価・消費者物価	上昇している

（出所）内閣府「月例経済報告」（2022 年 11 月）

1 統計とは何か　　5

図 1.1 「月例経済報告」における物価の判断材料

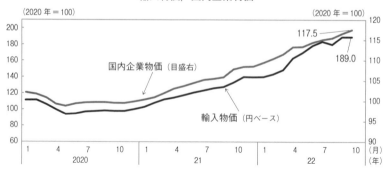

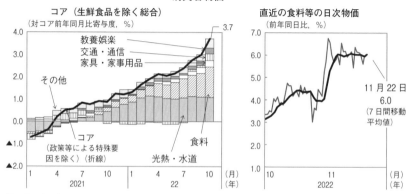

（出所） 内閣府「月例経済報告等に関する関係閣僚会議資料」（2022 年 11 月 24 日）

● 賃金の国際比較 ― 統計の役割④の事例 ―

　最近話題となっている賃金の国際比較を取り上げる。賃金に関する統計は，各国で対象となる労働者や賃金の範囲が揃っていないことが多いため，OECD（経済開発協力機構）では，各国で共通の基準で作成される「国民経済計算（SNA）」（第 13・14 章で詳述）のデータを用いて，平均賃金を比較している。

　具体的には，「国民経済計算」の雇用者報酬（賃金ならびに雇用主が負担する社会保障負担の合計）を雇用者数で除して，これに（フルタイム労働者の平均労働時間）/（全労働者の平均労働時間）を乗じて労働者 1 人当たりの平均賃金を求めている。日本のように労働時間が短いパートタイム労働者の比率が高い国では，

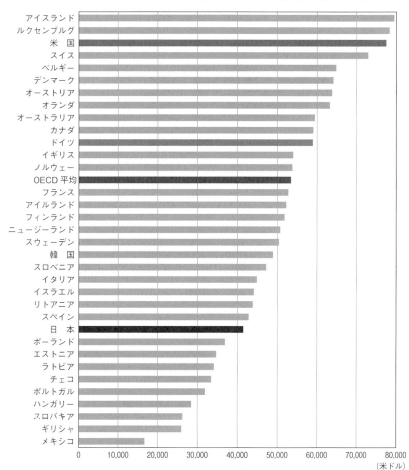

図1.2 1人当たり平均賃金（年間：2022年：購買力平価ベース）

（出所）　OECD Data Explorer "Average annual wages"

1人当たり賃金が低くなるバイアスが生じるため，フルタイム労働者1人当たりの賃金に換算している。さらに各国の賃金を米ドルに換算する際には，各国間のモノやサービスの価格水準から計算される購買力平価ベースの為替レートを用いて，短期の為替レートの変動の影響を除いている。

　図1.2で2022年のデータをみると，①日本の1人当たり賃金（年間）は41,509ドルでOECD平均（53,416ドル）を下回る。OECD加盟国34か国中，

25番目にとどまる。②日本の賃金は米国の54％程度で，ドイツやイギリスなど欧州諸国よりもかなり低い，などの結果が分かる。日本の賃金の国際的な位置が窺われ，興味深い内容である。

1.3 統計の作成方法による分類
：調査統計・業務統計・加工統計

●統計の作成方法による分類：一次統計と加工統計

次に統計の種類を様々な観点から分類し，その特徴について説明する。

まず，統計の作成方法に基づいて統計を分類する。統計は，大きく**一次統計**と**加工統計**の２つに分類される（図1.3）。**一次統計**は，統計を作成することを目的に実施した調査（統計調査）の結果や行政機関や民間団体が行政上や業務上の必要から収集したデータから直接集計して得られる統計である。基礎統計とも呼ばれる。一方，**加工統計**は，一次統計に何らかの加工処理などを行って得られる統計である。二次統計とも呼ばれる。

●一次統計：調査統計と業務統計

一次統計は，さらに**調査統計**と**業務統計**の２つに区分される。

図1.3 統計の作成方法による分類

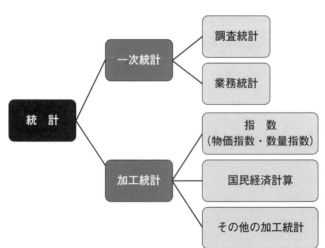

調査統計 調査統計は統計を作成することを目的に企業や世帯を対象に行った調査（**統計調査**）の結果から作成される統計である。調査統計は統計の目的に合わせて，ニーズに合わせて統計調査を自由に設計できることから，統計として使い勝手がよいとのメリットがある。このため，多くの統計が調査統計として作成されている。一方で，統計調査を行うためにコストを要する。

調査統計には「国勢調査」「経済センサス」「法人企業統計調査」「全国企業短期経済観測調査（短観）」「労働力調査」「毎月勤労統計調査」などがある。

業務統計 業務統計とは，行政機関や民間団体が行政上あるいは業務上の必要から集めた記録（登録情報，届出情報などの行政記録情報や業務記録）をもとに作成する統計である。行政活動や業務活動の過程で作成されるので，統計作成のための追加コストは小さい。ただし，あくまで統計以外の目的で収集された記録を利用した統計であることから，統計のニーズに合わせた設計ができない場合が多いことがデメリットである。

業務統計には，「貿易統計」（輸出入の際に税関に提出された申告書から作成する統計），「建築着工統計」（建物を建築する際に都道府県知事あてに提出された「建築工事届」から作成する統計），「職業安定業務統計」（ハローワークに提出された「求人票」「求職票」から作成する統計）などがある。

●加工統計：指数・国民経済計算・その他の加工統計

一次統計に加工処理（再集計や推計）を行って作成される加工統計は，以下の3つの種類に分類される。

指　数 ある値を基準にして他の値を基準値に対する比（多くの場合は百分比）で表したものを**指数**と呼んでいる。異なった時点間の価格や数量を比較する場合に用いられる。価格を比較した指数を価格指数（物価指数），数量を比較した指数を数量指数と呼んでいる。指数理論や経済理論の裏付けをベースに作成される。価格指数には「消費者物価指数」「企業物価指数」「企業向けサービス価格指数」，数量指数には「鉱工業指数」「第3次産業活動指数」がある。

国民経済計算 「国民経済計算」は一国経済についてフローとストックの両面から包括的・整合的に記録する統計であり，国内総生産（GDP）が中心的な指標である。国際的な比較可能性に十分に配慮した詳細な作成基準（マニュアル）に沿って作成される高度な加工統計である。

その他の加工統計 「産業連関表」「建設総合統計」「景気動向指数」「生命

1 統計とは何か　　9

表」「人口推計」「社会費用統計」などがある。加工度は統計により様々である。

加工統計は、加工処理のレベル次第で作成コストが大きく左右される。難度の高い加工統計（国民経済計算、産業連関表、物価指数など）の場合は、加工処理に専門知識を持つ人材が必要である。また、物価指数のように加工統計の作成のために特別な統計調査を要する場合もある。

1.4　統計の作成主体による分類：公的統計・民間統計

●統計は様々な主体が作成

統計の作成主体によって、**公的統計**と**民間統計**に分類される。そのうち、国の行政機関が作成する統計（政府統計）、地方公共団体が作成する統計、独立行政法人等（日本銀行等）が作成する統計が公的統計であり、業界団体や民間企業などその他の組織が作成する統計が民間統計である（図1.4）。

多くの統計が国の行政機関によって作成されているほか、それ以外の機関・団体においても相当数の統計が作成される。独立行政法人等に該当する日本銀行が多くの統計を作成しているほか、業界団体が様々な統計を作成・公表している。最近では、民間企業が作成する有料サービスの統計も登場している。

図1.4　統計の作成主体による分類

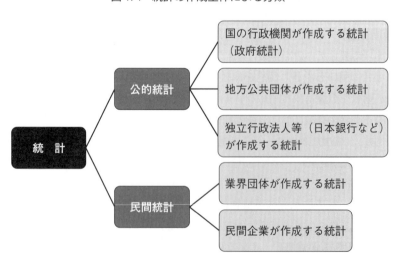

●公的統計①：国の行政機関が作成する統計（政府統計）

　総務省は「国勢調査」「経済センサス」「経済構造実態調査」など，日本の社会経済構造を把握する横断的な統計を作成している。内閣府は「国民経済計算」「景気動向指数」など，日本経済の景気判断で大きな役割を果たす統計を作成している。また，他の府省では自らの所管行政に関係する分野の統計を作成している。例えば，経済産業省は製造業，商業，電力，ガス，国土交通省は建設，運輸，不動産，観光，厚生労働省は医療，介護，労働，各々の分野の統計を作成している。このように統計が多くの行政機関によって分散して作成されるのが日本の統計作成体制の特徴である。統計を利用する際には表 1.3 から各府省がどの分野の統計を担当しているかを把握して，各府省の HP 等で統計を探すのが効率的である。

表 1.3　国の行政機関が作成する主な統計―景気関連統計を中心に列挙―

府　省	分　野	種　類	統計名
内閣府	経済全般	加工統計	国民経済計算（GDP），景気動向指数
	企業 設備投資	調査統計	機械受注統計調査，企業行動に関するアンケート調査
	消費	調査統計	消費動向調査，景気ウォッチャー調査
総務省	人口 世帯	調査統計	国勢調査
		業務統計	住民基本台帳人口移動報告
		加工統計	人口推計
	経済全般 企業 設備投資	調査統計	経済センサス（活動調査・基礎調査，経済産業省と共管），経済構造実態調査（同），個人企業経済調査，科学技術研究調査，情報通信業基本調査
		加工統計	産業連関表
	雇用	調査統計	労働力調査，就業構造基本調査
	消費	調査統計	家計調査，全国家計構造調査，家計消費状況調査 サービス産業動態統計調査（2025 年 1 月にサービス産業動向調査から移行）
		加工統計	消費動向指数
	物価	調査統計	小売物価統計調査（消費者物価指数の基礎統計）
		加工統計	消費者物価指数
	財政	調査統計	地方公務員給与実態調査
		業務統計	地方財政統計，地方税に関する統計
	その他	調査統計	住宅・土地統計調査，社会生活基本調査
財務省	企業	調査統計	法人企業統計調査，法人企業景気予測調査
		業務統計	会社標本調査，申告所得税標本調査
	賃金	調査統計	民間給与実態統計調査
	対外収支	業務統計	貿易統計，国際収支統計
	財政	業務統計	財政統計，税務統計，国債統計年報

1　統計とは何か　　11

表 1.3（続き） 国の行政機関が作成する主な統計—景気関連統計を中心に列挙—

府　省	分　野	種　類	統計名
経済産業省	生産設備投資	調査統計	経済産業省生産動態統計調査，製造工業生産予測調査
		加工統計	鉱工業指数，第 3 次産業活動指数，鉱工業出荷内訳表・総供給表
	消費	調査統計	商業動態統計調査
	企業	調査統計	企業活動基本調査，海外事業活動基本調査，海外現地法人四半期調査，中小企業実態基本調査
		加工統計	延長産業連関表
	エネルギー	調査統計	石油製品需給動態統計調査，特定業種石油等消費統計調査，ガス事業生産動態統計調査
		業務統計	石油製品価格調査，電力調査統計，電力取引報，ガス取引報
		加工統計	総合エネルギー統計
国土交通省	建設	調査統計	建設工事施工統計調査，建設工事受注動態統計調査
		業務統計	建築着工統計（建築物着工統計・住宅着工統計）
		加工統計	建設総合統計，建設工事費デフレーター
	不動産	調査統計	法人土地・建物基本調査，土地・保有動態調査
		業務統計	地価公示，都道府県地価調査
		加工統計	不動産価格指数
	運輸	調査統計	自動車輸送統計調査，内航船舶輸送統計調査，港湾統計，造船造機統計調査，鉄道車両等生産動態統計調査
	観光	調査統計	宿泊旅行統計調査，訪日外国人消費動向調査，主要旅行業者の旅行取扱状況
		業務統計	訪日外国人旅行者統計
厚生労働省	雇用賃金	調査統計	毎月勤労統計調査，賃金構造基本統計調査，雇用動向調査，賃金引上げの実態等に関する調査，就労条件総合調査
		業務統計	職業安定業務統計，雇用保険事業月報・年報
	所得	調査統計	国民生活基礎調査，所得再分配調査
	人口	業務統計	人口動態統計
		加工統計	生命表
	医療医薬品	調査統計	患者調査，薬事工業生産動態統計調査，医療施設調査，医療経済実態調査
		業務統計	医療費の動向，社会医療診療行為別統計
		加工統計	国民医療費，社会保障費用統計
	介護	調査統計	介護事業経営実態調査，介護事業経営概況調査
		業務統計	介護給付等実態統計
農林水産省	農林水産業食料品	調査統計	農林業センサス，作物統計調査，農業経営統計調査，木材統計調査，漁業センサス，海面漁業生産統計調査，牛乳乳製品統計調査，食品産業動態調査
		加工統計	農業物価指数
文部科学省		調査統計	学校基本調査，学校保健統計調査，学校教員統計調査，社会教育調査

12

●公的統計②：日本銀行が作成する統計

国の行政機関以外では，日本銀行が数多くの統計を作成している（**表1.4**）。景気の分析では「全国企業短期経済観測調査（短観）」と2つの物価指数「企業物価指数」「企業向けサービス価格指数」が重要である。さらに「資金循環統計」「マネーストック」，預金・貸出関連統計など多くの金融関連統計を作成している。金融統計を探す際には，まずは日本銀行HPにアクセスするのがよい（金融行政を司る金融庁は統計をほとんど作成していない）。また，財務省と共同で対外バランスに関する統計「国際収支統計」を作成している。

●民間統計①：業界団体が作成する統計

業種ごとに結成される業界団体は，自らの業界の統計を作成し，公表している（**表1.5**）。業界団体が加盟企業に対して行う調査から作成される調査統計が多いが，行政記録情報（「新車登録台数」）や業界団体の業務記録（「公共工事請負金額」や金融関連統計など）から作成される業務統計も存在する。業界統計は，国の行政機関が作成する統計よりも詳細な統計データを提供していることが多い。特に金融では，日本銀行の作成統計だけでは十分ではないため，業界団体が作成する統計も併せて利用することが望ましい。

●民間統計②：民間企業が作成する統計

最近，民間企業による統計作成の動きが広がっている。企業に対するアンケート調査，個人に対するインターネット・モニター調査（調査統計に該当）に

表1.4　日本銀行が作成している主な統計

分　野	種　類	統　計　名
企業 設備投資	調査統計	全国企業短期経済観測調査（短観）
物価	加工統計	企業物価指数（基礎統計である「企業物価調査」から作成），企業向けサービス価格指数（同「企業向けサービス価格調査」から作成），最終需要・中間需要物価指数
対外収支	業務統計	国際収支統計
金融	業務統計	マネーストック，マネタリーベース，貸出・預金動向，貸出先別貸出金，預金者別預金，貸出約定平均金利，BIS国際資金取引統計・国際与信統計，主要銀行貸出動向アンケート調査，民間金融機関の資産・負債等，決済動向，短期金利・為替レートなど
	加工統計	資金循環統計

1　統計とは何か　　*13*

表1.5 業界団体が作成する主な統計―利用価値が高い統計を中心に列挙―

分　野	作成業界団体	統計名・統計の内容
生産	日本電機工業会	重電・白物家電の生産・出荷・受注
設備投資	日本工作機械工業会	工作機械統計（受注統計）
	リース事業協会	リース統計（リース取扱高）
消費	日本自動車販売協会連合会 全国軽自動車協会連合会	新車登録台数（乗用車） 新車登録台数（軽自動車）
	日本百貨店協会 日本チェーンストア協会 日本フランチャイズチェーン協会	百貨店売上高 スーパー売上高 コンビニエンスストア売上高
	日本フードサービス協会	外食産業市場動向調査（外食売上高）
公共投資	北海道・東日本・西日本 建設業保証（株）	公共工事前払金保証統計（公共工事請負金額）
金融	全国銀行協会	全国銀行財務諸表
		TIBOR レート（短期金融市場金利）
	日本証券業協会	証券会社決算
		公社債発行償還額，公社債流通利回り
	東京証券取引所	株価，株式時価総額，PER・PBR，投資部門別売買状況，株式分布状況

表1.6 民間企業が作成する主な統計―利用価値が高い統計を中心に例示―

分　野	作成企業	統計名	統計の内容
物価 消費	ナウキャスト	日経 CPINOW	POS データによる物価指数・小売売上高指数（有料サービス）
		JCB 消費 NOW	クレジットカードデータによる消費指数（有料サービス）
	インテージ・一橋大学・全国スーパーマーケット協会	SRI・一橋大学消費者購買指数・単価指数	POS データによる物価指数・小売売上高指数
企業	Markit	PMI（購買担当者景気指数）	景況感に関するアンケート調査（30 か国対象）（有料サービス）
労働	リクルートワークス研究所	全国就業実態パネル調査	雇用に関するインターネット・モニター調査（年 1 回実施）

　加え，POS データやクレジットカードデータなど民間企業の業務活動から収集されるビッグデータを利用した統計（業務統計に該当）が広がりをみせている（表1.6）。企業の社会貢献等を目的とした無償ベースの統計が多いが，ユーザーから利用料金を徴収して統計を提供する事例も増加してきている。

　なお，コロナ禍では携帯電話の位置情報が無償で提供され，繁華街等の人流（人出）の把握などに利用されたが，収束に伴い提供は中止されている。

1.5 統計対象の状態による分類：構造統計・動態統計

●構造統計と動態統計

統計には，特定の1時点における統計対象の状態を詳しく把握することを目的とする**構造統計**と，一定期間における統計対象の変化を把握することを目的とする**動態統計**が存在する。

構造統計は詳しい調査が必要であることから，調査対象は大規模（多くは全数調査）であり，調査項目も多数である。このため，統計の公表に時間がかかるほか，調査頻度も1年ごとや5年ごとと低い。一方，動態統計は短期の変化を把握するため，調査頻度は月ごとや四半期ごとと高い。また，速報性のニーズが高いことから，公表までの期間を短くすることが求められる。このため，調査対象は小規模（標本調査）であり，調査項目も少なめである。

●統計の利用目的に応じて，構造統計と動態統計を使い分ける

統計の利用に際しては，利用目的に応じて，調査項目は詳細だが調査頻度が低い構造統計と，調査頻度は高いが調査項目が粗い動態統計を使い分けることが必要である。例えば，地域別，産業別，企業の規模別に経済の構造（生産など）を詳細に把握したい場合は，詳細な調査項目について細かい分類でデータを利用することができる構造統計（「経済センサス」「経済構造実態調査」など）を用いるのが適切である。一方，短期的な経済変動を捉え，現在の景気が先月や四半期前と比較してどうなっているのかを知りたい場合は，動態統計（「生産動態統計調

表1.7　分野別の構造統計・動態統計

分　野		構造統計 （5年ごと調査）	構造統計 （毎年1回調査）	動態統計 （毎月調査）
企業	製造業	経済センサス	経済構造実態調査	生産動態統計調査
	商業			商業動態統計調査
	サービス業			サービス産業 動態統計調査
労働	雇用	国勢調査 就業構造基本調査	―	労働力調査
	賃金	―	賃金構造基本 統計調査	毎月勤労統計調査
家計消費		全国家計構造調査	―	家計調査

1 統計とは何か　15

査」「商業動態統計調査」「サービス産業動態統計調査」など）を利用するのが適切である（**表**1.7）。

コラム 日本の公的統計の作成体制

1. 特 徴

日本の公的統計の作成体制をみると，以下の2つの点が特徴である。

① **日本の統計職員数は諸外国と比べてかなり少ない**

日本の統計職員数（国）は，米国の6分の1，欧州の半分以下にとどまる（**表**1.8）。公的統計を作成するリソースは決して十分とはいえない。ただし，近年の統計改革機運の高まりや統計の問題事例の表面化などもあって，減少を続けてきた統計職員数は，2016年以降，小幅ながら増加に転じている。また，職員のローテーションが頻繁であることもあって，統計に関する高い専門性を有する職員が少ないことが，時折，顕在化する統計作成面での不適切行為の大きな要因となっている。人員の不足に加え，統計部署職員の専門性の向上を図ることが日本の統計の大きな課題である。

② **分散型統計機構を採用。統計職員は各府省に広く分散している**

日本は，**分散型統計機構**を採用しており，統計職員が各府省に薄く広く分散配置されている。そのため，核となる統計機関の規模が小さい。**集中型統計機構**を採用し，統計職員を1つの統計機関（国家統計局等）に集中させている欧州諸国とは大きく異なっている（**表**1.8）。また，同じく分散型を採用している米国と比べても，分散度がより高い。例えば，「国民経済計算」を作成している部署を比較すると，日本（内閣府経済社会総合研究所）94人に対し，米国（商務省経済分析局）480人と5倍もの開きがある。日本のGDP作成部署の強化が待たれる。

2. 分散型統計機構のメリット・デメリット

分散型統計機構は，各府省に広く統計職員を配置することで各府省の所管行政に役立つ多数の統計を迅速に作成し，行政ニーズに的確に対応することができるメリットがある。また，所管行政に関する知見を統計作成に活用することも可能である。

一方で，各府省の統計職員の規模が小さいことから，統計の専門的な人材の育成が困難となりやすく，専門的な知見を活かして統計の高度化を図るのが難しい。さらに，統計の重複や新たなニーズに対する対応力に乏しいといった問題も派生しがちとなる。

3. 分散型統計機構の弊害を克服する工夫

分散型統計機構の弊害を克服するために，2007年に全面改正された新統計法では，3つの工夫がなされている。

表 1.8　日本と諸外国の統計機関の職員数の比較（2019 年 9 月 4 日現在）

	日　本〈2019 年〉	アメリカ〈2018 年〉	イギリス〈2017 年〉	フランス〈2018 年〉	ドイツ〈2018 年〉	カナダ〈2017 年〉
委員会等	統計委員会	統計方法論に関する連邦委員会統計政策に関する省庁間協議会	統計理事会	国家統計情報委員会	統計諮問会議	国家統計審議会
調整等	総務省政策統括官（109 人）	大統領府行政管理予算庁主席統計官（7 人）※2015 年				
基本統計　人口	総務省統計局※統計研修所含む（468 人）	商務省センサス局（6,543 人）	国家統計局（3,685 人）	経済財政省国立統計経済研究所（5,609 人）	内務省連邦統計局（2,310 人）（注 3）	産業省カナダ統計局（4,773 人）
基本統計　CPI	統計センター（683 人）	労働省労働統計局（2,035 人）				
基本統計　労働力						
基本統計　国民経済計算	内閣府経済社会総合研究所（94 人）	商務省経済分析局（480 人）				
その他	法務省, 財務省, 文部科学省, 厚生労働省, 農林水産省, 経済産業省, 国土交通省（1,277 人）	商務省, 労働省, エネルギー省, 農務省, 内国歳入庁, 教育省, 運輸省, 司法省等（2,645 人）	児童学校家庭省, 保健社会保護情報センター, 内務省, スコットランド政府等（人数不明）	農業省, 持続的開発省, 労働雇用省, 教育省, 保健・連帯省, 関税庁等（1,928 人）		
合　計	1,946 人 (注1)	11,710 人	3,685 人 (注2)	7,537 人	2,310 人	4,773 人

本表は，各国のウェブサイト等の情報を基に便宜上整理したもの。国ごとに時点，統計職員数の概念や範囲，統計調査の実施方法などが異なることから，単純比較はできないことに留意。
(注 1)　上記各機関の統計職員の合計数（統計センター職員数を除く）。このほか，統計センター職員 683 人と，都道府県統計専任側隠として 1,635 人が国の統計調査に従事している。
(注 2)　「その他」の統計既刊の職員数を含まない。
(注 3)　各州統計局（職員数 6 千数百人）が独立して統計活動を行い，連邦統計局がそのデータ提供を受けて統計を作成。
(出所)　内閣官房統計改革推進室「統計改革推進会議統計行政新生部会（第 2 回）提出資料」，2019 年 10 月

① 「公的統計の整備に関する基本的な計画」の策定

　公的統計の整備に関する施策の総合的かつ計画的な推進を図るため，5 年ごとに**「公的統計の整備に関する基本的な計画（基本計画）」**を立案し，閣議決定している。統計委員会の意見を広く取り入れ，統計の重複や欠落が生じないように配慮するほか，達成状況についてフォローアップを行っている。現在は，2023 年度から 5 年間の計画である「第 Ⅳ 期基本計画」に沿って，公的統計の整備が進められている。

② 基幹統計・基幹統計調査の指定

　統計の体系的な整備を図るために，国の行政機関が作成する統計のうち，経済・社会にとって特に重要な統計として**基幹統計**を定めている。2024 年 1 月現在，基幹統計は，「国勢統計」「国民経済計算」「産業連関表」「経済構造統計」など全部で 54 統計である。基幹統計のうち「国民経済計算」や「産業連関表」は多数の基礎統計から

作成される加工統計であるが，それ以外のほとんどの統計は統計調査によって作成される調査統計である。基幹統計作成のために行われる統計調査は**基幹統計調査**と呼ばれる。基幹統計調査は，「国勢調査」「経済センサス活動調査」「経済構造実態調査」など全部で 50 である。

国の行政機関が作成する統計調査のうち，基幹統計調査以外の統計調査は**一般統計調査**と呼ばれている。このように国の行政機関が作成する統計調査を重要度で 2 つに区分している。統計法では，基幹統計調査について企業や世帯などの報告者に報告義務を課しているほか，基幹統計調査の変更に際しては，統計委員会における審議（諮問・答申）を義務付け，そのうえで総務大臣が承認を行っており，精度の高い統計作成に特段の配慮を行っている。一方，一般統計調査については，統計委員会における審議は義務付けられていないが，変更には総務大臣の承認が必要となっている。

このほか，公的統計全体の整備状況を把握するために，地方公共団体や日本銀行などの独立行政法人等が行う統計調査については，総務大臣への届出義務を課している（**届出統計調査**）。

③ 統計委員会の設置

統計委員会は，専門的かつ中立・公正な第三者機関として総務省に設置された審議会である（2007 年 10 月設置）。公的統計の整備に関する「司令塔」機能を有する。委員は学識経験者 13 名で構成されている。

統計委員会では，(1)「基本計画」の立案と実施状況のフォローアップ，(2)「国民経済計算」の作成基準の設定・変更，(3) 基幹統計の指定・変更・解除，(4) 基幹統計調査の承認・変更・中止，(5)「日本標準産業分類」など統計基準の設定・変更・廃止などを審議する。

さらに 2018 年の統計法改正によって，統計の改善に関する基本的な事項の調査・審議，諮問に縛られない自由な意見の提出，「基本計画」の実施状況に関する各府省への勧告（各府省には報告の義務が課される）など広範な権限が統計委員会に付与されており，「司令塔」としての機能が強化されている。

◆ 練習問題

問 1.1　一次統計について述べた以下の文章で，①と②に当てはまる語句を答えよ。

　一次統計には，統計を作成することを目的に行った調査（統計調査）から作成する
（　①　）と，行政機関や民間団体が行政上あるいは業務上の必要から集めた記録
（登録，届出）や作成した業務記録をもとに作成する（　②　）がある。

問 1.2　加工統計について述べた以下の文章で，③と④に当てはまる語句を答えよ。

　加工統計のうち，ある値を基準にして他の値を基準値に対する比で表した
（　③　），一国の経済についてフローとストックの両面から包括的・整合的に記録す
る統計（国内総生産〈GDP〉など）である（　④　）が代表的なものである。

問 1.3　統計を対象の状態によって分類した場合の統計の種類について説明した以下
の文章で，⑤と⑥に当てはまる語句を答えよ。

　統計には，特定の 1 時点における統計対象の状態を詳しく把握することを目的とす
る（　⑤　）と，一定期間における統計対象の変化を把握することを目的とする
（　⑥　）が存在する。

問 1.4　分散型統計機構のメリットとデメリットを，各々 2 つずつ挙げよ。

第2章

調査統計の作成方法

- ■2.1　調査統計の作成方法：全数調査と標本調査
- ■2.2　世帯に関する全数調査：「国勢調査」
- ■2.3　事業所・企業に関する全数調査：「経済センサス」
- ■2.4　標本調査（1）：単純無作為抽出と標本誤差
- ■2.5　標本調査（2）：標本設計の実際・標本抽出方法の選択
- ■2.6　標本調査（3）：継続標本を活用した標本調査
- ■2.7　裾切り調査とその他の有意抽出調査
- コラム　標本調査において無作為抽出はなぜ重要か

　第2章は調査統計の作成方法を説明する。まず，国勢調査，経済センサスの全数調査を取り上げる。次に，標本調査における単純無作為抽出の性質と標本誤差について考察する。そのうえで，標本調査で利用されている各種の標本抽出方法，ならびに標本替えに伴う振れを小さくすることを目的とする継続標本を活用した標本調査を取り上げる。最後に，裾切り調査などの有意抽出調査を紹介する。

2.1　調査統計の作成方法：全数調査と標本調査

●調査統計の作成方法

　調査統計では，統計の作成を目的に世帯や企業を対象に調査（統計調査）を行い，その結果を集計して統計を作成する。統計調査では，世帯や企業に対して，同一内容のデータを提供してもらう必要があるため，「調査票」という統一的な設問を記載したアンケートを作成したうえで，その調査票に世帯や企業に回答してもらう形式で調査している。

●全数調査と標本調査

　統計調査を行う際には，調査対象となる集団全体（**母集団**）を全て調査するか

20

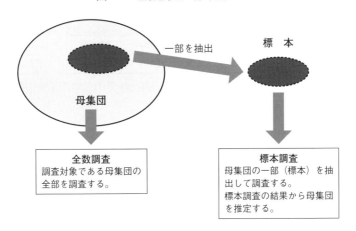

図2.1 全数調査と標本調査

（全数調査〈悉皆調査〉），それとも，母集団を構成する個々の調査対象（要素）の一部を抜き出して調査するか（標本調査）のいずれの方法で調査するかを決める必要がある（図2.1）。標本調査で母集団の一部を抜き出すことを**標本抽出**といい，抜き出された集合体を**標本**と呼ぶ。

●全数調査が行われるケースは例外的

　標本調査は，母集団の一部を調査することから一定の誤差（標本誤差）が生じる。標本誤差を回避するという点で，調査対象の全てを調査する全数調査が望ましいと考えられる。しかし，全数調査には，①多大な費用と時間がかかる，②多くの世帯や企業に回答してもらうために調査事項の分量を絞らざるを得なくなる，③多くの世帯や企業に調査票に正確に記入してもらい，全ての調査票を回収するのは容易ではないため，必ずしも高い精度が実現できる保証がない，といった欠点がある。このため，調査統計において全数調査が行われるケースは例外的で，ほとんどの調査統計は標本調査によって作成されている。

●全数調査が行われる調査統計

　調査統計において，全数調査が行われているのは，「**国勢調査**」と「**経済センサス**」の2つの統計である。いずれも，世帯（人口）や企業（事業所）の母集団情報を得ることを目的に，5年ごとに実施されている（表2.1）。
　いずれも極めて大規模な調査で，多数の統計調査員を要するなど，コストは膨

表 2.1　全数調査「国勢調査」と「経済センサス」の概要

調査統計名	対　象	直近実施時点	経　費	調査員数	公表完了時期
国勢調査	世帯	2020 年 10 月	670 億円	70 万人	2 年 2 か月後
経済センサス	企業	2021 年 6 月	130 億円	7 万人	2 年後

（注）　経費及び調査員数は「国勢調査」は 2015 年調査，「経済センサス」は 2016 年調査の値である。

大である。頻度もおのずと制限されるほか，調査結果が判明するまでの時間も長い。多数の対象者に円滑に回答してもらうため，調査票の調査項目を絞り込む必要があるなど，制約も少なくない。一方，全数調査は標本誤差がないため，細かい区分による集計が可能である。例えば，区市町村単位やもっと細かい単位で，人口や企業（事業所）数を，年齢別や産業別などに分けて把握することができる。

2.2　世帯に関する全数調査：「国勢調査」

●「国勢調査」の概要

　「国勢調査」は，日本に常住する人・世帯を対象に実施される全数調査である。5 年ごとの調査であり，直近は 2020 年 10 月に調査が行われた。世帯を構成する一人ひとりの性別，年齢，続柄，結婚の有無，国籍，学歴など個人の基本的事項に加え，就業状態，就業上の地位（勤め人か自営業主か），就業している産業・職業など就業の状況，住居の種類や居住期間について調査を行っている（**表2.2**）。大規模調査で調査の負担が重いことから，調査事項はできるだけ少なくなるように絞り込んでいる。

●調査の方法

　調査を担当する統計調査員は，原則として，約 50 世帯から構成される国勢調査の調査区（1km^2 未満の区域）1 つないし 2 つを担当する。①調査員は，受け持ち調査区をくまなく歩き，地図をもとに住宅や建物の状況（人が住んでいるかどうか）を把握する。次に，②調査員は調査期間に受け持ち調査区内の全ての住宅・建物を訪問し，調査票を配布して回答を依頼する（郵便ポストに調査票の入った封筒を入れるケースが多い）。③調査票は，インターネット，郵送，調査員への提出のいずれかで回収される。2020 年の「国勢調査」では，全体の 8 割

表 2.2 「国勢調査」の概要

事　項	説　明
統計作成者	総務省
統計の目的	我が国の人や世帯の実態を把握し，行政施策等の基礎資料を得る。
調査対象	日本に常住している者（2020 年で 12,600 万人〈5,600 万世帯〉）
調査期日	西暦の下一桁の 0 年及び 5 年の 10 月 1 日。5 年ごとに実施。 1920 年に第 1 回調査。2020 年は第 21 回調査。
調査事項 （2020 年）	1.　世帯員の数 2.　住居の種類　⇒　持ち家，賃貸住宅，給与住宅など 3.　氏名及び男女の別　⇒　世帯員全員を記入 4.　世帯主との続き柄　⇒　世帯主，配偶者，子，父母など 5.　出生の年月 6.　配偶者の有無 7.　国籍 8.　現在の住居に住んでいる期間 9.　5 年前の住居の所在地 10.　在学，卒業等教育の状況　⇒　小中，高校，短大，大学，大学院 11.　就業状態　⇒　9 月 24 日〜 30 日の 1 週間に働いていたか 12.　従業地又は通学地 13.　従業地又は通学地までの利用交通手段 14.　従業上の地位　⇒　勤め人か自営業か 　——勤め人は正社員，派遣労働者，パート・アルバイト等に区分。 15.　勤め先・業主などの名称及び事業の内容 16.　本人の仕事の内容
調査の方法	統計調査員が調査票を配布。回答者はインターネット，郵送，調査員への提出，のいずれかで回答する。
公表データと 公表時期 （2020 年）	➢　速報集計　①人口速報集計　翌年 6 月公表 ➢　基本集計　①人口等基本集計　翌年 11 月公表 　　　　　　②就業状態等基本集計　翌々年 5 月公表 ➢　抽出詳細集計　翌々年 12 月公表 　——就業者の産業・職業小分類別の詳細な結果 ➢　従業地・通学地集計　翌々年 7 月公表 ➢　人口移動集計　翌々年 2 月と 8 月公表 ➢　小地域集計　翌々年 2 月〜 8 月公表

がインターネットか，郵送で提出している（インターネット： 37.9%，郵送 41.9%，調査員への提出 3.9%，合計 83.7%）。

　調査票を回収できない世帯（16.3%）については，調査員が近隣の者に聞き取り調査を行うほか，「住民基本台帳」の情報も活用して人口や世帯数の全数を把握している。さらに，年齢，国籍，配偶関係，労働力状態，従業上の地位などの不明分は，「在留外国人登録データ」も活用しつつ，按分推計でデータの補完を行い，全数の統計データ（不詳補完値）を作成している。不明のデータの存在が「国勢調査」の計数を歪めることから，「国勢調査」を利用する際には，不詳補完値を利用することが望ましい。

2　調査統計の作成方法　23

●「国勢調査」から分かること

　「国勢調査」では，人口（外国人人口を含む），配偶関係（未婚，既婚別），世帯人員の構造，就業など労働力の状態などについて，全国のみならず，都道府県，市町村別のデータを，男女別・年齢別に把握することが可能である（「人口等基本集計〈**表2.3**①〉」「就業状態等基本集計」）。さらに，「国勢調査」は全数調査であるため，標本調査では把握することができない詳細な項目の計数を把握できる。例えば，産業別就業者の動向をみると，大分類「医療，福祉」の就業者増加が目立っているが，より細かくみると「児童福祉事業」（保育所など）や「老人福祉・介護事業」の増加の寄与が大きいことが分かる（「抽出詳細集計〈**表2.3**②〉」）。このほか，市町村内のより細かな地域別（○○町○丁目単位）の人口や就業者等のデータも利用可能である（「小地域集計」）。

●母集団情報としての役割

　「国勢調査」の大きな役割の一つは，世帯を対象とする調査統計（「労働力調査」や「家計調査」など）の標本抽出における母集団情報（調査区フレーム）を整備することである。

　ただし，「国勢調査」は5年ごとの調査であり，他の統計調査の実施時においては参照する「国勢調査」の結果は既に古く，世帯構成が変動している。そのため，「国勢調査」の結果を直接，標本抽出の母集団名簿として利用することができない。こうしたことから，以下の手法で標本の抽出を行っている。①統計調査の標本抽出の際には「国勢調査」の際に設定された調査区を，抽出単位として抽出する。次に，②抽出された調査区について，直近の「国勢調査」の結果や「住民基本台帳」の情報を活用するとともに，統計調査員が調査区内をくまなく歩きまわることで最新の世帯名簿を整備し，調査対象世帯を抽出している。

2.3　事業所・企業に関する全数調査：「経済センサス」

●「経済センサス」の概要

　「経済センサス（経済センサス活動調査）」は，①全産業分野の売上金額や費用などの経理項目を網羅的に把握，事業所・企業の経済活動を全国及び地域別に明らかにするほか，②事業所・企業を対象とする各種統計調査の母集団情報を得ることを目的としている。「国勢調査」とは異なり，近年開始された調査であり，

表 2.3　「2020 年国勢調査」の結果

① 人口の推移

年　次 （年）	人口（人）			5 年間の人口増減	
	総　数	男	女	増減数（人）	増減率（%）
1920（大正 9）	55,963,053	28,044,185	27,918,868	—	—
1925（　　14）	59,736,822	30,013,109	29,723,713	3,773,769	6.7
1930（昭和 5）	64,450,005	32,390,155	32,059,850	4,713,183	7.9
1935（　　10）	69,254,148	34,734,133	34,520,015	4,804,143	7.5
1940（　　15）	1) 71,932,987	1) 35,387,350	1) 36,545,637	2,678,839	3.9
1945（　　20）	2) 72,147,291	33,894,059	38,104,045	3) 779,765	3) 1.1
1950（　　25）	84,114,574	41,241,192	42,873,382	3) 11,052,346	3) 15.3
1955（　　30）	90,076,594	44,242,657	45,833,937	5,962,020	7.1
1960（　　35）	94,301,623	46,300,445	48,001,178	4,225,029	4.7
1965（　　40）	99,209,137	48,692,138	50,516,999	4,907,514	5.2
1970（　　45）	104,665,171	51,369,177	53,295,994	5,456,034	5.5
1975（　　50）	111,939,643	55,090,673	56,848,970	7,274,472	7.0
1980（　　55）	117,060,396	57,593,769	59,466,627	5,120,753	4.6
1985（　　60）	121,048,923	59,497,316	61,551,607	3,988,527	3.4
1990（平成 2）	123,611,167	60,696,724	62,914,443	2,562,244	2.1
1995（　　7）	125,570,246	61,574,398	63,995,848	1,959,079	1.6
2000（　　12）	126,925,843	62,110,764	64,815,079	1,355,597	1.1
2005（　　17）	127,767,994	62,348,977	65,419,017	842,151	0.7
2010（　　22）	128,057,352	62,327,737	65,729,615	289,358	0.2
2015（　　27）	127,094,745	61,841,738	65,253,007	−962,607	−0.8
2020（令和 2）	126,146,099	61,349,581	64,796,518	−948,646	−0.7

(注 1)　国勢調査による人口から内地外の軍人，軍属等の推計数を差し引いた補正人口。
(注 2)　1945 年の人口調査による人口に内地の軍人及び外国人の推計を加えた補正人口。沖縄県を含まない。
(注 3)　沖縄県を除いて算出。

② 産業大分類「医療，福祉」における 15 歳以上就業者数

	2020 年	2015 年	増減数	増減率（%）
P_ 医療，福祉	7,629,900	7,031,700	598,200	8.5
83_ 医療業	3,642,340	3,497,070	145,270	4.2
831_ 病院	2,105,400	2,014,110	91,290	4.5
832_ 一般診療所	799,890	785,070	14,820	1.9
833_ 歯科診療所	365,410	349,060	16,350	4.7
835_ 療術業	200,580	212,620	−12,040	−5.7
83a_ その他の医療業	171,060	136,210	34,850	25.6
84_ 保健衛生	123,440	109,410	14,030	12.8
84a_ 保健所，健康相談施設	112,400	98,270	14,130	14.4
849_ その他の保健衛生	11,050	11,130	−80	−0.7
85_ 社会保険・社会福祉・介護事業	3,864,110	3,425,220	438,890	12.8
85a_ 社会保険事業団体，福祉事務所	65,430	65,100	330	0.5
853_ 児童福祉事業	1,070,740	874,440	196,300	22.4
85n_ 老人福祉・介護事業（訪問介護事業を除く）	1,952,420	1,762,950	189,470	10.7
855_ 障害者福祉事業	409,460	329,150	80,310	24.4
85p_ 訪問介護事業	264,470	287,070	−22,600	−7.9
859_ その他の社会保険・社会福祉・介護事業	101,590	106,510	−4,920	−4.6

(出所)　総務省「2020 年国勢調査・人口等基本集計」「同・抽出詳細集計」

表 2.4 「経済センサス活動調査」の概要

事　項	説　明
統計作成者	総務省・経済産業省
統計の目的	①全産業分野の売上金額や費用などの経理項目を網羅的に把握，事業所・企業の経済活動を全国的及び地域別に明らかにする。 ②事業所・企業を対象とする各種統計調査の母集団情報を得る。
調査対象	全ての事業所・企業（個人経営を含む）を対象とする。ただし，「農林業センサス」「漁業センサス」で調査する個人経営の農業・林業・漁業は対象外である。
調査期日	西暦の下一桁の 1 年及び 6 年の 6 月 1 日。5 年ごとに実施。 2012 年に創設。2021 年は第 3 回調査。
調査事項 （2021 年）	➢ 企業・事業所の名称，電話番号，所在地 ➢ 経営組織（個人経営，株式会社，会社以外の法人等），支所数 ➢ 企業全体及び事業所ごとの従業者数・常用雇用者数 ➢ 企業全体・事業所ごとの主な事業の内容 ➢ 企業全体及び事業所ごとの売上金額 ➢ 企業全体の費用総額・売上原価・費用項目（給与総額，福利厚生費，減価償却費，租税公課等付加価値を構成する項目） 　――製造業については，事業所ごとにデータを調査。 ➢ 企業全体の売上金額：詳細な内訳 　① 大まかな分類（19 分類）別の売上金額 　② 上位 15 品目については品目（商品）別の売上金額 　――製造業については，事業所ごとに品目別出荷額を調査。 ➢ 卸小売業における商品売上原価（仕入原価），商品手持ち額 ➢ 企業全体の設備投資額
調査の方法	調査票を配布し，企業はインターネット（オンライン調査）ないしは調査票を郵送で返送して回答する（郵送調査）。なお，個人経営など小規模事業所については調査員による調査を行う。
公表時期 （2021 年）	➢ 速報集計結果 2022 年 6 月公表 ➢ 確報集計結果 2022 年 9 月～ 2023 年 6 月公表

2012 年に第 1 回，2016 年に第 2 回，2021 年に第 3 回の調査が実施されている。今後も，5 年ごとに実施される予定である。

　「経済センサス」の調査項目は，従業者数，売上高，費用項目，設備投資，事業別および品目別の売上高など，かなり詳細な項目に亘っている（表2.4）。「国勢調査」とは異なり，「経済センサス」に回答する企業の記入負担は軽くない。これは，「経済センサス」のデータを，「産業連関表」や「国民経済計算」のGDP（国内総生産）の推計に利活用するためである。

●調査の方法

　「経済センサス」は，国内の全ての企業・事業所（店舗，工場，営業所，本社・支社など経済活動が行われる場所ごとの単位）を対象としている。調査対象となる母集団の名簿は，事業所・企業に関する最新の名簿情報として整備される

「事業所母集団データベース」を利用している。企業は，インターネットないしは郵送で回答する。個人経営など小規模事業所については，統計調査員による調査票の配布・回収が行われている。なお，調査票が回収できない企業・事業所のデータ，ならびに一部の調査項目が未回答のデータについては，様々な方法でできる限り補完して統計を作成している。

● 「経済センサス」から分かること

「経済センサス」では，各産業の詳細な財・サービスの産出（売上高）構造を詳細に把握することに重点が置かれている。財は約 2,000 品目，サービスは約 400 品目に区分して調査が行われている。例えば，携帯電話キャリアなどの「移動電気通信業」のサービス品目別売上高の構成をみると，携帯電話のデータ通信サービス（45%）が最大のシェアを占め，音声通信サービス（24%）が続いている。さらに，固定電気通信サービスに属する光回線サービス（6%）も一定のシェアを占めている（表 2.5 ①）。これらのデータを利用して「産業連関表」や支出側 GDP を推計している。

また，企業別の費用総額・費用項目データから，産業別の付加価値額を算出することができる。「産業連関表」や生産側 GDP の基礎データとして活用されている。さらに，都道府県・市町村別の付加価値額データを利用することで，企業の経済活動の地域分布を把握できる。付加価値額の地域分布をみると，東京 23 区が全国の 19%を占め，企業活動の東京への一極集中が進んでいることが明らかになる（表 2.5 ②）。このほか，事業所ごとの従業者数を地域メッシュ（1km 四方のメッシュ〈網の目の区域〉）で集計すると，最近では東京駅近辺や大手町などの都心において高層オフィスビルが相次いで建設され，事業所の集積が急速に進んでいる様子を把握できる（表 2.5 ③）。このように「経済センサス」は，全数調査であることを活かして，品目別・産業別・地域別に細分化された統計の集計に強みを発揮している。

●事業所・企業の母集団情報「事業所母集団データベース」

事業所・企業に対する統計調査の母集団名簿として，**事業所母集団データベース（ビジネスレジスター）**が整備されている。2007 年に制定された新統計法で整備方針が明示され，2014 年から，年に 1 回，更新された名簿情報（**年次フレーム**）が提供されている。「経済センサス」など各種の統計調査において，

[2] 調査統計の作成方法　　**27**

表 2.5 「経済センサス活動調査」の結果

① 「移動電気通信業」のサービス品目別売上高内訳（2020年）

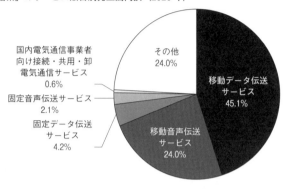

② 市町村別の付加価値額：上位 10 位（2015年）

27年順位	23年順位	変動	都道府県名及び市町村名	付加価値額（百万円）	全国に占める割合（％）	累計（％）
1	1	(← 0)	東京都 特別区部	54,861,319	18.9	18.9
2	2	(← 0)	大阪府 大阪市	13,844,460	4.8	23.7
3	3	(← 0)	愛知県 名古屋市	8,226,145	2.8	26.6
4	4	(← 0)	神奈川県 横浜市	7,961,915	2.7	29.3
5	5	(← 0)	福岡県 福岡市	4,605,109	1.6	30.9
6	6	(← 0)	北海道 札幌市	3,909,936	1.4	32.3
7	7	(← 0)	兵庫県 神戸市	3,680,848	1.3	33.5
8	8	(← 0)	京都府 京都市	3,277,080	1.1	34.7
9	10	(↑ 1)	宮城県 仙台市	3,202,545	1.1	35.8
10	11	(↑ 1)	広島県 広島市	3,008,631	1.0	36.8

③ 地域メッシュ（1km 四方）でみた従業者数：上位 5 位（2012年→2016年）

順位	地域メッシュ・コード	地域メッシュにかかる主な地域	従業者数 28年（人）	24年（人）	増減率（％）
1	5339-46-11	東京都千代田区東京駅付近	232,159	194,217	19.5
2	5339-46-21	東京都千代田区大手町駅〜中央区日本橋駅付近	195,253	180,818	8.0
3	5339-45-35	東京都新宿区西新宿駅付近	155,364	133,789	16.1
4	5235-03-39	大阪府大阪市北区堂島一〜三丁目付近	154,273	142,882	8.0
5	5339-46-00	東京都千代田区日比谷公園〜港区新橋一・二丁目付近	147,282	129,134	14.1

（出所）　総務省・経済産業省「2021年・2016年経済センサス活動調査」

　最新の母集団名簿情報を活用し，統計調査の調査対象を抽出している。
　事業所母集団データベースでは，「経済センサス」「経済構造実態調査」等の統計調査の結果を取り込むほか，行政記録情報を用いて事業所・企業を捕捉し，データベースに収録している。これは，統計調査員の目視により，看板等の外観から事業所・企業の活動状況を把握するだけでは，事業所・企業を全て捕捉する

図 2.2 事業所母集団データベースの概要

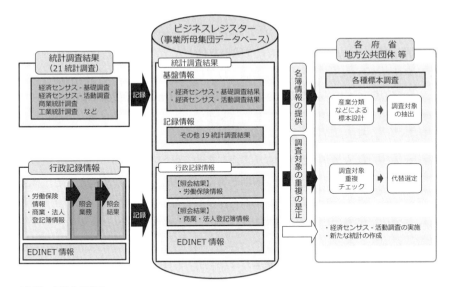

（出所） 総務省統計局 HP

ことが難しいためである。このように様々な情報を活用することで，企業や事業所に関する最新の母集団名簿を毎年整備し，各種の統計調査における名簿情報として活用している。なお，捕捉に用いる行政記録情報は，以下の 4 つが代表的なものである（図 2.2）。

① 労働保険情報

　被用者（雇用者）が加入する労働保険の情報から，活動している事業所・企業を把握する。

② 商業・法人登記簿情報

　法務局の登記情報から，法人の新たな設立や廃業を把握する。

③ EDINET 情報

　インターネットで閲覧可能な有価証券報告書，有価証券届出書，大量保有報告書等の開示書類から，上場企業等の情報が入手できる。

④ 法人番号公表サイト・法人番号の通知状況に関する情報

　国税庁の法人番号関連の情報から，捕捉漏れとなっている法人を把握する。

2.4 標本調査（1）：単純無作為抽出と標本誤差

●標本調査のメリット

「国勢調査」や「経済センサス」を除いたほとんどの調査統計は，標本調査によって作成されている。標本調査には，以下の2つのメリットがある。

① 全数調査と比べ，**標本の大きさ（標本調査の対象となる要素の数）**が小さいため，費用と時間が少なくて済む。結果の公表も，迅速にできる。こうした理由から，動態統計は標本調査が利用されている。

② 必要な調査スタッフ数が少なくて済むため，習熟度を高めることで，全数調査よりも複雑で分量の多い調査事項を綿密に調査することが可能となる。構造統計でも，標本調査が利用される場合が少なくない。

一方で標本調査には，全数調査には存在しない標本誤差が発生するとのデメリットもある。ただし，標本誤差の大きさを推計することが可能なことから，標本設計を工夫することで，標本誤差を一定範囲に抑制することができる。

●標本調査で知りたいこと：母集団の特徴を表す量（母数）

母集団の特徴を表す量＝母数 統計調査の目的は，全企業の売上高や1世帯当たりの消費支出など，**母集団の特徴を表す量（母数）**を知ることである。母数としては，母集団の総計 τ，母集団の平均 μ，母集団の比率 π の3つが代表的である（τ：タウ）。母集団を $\{X_1, X_2, \cdots X_N\}$（母集団の大きさ N）と定義して，式で示すと以下のとおりである。

① 母集団の総計 τ （例）全企業の売上高・日本の就業者数など

$$\tau = X_1 + X_2 + \cdots X_N = \sum_{i=1}^{n} X_i$$

$\sum$ は「総和を求める」つまり「全部足す」ということを表す記号である。

② 母集団の平均 μ （例）1世帯当たりの消費支出，1人当たり所得など

$$\mu = \frac{1}{N} \sum_{i=1}^{N} X_i = \frac{1}{N} \tau$$

母集団の平均 μ は，母集団の総計 τ を母集団の大きさ N で割った値となる。

③　母集団の比率 π　　（例）政策への賛成比率，高齢者世帯比率，失業率など

　母集団の比率 π は，母集団の各要素 X_i に，特定の意見・政策に賛成の人を
1，反対の人を 0 となる 2 値変数を与えた場合の母集団の平均 μ となる。

$$\pi = \frac{1}{N} \sum_{i=1}^{N} X_i = \frac{1}{N} \tau$$

　なお，母集団の各要素のばらつきを示す母集団の分散 σ^2 は，

$$\sigma^2 = \frac{1}{N} \cdot \sum_{i-1}^{N} (X_i - \mu)^2$$

で計算する。

■ 標本調査から計算できる統計量 ■　標本調査では，標本から得られる情報を
用いて，上記の母数，**母集団の総計 τ の推定量 $\hat{\tau}$，母集団の平均 μ の推定量 $\hat{\mu}$，**
母集団の比率 π の推定量 $\hat{\pi}$，各々の推定量を得ることが必要である。同時に，標
本調査による各推定量がどの程度信頼できるか，誤差（標本誤差）を見積もるこ
とも求められる。

　母数の推定の際には，標本から計算できる統計量が利用可能である。代表的な
ものとしては，**標本平均 $\bar{x}$，**標本から計算される**不偏分散 s^2** などがある。

　母集団から抽出された標本を $\{x_1, x_2, \cdots x_n\}$（標本の大きさ n，$n < N$）と定義す
ると，**標本平均 $\bar{x}$** は，標本の総計を標本の大きさ n で割って求める。

$$\bar{x} = \frac{1}{n} \sum_{i=1}^{n} x_i$$

　標本から計算される不偏分散 s^2 は，標本平均からのかい離の二乗和を $n-1$ で
除して計算する。

$$s^2 = \frac{1}{n-1} \cdot \sum_{i-1}^{n} (x_i - \bar{x})^2$$

　$n-1$ で割るのは，標本分散を母集団分散の不偏分散とするためである。

2　調査統計の作成方法　　**31**

●標本調査:単純無作為抽出

　標本調査でもっとも単純な標本抽出方法は，母集団を構成する全ての要素を等しい確率で抽出する方法＝「単純無作為抽出」である。

　単純無作為抽出の一例として「さいころを複数回（5回，20回，100回）投げて，出た目の平均値（標本平均）を計算する実験」を1,000回行うことを考える（図2.3）。さいころを投げる回数が5回のケースでは標本平均のばらつきは大きくなっているが，さいころを投げる回数が20回，100回と増加するにつれて標本平均は母集団の平均（1～6の平均＝3.5）に近づき，標本平均のばらつきも小さくなっていく。

　この実験は，無限の大きさを持つ母集団（さいころの目の集合体）から，さいころを投げる回数の要素を抽出した標本調査に相当する。標本の大きさが5→20→100と増加するにつれて，標本平均は母集団の平均（3.5）に近づき，標本平均のばらつきも小さくなる（これを「**大数の法則**」という）。以上の結果は，①単純無作為抽出では標本から得られる統計量の期待値が母数の値と一致すること，②標本の大きさを増加させれば標本から得られる統計量と母数との誤差（標本誤差）を一定の水準以下に収め得ることを示している。

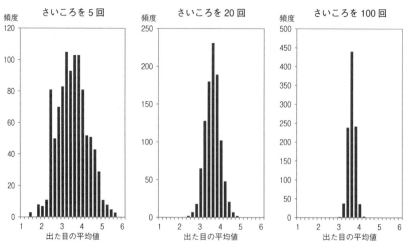

図2.3　さいころを5回，20回，100回投げて出た目の平均値のヒストグラム

（注）　実験の試行回数はいずれも1,000回である。

●単純無作為抽出における母数の推定量

標本から得られる統計量を用いて，母集団の総計 τ の推定量 $\hat{\tau}$，母集団の平均 μ の推定量 $\hat{\mu}$，母集団の比率 π の推定量 $\hat{\pi}$ を求める。ここでは，**同一の要素が母集団から一度のみ抽出される（一度抽出されれば，重複して抽出されることはない）非復元抽出を仮定**する。

① 母集団の総計の推定量 $\hat{\tau}$

母集団の総計の推定量 $\hat{\tau}$ は，母集団の平均 $\hat{\mu}$ の推定量に母集団の大きさ N を乗じて計算できる。単純無作為抽出では，「大数の法則」により母集団の平均の推定量 $\hat{\mu}$ は標本平均 $\bar{x}$ の期待値と一致することから，以下のとおりとなる。

$$\hat{\tau} = N\bar{x} = \frac{N}{n} \sum_{i=1}^{n} x_i$$

単純無作為抽出では，各要素が標本として選ばれる確率は n/N となる。母集団の総計の推定量 $\hat{\tau}$ は，**標本の総計に「標本として選ばれる確率（n/N）の逆数」を掛けた値**となる。この N/n を乗率（復元乗率，抽出ウエイト）という。また，母集団の総計の推定量 $\hat{\tau}$ は，**標本の総計に「抽出率（$f = n/N$）の逆数」を掛けた値**とも言い換えることができる。例えば，標本の抽出率が 1/4 の統計調査であれば，標本の総計を 4 倍すれば母集団の総計になる。

なお，要素ごとに選ばれる確率が異なる場合は，要素ごとに異なる確率の逆数（乗率： ω_i）を乗じて総計の推定量 $\hat{\tau}$ を算出する（ω：オメガ）。

$$\hat{\tau} = \sum_{i=1}^{n} \omega_i x_i$$

② 母集団の平均の推定量 $\hat{\mu}$

母集団の平均の推定量 $\hat{\mu}$ は，①で求めた母集団の総計の推定量 $\hat{\tau}$ を母集団の大きさ N で割ることにより求められる。

$$\hat{\mu} = \frac{1}{N}\hat{\tau} = \frac{1}{N}(N\bar{x}) = \bar{x}$$

単純無作為抽出では，各要素が選ばれる確率が同一であることから，母集団の平均の推定量 $\hat{\mu}$ は，標本平均 $\bar{x}$ と一致することになる。

③ 母集団の比率の推定量 $\hat{\pi}$

母集団の比率の推定量 $\hat{\pi}$ は，特定の意見・政策に賛成の人を1，反対の人を0となる2値変数を与えた場合の母集団の平均の推定量 $\hat{\mu}$ となる。

$$
\hat{\pi} = \frac{1}{N}\hat{\tau} = p
$$

標本における1の値を採る比率 p と一致する。

●単純無作為抽出における母数の推定量の分散と標準誤差

標本調査による母数（母集団の総計，平均，比率）の推定値（推定量の式を用いて計算した値）と真の値との間には誤差が生じる。母集団の平均であれば誤差は以下のように表記できる。

$$
(誤差) = (推定値) - (母数の真の値) = \hat{\mu} - \mu
$$

「大数の法則」により，この誤差の期待値はゼロとなる。しかしながら，一定のばらつきは存在する。推定値の誤差を評価するためには，上記の「誤差」の分散 $V(\hat{\mu})$ を算出して比較する。この**分散 $V(\hat{\mu})$ の平方根である標準偏差**のことを，**標準誤差 $SE(\hat{\mu})$** と呼ぶ。

図2.3でみたようにさいころを投げる回数が増加するほど，すなわち，標本の大きさが増加するほど，「誤差」の分散 $V(\hat{\mu})$ は小さくなっていく。さらに都合がよいことに母集団の分布がどのような分布であっても，標本の大きさ n が大きくなれば推定値の分布は正規分布に近づいていく性質をもつため，誤差の評価が容易になる。この性質を「**中心極限定理**」と呼んでいる。

母集団の総計の推定量の分散 $V(\hat{\tau})$ と標準誤差 $SE(\hat{\tau})$，ならびに母集団の平均の推定量の分散 $V(\hat{\mu})$ と標準誤差 $SE(\hat{\mu})$ は，母集団の分散 σ^2 を用いて，以下のように求めることができる（以下では式の導出は省略している。式の導出については，福井（2013）や日本統計学会編（2023）を参照のこと）。

① 母集団の総計の推定量 $\hat{\tau}$ の分散と標準誤差

$$
V(\hat{\tau}) = N^2 \frac{N-n}{N-1} \frac{\sigma^2}{n} \qquad SE(\hat{\tau}) = N\sqrt{\frac{N-n}{N-1}} \frac{\sigma}{\sqrt{n}}
$$

この式における係数 $\dfrac{N-n}{N-1} = \dfrac{N}{N-1}(1-f)$ $\left(f = \dfrac{n}{N}：抽出率\right)$ は，有限母集

団修正項と呼ばれる。標本調査では母集団を構成する各要素は非復元抽出（同一の要素が母集団から一度のみ抽出）されることから、標本の大きさ n が大きくなるにつれて抽出率 f が増加し、分散や標準誤差が小さくなる効果が反映される。$n = N$（$f = 1$）となると全数調査となり、分散や標準誤差がゼロとなる。

一方、母集団の大きさ N が十分に大きい場合には有限母集団修正項が 1 となることから、

$$\mathrm{V}(\hat{\tau}) \approx N^2 \frac{\sigma^2}{n} \qquad \mathrm{SE}(\hat{\tau}) \approx N \frac{\sigma}{\sqrt{n}} \qquad\qquad (\approx : \text{ほとんど等しい})$$

と簡単な式となる。多くの標本調査ではこの条件を満たすことから、簡略化した式で総計の推定量の分散と標準誤差を見積もることで差し支えない。

② 母集団の平均の推定量 $\hat{\mu}$ の分散と標準誤差

母集団の平均の推定量の分散 $\mathrm{V}(\hat{\mu})$ と標準誤差 $\mathrm{SE}(\hat{\mu})$ についても同様に、

$$\mathrm{V}(\hat{\mu}) = \frac{N-n}{N-1} \frac{\sigma^2}{n} \qquad \mathrm{SE}(\hat{\mu}) = \sqrt{\frac{N-n}{N-1}} \frac{\sigma}{\sqrt{n}}$$

となる。母集団の総計の推定量の分散 $\mathrm{V}(\hat{\tau})$ と標準誤差 $\mathrm{SE}(\hat{\tau})$ の、各々 $1/N^2$ 倍、$1/N$ 倍となっている。母集団の大きさ N が十分に大きい場合は同様に、

$$\mathrm{V}(\hat{\mu}) \approx \frac{\sigma^2}{n} \qquad \mathrm{SE}(\hat{\mu}) \approx \frac{\sigma}{\sqrt{n}}$$

と簡単な式となる。多くの標本調査では、この簡略化した式で母集団の平均の分散と標準誤差を見積もることで差し支えない。

①と②で必要となる母集団分散 σ^2 は全数調査を実施しないと分からない。そのため、各推定量の分散や標準誤差は、母集団分散 σ^2 の代わりに、その不偏推定量である不偏分散 s^2 を式に代入して推定する。

③ 母集団の比率の推定量 $\hat{\pi}$ の分散と標準誤差

1 または 0 となる 2 値変数では、大きさ N の母集団のうち、1 をとるのが $N\pi$ 個、0 をとるのが $N(1-\pi)$ 個となることから、母集団分散 σ^2 は、

$$\sigma^2 = \frac{1}{N}\{(1-\pi)^2 N\pi + (0-\pi)^2 N(1-\pi)\} = \pi(1-\pi)$$

表2.6　比率 π を変化させた場合の標準誤差（$n = 1{,}000$ の場合）

（単位：%ポイント）

比率 π	0.0	0.1	0.2	0.3	0.4	0.5	0.6	0.7	0.8	0.9	1.0
標準誤差	0.00	0.95	1.27	1.45	1.55	1.58	1.55	1.45	1.27	0.95	0.00

となる。母集団の比率の推定量の分散 $V(\hat{\pi})$ と標準誤差 $SE(\hat{\pi})$ は，母集団の平均の推定量の分散 $V(\hat{\mu})$ と標準誤差 $SE(\hat{\mu})$ の式にこの値を代入して，

$$V(\hat{\pi}) = \frac{N-n}{N-1} \cdot \frac{\pi(1-\pi)}{n} \qquad SE(\hat{\pi}) = \sqrt{\frac{N-n}{N-1}} \cdot \sqrt{\frac{\pi(1-\pi)}{n}}$$

と計算できる。比率の場合は，比率 π から分散と標準誤差を求めることができることが特徴である。

さらに，母集団の大きさ N が十分に大きい場合は，両者は，

$$V(\hat{\pi}) \approx \frac{\pi(1-\pi)}{n} \qquad SE(\hat{\pi}) \approx \sqrt{\frac{\pi(1-\pi)}{n}}$$

とかなり簡単な式になる。これは，特定の政策の賛否や内閣や政党の支持率を調査する世論調査では，分散や標準誤差は，標本の大きさ n を与えれば分散や標準誤差の水準は比率 π に応じて決まり，その水準は $\pi = 0.5$ で最大となることを示している（表2.6）。なお，比率の推定量 $\hat{\pi}$ の分散や標準誤差は，比率 π の推定量である標本の比率 p を式に代入して推定する。

●単純無作為抽出における母数の推定量の信頼区間

標本調査には，標本抽出に伴う誤差（ばらつき）である**標本誤差**が含まれている。推定値の分散あるいは標準誤差の大きさが分かれば，母集団の総計，平均，比率を，幅を持ったかたちで表現することが可能である。

例えば，母集団における平均が○○と推定（点推定）する代わりに，誤差を考慮して △△〜▲▲ と推定（区間推定）することが可能である。具体的には，母集団の平均 μ について，一定の**信頼係数**のもとで，μ が入る範囲（**信頼区間**）を計算できる。

信頼係数 95%（$\lambda = 1.96$）のもとでは（λ：ラムダ），母集団の平均 μ の推定

量である標本平均（$\bar{x}$）の標本誤差は標準誤差 $\mathrm{SE}(\hat{\mu})$ の 1.96 倍となることから，母集団平均（μ）の信頼区間は，以下のとおりである。

$$
\bar{x} - 1.96\sqrt{\frac{N-n}{N-1}}\frac{\sigma}{\sqrt{n}} \;<\; \mu \;<\; \bar{x} + 1.96\sqrt{\frac{N-n}{N-1}}\frac{\sigma}{\sqrt{n}}
$$

母集団の大きさ N が十分に大きい場合は，信頼係数 95％の母集団平均（μ）の信頼区間は以下となる。

$$
\bar{x} - 1.96\frac{\sigma}{\sqrt{n}} \;<\; \mu \;<\; \bar{x} + 1.96\frac{\sigma}{\sqrt{n}}
$$

$\lambda = 1.96$ は信頼係数 95％の場合の値である。信頼係数 99％の場合は $\lambda = 2.58$ を用いる。信頼係数 68％の場合の係数は $\lambda = 1$ となる。母集団の総計 τ，比率 π についても，同様に信頼区間を求めることができる。

$\lambda = 1$ の場合の標本誤差は，母集団の平均の推定値の標準偏差である標準誤差と一致する。この標準誤差を，標本平均など水準の推定値で割った値を**標準誤差率**と呼んでいる。各種の標本調査では，標本誤差として「標準誤差」や「標準誤差率」が公表されることが多い。用語が紛らわしいので注意が必要である。

●標本誤差の特徴と標本設計

標本の大きさ n が増加するにつれて，標本誤差は $1/\sqrt{n}$ に比例して減少する。標本の大きさを 100 倍にすると標本誤差は 10 分の 1 となる。一方，統計調査に要するコストは標本の大きさに比例して増加すると考えられる。母集団の分散（標準誤差）の大きさを把握したうえで，統計精度と調査コストとのトレードオフを考慮して，適切な標本の大きさを決定する必要がある。

標本の大きさの決定：母集団の比率の場合 例えば，政策の賛否を問う世論調査を行う場合，母集団の比率について信頼係数 95％の標本誤差は，以下のようになる。

$$
（標本誤差） = 1.96\sqrt{\frac{N-n}{N-1}} \cdot \sqrt{\frac{\pi(1-\pi)}{n}}
$$

さらに，母集団の大きさ N が十分に大きい場合には，以下のとおりである。

表 2.7　標本の大きさ n を変化させた場合の標本誤差（比率 $\pi = 0.5$）

（単位：％ポイント）

n	100	200	300	500	1,000	2,000	3,000	5,000	10,000
標本誤差	9.80	6.93	5.66	4.38	3.10	2.19	1.79	2.48	0.98

（注）　標本誤差の信頼係数は 95％（$\lambda = 1.96$）である。

$$（標本誤差）\approx 1.96 \sqrt{\frac{\pi(1-\pi)}{n}}$$

　比率 π の信頼係数 95％における標本誤差（$\pi = 0.5$ とした場合）は，標本の大きさが 100 で約 10％，1,000 で約 3％，10,000 で約 1％となる（**表 2.7**）。標本誤差を 2％以内とするには標本の大きさは 2,000～3,000 程度，1％以内とするには 10,000 程度が各々必要となる。世論調査にどの程度の精度を求めるかで，必要となる標本の大きさが決まる。

　マスコミ各社が行っている世論調査の標本の大きさは 1,000～2,000 程度である。世論調査による内閣支持率や政策の賛否等についての信頼係数 95％の標本誤差は，2～3％程度と考えられる。

標本の大きさの決定：母集団の平均の場合　母集団の大きさ N が十分に大きい場合の標本誤差は

$$（標本誤差）\approx \lambda \frac{\sigma}{\sqrt{n}} \quad （\lambda：信頼係数，例えば 95％で 1.96）$$

と記せる。標本誤差が標本調査の目標精度（許容誤差）d に収まるために必要な標本の大きさ n は

$$d = \lambda \frac{\sigma}{\sqrt{n}} \quad \Rightarrow \quad n = \frac{\lambda^2 \sigma^2}{d^2}$$

で求めることができる。

　例えば，母集団の標準偏差が平均の推定値の 10％である場合に 95％の信頼係数（$\lambda = 1.96$）の許容誤差が平均の 1％以内に収まるために必要となる標本の大きさは，以下のように計算できる。

$$n = \frac{\lambda^2 \sigma^2}{d^2} \quad \Rightarrow \quad n = \frac{1.96^2 0.10^2}{0.01^2} \approx 384$$

2.5 標本調査（2）：標本設計の実際・標本抽出方法の選択

●単純無作為抽出の欠点

　単純無作為抽出法は実際の調査統計には全く利用されていない。それは，以下のような欠点があるためである。

① **母集団全体の名簿が必要となる**

　単純無作為抽出を行うには，抽出するための母集団のリスト（抽出枠）が必要である。事業所・企業に関する統計調査では，事業所母集団データベースのような全国をカバーする母集団名簿が存在している。一方，世帯・個人については，利用が可能である母集団全体の名簿が存在しない（「国勢調査」は，5年に1度しか調査されないため，最新時点の名簿として利用できない）。

② **実地調査が大変である**

　単純無作為抽出を行うと，調査対象となる各要素（企業や世帯）が地理的に離れ離れになる。郵送やオンライン調査であれば調査を行うことは可能だが，調査員が訪問する必要がある場合には，移動時間等で物理的に対応が困難となる。

③ **母集団に関する各種情報を活用していない**

　標本を設計する場合に，母集団について様々な情報を知っている場合がある。例えば，事業所・企業の売上高は，事業所・企業の規模により，大きな違いがあることが知られている。こうした事前に分かる情報を利用すれば，単純無作為抽出よりも，もっと効率的な抽出を行うことができる。

●実際に採用されている標本抽出方法

　標本調査において採用されている標本抽出方法は，**集落抽出法，多段抽出法，層化抽出法，層化多段抽出法**の4つである（**表2.8**）。そのうち，事業所・企業を対象とする統計調査では層化抽出法が，世帯・個人を対象とする統計調査では層化多段抽出法が，各々多く利用されている。以下では，多段抽出法，層化抽出法，層化多段抽出法について説明する。

2　調査統計の作成方法　　39

表2.8 標本調査で採用される標本抽出方法

抽出方法	抽出の手順	適用対象分野	適用対象の統計
集落抽出法	母集団の集落（地区）から標本集落を抽出し，その集落内の全標本を調査する	一部の統計調査	国民生活基礎調査など
多段抽出法	母集団の集落（地区）から標本集落を抽出し，その集落内から標本を抽出して調査する	世帯・個人を対象とする統計調査	消費動向調査など
層化抽出法	母集団を層に分け，各層から標本を抽出して調査する	事業所・企業を対象とする統計調査	法人企業統計調査，短観，毎月勤労統計調査など
層化多段抽出法	母集団を層に分け，各層で多段抽出を行って調査する。	世帯・個人を対象とする統計調査	労働力調査，家計調査，就業構造基本調査など

●多段抽出法（2段抽出法，3段抽出法）

　概　要　　多段抽出法のうち，標本を2段階で抽出する2段抽出法を説明する。2段抽出法とは，第1段階で，いくつかの調査対象の要素の集まりである地域（市町村あるいは国勢調査の調査区）（＝第1次標本）を母集団から無作為に抽出し，さらに第2段階で，その地域の中から調査対象となる世帯（＝第2次標本）を無作為に抽出する方法である（図2.4）。このほか，第1段階で市町村を抽出し，第2段階で抽出された市町村から調査区を，第3段階で調査区から調査対象の標本（世帯）を無作為に抽出する，との3段抽出法もある。このような2段以上の抽出方法を総称して多段抽出法という。

　メリット　　多段抽出法のメリットは以下の2点である。

① 母集団全体の名簿が不要である

　全国の母集団名簿（世帯の名簿）は不要である。最終段階の世帯の抽出に必要となる地域内における世帯の名簿（例えば，1つの国勢調査の調査区に含まれる50世帯程度）のみを整備すればよい。当該名簿は，住宅基本台帳や統計調査員の巡回調査で作成することが可能である。

② 実地調査が容易である

　調査対象となる世帯は，同一の地域（調査区）に所在するため，統計調査員による訪問調査も容易である。

　このように単純無作為抽出法の3つの欠点のうち，2つを解決できる。

　デメリット　　一方で，多段抽出法には以下のデメリットがある。

図2.4 2段抽出法における標本抽出のしくみ

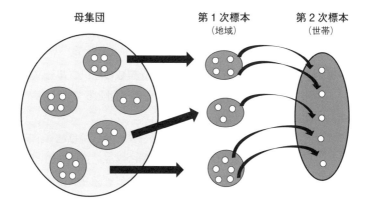

① 多段抽出法の標本誤差は一般に単純無作為抽出法よりも大きくなる

標本の大きさ n，第1次標本の地域数 m，第2次標本の地域当たり標本の大きさ $\bar{n}$（$n = m\bar{n}$）の場合，2段抽出法の母集団平均の標本誤差は，信頼係数95%では，

$$1.96\frac{\sigma}{\sqrt{m\bar{n}}} < （2段抽出法による標本誤差） < 1.96\frac{\sigma}{\sqrt{m}}$$

となる。

例えば，全国で1,000世帯を抽出する場合，単純無作為抽出法なら標本は全国1,000地点に散在する。一方，2段抽出法で，第1段階で100の地域を抽出し，第2段階で各地域から各々10世帯を抽出する場合，標本は全国100地点に散在するにとどまることから，標本の大きさ1,000の単純無作為抽出法よりも標本誤差は大きくなる。一方で，地域ごとにさらに10世帯を抽出することから，標本の大きさ100の単純無作為抽出法の標本誤差よりは小さくなる。

調査統計における利用状況 標本誤差が単純無作為抽出法よりも大きくなることから，調査統計で多段抽出法が採用される事例はさほど多くない。世帯や個人を対象とする調査統計では，効率的な標本設計で標本誤差の改善が図られるように多段抽出法と層化抽出法を組み合わせた**層化多段抽出法**が採用される場合が多い。

●層化抽出法

概　要　層化抽出法とは，調査対象の母集団を複数の層（グループ）に分け，それぞれの層から標本を抽出する方法である。ここでは，多数の企業から構成される母集団を考える（図2.5）。まず，①第1段階では，企業の特性を表す企業の規模，産業，地域などを基準に**母集団を複数の層（グループ）に分割する（層化）**。②第2段階では，各層から所定の確率（図2.5では1/2の確率）で企業を無作為抽出して標本を作成する。

企業の規模など特性が異なる複数の層（グループ）から偏りなく企業を抽出できることから，標本の企業の構成は母集団の企業の構成に近いものとなる。標本抽出を複数回行うケースを考えると，各抽出回における図2.5の▲や★の構成比率のばらつきは，層化をしない場合と比べて小さくなる。すなわち，母集団の総計や平均の推定値の標本誤差を小さくすることができる。

メリット

① 　層化抽出法の標本誤差は単純無作為抽出法の標本誤差よりも小さい

層化抽出法の最大のメリットは，適切な標本設計を行えば，同一の標本の大きさで単純無作為抽出法に比べて標本誤差をより小さくできることである。

ここで，母集団（大きさ：N）をL個の層に分割する。各々の層のサイズをN_iとする。ただし，$N_1 + N_2 + \cdots + N_L = N$である。

各層の母集団の平均をμ_i，分散をσ_i^2とすると，母集団の分散σ^2は，

図2.5　層化抽出法における標本抽出のしくみ

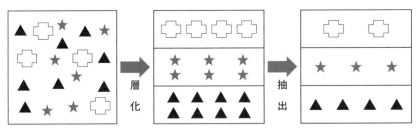

$$\sigma^2 = \frac{1}{N} \cdot \sum_{i=1}^{L} \sum_{j=1}^{N_i} (X_{ij} - \mu)^2 = \sum_{i=1}^{L} \frac{N_i}{N} \cdot \frac{1}{N_i} \sum_{i=1}^{L} [(X_{ij} - \mu_i) + (\mu_i - \mu)]^2$$

$$= \sum_{i=1}^{L} \frac{N_i}{N} \cdot \frac{1}{N_i} \sum_{j=1}^{N_i} (X_{ij} - \mu_i)^2 + \sum_{i=1}^{L} \frac{N_i}{N} \cdot (\mu_i - \mu)^2$$

$$= \sum_{i=1}^{L} \frac{N_i}{N} \sigma_i^2 + \sum_{i=1}^{L} \frac{N_i}{N} \cdot (\mu_i - \mu)^2$$

$$= \sigma_w^2 + \sigma_b^2$$

となる。最後の式の第1項は各層の分散の加重平均（層内分散 σ_w^2），第2項は各層の平均と母集団平均との差の加重平均（層間分散 σ_b^2）となる。すなわち，母集団の分散は，層内分散と層間分散の和として表すことができる。

　以上のことから，単純無作為抽出法を用いた場合の母集団の総計の推定量の分散 $V(\hat{\tau})$ は，母集団の大きさ N が十分に大きいもとでは，

$$V(\hat{\tau}) \approx N^2 \frac{\sigma^2}{n} = N^2 \frac{(\sigma_w^2 + \sigma_b^2)}{n}$$

となる。一方，層化抽出法を用いた場合は各層ごとで標本抽出を行い，母集団の総計の推定量は，層ごとに復元乗率を乗じて算出された総計の推定量の和となる。このため，分散には標本抽出の対象となる各層の層内分散 σ_w^2 のみが寄与し，標本抽出とは無関係の層間分散 σ_b^2 は影響しない。層化抽出法を用いた場合の母集団の総計の推定量の分散 $V(\hat{\tau}_s)$ は，母集団の大きさ N が十分に大きいもとでは，

$$V(\hat{\tau}_s) \approx N^2 \frac{\sigma_w^2}{n}$$

となる。このため，

$$V(\hat{\tau}_s) < V(\hat{\tau})$$

が成立する。層化抽出法による分散は，単純無作為抽出法による分散よりも必ず小さくなる。

② **層を区分する適切な基準（変数）を選択し，適切な層の区分数を設定することで層化抽出法による標本誤差をより小さくできる**

　同一層内ではできるだけ同質となり層内分散 σ_w^2 が小さくなるように，同時に

〔2〕調査統計の作成方法　　*43*

各層の平均が母集団の平均とできるだけ大きく異なる（層間分散 σ_b^2 が大きくなる）ように，層を区分する適切な基準（変数）を選び，必要な層の区分数を設定することで，層化抽出法による分散を小さくすることができる。ただし，層の区分数が多くなり，各層に含まれる母集団の大きさが小さくなりすぎると標本の確保が難しくなり，調査の実務が不安定となる可能性がある。こうしたトレードオフを考慮しつつ，層化抽出法の設計を行う必要がある。

デメリット

① **母集団全体の名簿が必要である**

層化抽出法では，母集団の各要素を区分するために母集団全体の名簿が必要である。このため，「事業所母集団データベース」が利用可能な事業所・企業の統計調査で幅広く利用されている。一方，世帯・個人を対象とする統計調査では，リアルタイムで利用可能な母集団名簿が存在しないため，適用が困難である。代わりに，次に説明する層化多段抽出法が利用されている。

調査統計における利用状況

① **企業を対象とする統計では，企業の規模など母集団に関する情報を活用して適切に層に区分することで標本誤差を小さくすることができる**

事業所・企業では，規模別（会社の資本金，従業員数など）や産業別に売上高や設備投資などの計数に大きなばらつきがある。しかし，規模別や産業別に層（グループ）に区分することで，層内のばらつきが縮小し標本誤差が大きく減少する場合が多い。事業所・企業の統計調査では，事業所母集団データベースから母集団に関する規模や産業の情報が利用可能なため，層化抽出法は事業所・企業を対象とする調査統計で幅広く利用されている（表2.9）。

表2.9 層化抽出法を採用する調査統計

統計名	作成府省等	層区分の基準
法人企業統計調査	財務省	産業，資本金規模
全国企業短期経済観測調査	日本銀行	産業，資本金規模，売上高規模
毎月勤労統計調査	厚生労働省	都道府県，産業，常用労働者規模
商業動態統計調査	経済産業省	業種，従業者規模
サービス産業動態統計調査	総務省	産業，従事者規模

（出所）各府省等の HP から筆者作成

層区分の基準となる変数には産業，企業規模（資本金，従業者数）が多く利用されている。財務省「法人企業統計調査」では，産業別で 57 区分，資本金規模別で 6 区分と，層区分はかなり細分化されている。層化抽出法の効果は総じて大きく，事業所・企業を対象とする統計調査の層化抽出法による標本誤差は，単純無作為抽出法による標本誤差を大きく下回ることが多い。

② **各層の標本の大きさを適切に配分すると標本誤差をさらに縮小できる。**

各層から抽出される標本の大きさの配分を工夫することで，標本誤差が縮小できる。図 2.5 で示した**各層の標本の大きさを各層の母集団の大きさに比例させる「比例配分法」**では，どの層に属しているかによらず，全ての要素について標本に選ばれる確率が同一となる。

一方，各層の標本の大きさを**「母集団の大きさ × 層内の標準誤差（＝ $N_i\sigma_i$）」**に比例して配分する（**「ネイマン配分法」**）と，層化抽出法の標本誤差が最小となる。企業の統計調査において企業の規模で層区分していくと，大規模になるほど母集団に含まれる企業数は少なくなり，売上高や設備投資額のばらつきも著しく大きくなる傾向がある。この場合，ネイマン配分法に従うと，データのばらつきが大きい（標準誤差が大きい）一定規模以上の大企業を全数調査とし，中小企業は標本調査とするのが最適な標本の配分となる。実際，多くの調査統計で大企業は全数調査となっている。例えば，「法人企業統計調査」では，資本金 5 億円以上の企業は全数調査となっている。

●層化多段抽出法（層化 2 段抽出法，層化 3 段抽出法）

（ 概 要 ） 層化 2 段抽出法は，①母集団の地域（地区＝国勢調査の調査区）を層に分け，②それぞれの層から地域（調査区）を抽出し，③抽出された集落内から，さらに実際に調査する標本（世帯）を抽出する。すなわち，層化したうえで 2 段抽出を行う手法である。層化したうえで 3 段抽出を行う場合は**層化 3 段抽出法**と呼ばれる。これらを総称して，**層化多段抽出法**と呼ばれる。

（ メリット ） 層化多段抽出法は，層化抽出法（①）と多段抽出法（②，③），双方のメリットを兼ね備えている。

① **層化多段抽出法の標本誤差は，小さくなることが期待できる**

層化多段抽出法の標本誤差は，層の区分を行うことで，多段抽出法の標本誤差より小さくなる。調査項目について，同一層内ではできるだけ同質となり層内分散が小さくなるように，同時に各層の平均が母集団の平均とできるだけ大きく異

2 調査統計の作成方法 **45**

なる（層間分散が大きくなる）ように，層を区分する基準をうまく設定できれば，標本誤差を縮小させることが期待できる。

② **母集団全体の名簿が不要である**

全国の母集団名簿（世帯名簿）は不要である。世帯の抽出に必要となる地区（国勢調査の調査区：50世帯程度）内の世帯名簿のみを整備すればよい。当該名簿は，住宅基本台帳や統計調査員の巡回調査で作成する。

③ **実地調査が容易である**

調査対象となる標本（世帯）は，同一の地域（調査区）に所在するため，訪問調査も容易である。

■調査統計における利用状況■　以上のメリットから，世帯・個人を対象とする統計調査で幅広く利用されている。例えば，総務省「労働力調査」では層化2段抽出法が，「家計調査」では層化3段抽出法が利用されている。「労働力調査」では，国勢調査の調査区を①地域と②産業別の就業構造など調査区の特性によって層に分け（層化），③各層から標本となる調査区を無作為に抽出する（第1段抽出），さらに，④抽出調査区から世帯を無作為に抽出する（第2段抽出）との手順で標本を抽出している（**表2.10**）。

ただし，世帯・個人を対象とする統計調査では，企業を対象とする統計調査とは異なり，同一層内で同質となり，層内分散が小さくなるように層区分を行うことは現実的にはかなり難しい。例えば，「家計調査」で消費支出の精度を高めるには，所得階層別に世帯を層区分することができれば層内分散が縮小することから効果的である。しかし，所得に関する母集団情報を入手するのは困難である。

表2.10　「労働力調査」層化2段抽出法の抽出手順

抽出手順		手順の具体的な内容
①	層　化	全国を11地域（北海道，東北など）に区分
②		地域ごとに産業別の就業構造などの特性でグループに区分
③	第1段抽出	各グループから調査区を無作為抽出（2,912調査区）
④	第2段抽出	各調査区（約50世帯）から調査対象となる16世帯を抽出

（出所）　総務省「労働力調査　標本設計の解説」（2023年4月版）を参考に筆者作成

2.6 標本調査（3）：継続標本を活用した標本調査

●ローテーション・サンプリング：標本の部分入れ替えによる標本調査

　多くの動態統計は標本調査で作成されるが、動態統計では、景気判断に利用するため、各時点（毎月・四半期・年）の計数の水準だけでなく、前月・前四半期や前年同月・同期からの変化を知ることが求められる。一方で標本調査の標本は、①母集団名簿の更新に加え、②調査対象の事業所・企業や世帯・個人の報告者負担の抑制を図る観点から、一定期間ごとに入れ替えることが必要であるが、標本を一度に入れ替えると標本誤差によって、先月から今月までの変化に大きな「段差」や「振れ」が混入する。

　これを回避するには、標本を構成する要素（企業や世帯）を少しずつ入れ替えて、残る要素を継続して調査することが有効と考えられる（ローテーション・サンプリング）。継続標本により、標本誤差による振れを除くことができる。

●ローテーション・サンプリングを用いた場合の標本誤差

　以下の3つの標本入れ替え方法について、標本誤差を比較する。

① 毎回、標本を構成する全ての要素を入れ替え、完全に異なる標本で調査する（全部入れ替え）。

② 要素を一切入れ替えず、同一の標本を継続して調査する（全部継続）。

③ 毎回、一部の要素を入れ替えて調査する（部分入れ替え＝ローテーション・サンプリング）

　2時点間の継続標本の割合を P（毎回4分の1入れ替える場合は $P = 0.75$）、2時点間の継続標本の相関係数を ρ とすると（ρ：ロー）、2時点間の変化（月次調査では前月差や前年同月差）と2時点間の平均（月次調査では2か月の平均）の標準誤差は表2.11となる。2時点の平均（水準）を利用する（時点を増やして平均〈水準〉の精度をできるだけ向上させる）場合は、①毎回標本を全部入れ替えると標準誤差が最小となる。母集団に生じる変化を標本調査に適切に反映するには、①標本を全部入れ替えることで新規の要素を取り込むことが望ましいからである。一方、前月差や前年同月差など2時点間の差（変化）を利用する場合は、②全ての標本を継続すると標準誤差が最小となる。一方で、①毎回標本を全部入れ替えると変化の振れが大きくなる。多くの分析では計数の水準と変化の双方の精度が高いことが望まれる。2時点の平均（水準）と2時点間の差（変化）

[2] 調査統計の作成方法　　**47**

表 2.11 平均の前回差（変化）と 2 時点の平均（水準）の標準誤差

	2 時点間の差（変化）		2 時点の平均（水準）	
①全部入れ替え	$\dfrac{\sqrt{2}\sigma}{\sqrt{n}}$	最大	$\dfrac{\sigma}{\sqrt{2n}}$	最小
②全部継続	$\dfrac{\sqrt{2(1-\rho)}\cdot\sigma}{\sqrt{n}}$	最小	$\dfrac{\sqrt{1+\rho}\cdot\sigma}{\sqrt{2n}}$	最大
③部分入れ替え	$\dfrac{\sqrt{2(1-P\rho)}\cdot\sigma}{\sqrt{n}}$	中	$\dfrac{\sqrt{1+P\rho}\cdot\sigma}{\sqrt{2n}}$	中

表 2.12 ローテーション・サンプリングを採用する主な統計

	標本継続期間	標本交代時期	標本交替割合
法人企業統計調査	2 年間	毎年 4～6 月期	毎年 2 分の 1
毎月勤労統計調査	3 年間	毎年 1 月	毎年 3 分の 1
労働力調査	2 か月間(注)	毎月	毎月 2 分の 1
家計調査	6 か月間	毎月	毎月 6 分の 1

(注)　「労働力調査」では 2 か月間継続調査を行った後，10 か月休み，翌年再び 2 か月間継続調査する。これは，前年同月比の振れを小さくすることを目的に当月と前年同月との継続標本を 2 分の 1 確保するためである。

双方の標準誤差がある程度小さくなるように，①と②の折衷案である③**毎回標本の一部を入れ替えるローテーション・サンプリング（部分入れ替え）を採用するのが適切**と考えられる。

　このため，多くの動態統計では標本をローテーション・サンプリングが採用されている。企業の収益や設備投資を把握する「法人企業統計調査」では調査対象企業は 2 年間継続して調査を行い，毎年 4～6 月期に 2 分の 1 ずつ入れ替えている。賃金を把握する「毎月勤労統計調査」では，事業所は 3 年間継続して調査を行い，毎年 1 月に 3 分の 1 ずつ入れ替えている（**表 2.12**）。

●継続標本系列の利用

　ローテーション・サンプリングの採用により，多くの統計で前年同期比・同月比の振れが一定程度抑制されており，経済変数の基調的な動きの把握に役立っている。もっとも，ローテーション・サンプリングを採用しても，入れ替え時の計数の段差が無視しえない程度残ると，基調判断に支障が生じる場合もある。そこで，「法人企業統計調査」や「毎月勤労統計調査」では，**標本入れ替え前後で継**

続調査される標本のみで構成する継続標本（表2.11②）を利用した前年同月比（同期比）の系列を，別途提供している。これは，収益・設備投資や賃金の水準の精度をある程度捨象しても計数の前年同月比（同期比）の振れを小さくすることが基調判断には望ましいためである。

例えば，「毎月勤労統計調査」では賃金の継続標本系列（共通事業所系列）による前年同月比は，ローテーション・サンプリングを採用する本系列の前年同月比よりも振れが小さい。賃金上昇率が前年同月比で最大2～3％程度にとどまるなど賃金上昇率の変動幅が小さい日本において，継続標本系列は基調判断に有益な情報を提供している。

2.7　裾切り調査とその他の有意抽出調査

●裾切り調査とは

調査統計の作成方法のうち，これまで取り上げた全数調査と標本調査以外の方法を取り上げる。全数調査や標本調査以外では，**「裾切り調査」**が多く利用されている。裾切り調査とは，従業員数，売上高，資本金など基準に一定規模以上の企業は全数調査する一方，一定規模以下の企業を調査対象から除外する（全く調査しない）調査方法である。

生産寡占度が高い製造業を対象とする統計で多く採用されており，**経済産業省「生産動態統計調査」**（「鉱工業指数」の基礎統計）や**「工業統計調査」**（2022年に「経済構造実態調査」に統合）では，長年裾切り調査が行われている。また，2019年から新設された産業横断の構造統計である**総務省・経済産業省「経済構造実態調査」**においても，裾切り調査が導入されている。

このほか，経済産業省「商業動態統計調査」，財務省「法人企業統計調査」，厚生労働省「毎月勤労統計調査」，日本銀行「短観」など事業所・企業を対象とする調査統計は，調査対象を一定規模以上に限定する裾切り調査と標本調査を組み合わせるかたちで実施されている。

●裾切り調査のメリット

裾切り調査のメリットは以下の2点である

第1に一定規模以上の事業所・企業に調査対象を限定すれば，調査対象の事業所・企業の大きさ（標本の大きさ）を大幅に抑制できることから，統計作成側の

2　調査統計の作成方法　　**49**

負担を軽減し，迅速な公表が可能となる。例えば，製造業では従業員数 50 人以上の事業所に調査対象を限定すれば，全事業所の 13% で出荷額の 83% をカバーできる。小規模の事業所・企業は，調査協力が得にくく，調査票回収が困難であることが多い。小規模事業所・企業を除外することで限られたリソースを，シェアの高い大企業に集中的に投入することで効率的な統計作成が可能となる。

　第 2 に一定規模以上の事業所・企業を全数調査とすれば，ほぼ全ての標本が継続調査となるため，標本の入れ替えによる段差や振れが発生しない。このため，裾切り調査は細かい単位で集計して公表することが可能である。GDP の推計では財・サービスの売上高・出荷額を細かい品目単位で把握する必要がある。標本調査では品目別の増減率は標本誤差による振れに直面するが，一定規模以上で全数調査を行う裾切り調査では標本誤差による振れを回避できることから，景気判断や GDP 推計の基礎統計として利便性が高い。

●主要な裾切り調査

　毎年 1 回調査が行われる「**経済構造実態調査**」では，5 年ごとに実施される「経済センサス」と同レベルの詳細な品目（財 2,000 品目，サービス 400 品目ごとの売上高・出荷額，企業の費用総額・売上原価・費用項目）を調査している。「経済センサス」が対象とする基準年（西暦下一桁 0 年と 5 年）と「経済構造実態調査」が対象とするそれ以外の年（中間年：同 1～4 年と 6～9 年の各年）で統計のきめ細かさを揃え，GDP の年次推計の精度向上を図ることを目的としている。

　一方，毎年の調査に「経済センサス」と同程度の調査負担・費用を費やすのは困難である。このため，調査対象を売上高・出荷額上位の企業・事業所を選定し，一定額の売上高・出荷額で調査対象を裾切りしている。具体的には製造業以外の産業では業種ごとに売上高 8 割をカバーする上位の企業 27 万社に，製造業では出荷額 9 割をカバーする上位の事業所 12.2 万事業所に，各々調査対象を限定している（**表 2.13**）。この結果，「経済構造実態調査」は，全数調査である「経済センサス」と比べて，調査負担が大幅に抑制されている。

　「鉱工業指数」の基礎統計として利用する経済産業省「**生産動態統計調査**」でも，品目別に従業員数が一定規模以上の事業所を調査対象に限定している。製造業の全事業所（22 万事業所）の 6% の 14,000 事業所を調査対象として選定し，全出荷額の 70～80% をカバーする（**表 2.13**）。その結果，「生産動態統計調査」

表 2.13　主要な裾切り調査：経済構造実態調査・生産動態統計調査の概要

	経済構造実態調査		経済産業省生産動態統計調査
	産業横断調査	製造業事業所調査	
調査対象	全産業	製造業	製造業
調査頻度	毎年（経済センサス実施年を除く）		毎月
調査対象裾切りの基準	売上高の8割をカバーするように上位の企業を選定	出荷額の9割をカバーするように上位の事業所を選定	事業者数が一定規模以上の事業所を選定
調査対象事業所数	―	12万2千	1万4千
調査対象企業数	27万社	―	
売上高・出荷額が全体に占めるシェア	80％以上	90％以上	約70～80％以上

（出所）　総務省・経済産業省 HP を参考に筆者作成

は月次での迅速な統計作成・公表が可能となっている。また，調査対象事業所は継続標本であるため，「生産動態統計調査」や「鉱工業指数」の振れ・段差も小さくなっており，景気判断の面で利便性が高い。

●裾切り調査のデメリット

　一方，裾切り調査は対象から除外される小規模事業所・企業のデータが存在しないため，小規模事業所・企業を含んだ全規模合計の計数を推計することは困難である。小規模企業と中堅企業・大企業との間で売上高・出荷額の動きが異なる場合，裾切り調査は趨勢的なバイアス（偏り）をもたらす可能性がある。特にカバレッジが 70～80％と低めに止まる「生産動態統計調査」では影響が生じる可能性が高く，GDP の速報値（QE）から年次推計までの計数の事後改訂の要因となっている。こうした点を考慮して，総務省では新たにスタートした「経済構造実態調査」において，中堅企業・大企業から類似性の高いデータを選択して調査対象外の小規模企業部分の補完推計を行い，「経済センサス」と同一の全企業・事業所ベースの計数を提供するといった工夫を施している。しかし，その精度には限界がある。

●その他の有意抽出調査

　そのほか，統計作成者の主観的な判断によって標本抽出が行われる「有意抽出調査」には，以下のものがある。

2　調査統計の作成方法　　51

① 物価指数を作成するための統計調査

総務省「消費者物価指数」（基礎データ：「小売物価統計調査」），日本銀行「企業物価指数」「企業向けサービス価格指数」（同：「企業物価調査」「企業向けサービス価格調査」）では，採用品目を代表する商品（財・サービス）を調査対象として選定し，調査地区で最も売上高が多い代表的な小売店，あるいは代表的な生産企業や販売ルートを指定して，価格調査が行われている。

商品，店舗，生産企業，販売ルートは多様であり，商品，店舗，生産企業。販売ルートごとに価格に大きなばらつきが存在するが，調査対象となる母集団情報（商品，店舗，生産企業。販売ルートごとの価格データ）を収集することは不可能である。このため，物価指数ではこうした主観的な標本抽出に基づく価格調査が行われるのが国際標準である。物価指数の精度を，標本理論の観点で評価することは極めて困難である。

② 景気ウォッチャー調査

内閣府「景気ウォッチャー調査」では，「家計動向，企業動向，雇用等，代表的な経済活動項目の動向を敏感に反映する現象を観察できる業種の適当な職種の中から選定した 2,050 人」を調査対象としている。調査対象に該当する母集団名簿は存在しないことから，あくまで統計作成者による主観的な標本抽出となっている。同調査は消費者に近い小売業者など供給者の立場からみた消費マインドを知ることができる貴重な調査である。ただし，標本の偏りによるバイアスが生じるリスクを念頭に置き利用する必要がある。

コラム　標本調査において無作為抽出はなぜ重要か

多くの調査統計は，母集団から標本を抽出して調査を行う標本調査で作成されている。その際に母集団を構成する全ての要素（世帯や企業など）を等しい確率で抽出する「単純無作為抽出」を採用することが，偏りのない推定量を得るために極めて重要であることを指摘した。ここでは，単純無作為抽出の重要性について追加的に考察を行う。

1. 1936 年の米国大統領選挙：世論調査による選挙予測

1936 年の米国の大統領選挙は民主党の現職・フランクリン・ルーズベルト候補と共和党のアルフレッド・ランドン候補によって争われた。世界恐慌後の景気回復が思わしくなく，ルーズベルト候補の苦戦が予想されていた。

リテラシー・ダイジェスト（*The Literacy Digest*）という週刊誌が大規模な世論

調査を行い，ランドン候補の支持率 57%，ルーズベルト候補の支持率 41% との結果を得たことから，ランドン候補の当選を予想した。しかし，実際の選挙ではルーズベルト候補が 60% を超える得票率で勝利した。

　リテラシー・ダイジェストの世論調査は，なぜ誤った予測となったのか。それは，リテラシー・ダイジェストの標本抽出方法に大きな偏りがあったためである。同社では，①リテラシー・ダイジェストの購読者名簿に加えて電話番号簿から合計 1,000 万人分の名簿を作成して調査票を送付し，回収された 200 万人の調査票を集計して両候補の支持率を集計していた。もっとも，同雑誌の購読者世帯，まだ普及過程に入ったばかりの電話を所有する世帯はいずれも高所得の世帯であり，高所得世帯では共和党・ランドン候補の支持率が高い（逆に民主党・ルーズベルト候補は低所得世帯の支持率が高い）傾向にあったため，世論調査の結果に偏りが生じたと考えられる。

　この事実は，世論調査の精度を高めるには標本の大きさを大きくするよりも偏りのない標本抽出（無作為抽出）を行うことが大切であることを示している。こうした教訓を踏まえ，現在では多くの世論調査で「RDD 法」（「ランダム・デジット・ダイヤリング（Random Digit Dialing）」の略，コンピューターで無作為に数字を組み合わせて番号を作り，電話をかけて調査する方法）が採用され，調査対象者に偏りが生じないように工夫している。

2．インターネット・モニター調査
①　インターネット・モニター調査：調査の特徴
　2.7 節では，物価指数を作成するための統計調査など無作為抽出が行われていない有意抽出調査の事例を紹介した。そのほか，民間調査会社が行うインターネット・モニター調査が無作為抽出によらない有意抽出調査である。民間作成の統計を中心に採用事例が広がっており，機動的な調査が実施できることから，政府や研究機関の各種の調査などにも利用されている。

　多くのインターネット・モニター調査では，民間調査会社が広告等で登録モニターを募集し，調査に協力することに同意した集団（名簿）を構築し，その名簿から実際の調査対象者（モニター）を調査のたびに抽出している。年齢，居住地，職業，家族構成などの属性で層区分して標本抽出するなどの方法で母集団とのかい離が大きくならないように工夫している調査会社が多いが，無作為抽出によらないことで，インターネット・モニター調査には統計に偏りが生じるリスクがあることに注意を要する。

②　インターネット・モニター調査：偏りの補正の必要性
　総務省では，新しく作成を開始した「世帯消費動向指数（CTI ミクロ）」の基礎統計として「家計調査」「家計消費状況調査」に加えて，インターネット・モニター調査である「家計消費単身世帯モニター調査」を用いている。「同調査」のモニターは無作為抽出である「家計調査」の世帯分布に比べて，①若年層・中年層が多く高齢層

が少ない，②所得が高い層が多く，低所得層が少ない（この結果，消費額の平均値が過大となっている）との偏りがあると報告されている。総務省は「傾向スコア」を用いてモニターの年齢・所得分布の偏りを補正して，世帯消費動向指数を合成している（傾向スコアを用いた補正方法の詳細については総務省統計局（2020）を参照）。

　こうした事例を踏まえると，インターネット・モニター調査を利用する際には，所得，消費支出，金融資産保有額など世帯の豊かさを示す計数に一定の偏りが生じる可能性があることを念頭に利用することが必要である。統計作成者は，総務省の取り組み事例のように，分布の偏りを補正する方法を検討することが望まれる。

◆ 練習問題

問 2.1　調査統計の作成方法について，①〜⑤に当てはまる語句を答えよ。

　統計調査を行う際には，調査対象となる集団全体（　①　）を全て調査する（　②　）調査か，それとも，（　①　）を構成する個々の調査対象の一部を抜き出して調査する（　③　）調査か，のいずれの方法で調査を行うのかを決める必要がある。（　③　）調査で（　①　）の一部を抜き出すことを（　④　）といい，抜き出された集合体を（　⑤　）と呼ぶ。

問 2.2　母集団名簿について，①，②に当てはまる語句を答えよ。

　事業所・企業に対する統計調査の母集団名簿として整備が進められているのは，（　①　）である。（　①　）では，事業所・企業のカバレッジを高めるため，労働保険情報，商業・法人登記簿情報，法人番号公表サイト・法人番号の通知状況に関する情報などの（　②　）が活用されている。

問 2.3　単純無作為抽出法を用いた標本調査について以下の問に答えよ。

　人口 50 万人の A 市において，18 歳以上の市民を対象に，市民ホールの新設について賛否を問う「世論調査」を実施する。調査対象者は住民基本台帳から単純無作為抽出法によって選ぶ。標本の大きさは，賛成者の割合（％）の推定値の標準誤差率が 1％以下となるように設定したい。「世論調査」の有効回収率が 100％と想定した場合，必要とされる最小の調査対象者数は何人かを求めよ。ただし，設問は「賛成」「反対」の 2 つの選択肢から選ぶ。

問 2.4　層化抽出法を用いた標本調査について以下の問に答えよ。

　ある統計調査を標本調査によって実施する。母集団名簿からデータの特性を検討した結果，以下のように A〜C の 3 つの層を設定して，各々から標本を抽出する層化抽出法を採用する。標本調査の標本の大きさを 3,000 とし，①比例配分法，②ネイマン配分法，の 2 つの方法で各層の標本の大きさを決定した場合の，層 A，B，C の標本の大きさを各々求めよ。

層	母集団の標本の大きさ	各層ごとの母集団平均	層内の標準偏差
A	10 万社	200	60
B	20 万社	150	15
C	30 万社	100	10

第3章
調査統計が持つ誤差／
業務統計の作成方法

- ■3.1　調査統計が持つ誤差：標本誤差
- ■3.2　標本誤差に関する情報の活用方法
- ■3.3　調査統計が持つ誤差：非標本誤差
- ■3.4　業務統計の作成方法
- コラム　調査統計における精度の限界：都市別のぎょうざ購入額

　調査統計を利用する際には，統計の誤差を把握したうえで利用することが大切である。第3章では，調査統計が持つ誤差を標本誤差と非標本誤差に分けて説明する。標本誤差は定量的な評価が可能であり，公表情報の活用により統計の信頼性の評価に役立つ。一方，非標本誤差は定量的な評価が困難であり，様々な知見から統計の信頼性を定性的に把握して利用する。続いて，業務統計の作成方法と統計の特徴について取り上げる。

3.1　調査統計が持つ誤差：標本誤差

●調査統計が持つ誤差：標本誤差と非標本誤差

　統計を利用する際には，統計が持つ誤差を把握し，利用する計数がどの程度信頼できるか，どの程度の誤差の幅を見込んでおけばよいか，予め知見を持つことができることが望ましい。調査統計の誤差は，**標本誤差**とそれ以外の誤差である**非標本誤差**から構成される。

　そのうち，標本誤差は母集団全体ではなく，その一部を抽出した標本のみを調べることによって生じる誤差である。このため，標本誤差は標本調査でのみ生じ，全数調査では生じない。標本誤差は標本理論から定量的に見積もることができる。標本誤差の大きさを念頭に置きつつ，統計を利用するのが適当である。また，標本誤差は十分な標本の大きさを確保することで，誤差の大きさを抑制することができる。

56

調査統計では，標本誤差として標準誤差（標準偏差）を推定値で割って基準化した標準誤差率＝（標準誤差/推定値）が公表されている。真の値が（推定値）×（1−標準誤差率）と（推定値）×（1＋標準誤差率）の区間に含まれる信頼係数が68％，（推定値）×（1−1.96×標準誤差率）と（推定値）×（1＋1.96×標準誤差率）の区間に含まれる信頼係数が95％と考えることができる。

●主要な調査統計における標本誤差①：企業収益・設備投資

　以下では，景気の分析で利用される主要な5つの動態統計の標本誤差を紹介する。いずれの統計も水準の標本誤差のみが公表され，変化率の標本誤差は公表されていない。最初に，企業収益や設備投資を捕捉する「法人企業統計調査」と「全国企業短期経済観測調査（短観）」を取り上げる。

　財務省「法人企業統計調査（四半期調査）」　「法人企業統計調査」では，四半期ごとに売上高，設備投資，資産合計の標準誤差率が，全産業，製造業，非製造業の3区分で公表されている。2022年4〜6月期での全産業の標準誤差率は，売上高では1.4％，設備投資では2.6％となっている（**表3.1**）。設備投資の標準誤差率は売上高の約2倍であり，売上高よりも設備投資の方が企業ごとのばらつきが大きいことを示している。また，製造業よりも非製造業の方が標準誤差率は大きい。企業規模別の標準誤差率は定期的には公表されていないが，資本金1千万〜1億円の中小企業の標準誤差率が一度限り公表されている。その結果によると，中小企業の標準誤差率は売上高が3.2％，設備投資が6.4％と全規模の2倍強と大きい。経常利益は，9.6％とさらに大きな値である（**表3.1**）。

表3.1　法人企業統計調査（四半期調査）の標準誤差率：2022年4〜6月期

	売上高	経常利益	設備投資	資産合計
全産業・全規模	1.4%	―	2.6%	1.0%
うち中小企業	3.2%	9.6%	6.4%	―
製造業・全規模	1.4%	―	2.3%	1.0%
非製造業・全規模	1.9%	―	3.8%	1.3%

（注）　四半期計数の標準誤差率。設備投資はソフトウェア投資を含む。全産業と非製造業には金融業・保険業を含まない。中小企業は資本金1千万以上1億円未満の企業
（出所）　財務省「法人企業統計調査（四半期調査）」，法人企業統計研究会提出資料

3　調査統計が持つ誤差／業務統計の作成方法　　*57*

表 3.2 「短観」売上高の標準誤差率：2023 年 3 月時点

	大企業	中堅企業	中小企業
製造業	1.1%	1.7%	1.9%
非製造業	1.3%	2.0%	1.6%

(注) 年度計数の標準誤差率。大企業は資本金 10 億円以上，中堅企業は 1 億円以上 10 億円未満，中小企業は 2 千万円以上 1 億円未満である。

(出所) 日本銀行「「全国企業短期経済観測調査」における定例の統計精度チェックについて」

「法人企業統計調査」は，企業収益や設備投資の動向を把握する動態統計として，景気を分析するうえで重要な統計であり，なかでも中小企業に対する着目度は高い。だからこそ，上述の標準誤差率を認識したうえで，経常利益や設備投資の計数は一定の幅を持って評価する必要があることが分かる。特に中小企業では標本誤差はかなり大きいことから，評価する際には慎重に行うことが望ましい。

日本銀行「全国企業短期経済観測調査（短観）」 「短観」では売上高の標準誤差率が規模別，製造業・非製造業別，業種別に定期的に公表されている。層化の基準として産業，資本金に加えて売上高を採用し，きめ細かに層化していることから，売上高の標準誤差率は小さめとなっている。なお，企業規模別では，大企業（資本金 10 億円以上の企業）に比べ，中堅企業（同 1〜10 億円）や中小企業（同 2 千万〜1 億円）の標準誤差率が大きくなっている（**表 3.2**）。

「短観」で注目度が高い設備投資の標準誤差率については定期的に公表されていないが，日本銀行調査統計局（2016）で試算結果を示している。それによると，製造業では大企業 2.4％，中堅企業 6.3％，中小企業 9.1％，非製造業では大企業 3.1％，中堅企業 8.2％，中小企業 11.8％に達する。売上高に比べ設備投資の企業間のばらつきが大きいことが，設備投資の標準誤差率からも確認される。また，法人企業統計調査と同様に，中小企業の設備投資では標準誤差率が特に大きいことが分かる。設備投資の変動は，一定程度，幅を持って評価する必要がある。

●主要な調査統計における標本誤差②：雇用・賃金

次に労働に関する 2 つの動態統計，すなわち，就業の状態を把握する「労働力調査」，賃金・労働時間を把握する「毎月勤労統計調査」を取り上げる。

表 3.3 「労働力調査」の主要項目：年平均値の標準誤差率：2023 年

項　目	2023 年平均結果（万人）	標準誤差（万人）	標準誤差率（%）	項　目	2023 年平均結果（万人）	標準誤差（万人）	標準誤差率（%）
労働力人口	6,925	26	0.4	情報通信業	278	4	1.3
就業者	6,747	25	0.4	運輸業，郵便業	349	4	1.2
自営業主	512	4	0.8	卸売業，小売業	1,041	7	0.7
家族従業者	126	3	2.0	金融業，保険業	155	2	1.4
雇用者	6,076	24	0.4	不動産業，物品賃貸業	139	3	1.8
完全失業者	178	3	1.8	学術研究，専門・技術サービス業	256	3	1.1
非労働力人口	4,084	68	1.7	宿泊業，飲食サービス業	398	3	0.9
（産業別就業者数）				生活関連サービス業，娯楽業	225	3	1.4
農業，林業	187	5	2.5	教育，学習支援業	344	4	1.2
建設業	483	4	0.9	医療，福祉	910	6	0.7
製造業	1,055	8	0.8	サービス業（他に分類されないもの）	458	3	0.6

（出所）　総務省「労働力調査年報」

総務省「労働力調査」　「労働力調査」では，主要項目に関する年平均値の標準誤差率が公表されている（表 3.3）。項目ごとに標準誤差率に大きなばらつきが存在する。計数（人数）が大きい雇用者（0.4%），就業者（0.4%），労働力人口（0.4%）の標準誤差率は小さい。一方，計数が小さい完全失業者（1.8%），自営業主（0.8%），家族従業者（2.0%）の標準誤差率が大きい。また，計数が大きいにもかかわらず，非労働力人口（1.7%）でも標準誤差率が大きい。月次計数の標準誤差率は，いずれも年平均値の概ね 2 倍程度の大きさとなっている。雇用者，就業者，労働力人口では，月次の標準誤差率は 1% 未満と小さいが，完全失業者，非労働力人口の標準誤差率は各々 4%，3% 程度と大きい。

　また，労働需給を把握する指標として利用される完全失業率（完全失業者/労働力人口）では完全失業者の標本誤差の影響を受けることから，労働力人口比率（労働力人口/15 歳以上人口＝労働力人口/（労働力人口＋非労働力人口），労働力率，労働参加率ともいう）では労働力人口に加えて非労働力人口の標本誤差の影響を受けることから，各指標の標準誤差はやや大きいとみられる。計数に一定の振れが生じることを念頭に利用することが望ましい。

　「労働力調査」では就業者数，雇用者数，労働力人口の精度は高いが，完全失業者や非労働力人口の精度はやや低い。完全失業率や労働力人口比率の標本誤差も無視できない。雇用の基調は幅を持って判断することが望ましい。

厚生労働省「毎月勤労統計調査」　「毎月勤労統計調査」の賃金のうち，所

[3]　調査統計が持つ誤差／業務統計の作成方法　　**59**

表 3.4 「毎月勤労統計調査」きまって支給する給与の標本誤差率（2022 年 7 月）

① 事業所の常用労働者規模別（調査産業計，規模合計は 5 人以上事業所の合計）

規模合計	500 人以上	100 ～ 499 人	30 ～ 99 人	5 ～ 29 人
0.35%	0.38%	0.94%	0.77%	0.53%

② 産業別

建設業	製造業	運輸業郵便業	卸小売	金融業保険業	宿泊飲食サービス	生活関連サービス	医療福祉
1.14%	0.43%	1.78%	1.06%	1.14%	2.41%	2.23%	0.84%

（出所）　厚生労働省「毎月勤労統計調査年報―全国調査―」

定内給与と所定外給与（時間外手当）の合計である「きまって支給する給与」の標準誤差率は，調査産業計・規模計で 0.35％である（**表 3.4**）。規模別にみると規模 100～499 人や 30～99 人の中堅・中小事業所の標準誤差率が大きい。産業別でも生活関連サービス，宿泊・飲食サービス，運輸・郵便など非製造業の標準誤差率は 1％台後半～2％台と大きい。賃金上昇率が長く低位にある日本では，産業別の賃金の動きを把握することが困難なことは理解できよう。

　「毎月勤労統計調査」の実際の賃金の振れと比べると，「きまって支給する給与」の標準誤差率の公表値は小さめの印象を受ける。賃金動向を把握するうえで着目度が高い「現金給与総額」（賞与を含む給与総額）の標準誤差率は公表されていない。ただし，賞与のばらつきは所定内給与よりも大きいことから，現金給与総額の標準誤差率はきまって支給する給与よりも大きい可能性が高い。賃金の基調は，こうした点を考慮して判断する必要がある。

●主要な調査統計における標本誤差③：家計消費

　総務省「家計調査」　家計の収入と消費を把握する「**家計調査**」の標本誤差をみる。2 人以上の世帯の月次データの標準誤差率は消費支出全体で 1.3％に達する（**表 3.5**）。日本の消費支出の増加率は，年 0～2％程度であることを考慮すると，「家計調査」の月次データを用いて家計消費の変動を判断するのは難しい。

　一方，年平均データの標準誤差率は消費支出全体で 0.4％と月次の 3 分の 1 まで縮小する。「家計調査」では，年平均を採ることによる標準誤差率の縮小効果

表 3.5 「家計調査」の標準誤差率（2018 年，単身世帯は 2021 年）

支出項目別	2 人以上世帯		単身世帯	年齢階級別	2 人以上
	月次	年平均	年平均		年平均
消費支出計	1.3%	0.4%	1.4%	消費支出計	0.4%
食料	0.7%	0.2%	1.1%	25 ～ 29 歳	2.1%
住居	8.1%	2.4%	3.5%	30 ～ 34 歳	1.5%
光熱・水道	0.9%	0.3%	1.2%	35 ～ 39 歳	1.4%
家具・家事用品	3.6%	1.1%	5.2%	40 ～ 44 歳	1.1%
被服及び履物	2.9%	0.9%	4.9%	45 ～ 49 歳	1.1%
保健医療	3.4%	1.0%	4.6%	50 ～ 54 歳	1.2%
交通・通信	4.8%	1.4%	3.2%	55 ～ 59 歳	1.3%
教育	7.8%	2.5%	—	60 ～ 64 歳	1.3%
教養娯楽	2.4%	0.7%	3.0%	65 ～ 69 歳	1.1%
その他の消費支出	2.6%	0.8%	2.6%	70 歳 以 上	0.7%

（注） 月次は 2018 年 1 ～ 12 月の月次データの単純平均。年齢階級別については，変動係数を標本の大きさの平方根で割り 1.3 倍を乗じて算出した概算値。
（出所） 総務省「家計調査　標本設計の概要」「家計調査年報（家計収支編）」を参考に筆者作成

が大きいことから，年平均ベースでは家計の収入・消費の動きを一定の精度で捉えることが可能となる。

　支出項目別の標準誤差率をみると，世帯間のばらつきが小さい食料や光熱・水道では小さい一方，ばらつきが大きい住居や教育では大きくなっている。食料への支出動向，例えば，エンゲル係数（食料/消費支出計）の精度は高めとみられるが，住居や教育への支出動向を的確に把握するのは相対的に難しいことが分かる。このように，項目ごとの標準誤差率の違いを考慮して利用することが必要になる。年齢階級別の標準誤差率をみると，若年層では大きいが年齢が高まるにつれて小さくなる。特に 70 歳以上の高齢者世帯では 0.7％と小さめであり，「家計調査」は高齢者の支出動向の分析には有効である。

　「家計調査」は家計消費の短期変動を捕捉するには留意を要するが，年平均データを用いることで，年齢階層別など様々な世帯属性間の消費構造のばらつきやその大まかな変化を把握するには有益である。

3.2　標本誤差に関する情報の活用方法

●標本誤差に関する公表情報の適切な活用方法

　以上で紹介した標本誤差の公表情報は，以下の 4 点に考慮して利用する。

3　調査統計が持つ誤差／業務統計の作成方法　　61

① 動態統計を利用する際には，シグナルとノイズとの比率（シグナルノイズ比率）を考慮して基調判断を行う。

　動態統計を利用する際には，基調変動である「シグナル」と標本誤差に代表される「ノイズ」との比率に注意して基調判断を行う。取り上げた5つの動態統計では，企業を対象とする「法人企業統計調査」「短観」の売上高や設備投資の標準誤差率が，家計を対象とする「労働力調査」の就業者数や雇用者数，「家計調査」の消費支出，「毎月勤労統計調査」の賃金（きまって支給する給与）の標準誤差率よりも大きくなっている。しかし，そのことが「労働力調査」「家計調査」「毎月勤労統計調査」が「法人企業統計調査」「短観」よりも，景気変動の基調判断が容易であることを意味するわけではない。

　表3.6は，各動態統計の基調変動を示すシグナル（信号）に相当する②前年同月比（同期比）の絶対値平均と③前年同月比（同期比）の標準偏差を，ノイズ（雑音）に相当する④標準誤差率で割った比率（シグナルノイズ比率：②/④，③/④）をみたものである。シグナルノイズ比率はシグナル（信号）がノイズ（雑音）に埋もれることなく検出できるかを示す指標であり，値が大きいほどシグナルの識別が容易である。試算からは変動の大きい「法人企業統計調査」の売上高，経常利益，設備投資のシグナルノイズ比率は大きく，基調判断が容易である一方，変動の小さい「労働力調査」「家計調査」「毎月勤労統計調査」の就業者数，消費支出，賃金のシグナルノイズ比率は小さく，変動が基調変動によるものか否かを直ちに判別することは難しいことが分かる。

② 調査項目ごとの標本誤差の大きさの違いを把握して計数を利用する

　統計の調査項目ごとに標本誤差には大きな違いがある。標準誤差率は，一般的に計数が大きい項目や企業・世帯間のばらつきが小さい項目で小さく，計数が小さな項目やばらつきが大きい項目で大きくなる。標準誤差率が大きい項目を利用する際は，幅を持って計数を評価する必要がある。

　こうしたことから，標本調査を利用する際にはデータを詳細な項目に分解して分析するよりも，大まかな区分で分析するにとどめることが望ましいケースがある。例えば，「法人企業統計調査」では細かい業種別データが提供されているが，業種別・規模別に詳細に区分して経常利益や設備投資の分析を行っても，その変動が大きな標本誤差に埋もれ明確な結果を得られない可能性がある。むしろ，製造業／非製造業，大企業／中堅企業／中小企業といった大まかな区分による分析にとどめた方が，基調を判断するうえで望ましいといえる。

表3.6　主要な動態統計におけるシグナルノイズ比率

		前年同月比（同期比：%）			④標準誤差率（%）	シグナルノイズ比	
		①平均	②絶対値平均	③標準偏差		②/④	③/④
法人企業統計	売上高	0.49	4.71	6.27	1.4	3.4	4.5
	経常利益	8.09	19.86	30.76	3.9	5.1	7.9
	設備投資	9.48	29.02	60.15	2.6	11.2	23.1
労働力調査・就業者数		0.25	0.76	0.92	0.8	1.0	1.2
毎月勤労統計・きまって支給する給与		▲0.29	0.62	0.79	0.35	1.8	2.3
家計調査・消費支出		▲0.63	1.87	2.46	1.3	1.4	1.9

(注)　前年同月比(同期比)の平均,絶対値平均,標準偏差は2000年1月～2019年12月（「家計調査」は2000年1月～2017年12月）のデータから算出。「法人企業統計調査」の経常利益の標準誤差率は表3.1から設備投資の1.5倍,「労働力調査」の就業者数の標準誤差率は年平均値の2倍とした。

(出所)　財務省「法人企業統計調査」,総務省「労働力調査」「家計調査」,厚生労働省「毎月勤労統計調査」を参考に筆者作成

③　動態統計と構造統計をうまく使い分けることが望ましい

　「構造統計」は標本の大きさが大きく，標本誤差が大きくなる詳細な項目や地域別の表章に強みがある。詳細な項目を対象に分析を行う場合は「構造統計」の利用が適切である。「国勢調査」や「経済センサス」は全数調査，「経済構造実態調査」も売上高80%以上をカバーする裾切り調査であり，業種別・規模別など詳細項目の計数を捕捉するのに適している。

④　利用ニーズの高い項目の誤差情報が提供されていない場合が多い

　「法人企業統計調査」では経常利益など利益に関する項目，「短観」では設備投資，「毎月勤労統計調査」では現金給与総額，各々の標本誤差が定期的には提供されていない。また，経済産業省「商業動態統計調査」では標本誤差が全く公表されていない。ユーザーの立場からすると，誤差情報を踏まえ統計を利活用することが望ましく，そうした点からは，作成部署から定期的に公表されることが望まれる。

　なお，「裾切り調査」などの有意抽出調査（「生産動態統計調査」「鉱工業指数」，各種の物価指数）では誤差の定量的な評価は困難である。統計のカバレッジが適切かなどを考慮しながら利用するのが適当である。

3　調査統計が持つ誤差／業務統計の作成方法

●変化率の標本誤差をどのように推測し，基調判断に活用するか

水準の標準誤差率を用いた変化率の標準誤差の算出方法 景気分析では，2時点間（当月と前月あるいは当月と前年同月）の計数の変化率（前月比や前年同月比）を利用することが多い。変化率の真の値は「変化率の推定値−標準誤差」と「変化率の推定値＋標準誤差」の間に含まれる信頼係数が68％，「変化率の推定値−1.96×標準誤差」と「変化率の推定値＋1.96×標準誤差」の間に含まれる信頼係数が95％と考えることができる。しかしながら，各統計の計数の変化率の標準誤差は，公表されていない。

2時点間の変化率の標準誤差は一般には複雑な式で記述され，簡単には計算することはできない。ここでは，水準の標準誤差率（＝水準の標準誤差/水準の推定値）が十分に小さく，さらに2時点間の変化率が小さいとの条件のもと，「2時点間の差分の標準誤差/水準の推定値」を用いて以下のように近似して，その性質を大まかに考察する。

> （2時点間の変化率の標準誤差）
> ≈（2時点間の差分の標準誤差/水準の推定値）

ローテーション・サンプリングを採用する統計において，母集団の大きさ N が十分に大きい場合，母集団の分散を σ^2，各時点の標本の大きさ n，2時点間の標本の継続割合を P，2時点間の継続標本の相関係数を ρ とすると，母集団の平均の2時点間の差分の推定量の標準誤差(標準偏差)は，$\frac{\sqrt{2(1-P\rho)}\cdot\sigma}{\sqrt{n}}$ となる。

一方，母集団の平均の推定値（水準）の標準誤差は，$\frac{\sigma}{\sqrt{n}}$ と書ける。

ここでの「水準」の標準誤差は1時点（月次調査では月次，四半期調査では四半期）の標準誤差である。公表される標準誤差率が月次や四半期など1時点の標準誤差率であることに平仄を合わせている（2.6節の**表2.11**で示した2時点の水準の平均の標準誤差とは異なる）。両者の比をとると，

> （2時点間の差分の標準誤差）/（水準の標準誤差）＝ $\sqrt{2(1-P\rho)}$

となることから，両辺に「水準の標準誤差／水準の推定値」を乗じると変化率の標準誤差は，以下のように書くことができる（ρ：ロー）。

> （2時点間の変化率の標準誤差）≈（水準の標準誤差率）× $\sqrt{2(1-P\rho)}$

母集団の総計の推定値についても同一の式を導出することができる。

■変化率の標準誤差の評価方法■ 　上記の分解結果から，ローテーション・サンプリング採用する統計において，計数の変化率の標準誤差について以下のことが分かる。

① 　2時点間の「変化率（前月比や前年同月比）」の標準誤差は「水準」の標準誤差率に比例して変化する

　分解式の第1項から「水準」の標準誤差率が大きい計数は，「変化率」の標準誤差も比例して大きくなることが分かる。各統計の「水準」の標準誤差率の公表情報から「変化率」の標準誤差の大まかな傾向を把握できる。

　例えば，「法人企業統計調査」では売上高よりも設備投資や経常利益で水準の標準誤差率は大きいことから，変化率の標準誤差も売上高よりも設備投資や経常利益で大きくなる。「労働力調査」では就業者や雇用者よりも非労働力人口で変化率の標準誤差が大きくなる。「毎月勤労統計調査」でも，変化率の標準誤差は，所定内給与やきまって支給する給与よりも振れが大きい賞与を含む現金給与総額で大きくなる。

② 　継続標本の相関係数 $\rho > 0$ となる通常の場合は，標本の継続割合 P が高いほど変化率の標準誤差は小さくなる。全標本が継続する $P = 1$ の場合に変化率の標準誤差は最小に，各時点で全標本が入れ替わる $P = 0$ の場合に変化率の標準誤差は最大となり，水準の標準誤差率の $\sqrt{2}$ 倍となる。

　分解式の第2項 $\sqrt{2(1 - P\rho)}$ は，$\rho > 0$ となる通常のケースでは P の減少関数となる。ローテーション・サンプリングを採用する主要な動態統計について標本の継続割合 P の影響をみたものが**表 3.7** である。

　「家計調査」では6か月間で全ての標本が入れ替わるため，前年同月と当月との標本の継続割合 $P = 0$ となる。「法人企業統計調査」は標本を2年間継続調査し毎年4〜6月期に半数を入れ替える。「労働力調査」は2か月調査して10か月間休み，翌年同月の2か月間再び調査を行う。いずれも前年同月（同期）と当月

表 3.7 　ローテーション・サンプリングにおける標本の継続割合 P が及ぼす影響

	家計調査	法人企業統計調査 労働力調査	毎月勤労 統計調査	短　観
標本の継続割合（P）	0	0.5	$\dfrac{2}{3}$	1
2時点間の変化の標準誤差 /水準の標準誤差	$\sqrt{2}$	$\sqrt{2(1 - 0.5\rho)}$	$\sqrt{2\left(1 - \dfrac{2}{3}\rho\right)}$	$\sqrt{2(1 - \rho)}$

③ 　調査統計が持つ誤差／業務統計の作成方法　　*65*

（当期）との標本の継続割合 $P = 0.5$ となる。「毎月勤労統計調査」では毎年1月に3分の1ずつ標本が入れ替わることから $P = 2/3$ となる。全標本が継続する「短観」では $P = 1$ となる。

分解式の第2項 $\sqrt{2(1-P\rho)}$ は，P の減少関数となることから，$P = 0$ の「家計調査」で $\sqrt{2}$ と最も大きくなる。消費支出の前年同月比の標準誤差は $1.3 \times \sqrt{2} = 1.8\%$ と大きな値となる。$\sqrt{2(1-P\rho)}$ は，「法人企業統計調査」「労働力調査」で次に大きくなる。さらに「毎月勤労統計調査」が続き，全標本が継続する $P = 1$ の「短観」が最も小さくなる。「短観」は「法人企業統計調査」よりも売上高，経常利益，設備投資の変化率の標準誤差が小さく，変動の把握が容易であると推測される。

ただし，標本の継続割合 P が大きい統計ほど変化率の標準誤差が小さくなる一方で，2.6 節で述べたように年平均などより長い期間の水準値の標準誤差が増加し，精度が低下しやすい点には注意を要する。

③ 継続標本の相関係数 ρ が大きい（変動の持続性が高い）計数ほど変化率の標準誤差が小さくなりやすい

分解式の第2項 $\sqrt{2(1-P\rho)}$ は，継続標本の相関係数 ρ が大きいほど小さくなる。これは，ρ が大きい場合には継続標本に生じる変動の持続性が高い（計数が一旦増加するとその後も増加を続ける可能性が高い）ことから，変化率のばらつき（標準誤差）が小さくなりやすいことを示している。

「労働力調査」では，ρ の実測結果から，就業者では1年後も就業を継続する可能性が高く当月と前年同月との ρ は1に近い大きな値となる一方，完全失業者は失業が持続する可能性は低く ρ は $0.3 \sim 0.4$ 程度と小さいと推測される[1]。分解式の第2項 $\sqrt{2(1-P\rho)}$ は，就業者で $1.0 \sim 1.1$，完全失業者で約 1.3 となる。また，「毎月勤労統計調査」では，事業所ごとの平均賃金の変動の持続性が高く ρ がかなり大きいことから，現金給与総額，きまって支給する給与，所定内給与いずれも $\sqrt{2(1-P\rho)}$ は小さくなると推測される[2]。「労働力調査」「毎月勤労統計調査」では，ローテーション・サンプリングは，変化率の標準誤差の抑制に一定

---

[1] 尾中（2017）によると，非継続標本を含めた全標本の当月と前年同月との ρ は就業者で 0.757，失業者で 0.287 である。継続標本のみの ρ はこの値よりも大きくなる。

[2] 毎月勤労統計調査の「共通事業所」の賃金の実質化をめぐる論点に係る検討会（2019）における実測結果によると，2018 年の各月における継続標本の当月と前年同月の ρ はきまって支給する給与で 0.97 である。

の効果を持っている。

　一方，「法人企業統計調査」「短観」については ρ の実測値は不明であるが，売上高では変動の持続性が高く ρ が大きいことから，$\sqrt{2(1-P\rho)}$ は小さくなりやすい一方で，変動の持続性が低く ρ が小さい経常利益や設備投資では大きくなりやすいと推測される。

3.3　調査統計が持つ誤差：非標本誤差

●非標本誤差の重要性

　調査統計の誤差では標本抽出以外の原因によって生じる誤差である非標本誤差が多くを占める。非標本誤差は，標本調査だけでなく全数調査などあらゆる統計調査で発生する。統計の精度向上には，非標本誤差をどのように抑制するかが重要である。非標本誤差には様々なものがあるが，そのうち，

① 　カバレッジ誤差

　　母集団名簿の不備によるカバレッジ不足や捕捉漏れによる誤差

② 　無回答誤差

　　調査票の未回収（未回答）に起因する誤差

③ 　回答者の記入誤り・記入漏れによる誤差

　　調査票への記入計数の誤り・記入漏れに起因する誤差

の 3 つが重要である。以下，①〜③を具体的に取り上げる。

●①カバレッジ誤差：母集団名簿のカバレッジ不足や捕捉漏れ

　■母集団名簿のカバレッジ不足・捕捉漏れによる誤差とその背景■　カバレッジ誤差は，統計調査の母集団名簿が事業所・企業や世帯・個人を完全にカバ　できていないことに起因する誤差である。正確な母集団名簿は調査統計の精度確保の前提条件である。母集団名簿が適切でなければ，全数調査，標本調査いずれの調査統計にも誤差が生じる。

　統計作成ではできるだけ新しい母集団名簿を利用することが重要である。「事業所母集団データベース」では，最新の「年次フレーム」を 2014 年から毎年 1 回提供しており，調査統計では最新の事業所・企業の母集団名簿が利用可能となっている。もっとも，正確な母集団名簿の作成は容易ではない。最近ではペーパーカンパニーや SOHO など事業所の外観からでは把握が難しい企業が増

加しており，網羅的な母集団名簿の作成が難しくなり，捕捉漏れが生じる可能性が大きくなっている。経済のサービス化，デジタル化，グローバル化の進展は統計による経済活動の捕捉をより困難なものとしている。

統計作成者による母集団名簿のカバレッジ拡大の取り組みとその成果　こうした状況に対応するため，総務省は，労働保険情報や商業・法人登記簿情報といった行政記録情報に加えて，国税庁から新たに提供を受けた法人番号に関する情報を活用し，捕捉漏れの企業を把握するプロジェクトに取り組んでいる。具体的には，法人番号情報から捕捉漏れの可能性がある 160 万法人をリストアップし，2019 年に実施した「経済センサス基礎調査」において統計調査員が活動状況を確認し，活動実態のある 100 万法人を母集団に追加している。その結果，事業所母集団データベースに収録される法人数は，2016 年時点の 200 万法人から 2020 年には 290 万法人へと 90 万法人増加するなど，企業の母集団名簿のカバレッジは改善している。

新たに追加された企業の内訳をみると規模別では資本金 1,000 万円未満の零細企業が，業種別では不動産業やサービス業が多くを占める。6 割が個人住宅やマンションの一室に所在する企業であり，企業の看板が出ていないために統計調査員の目視では確認が難しかった小規模の企業が新たに捕捉されている。行政記録情報の活用がカバレッジ拡大に大きな威力を発揮していることを端的に示している。

母集団名簿のカバレッジ拡大による調査統計に与えるインパクト　総務省は，今回新たに追加された企業の売上高は約 30 兆円，全売上高の約 2%を占めると報告している。カバレッジ拡大後に実施された「経済センサス活動調査（2021 年）」では，企業の粗付加価値（GDP）は少なくとも数兆円程度，増加しているとみられる（西村・肥後（2023））。

5 年ごとに実施される「経済センサス」の各調査回の売上高や付加価値の増減には，経済活動の変化に加えて母集団名簿のカバレッジ拡大による増加分が混在する。「経済センサス」の時系列をみる場合，各調査回の増減率をそのまま利用すると，カバレッジ拡大分だけ，経済変動を過大評価することにつながる。

なお，今回母集団名簿に新たに追加された企業のうち半数以上の企業からは統計調査への協力が現時点では得られていない。今後，未把握の企業の計数捕捉が可能となるにつれて，2026 年以降に実施される「経済センサス」の売上高や付加価値が上振れる見通しである。統計のカバレッジ拡大は精度向上につながる有

意義な取り組みではあるが，計数の段差が繰り返し生じて，統計ユーザーの利便性を逆に損なう可能性もある。ユーザーが真の変動分を把握できるように，統計作成者はカバレッジ拡大に伴う計数の段差について情報提供を行うことが望ましい。

　母集団名簿のカバレッジの拡大は「経済センサス」を発射台に毎年調査が行われる「経済構造実態調査」や各種の動態統計にも影響が及ぶ。ただし，仮にカバレッジ拡大に伴う売上高，付加価値，設備投資などの上方シフトが過去分も含めて同一比率で生じるのであれば変化率への影響は小さく，ユーザーへの影響は限定的となる。こうした予想が正しいかどうかも含め，情報提供が望まれる。

●②無回答誤差：調査票の未回収（未回答）に起因する誤差

調査票の未回収〈未回答〉に起因する誤差がもたらす統計の偏り　「国勢調査」や「経済センサス」は全ての世帯・個人，事業所・企業を対象とする全数調査であり調査対象が膨大なことなどから，回答してもらえない世帯や企業が一定数生じることは避けられない。未回答の世帯・企業が多くなれば計数不明のシェアが大きくなり，集計結果に偏りが生じる。

回収率の低い統計は無回答誤差の拡大に要注意　調査票の未回収（未回答）に起因する非標本誤差は調査票の回収率の低い統計で影響がより大きくなる。景気判断に利用する動態統計のうち，**法人企業統計調査**「**毎月勤労統計調査**」，建設投資を把握する「建設総合統計」の基礎統計である「**建設工事受注動態統計調査**」，サービス消費を捕捉する「**サービス産業動態統計調査**（2025年1月〜，2024年12月まではサービス産業動向調査）」，旅行消費を把握する「**宿泊旅行統計調査**」では調査票の回収率が低いことから，無回答誤差には注意を要する（表3.8）。

無回答誤差の影響1．計数の振れや速報から確報までの計数の事後改訂
回収標本と未回収標本との間で計数に大きな違いがあれば，調査結果に偏り（誤差）が生じる。動態統計の振れには，標本誤差に加え，回収標本の構成が毎月（毎四半期）変化することによる影響も含まれる。

　「毎月勤労統計調査」「サービス産業動態統計調査」「宿泊旅行統計調査」では，最初の公表である速報（第1次速報）時点と2度目の公表である確報（第2次速報）時点との間で計数の事後改訂が発生している。これは，速報と確報との間で回収標本の構成に変化が生じるためである。これらの統計では確報を待って基

3　調査統計が持つ誤差／業務統計の作成方法　　**69**

表 3.8　調査票回収率の低い主要な動態統計

統　計	作成府省	分　野	直近の調査票回収率
法人企業統計調査	財務省	企業収益・設備投資	約 71% （大企業 88%，中小企業 64%）
毎月勤労統計調査	厚生労働省	賃金・労働時間	速報 69%，確報 78%
建設工事受注動態 統計調査	国土交通省	建設投資 〈建設総合統計に利用〉	約 60%
サービス産業 動態統計調査	総務省	サービス消費	速報　約 50% 確報　約 55 〜 60%
宿泊旅行統計調査	観光庁	旅行消費 インバウンド消費	第 1 次速報　42% 第 2 次速報　52%

（注）　回収率は 2024 年 7 月時点で把握可能な最新値。
（出所）　各府省の HP を参考に筆者作成

調を判断することが望ましい。速報段階で判断する際には，確報での修正の可能性を念頭に置く，あるいは，過去のデータから速報と確報の修正パターンを把握しておくことが望ましい。

■ 無回答誤差の影響 2 ：計数の持続的な偏り〈バイアス〉の発生 ■　さらに調査票の未回収に起因する誤差の影響が計数の一時的な振れではなく，一定期間継続する計数の偏り（バイアス）となる場合もある。この場合，長期に亘ることから影響はより深刻である。最近の事例を紹介する。

　第 1 は「法人企業統計調査」の大企業の事例である。同調査における大企業の調査票回収率は 80% 台後半にとどまり，相当数の大企業から調査票が回収できていない。調査票未回収分は同一業種・同規模内での回収標本（他の大企業）のうち，資本金が近い企業の平均値をベースに欠測値の補完を行い，集計値を作成している。しかし，未回収企業が巨大企業で，経営スタンスが他社と異なる場合，この欠測値補完では集計値がバイアスをもつ可能性がある。2011〜2014 年度にかけて「法人企業統計調査」の大企業の設備投資が「短観」の設備投資と比べて前年比で 2〜3%，実額で 1〜2 兆円程度過小となっていた。確かなことは不明だが，「法人企業統計調査」では当時大規模な設備投資を行っていた情報通信業の一部大企業からの調査票回収が滞っていたことが要因ではないかとも指摘されている。「法人企業統計調査」のように回収率の低い統計を利用する際は，回収率が高い他の統計（「短観」）と計数を比較しながら利用することが必要である。

　次は「毎月勤労統計調査」の賃金の事例である。同調査では調査票を毎月継続的に提出する事業所は経営が相対的に良好であり，その賃金水準は途中で提出を

止めてしまう事業所の賃金よりも高くなる傾向がある。このため，回収された調査票から集計される賃金は未回収の事業所を含む真の賃金を比べ上方にバイアスしがちとなる（サバイバル・バイアス）。「毎月勤労統計調査」の標本は3年間継続して調査されるが，その間に賃金が低い事業所が次第に脱落していくため，時間とともにサバイバル・バイアスは拡大していく。ただし，3年経過後は標本入れ替えにより新たな事業所が取り込まれて賃金が低下し，上方バイアスは解消されるが，その際に賃金に下方への段差が生じる。「毎月勤労統計調査」では標本誤差は比較的小さい一方で，低い回収率に起因する非標本誤差が振れやバイアスを拡大させているとみられる。

●③回答者の記入誤り・記入漏れによる誤差

調査票への記入誤り・記入漏れによる誤差：なぜ生じるのか　回答者が調査票に誤った計数を記入したり，記入漏れが生じると統計に誤差が生じる。記入誤りや記入漏れを起こしやすい要因には以下のものがある。

第1に調査票の調査項目数が多く，回答者の負担が重い場合である。

第2に調査票に記入を求める計数が通常使用する定義と異なり，世帯や企業が把握していない場合である。例えば，企業では消費税抜きベースで会計処理を行っている一方で，統計調査では個人事業者の会計処理の実情に合わせて，調査票に消費税込みベースの計数記入を求めている場合がある。

第3に調査票に記入を求める計数はゼロの月が多く，ごく一部の月のみ記入を要する場合である。多くの月でゼロであるため，計数の記入を要する月についても，回答者が記入を失念しやすい。

回答者に正しく漏れなく計数を記入してもらうことは，統計の精度向上には極めて重要である。そのためには回答者の過大な負担とならないように調査項目を絞り込むとともに定義が紛らわしい調査項目を設定しないなど，適切に調査票を設計する必要がある。さらに，統計作成者の調査票審査体制の充実が不可欠である。調査票が正しく記入されているかをチェックし，疑問がある場合は回答者に確認することが必要である。以下，上記の第1と第3に該当する，利用の際に注意を要する事例を紹介する。

「家計調査」：回答者の報告負担の重さから生じる非標本誤差　「家計調査」は6か月間，世帯の収入・支出の内訳を家計簿に詳細に記録することを求めるなど負担が重い統計調査である。「家計調査」の世帯ごとの消費支出額を調査開始

からの経過月別に集計すると，調査2か月目がピークとなり，月数が経過するにつれて消費支出額が減少し，最終月の6か月目には2か月目対比3〜4%少なくなっている（宇南山（2016））。家計簿にこまめに記入することが面倒になった家計が，実際に支出しているにもかかわらず記入を怠り，消費支出額が過小となっている可能性がある。

　非標本誤差の原因となる過大な記入負担を軽減するため，総務省では2018年から「家計調査」の調査方法を見直している。(1)従来紙に記入していた家計簿をオンライン化するとともに，(2)レシート読取機能を装備して家計簿の記入の自動化を進め，(3)調査票に収入・支出の具体的な項目に予め詳細に設定するプレコード化を拡大することで，負担の軽減を図っている。新しい調査方式の導入によって記入漏れ分の捕捉が可能となり，非標本誤差が減少して精度が改善している。調査方法の変更による「家計調査」への影響をみると，2人以上の勤労者世帯では収入が8%ポイント，消費支出が2%ポイント各々増加し，その結果，平均消費性向が▲4%ポイント低下するなど段差が2018年を境に生じている。時系列を利用する際には注意を要する。

　■「毎月勤労統計調査」：賞与の記入漏れから生じる非標本誤差■　「毎月勤労統計調査」では，賃金を所定内給与，残業手当や休日出勤手当などの所定外給与，賞与などの特別に支払われた給与（以下，特別給与）に区分して調査している。そのうち特別給与は賞与を支給する月（夏季：6〜7月，冬季：12月）のみ記入を要し，それ以外の月ではゼロとなることが多いため，回答者の失念により賞与の記入漏れが生じやすい。調査を担当する都道府県では，賞与支給月の「特別給与」がゼロもしくは空欄である調査票について企業に確認を行い，記入漏れ分の修正を行っている。しかし，厚生労働省（2023）によると，約2%の事業所において企業への計数確認が確報公表に間に合わず，確報公表後になって記入漏れが判明している。統計に反映されていない賞与の捕捉漏れ額は特別給与の約2%ポイント，現金給与総額の0.4%ポイントに達するなど精度への影響は小さくない（表3.9）。景気判断や政策立案にも活用される重要な統計だけに，都道府県統計部署の人員を増強し，企業への照会を迅速に実施して記入漏れの捕捉を図るなどの策を講じることが望ましい。また，確報公表後に判明した記入漏れ分は事後的に遡及訂正を行い，正確な賞与支給額を統計に反映させる必要がある。

表 3.9　確報公表後の照会により判明した賞与の捕捉漏れ額（1か月当たり）

		①公表値（円）	②試算値（円）	③差額（円） （②－①）	④影響率（%） （③/①）
令和元年平均	現金給与総額	322,552	323,925	1,373	0.426
	特別給与	58,372	59,745		2.352
令和2年平均	現金給与総額	318,405	319,566	1,161	0.365
	特別給与	56,080	57,241		2.070

（出所）厚生労働省（2023）

●非標本誤差に関する情報の活用方法

　非標本誤差は統計の精度に相当な影響を及ぼしている可能性があるが，その影響を定量的に見積もることができない。したがって，様々な知見を活用して，統計の信頼性を定性的に把握しながら利用することが不可欠である。

　母集団名簿のカバレッジは事業所母集団データベースの拡充に伴って，近年，拡大しつつある。カバレッジ拡大に伴い「経済センサス」の計数に段差が生じる可能性に留意して利用することが重要である。

　未回答に伴う誤差を評価する際には，調査票の回収率がポイントとなる。統計を利用する際は回収率をチェックし，回収率の低い統計では様々な振れや偏りが生じる可能性を念頭に置くことが必要である。振れや偏りが生じるリスクが高い統計では，類似の他統計と比較することで振れや偏りの大きさを確認しながら利用する。

　報告者負担が重い統計では計数の誤りや記入漏れによる誤差に注意する。調査票の改善など精度向上や報告者負担の軽減を企図した見直しが計数に段差を生じさせる可能性を念頭に置き，類似の統計によるチェックを行い，計数の妥当性を判断して利用する必要がある。

3.4　業務統計の作成方法

●業務統計の特徴

　業務統計は，行政機関やその他の組織が行政上あるいは業務上の必要性から集めた記録（登録，届出）や作成した業務記録をもとに作成している統計である。業務統計は全数調査であり，標本誤差は発生しない。また，業務統計は法令によって報告者に対して報告（登録，届出）義務を課しており，報告の提出率は

100%である場合が多く，回収率の低さに起因する無回答誤差（非標本誤差）は生じにくい。このため，業務統計は精度が良好なものが多い。ただし，業務統計の全数調査とは「行政機関等が報告義務を課している範囲における全数調査」であり，報告義務を課している対象範囲が統計として偏りがないか，カバレッジが十分かについては確認する必要がある。

●主要な業務統計：カバレッジの特性

　景気判断で幅広く活用される主要な業務統計は，**財務省「貿易統計」，国土交通省「建築着工統計」，厚生労働省「職業安定業務統計」**の３つである（表3.10）。いずれも全数統計であり計数の振れは小さく，統計の信頼性は高い。このため，景気判断の際に各統計は中核的な役割を果たしている。

　この３つの統計の実質的なカバレッジは以下の順になっている。

> 「貿易統計」 ＞ 「建築着工統計」 ≫ 「職業安定業務統計」

　貿易統計　税関に提出する「輸出入申告書」をもとに作成される統計である。財はほぼ全てカバーしている一方で，サービスはカバーしていない。日本の場合，国境が陸続きではないことから，申告義務が課されない旅行者の少額貨物の比率は小さく，密貿易も困難である。統計のカバレッジは極めて高い。

　建築着工統計　建築基準法により，10m² 以上の建物を建設する際には，「建築確認申請」を提出。確認申請の承認後，工事開始前に「建築工事届」を提出することが義務付けられている。この「建築工事届」をもとに統計が作成されることから，新築・増築など床面積の変更を伴う建物をカバーしており，カバ

表3.10　主要な業務統計のカバレッジの特徴

	貿易統計	建築着工統計	職業安定業務統計
作成系列	輸出・輸入	建築着工床面積 工事費予定額	有効求人数，有効求職者数，有効求人倍率
対象範囲	税関経由で輸出入される貨物（財）	建築工事届が提出される建物	ハローワークで扱う求人・求職案件
カバレッジ	財はほとんど全てをカバー	新築・増築の建物をほぼカバー	ハローワークで扱う転職案件のみをカバー
統計でカバーされない取引	サービスならびに所有権は移転するが国境を越えて移動しない財	リフォーム・リニューアル投資	ハローワークを経由しない転職案件

（出所）　各統計の HP を参考に筆者作成

レッジは高い。ただし，床面積変更を伴わない建物のリフォーム・リニューアル案件はカバーしていないので，その部分は別の統計で把握する必要である。

職業安定業務統計 ハローワークに提出される「求人票」「求職票」から作成される統計である。有効（新規）求人数，有効（新規）求職者数，有効（新規）求人倍率が公表される。長年，統計の信頼性は高いと考えられてきたが，最近では職業紹介市場の構造変化の影響を受けている。具体的には，近年，広告を通じた求人や民間紹介事業者のシェアが高まり，転職市場におけるハローワークのシェアは15％まで低下している。また，ハローワークの求人・求職には介護，販売，飲食サービスなど比較的賃金の低い労働者のシェアが高いなどカバレッジに偏りもある。精度低下の可能性を踏まえたうえで利用する必要がある。

●業務統計の誤差：計数の誤りに伴う非標本誤差：建築着工統計

精度面では報告計数の誤りに起因する誤差が問題となる。近年，多くの業務統計で報告データのデジタル化が進んでいるが，紙ベースで報告を受け，官庁の窓口部署で計数を転記して統計を作成している場合もある。

例えば，国土交通省「建築着工統計」は建築主から紙ベースで提出を受けた「建築工事届」を市区町村の窓口部署が転記して調査票を作成し計数を報告。国土交通省が計数を集計して統計を公表している。このため，転記ミスや送付漏れが生じる可能性があり，実際，2016年末には工事費予定額ベースで最大1,700億円の大きな計数の修正が生じている。

建築主から電子ベースで「建築工事届」を受領すると自動的にデータが国土交通省に送付されて統計が集計されるシステムが構築されれば，こうしたミスを回避できる。建築基準法改正により2019年6月に「建築工事届」の押印義務が廃止された。今後，業務フローのデジタル化の進展が期待される。

コラム　調査統計における精度の限界：都市別のぎょうざ購入額

標本調査で作成される動態統計の標本の大きさは詳細な項目データを利用するには不十分であり，各項目の計数は必要な精度を満たしていない場合が少なくない。こうした事例を具体的にみていこう。

表3.11は，「家計調査」における「ぎょうざ」の年間購入額を都市別に集計し，1位から3位までをみたものである。このデータは毎年「家計調査」の結果が公表されると同時にテレビや新聞で報道され，注目を集めている。2008年～2020年の各年

3　調査統計が持つ誤差／業務統計の作成方法　　75

表 3.11 「家計調査」における 1 世帯当たり「ぎょうざ」年間支出額（都市別）

	2019 年	2020 年	2021 年	2022 年	2023 年
1 位	宇都宮市 4,359 円	浜松市 3,766 円	宮崎市 4,184 円	宮崎市 4,053 円	浜松市 4,041 円
2 位	浜松市 3,506 円	宇都宮市 3,693 円	浜松市 3,728 円	宇都宮市 3,763 円	宮崎市 3,497 円
3 位	京都市 2,790 円	宮崎市 3,670 円	宇都宮市 3,129 円	浜松市 3,434 円	宇都宮市 3,200 円

（注） 「2 人以上の世帯」の平均額。小売店等で購入した「調理済みないしは生の
餃子」への支出額。冷凍食品や外食での支出額を含まない。
（出所） 総務省「家計調査」

について購入額をみると，浜松市が 7 回，宇都宮市が 6 回，トップとなっている。その後，2021 年，2022 年と 2 年連続で宮崎市が，2023 年は浜松市が各々トップとなっている。

　「家計調査」の標本の大きさは，いずれの都市も約 90 世帯にすぎず，各都市の「ぎょうざ」購入額の標準誤差率は，全国データの変動係数から概算すると約 8.5％（約 340 円）と推計される。この場合，各都市間の「ぎょうざ」購入額のかい離の標準誤差は，約 1.4（＝$\sqrt{2}$）倍の約 480 円となる。都市間のかい離が信頼係数 95％で有意となるには，かい離はその 1.96 倍の約 940 円が必要である。この点を踏まえると，いずれの年についても 3 つの都市の「ぎょうざ」購入額には，統計的には有意な差はないとみられる。

　以上のように標本の大きさが十分ではない「動態統計」において詳細な項目の分析を行う場合には，標本の大きさの不足による精度の限界に直面しやすい点を考慮して，計数を評価する必要がある。

◆ 練習問題

問 3.1　標本誤差に関する公表情報を適切に活用する方法について述べた以下の文章において，空欄を埋めよ。

　第 1 に，標本誤差を伴う動態統計を利用する際には，基調的な変動である（　①　）と標本誤差に代表される（　②　）との比率に注意して，変動の基調判断を行うことが必要である。一般的に同比率が大きいほど，変動が基調的かどうかを判断するのが容易である。

　第 2 に，調査項目ごとの標本誤差の大きさの違いを把握して計数を利用すべきである。標本誤差の指標である（　③　）は，一般的に計数が大きい項目や企業・世帯間でのばらつきが小さい項目で小さく，計数が小さな項目やばらつきが大きい項目で大きくなる。

　第 3 に，（　④　）は標本の大きさが大きく，詳細な項目を利用する際に強みがある。動態統計とうまく使い分けることが望ましい。

　第 4 に，変化率（前年同月比）に関する標本誤差（標準誤差）の大きさは，水準の標準誤差率，前年同月と当月との（　⑤　），前年同月と当月との継続標本の（　⑥　）に左右される。

問 3.2　非標本誤差に関する以下の文章の空欄を埋めよ。

　非標本誤差には様々なものがあるが，そのうち，母集団名簿の不備による（　①　）不足や捕捉漏れによる誤差である（　①　）誤差，調査票の未回収に起因する（　②　）誤差，調査票への（　③　）や（　④　）に起因する誤差の 3 つが重要である。

問 3.3　業務統計に関する以下の問に答えよ。

(1) 主要な 3 つの業務統計，「貿易統計」「建築着工統計」「職業安定業務統計」をカバレッジが高い順番に並べよ。

(2) 「職業安定業務統計」のカバレッジにおける問題点について述べよ。

第4章
加工統計の作成方法
：指数を中心に

- ■4.1　指数とは何か
- ■4.2　指数の作成方法：価格指数
- ■4.3　指数の作成方法：数量指数/価格指数と数量指数との関係
- ■4.4　指数の経済理論
- ■4.5　指数作成の実際
- コラム　連鎖指数の上方バイアス：ドリフト現象

　第4章では，指数を中心に加工統計の作成方法を取り上げる。最初に，指数とはどのようなものか，指数のメリットは何かを説明する。指数には，「鉱工業指数」などの数量指数，「消費者物価指数」などの価格指数が存在する。指数の作成に際しては，個別指数を集計する際に用いる算式の選択が重要である。代表的な集計算式であるラスパイレス指数，パーシェ指数を取り上げる。次に，指数の経済理論を用いて，ラスパイレス指数，パーシェ指数と真の指数，各々の大小関係について議論を行う。最後に，価格指数や数量指数の作成の実情について取り上げる。

4.1　指数とは何か

●加工統計とは

　加工統計は，一次統計（調査統計や業務統計）から，加工処理（再集計・推計）を行って作成される統計である。第1章で述べたように加工統計は，①価格指数（消費者物価指数，企業物価指数，企業向けサービス価格指数など）と数量指数（鉱工業指数など）から構成される**指数**，②国内総生産（GDP）などから構成される**国民経済計算**，③産業連関表，建設総合統計，景気動向指数，生命表，人口推計，社会保障費用統計などの**その他の加工統計**，の3つの種類に大きく分けることができる。

表 4.1 「指数」とは何か

（基準月）全国の工場で 4 万台の自動車を生産

（今月）　全国の工場で 3 万台の自動車を生産

（今月の自動車の生産の指数）

$$\Rightarrow \frac{今月}{基準月} = \frac{3 万台}{4 万台} = 0.75 \quad 基準月を 100 とすると \quad 指数は 75.0$$

　第 4 章では，加工統計のうち，①指数について，その作成方法を取り上げる。なお，GDP をはじめとする「国民経済計算」は，第 13 章と第 14 章で詳しく取り上げる。

●指数とは何か

　指数とは，2 つの時点における同じ種類の統計数値の大小関係を，比率の形で表したものである。基準時点（基準月）を 100 として比較時点（今月）の数値を表示する（表 4.1）。異なった時点間の数量（生産量，出荷量，輸出入量など）や価格（物価）を比較するために利用される。

●なぜ「指数」は必要か：指数のメリット

　対象となる商品が 1 種類しかないのであれば，指数を利用しなくても，商品の生産数量（台数）で直接比較すればよい。例えば，上記の自動車の場合では，基準月の生産は 4 万台，今月の生産は 3 万台なので，台数で比較すると，生産量は▲25％減少となる。

　しかし，複数の商品を生産している場合は，そうはいかない。例えば，ビールとワインの 2 つの商品を製造する酒造工場において，1 月から 2 月にかけてビールの生産量が減少する一方で，ワインの生産量が増えている場合は，工場全体として生産量が増えているかどうかは，判断できない。そうした場合にも，生産指数を商品ごとに作成し，個別商品の指数を集計した全体の指数をみることで，工場全体の生産の水準を比較することができる。

　表 4.2 の場合，ビールとワインのウエイト（値の重みづけ）が均等（1：1）として，酒造工場全体の生産指数を計算すると，

4　加工統計の作成方法：指数を中心に　　79

表 4.2　ビールとワインを生産する酒造工場の生産指数

	ウエイト	基準時点	1月	2月
ビール （指数）	1	200 本 (100)	400 本 (200)	200 本 (100)
ワイン （指数）	1	50 本 (100)	20 本 (40)	40 本 (80)
工場全体の 生産指数	2	100	120	90

$$（1月の指数）= \frac{200+40}{2} = 120 \qquad （2月の指数）= \frac{100+80}{2} = 90$$

となり，工場全体の生産指数は，1月の 120 から 2月の 90 へと▲25％減少したと判断できる。

　なお，工場全体の生産動向を把握する指標として「生産額」を使う考え方もある。しかし，生産額の変動には，数量の変動と価格の変動の双方が含まれる。このため，生産額では生産数量の変化を把握できない。

●指数の種類：価格指数と数量指数

　指数には，大きく分けて，「**数量指数**」と「**価格指数**」の2つが存在する。

　数量指数　生産量，消費量，貿易（輸出・輸入）量などの数量を指数化するもの。

　価格指数　「数量指数」に対応する生産者物価，消費者物価，輸出入物価などの価格を指数化するもの。

　以上のように，「数量指数」の背後には，必ず，対応する「価格指数」が存在する。両者を一対のものとして理解する。

　なお，生産者物価とは，生産者（メーカー）が生産する財・サービスの物価のことであり，日本では，「企業物価指数」「企業向けサービス価格指数」が該当する。

●代表的な数量指数：鉱工業指数

　経済産業省が作成する「**鉱工業指数**」は，日本全国の鉱業・製造業の動きを示す数量指数である（**表 4.3**）。「鉱工業指数」には，生産活動の動きを示す「生産指数」，出荷の状況を示す「出荷指数」，在庫の状況を示す「在庫指数」などから

表 4.3 鉱工業指数（2020 年基準指数）の概要

> 日本全国の鉱業・製造業の動きを示す数量指数
> 指数の基準時は 2020 年，2020 年 1 ～ 12 月の平均値を 100 とする。

（鉱工業指数の種類）

指数の種類	指数の内容	品目数	集計ウエイト
生産指数	鉱工業製品の生産	408	付加価値額
出荷指数	鉱工業製品の工場からの出荷	408	出荷額
在庫指数	生産者の元に残っている製品在庫	291	在庫額
在庫率指数	在庫量／出荷量の比率	283	在庫額
生産能力指数	設備をフル稼働したときの生産能力	139	付加価値額
稼働率指数	設備の稼働率＝生産数量／生産能力	139	付加価値額

（指数の体系・分類）
（業種分類指数）品目指数を品目ウエイトで集計して，業種指数や総合指数を作成

品目指数　→　業種指数　→　総合指数
普通乗用車，普通トラック　　輸送機械工業　　鉱工業，製造工業

構成されている。指数は基準時（基準年）である 2020 年 1～12 月の平均値を 100 として，各時点の指数を毎月計算している。個別の指数を計算し，それをウエイトで加重平均することで業種ごとの指数，鉱業・製造業全体の生産・出荷・在庫に関する総合指数を計算している。鉱工業指数は，日本の景気の動きを示す経済統計として重要な役割を果たしている。

●代表的な価格指数：消費者物価指数

物価の動きは，比較の基準となる時点を決めて，その時の物価に対してどの程度上昇（または下落）したかを比率のかたちで見るのが一般的である。物価の動きを比率で表したものが価格指数である。

総務省が作成する「消費者物価指数」は，消費者（世帯）が購入する商品の価格を総合的にみるものである。消費者が日常購入する財の価格のほか，サービスの価格の動きも含まれている（**表 4.4**）。指数は月次で作成されており，日本の物価変動を示す経済統計として重要な役割を果たしている。

表 4.4　消費者物価指数（2020 年基準指数）の概要

消費者物価指数は，消費者（世帯）が購入する商品（品目）の価格を総合してみるもの。日常購入する食料品，衣料品，電気製品，化粧品などの財の価格のほかに，家賃，通信料，授業料，理髪料などのサービスの価格の動きも含まれる。
　2020 年基準指数では，10 大費目で 582 品目が採用されている。

（主な採用品目）

10 大費目	採用品目	10 大費目	採用品目
食　料	穀類，生鮮食品，酒類　外食など	保健医療	診療代，感冒薬，おむつなど
住　居	家賃，給湯器など	交通・通信	ガソリン，航空運賃，通信料（携帯電話）など
光熱・水道	電気代，ガス代など	教育	高校授業料，教科書など
家具・家事用品	冷蔵庫，なべ，トイレットペーパーなど	教養娯楽	テレビ，ペットフード，宿泊料など
被服及び履物	スーツ，セーターなど	諸雑費	口紅，たばこ，介護料など

表 4.5　日本における代表的な物価指数

対　象		取引段階	
		企業間取引段階	小売段階
対　象	財	企業物価指数	消費者物価指数
	サービス	企業向けサービス価格指数	

　このほか，企業間取引段階（財・サービスの生産者段階）の物価指数として，日本銀行が「企業物価指数」（財を対象）と「企業向けサービス価格指数」（サービスを対象）を作成している（表 4.5）。

4.2　指数の作成方法：価格指数

●価格指数の計算方法

　価格指数を計算して，消費者が購入する財・サービスの価格を異なった時点で比較する。対象とする財・サービスは n 品目とする。価格指数の基準時点を $t = 0$ とする。さらに $t = 1, 2, \cdots\cdots$ などの時点を比較時点と呼ぶ。比較時点を代表して t 時点と書くことにする。第 i 品目（$i = 1, \cdots, n$）の t 時点における価格を p_{ti}，購入数量を q_{ti} とする。

① 個別品目の価格指数の計算

第 i 品目の価格指数は,

$$（第 i 品目の価格指数） = \frac{p_{ti}}{p_{0i}} \times 100$$

で表される（以下，100は省略）。

② 個別品目の価格指数を集計した総合価格指数の計算

個別品目の価格指数を集計して，全体の物価の動きを示す**総合価格指数**を計算する。各品目の重要度に応じたウエイトをつけて加重平均する。ここで，w_i は各品目のウエイトであり，品目ごとの消費者の購入金額を用いる。

$$（総合価格指数） = \frac{1}{\sum_i w_i} \sum_i w_i \left(\frac{p_{ti}}{p_{0i}} \right)$$

$\sum_i w_i$ は対象の n 品目 $(i = 1, \cdots, n)$ のウエイト（支出金額）の総計である。

●価格指数は「数量を固定した場合の金額比指数」と一致する

「基準時点（0時点）と比較時点（t 時点）において全く同じ購入数量の組み合わせ（**固定数量バスケット**）で購入したときに，両時点で必要となる購入金額の比率」を計算すると，以下のようになる。

$$（購入数量を固定した場合の購入金額比の指数） = \frac{\sum_i p_{ti} q_i}{\sum_i p_{0i} q_i}$$

支出金額は $w_i = p_{0i} q_i$ で計算できることから，上記の式は,

$$\frac{\sum_i p_{ti} q_i}{\sum_i p_{0i} q_i} = \frac{1}{\sum_i p_{0i} q_i} \sum_i (p_{0i} q_i) \left(\frac{p_{ti}}{p_{0i}} \right) = \frac{1}{\sum_i w_i} \sum_i w_i \left(\frac{p_{ti}}{p_{0i}} \right)$$

と書き替えることができる。「購入数量を固定した場合の購入金額比の指数」は「総合価格指数」と一致する。経済的には，価格指数は「**基準時点と比較時点で全く同じ内容の消費支出をした場合に必要となる費用（生計費）の変化**」と解釈できる。

4 加工統計の作成方法：指数を中心に

●ラスパイレス価格指数とパーシェ価格指数

　ウエイトを計算する際に基準となる数量 q_i として何を選ぶかによって，いろいろな指数を算出できる。代表的な指数として，基準時点の数量を用いる**ラスパイレス価格指数**と，比較時点の数量を用いる**パーシェ価格指数**がある。

　ラスパイレス価格指数　　ラスパイレス価格指数 $P_L(t)$ は，基準となる数量として基準時点の数量 $q_i = q_{0i}$ を用いる。すなわち，「**購入数量を基準時点に固定した場合の購入金額比の指数**」となる。

$$
P_L(t) = \frac{1}{\sum_i w_{0i}} \sum_i w_{0i} \left(\frac{p_{ti}}{p_{0i}} \right) = \frac{1}{\sum_i p_{0i} q_{0i}} \sum_i (p_{0i} q_{0i}) \left(\frac{p_{ti}}{p_{0i}} \right) = \frac{\sum_i p_{ti} q_{0i}}{\sum_i p_{0i} q_{0i}}
$$

ラスパイレス価格指数では，基準時点における第 i 品目の購入金額 $w_{0i} = p_{0i} q_{0i}$ がウエイトとして用いられる。このウエイトは，指数計算の際，どの時点でも同一の値となる固定ウエイトである。

　パーシェ価格指数　　パーシェ価格指数 $P_P(t)$ は，基準となる数量として比較時点の購入数量 $q_i = q_{ti}$ を用いる。すなわち，「**購入数量を比較時点に固定した場合の購入金額比の指数**」となる。

$$
P_P(t) = \frac{1}{\sum_i w_{0ti}} \sum_i w_{0ti} \left(\frac{p_{ti}}{p_{0i}} \right) = \frac{1}{\sum_i p_{0i} q_{ti}} \sum_i (p_{0i} q_{ti}) \left(\frac{p_{ti}}{p_{0i}} \right) = \frac{\sum_i p_{ti} q_{ti}}{\sum_i p_{0i} q_{ti}}
$$

　パーシェ価格指数では，$w_{0ti} = p_{0i} q_{ti}$ がウエイトとして用いられる。このウエイトは，比較時点の購入数量を基準時点の価格で評価した「架空の購入金額」である。比較時点の購入金額 $w_{ti} = p_{ti} q_{ti}$ とは異なることに注意する。指数計算の際，比較時点 t ごとに値が変化する可変ウエイトである。

　「消費者物価指数」「企業物価指数」「企業向けサービス価格指数」などの物価指数では，基準時点の数量（金額）のデータがあれば迅速に価格指数が計算できるラスパイレス価格指数が統計作成に利用されている。一方，比較時点の数量（金額）のデータを迅速に入手することが難しいことから，パーシェ価格指数が公表されている事例はまれである。

●価格指数の作成事例

　ここまでの説明は数式をベースにしたもので，数式に慣れていない読者にはやや取っ付きづらいところがあると思う。「消費者物価指数」をイメージした数値

表 4.6　価格指数の作成事例

品　目	購入単位	基準時点（0 時点）			比較時点（1 時点）		
		価格 p_{0i}	購入数量 q_{0i}	購入金額 $p_{0i}q_{0i}$	価格 p_{1i}	購入数量 q_{1i}	購入金額 $p_{1i}q_{1i}$
米	1kg	500 円	10kg	5,000 円	400 円	15kg	6,000 円
牛　肉	100g	400 円	2,000g	8,000 円	600 円	1,500g	9,000 円
カレールウ	1 箱	300 円	5 箱	1,500 円	300 円	5 箱	1,500 円
計				14,500 円			16,500 円

例を用いて，実際に価格指数を計算してみよう（**表 4.6**）。

ラスパイレス価格指数　ラスパイレス価格指数は，個別品目の価格指数と基準時点における第 i 品目の購入金額 $w_{0i} = p_{0i}q_{0i}$（ウエイト）から，以下のように計算できる。

$$P_L(1) = \frac{1}{\sum_i w_{0i}} \sum_i w_{0i}\left(\frac{p_{1i}}{p_{0i}}\right) = \frac{1}{\sum_i p_{0i}q_{0i}} \sum_i (p_{0i}q_{0i})\left(\frac{p_{1i}}{p_{0i}}\right)$$

$$= \frac{1}{5,000 + 8,000 + 1,500}\left\{5,000\left(\frac{400}{500}\right) + 8,000\left(\frac{600}{400}\right) + 1,500\left(\frac{300}{300}\right)\right\}$$

$$= 1.207（100 倍すると 120.7）$$

また，購入数量を基準時点に固定した場合の購入金額の比から計算すると，

$$P_L(1) = \frac{\sum_i p_{1i}q_{0i}}{\sum_i p_{0i}q_{0i}} = \frac{400 \times 10 + 600 \times 20 + 300 \times 5}{5,000 + 8,000 + 1,500} = \frac{17,500}{14,500}$$

$$= 1.207（100 倍すると 120.7）$$

となる。これは，基準時点に実際に購入したのと同一の数量を比較時点で購入した場合，比較時点の購入金額が 1.207 倍となることを示している。

パーシェ価格指数　パーシェ価格指数は，個別品目の価格指数と比較時点の購入数量を基準時点の価格で評価したウエイト $w_{01i} = p_{0i}q_{1i}$ から以下のように計算できる。

4　加工統計の作成方法：指数を中心に　　*85*

$$P_P(1) = \frac{1}{\sum_i w_{01i}} \sum_i w_{01i} \left(\frac{p_{1i}}{p_{0i}} \right) = \frac{1}{\sum_i p_{0i}q_{1i}} \sum_i (p_{0i}q_{1i}) \left(\frac{p_{1i}}{p_{0i}} \right)$$

$$= \frac{1}{500 \times 15 + 400 \times 15 + 300 \times 5}$$

$$\times \left\{ (500 \times 15)\left(\frac{400}{500} \right) + (400 \times 15)\left(\frac{600}{400} \right) + (300 \times 5)\left(\frac{300}{300} \right) \right\}$$

$$= 1.1 \ (100 \text{ 倍すると } 110.0)$$

また，購入数量を比較時点に固定した場合の購入金額の比から計算すると，

$$P_P(1) = \frac{\sum_i p_{1i}q_{1i}}{\sum_i p_{0i}q_{1i}} = \frac{400 \times 15 + 600 \times 15 + 300 \times 5}{500 \times 15 + 400 \times 15 + 300 \times 5} = \frac{16,500}{15,000}$$

$$= 1.1 \ (100 \text{ 倍すると } 110.0)$$

となる。これは，比較時点に実際に購入したのと同一の数量を基準時点で購入した場合，比較時点の購入金額が 1.1 倍となることを示している。

4.3　指数の作成方法
：数量指数/価格指数と数量指数との関係

●数量指数の計算方法

　数量指数を計算して，企業の財・サービスの生産数量を異なった時点で比較する。第 i 品目（$i = 1, \cdots, n$）の t 時点における価格を p_{ti}，生産数量を q_{ti} とする。数量指数は価格指数と同様に以下のように計算できる。

① 　個別品目の数量指数の計算

　第 i 品目の数量指数は，

$$（\text{第 } i \text{ 品目の数量指数}） = \frac{q_{ti}}{q_{0i}} \times 100$$

で表される（以下，100 は省略）。

② 　個別品目の数量指数を集計した総合数量指数の計算

　個別品目の数量指数を集計して，全体の物価の動きを示す総合数量指数を計算する。各品目の重要度に応じたウエイトをつけて加重平均する。ここで，w_i は各品目のウエイト。具体的には，品目ごとの企業の生産金額を用いる。

$$（総合数量指数）= \frac{1}{\sum_i w_i} \sum_i w_i \left(\frac{q_{ti}}{q_{0i}} \right)$$

$\sum_i w_i$ は対象の n 品目（$i = 1, \cdots, n$）のウエイト（生産金額）の総計である。

●数量指数は「価格を固定した場合の金額比指数」と一致する

「基準時点（0 時点）と比較時点（t 時点）において全く同じ価格の組み合わせ（固定価格バスケット）で購入した時に，両時点での生産金額の比率」を計算すると，以下のようになる。

$$（価格を固定した場合の生産金額比の指数）= \frac{\sum_i p_i q_{ti}}{\sum_i p_i q_{0i}}$$

生産金額は $w_i = p_i q_{0i}$ で計算できることから，上記の式は，

$$\frac{\sum_i p_i q_{ti}}{\sum_i p_i q_{0i}} = \frac{1}{\sum_i p_i q_{0i}} \sum_i (p_i q_{0i}) \left(\frac{q_{ti}}{q_{0i}} \right) = \frac{1}{\sum_i w_i} \sum_i w_i \left(\frac{q_{ti}}{q_{0i}} \right)$$

と書き替えることができる。「価格を固定した場合の生産金額比の指数」は「総合数量指数」と一致する。

●ラスパイレス数量指数とパーシェ数量指数

ウエイトを計算する際に基準となる価格 p_i として何を選ぶかによって，いろいろな指数を算出できる。代表的な指数として，基準時点の価格を用いる**ラスパイレス数量指数**と，比較時点の価格を用いる**パーシェ数量指数**がある。

ラスパイレス数量指数 ラスパイレス数量指数 $Q_L(t)$ は，価格として基準時点の価格 $p_i = p_{0i}$ を用いる。すなわち，「**価格を基準時点に固定した場合の生産金額比の指数**」となる。

$$Q_L(t) = \frac{1}{\sum_i w_{0i}} \sum_i w_{0i} \left(\frac{q_{ti}}{q_{0i}} \right) = \frac{1}{\sum_i p_{0i} q_{0i}} \sum_i (p_{0i} q_{0i}) \left(\frac{q_{ti}}{q_{0i}} \right) = \frac{\sum_i p_{0i} q_{ti}}{\sum_i p_{0i} q_{0i}}$$

ラスパイレス数量指数では，基準時点における第 i 品目の生産金額 $w_{0i} = p_{0i} q_{0i}$ が固定ウエイトとして用いられる。指数計算の際，どの時点でも同一の値となる固定ウエイトである。

4 加工統計の作成方法：指数を中心に **87**

パーシェ数量指数　パーシェ数量指数 $Q_P(t)$ は，価格として比較時点の価格 $q_i = q_{ti}$ を用いる。すなわち，「価格を比較時点に固定した場合の生産金額比の指数」となる。

$$Q_P(t) = \frac{1}{\sum_i w_{0ti}} \sum_i w_{0ti} \left(\frac{q_{ti}}{q_{0i}} \right) = \frac{1}{\sum_i p_{ti}q_{0i}} \sum_i (p_{ti}q_{0i}) \left(\frac{q_{ti}}{q_{0i}} \right) = \frac{\sum_i p_{ti}q_{ti}}{\sum_i p_{ti}q_{0i}}$$

パーシェ数量指数では，$w_{0ti} = p_{ti}q_{0i}$ がウエイトとして用いられる。このウエイトは，比較時点の生産数量を基準時点の価格で評価した「架空の生産金額」である。比較時点における生産金額 $w_{ti} = p_{ti}q_{ti}$ とは異なることに注意する。指数計算の際，比較時点 t ごとに値が変化する可変ウエイトである。

　実務的には，基準時点の価格（生産金額）があれば迅速に数量指数が計算できるラスパイレス数量指数が利用されている（例えば「鉱工業指数」）。

●価格指数と数量指数との関係

金額条件　比較時点における購入（生産）金額の合計は，$\sum_i p_{ti}q_{ti}$ となる。したがって，基準時点と比較時点の2時点における購入（生産）金額の変化を示す金額指数を $M(t)$ と書くと，

$$M(t) = \frac{\sum_i p_{ti}q_{ti}}{\sum_i p_{0i}q_{0i}}$$

と表される。この金額の変化には数量と価格の両方の変化を含んでいる。そこで，同じ対象について価格指数 $P(t)$ と数量指数 $Q(t)$ が計算されるとき，

$$M(t) = P(t)Q(t) \tag{金額条件}$$

との関係，すなわち，購入（生産）金額の増加分は価格の上昇分と数量の増加分に分解できるとの関係が成り立つと，分析には都合がよい。

金額条件が成立する価格指数と数量指数の組み合わせ　価格指数と数量指数についてみると，①ラスパイレス価格指数とラスパイレス数量指数，②パーシェ価格指数とパーシェ数量指数，いずれの組み合わせでも，上記の金額条件は成立しない。もっとも，③ラスパイレス価格指数とパーシェ数量指数，④パーシェ価格指数とラスパイレス数量指数，の組み合わせであれば，金額条件は成立する。すなわち，

$$M(t) = P_L(t)Q_P(t) = P_P(t)Q_L(t)$$

が成立する。

　このことは，「経済センサス」や「経済構造実態調査」から得られる品目別の生産（出荷）金額を，ラスパイレス価格指数である「企業物価指数」で割り込んで実質化した場合，得られる生産（出荷）の実質値はパーシェ数量指数になることを示している。また，「国民経済計算」では，実質 GDP は，基準時点（現行は2015 年）の名目 GDP を発射台とした連鎖ラスパイレス数量指数として作成されている。このため，名目 GDP を実質 GDP で除して計算される GDP デフレーターは，連鎖パーシェ価格指数となる（連鎖指数については 4.5 節で解説する）。

　同一の指数で金額条件を満たす指数　同一の指数で金額条件を満たす指数として，**フィッシャー指数**が存在する。フィッシャー指数はラスパイレス指数とパーシェ指数の幾何平均として計算される。フィッシャー価格指数・数量指数は，以下のとおりである。

> フィッシャー価格指数　$P_F(t) = \sqrt{P_L(t)P_P(t)}$
> フィッシャー数量指数　$Q_F(t) = \sqrt{Q_L(t)Q_P(t)}$

金額条件を満たしており，価格と数量に分解するにはフィッシャー指数は便利である。ただし，フィッシャー価格指数・数量指数は，基準時点と比較時点との「金額比指数」ではないので，経済的な意味付けは明確ではない。

4.4　指数の経済理論

●真の価格指数＝効用不変価格指数

　価格指数が何を測定すべきかについて，経済理論的にどこまで明確にできるかについて考えてみる[1]。議論を簡単にするために，財は x_1 と x_2 の 2 種類とし，**図 4.1** に示される無差別曲線を持つ消費者を想定する。

　基準時点　基準時点において，2 つの財の価格が (p_{01}, p_{02}) であるときに，消費者は所得 y_0 を使って，

---

[1] ここでの議論は，中村・新家・美添・豊田（1992）の第 4 章をベースにしている。

図 4.1 ラスパイレス型・パーシェ型効用不変価格指数

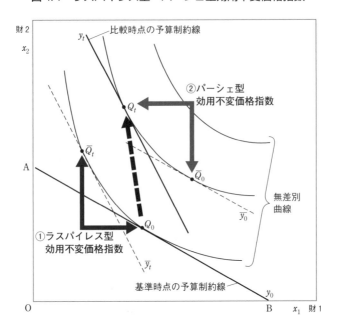

$$y_0 \geq \sum_i p_{0i} x_i = p_{01} x_1 + p_{02} x_2$$

の予算制約条件のもと，効用を最大にするように購入量 (x_1, x_2) を決定する。その結果，Q_0 が選択され，各財の購入量が (q_{01}, q_{02}) となる。

比較時点 同様に，比較時点（t 時点）において価格 (p_{t1}, p_{t2}) であるときに，消費者は所得 y_t を使って，

$$y_t \geq \sum_i p_{ti} x_i = p_{t1} x_1 + p_{t2} x_2$$

との条件のもと，効用を最大化するように購入量を決定する。その結果，Q_t が選択され，各財の購入量が (q_{t1}, q_{t2}) となる。

「真の価格指数＝効用不変価格指数」の定義 ここで，2つの時点の価格水準を比較する基準として，「2つの時点で同一の効用を得るために必要な金額の比」を用いる。このように定義される指数を「**効用不変価格指数**」あるいは「**真の価格指数**」と呼ぶ。効用不変価格指数では，基準時点，比較時点いずれの効用を一定とするかによって，ラスパイレス型，パーシェ型の2つの効用不変価

格指数を考えることができる。

① ラスパイレス型：基準時点 Q_0 と同一の効用を実現する比較時点 $\overline{Q_t}$ の比較

基準時点において，予算制約線 AB のもと効用を最大化する点は，無差別曲線と接する $Q_0 = (q_{01}, q_{02})$ である。この点で基準時点における効用が最大化している。これは，「Q_0 で示される財の組み合わせが与える効用 u_0 と同じ水準の効用を達成するのに必要な最小の費用が y_0 である」と言い換えることができる。一方，比較時点において，価格 (p_{t1}, p_{t2}) のもと，Q_0 と同一の効用 u_0 は，$\overline{Q_t} = (\overline{q_{t1}}, \overline{q_{t2}})$ の組み合わせで最小費用 $\overline{y_t} = p_{t1}\overline{q_{t1}} + p_{t2}\overline{q_{t2}}$ のもとで達成することができる。

したがって，基準時点における効用を実現するラスパイレス型の効用不変価格指数 $I(u_0)$ を「基準時点と同一の効用 u_0 を得るための最小費用の比 $(\overline{y_t}/y_0)$」と定義すると，

$$I(u_0) = \frac{\sum p_{ti}\overline{q_{ti}}}{\sum p_{0i}q_{0i}}$$

と書くことができる。

② パーシェ型：比較時点 Q_t と同一の効用を実現する基準時点 $\overline{Q_0}$ の比較

同様に，比較時点 Q_t ならびに Q_t と同一の効用を実現する基準時点 $\overline{Q_0}$ に着目する。$Q_t = (q_{t1}, q_{t2})$ は比較時点の実際の購入量である。$\overline{Q_0} = (\overline{q_{01}}, \overline{q_{02}})$ は，基準時点において，価格 (p_{01}, p_{02}) のもと，Q_t と同じ効用 u_t を最小費用 $\overline{y_0} = p_{01}\overline{q_{01}} + p_{02}\overline{q_{02}}$ で実現する組み合わせとする。

比較時点における効用を実現するパーシェ型効用不変価格指数 $I(u_t)$ を「比較時点と同じ効用 u_t を得るための最小費用の比 $(y_t/\overline{y_0})$」と定義すると，

$$I(u_t) = \frac{\sum p_{ti}q_{ti}}{\sum p_{0i}\overline{q_{0i}}}$$

と書くことができる。

●2つの効用不変価格指数とラスパイレス・パーシェ価格指数との関係

ラスパイレス型効用不変価格指数 $I(u_0)$ とラスパイレス価格指数 $P_L(t)$

$\overline{Q_t}$ を通る接線は，比較時点の価格 (p_{t1}, p_{t2}) における $\overline{y_t}$ に対応する予算制約線とみなすことができる。無差別曲線が原点に対して凸であることから，$\overline{Q_t}$ と同じ効用を与える Q_0 は，この直線の右側に位置する。すなわち，

4 加工統計の作成方法：指数を中心に　　91

$$\sum p_{ti}\bar{q}_{ti} \quad < \quad \sum p_{ti}q_{0i}$$

が成り立つ。この両辺を $\sum p_{0i}q_{0i}$ で割ると，

$$I(u_0) = \frac{\sum p_{ti}\bar{q}_{ti}}{\sum p_{0i}q_{0i}} \quad < \quad \frac{\sum p_{ti}q_{0i}}{\sum p_{0i}q_{0i}} = P_L(t)$$

ラスパイレス型効用不変価格指数 ＜ ラスパイレス価格指数

が成立する。

■パーシェ型効用不変価格指数 $I(u_t)$ とパーシェ価格指数 $P_P(t)$■ 同様に，基準時点の価格のもとで同一の効用を与える 2 つの点 Q_t と $\overline{Q_0}$ を比べることにより，

$$\sum p_{0i}\bar{q}_{0i} \quad < \quad \sum p_{0i}q_{ti}$$

が導かれる。両辺の逆数を取り，$\sum p_{ti}q_{ti}$ を乗じると，

$$P_P(t) = \frac{\sum p_{ti}q_{ti}}{\sum p_{0i}q_{ti}} \quad < \quad \frac{\sum p_{ti}q_{ti}}{\sum p_{0i}\bar{q}_{0i}} = I(u_t)$$

パーシェ価格指数 ＜ パーシェ型効用不変価格指数

が成立する。

　以上のように，ラスパイレス価格指数はラスパイレス型効用不変価格指数 $I(u_0)$ の上限を，パーシェ価格指数は，パーシェ型効用不変価格指数 $I(u_t)$ の下限を，各々与えることが分かる。

■価格指数の経済理論で分かること■ 価格指数の経済理論からは，

ラスパイレス型効用不変価格指数 $I(u_0)$ ＜ ラスパイレス価格指数 $P_L(t)$
パーシェ価格指数 $P_P(t)$ ＜ パーシェ型効用不変価格指数 $I(u_t)$

の 2 点が分かる。しかし，それ以外の点，例えば，2 つの効用不変価格指数 $I(u_0)$ と $I(u_t)$ との大小関係については，何も分からない。

　実務的には，ラスパイレス価格指数とパーシェ価格指数が，大きく離れているときには，真の物価指数とのかい離について注意が必要であるが，両者が比較的近い動きをしていれば，ある程度安心して価格指数を使うことができるという点が重要である。

●ラスパイレス価格指数とパーシェ価格指数との関係

ボルトキヴィッチの関係式 ラスパイレス価格指数 $P_L(t)$ とパーシェ価格指数 $P_P(t)$ との間には，**ボルトキヴィッチの関係式**として知られる以下の関係が成立する。

$$\frac{P_P(t) - P_L(t)}{P_L(t)} = r\frac{s_p}{P_L(t)}\frac{s_q}{Q_L(t)}$$

ここで，s_p は個別品目の価格指数（p_{ti}/p_{0i}）の標準偏差，s_q は個別品目の数量指数（q_{ti}/q_{0i}）の標準偏差，r は個別品目の価格指数と個別品目の数量指数との相関係数，$Q_L(t)$ はラスパイレス数量指数である。

ラスパイレス価格指数 $P_L(t)$ ＞パーシェ価格指数 $P_P(t)$ となるのが普通

ボルトキヴィッチの関係式の右辺のうち，価格指数と数量指数およびその標準偏差は正の値になるので，左辺の符号は両者の相関係数 r によって決まる。一般的な消費者行動のもとでは，価格が上昇した財の購入量は相対的に小さくなるので，価格指数と数量指数との相関係数 r はマイナスとなる。そのため，通常のケースでは，$r < 0$，すなわち，

ラスパイレス価格指数 $P_L(t)$ ＞ パーシェ価格指数 $P_P(t)$

となる。

ラスパイレス価格指数とパーシェ価格指数のかい離 ボルトキヴィッチの関係式から分かるもう一つのことは，ラスパイレス価格指数とパーシェ価格指数の隔たりは，相関係数 r が一定であれば，個別品目の価格および数量の標準偏差の大きさに比例することである。

基準時点から時間を経過するほど，品目間の価格指数および数量指数のばらつきは大きくなっていくのが普通である。その結果，ラスパイレス価格指数とパーシェ価格指数の2つの指数は，時間の経過とともに離れていく傾向を持つことになる。価格指数を安心して利用するには，基準時点から長い期間，同一の指数を使わないこと，すなわち，一定期間ごとに価格指数の基準時点を更新することが大切である。

●物価指数のパーシェ・チェック

公表されている物価指数では，指数の基準時点を更新する基準改定の際に，ラ

表 4.7　主要な物価指数におけるパーシェ・チェックの結果

① 消費者物価指数

「パーシェ・チェック」の結果（全国，持家の帰属家賃を除く総合）

基準時	比較時	ラスパイレス指数 （L）	パーシェ指数 （P）	パーシェ・チェック $\left(\dfrac{P-L}{L}\right)$
1990 年基準	1995 年平均	106.4	106.2	▲0.2
1995 年基準	2000 年平均	101.0	99.9	▲1.1
2000 年基準	2005 年平均	97.3	94.9	▲2.5
2005 年基準	2010 年平均	99.7	93.1	▲6.6
2010 年基準	2015 年平均	104.6	103.8	▲0.7
2015 年基準	2020 年平均	102.3	101.3	▲0.9

② 企業物価指数

各物価指数の乖離率：（パーシェ指数 − 固定ラスパイレス指数）÷ 固定ラスパイレス指数 × 100

対象年次	固定基準 ラスパイレス指数 ウエイト算定年次	パーシェ指数 ウエイト算定年次	乖離率（％）		
			国内企業物価指数	輸出物価指数	輸入物価指数
2000 年	1995 年	2000 年	▲3.5	▲3.1	▲5.3
2005 年	2000 年	2005 年	▲4.2	▲5.4	▲9.9
2010 年	2005 年	2010 年	▲3.6	▲1.7	▲5.1
2015 年	2010 年	2015 年	▲0.0	▲1.5	▲3.1
2020 年	2015 年	2019・2020年平均	▲0.5	▲1.3	▲2.5

スパイレス価格指数とパーシェ価格指数とのかい離度合いをチェックしている。このチェックは**パーシェ・チェック**と呼ばれている（表 4.7）。

■消費者物価指数■　高校授業料無償化（2010 年）のインパクトが大きかった 2005 年基準を除くと，5 年間では平均 ▲1％程度（年 ▲0.2％）と比較的小さめのかい離にとどまっている。

■企業物価指数■　国内向けの生産に関する物価指数である国内企業物価指数では，5 年間で平均 ▲2.4％（年 ▲0.5％）のかい離となっている。消費者物価指数よりもやや大きめである。なお，輸出入の構造変化が大きい輸出物価指数と輸入物価指数では，平均 ▲3〜5％（年 ▲0.5〜1％）とかい離は大きくなっている。

　以上の結果は，消費者物価指数よりも企業の生産者物価指数である企業物価指数において，両指数のかい離に注意する必要があることを示している。

4.5 指数作成の実際

●指数の基準改定：定期的な指数の見直し

　公表されている多くの指数は，基準時点の数量を固定ウエイトとして用いるラスパイレス指数を採用している。このため，基準時点から時間が経過すると，4.4 節で述べたようにウエイトの変化や品目指数のばらつきの拡大に伴い，指数が真の指数からかい離する。また，消費支出や生産構造の変化によって新しい財・サービスが登場するが，それが指数に取り込まれておらず，採用品目が陳腐化する，などの理由から指数の精度が低下する。基準改定によって指数の内容を見直すことで，それを防止している。

　消費者物価指数，企業物価指数，企業向けサービス価格指数などの価格指数，鉱工業指数などの数量指数では，5 年ごとに基準改定が実施されている。通常，西暦の下一桁 0 年と 5 年（例えば，2015 年，2020 年）に基準改定を行っている（正確には，基準改定はウエイトデータが利用可能となるタイミングで実施するため，西暦の下一桁 0 年と 5 年からは 1～4 年程度遅れる）。基準改定における見直し内容は以下の 5 点である。

① 指数の基準年（XX 年平均＝100）の更新

　例えば，2015 年基準から 2020 年基準への改定であれば，2015 年平均＝100 の指数を 2020 年＝100 の指数に更新する。パーシェ・チェックでみたような品目間の指数のばらつきによる真の指数からのかい離の拡大を解消することができる。

② ウエイトの更新

　指数の集計に用いるウエイトを最新のものに置きかえる。例えば，2020 年基準改定では 2015 年のウエイトから 2020 年のウエイトに置きかえる。

③ 採用品目の見直し

　5 年間で生産・購入金額が増加している新しい財・サービスを新規品目に採用して，新たに指数に取り込むほか，生産・購入金額が大きく減少している品目を廃止し，指数から除外する。

④ 品目内の調査対象となる財・サービスの構成の見直し

　同一品目内に様々な財・サービスが存在する場合，どの財・サービスを調査対象とするは，指数の精度を左右する。このため，調査対象の価格・数量の動きが品目全体を代表するように，基準改定ごとに調査対象の見直しを行う。例えば，

4 加工統計の作成方法：指数を中心に　95

品目「テレビ」であれば，液晶テレビの画面サイズや 4K・8K 対応など売れ筋の商品内容の変化に対応して調査対象を見直している。

⑤ 価格や数量の調査方法や品質調整方法の見直し

調査対象となる財・サービスの価格・数量をどのように調査するか（「価格や数量の調査方法」の選択），途中で調査対象となる財・サービスを変更する場合，品質が異なる新旧の財・サービスの価格・数量をどのように接続するか（「品質調整方法」の選択）は，指数の精度を大きく左右する。精度向上を図るため，基準改定ごとに調査方法や品質調整方法の見直しを行っている。

基準改定は，ラスパイレス指数の真の指数からのかい離を解消するために，①基準年の更新と②ウエイトの更新を図ることを目的としている。しかし，実際の指数では，③採用品目の見直し，④調査対象となる財・サービスの構成の見直し，⑤価格・数量の調査方法や品質調整方法の見直し，が指数の精度に与える影響が大きくなっている。

●接続指数：各基準年指数の接続

5 年ごとに指数の基準改定を実施すると，5 年ごとの基準年指数（2005 年基準指数，2010 年基準指数，2015 年基準指数，2020 年基準指数……）が個別に作成されることになる。このままでは，長期間の比較ができる長期時系列の指数が存在しないことになる。

長期の時系列での利用を可能とするため，いずれの価格指数・数量指数とも，各基準年の指数を各々接続して，直近の基準年平均＝100（現行 2020 年平均＝100）となる長期の時系列指数「**接続指数**」を作成している。例えば，消費者物

表 4.8 接続指数の作成方法：消費者物価指数の場合

（例）2005 年基準指数を 2020 年基準指数に接続する場合

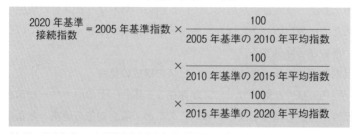

（出所）　総務省「2020 年基準消費者物価指数の解説」

価指数などの価格指数では，**表 4.8** の方法で作成している。

●連鎖指数

連鎖指数の作成方法　時間の経過に伴って生じるラスパイレス指数の真の指数からのかい離をできるだけ小さくすることを目的に，消費者物価指数や企業物価指数など価格指数においては，**連鎖指数**（ラスパイレス連鎖指数）が作成されている。

　連鎖指数は，指数の計算を 1 年ごとに区切り，①1 年間ごとに各々直近のウエイトを用いてラスパイレス価格指数（連環指数）を求め，当該 1 年間の指数の変化率を計算する。②各年の連環指数を基準年から順に掛け合わせて作成する。すなわち，基準年から 1 年間ごとの変化率を掛け合わせたものが連鎖指数である。例えば，消費者物価指数では，2023 年 7 月の連鎖指数 $I^{(C)}_{2023,7}$ は，各年の連環指数を掛けあわせて以下のように計算している。

$$I^{(C)}_{2023,7} = I_{0,12} \times I^{(L)}_{2021,12} \times I^{(L)}_{2022,12} \times I^{(L)}_{2023,7}$$

ここで，$I_{0,12}$，$I^{(L)}_{2021,12}$，$I^{(L)}_{2022,12}$，$I^{(L)}_{2023,7}$ は連環指数である。そのうち，$I^{(L)}_{2021,12}$ は 2020 年 12 月を基準（100）とした 2021 年 12 月のラスパイレス価格指数であり，ウエイトには 2020 年のウエイトを用いている。$I^{(L)}_{2022,12}$，$I^{(L)}_{2023,7}$ についても同様に，各々 2021 年 12 月，2022 年 12 月を基準（100）としたラスパイレス指数であり，ウエイトには各々 2021 年，2022 年のウエイトを用いている。また，$I_{0,12}$ は 2019 年 12 月を基準にした 2020 年 12 月のラスパイレス指数である（ウエイトは 2019 年を使用）が，ラスパイレス指数である 2020 年基準指数と水準が一致するように，2019 年 12 月を 100 とせずに 2020 年平均＝100 となるように指数の水準を調整している。

連鎖指数の利点とその限界　連鎖指数を利用するメリットは，基準時点をいつ変更するのが適切かという問題を回避できることである。また，ウエイトを基準年に固定するラスパイレス指数とは異なり，毎年指数を基準化（100 にリセット）し，1 年ごとに最新のウエイトを利用して指数を計算することで，連鎖指数が真の指数からのかい離を小さくなることが期待できる。

　ただし，理論的には，連鎖指数が通常のラスパイレス指数よりも常に精度が高くなることは保証されていない。経験的には持続的に価格が上昇する，あるいは持続的に下落する場合は，連鎖指数はラスパイレス指数とパーシェ指数との中間

の動きをすることが多く，利用に適している。一方，生鮮食品やエネルギーのように価格が大幅な上昇と下落を繰り返す場合には，連鎖指数は上方バイアス（**ドリフト現象**と呼ばれる）が生じやすく，精度が低くなることが知られている（コラム参照）。

●価格指数の精度①：価格調査

　価格指数の精度は，個別の品目指数をどのように作成するかに左右される。(1) 個別商品（財・サービス）の価格調査と，(2) 商品変更時の品質調整が重要である。

　価格調査においては，商品価格に関する母集団情報（商品，店舗〈生産企業と販売先〉，取引条件ごとの価格データ）が得られない。このため，採用品目ごとに「代表的な」企業（店舗）における「代表的な」商品を調査している（いわゆる「有意抽出法」を採用）。この方法で，十分な精度の品目指数を作成できる価格データが得られるかどうかが問題である。物価指数においては，指数精度と調査コストとのトレードオフが存在するもとで，以下のような方法で価格データを調査している。

① **消費者物価指数は，地域（店舗）間の価格のばらつきを重視して調査**

　品目ごとに最も売上高が多い売れ筋商品の価格を，当該地域で最も売上高が多い店舗で調査している。ただし，地域別の消費者物価指数を作成するために，同一の商品に限定されるが多くの地域で価格調査を行っている。

② **企業物価指数・企業向けサービス価格指数は，メーカー・商品・販売先ごとの価格のばらつきを重視して調査**

　主要メーカーが生産する主要商品の大口販売先への出荷価格を調査している。平均価格も採用し，少ない価格数で多数の商品を調査対象とすることで出荷額に対するカバレッジを高めている。一方で，調査コストの制約もあり，小口取引や地域別の価格は取り込まれていない。

　両者の価格調査方法には，各々一長一短がある。いずれにせよ，限られた価格データで品目全体の価格動向を把握するのは必ずしも容易ではなく，価格調査の問題は，価格指数の精度を大きく左右する。

●価格指数の精度②：品質調整

　価格指数では品質を一定とした価格データから指数を作成する必要があること

から，品目を代表する財・サービスとして，基準時点でブランド名や品番などを特定した商品を決め，その商品の価格を継続して調査する。できるだけ，同一の商品を継続して調査するが，商品の世代交代（モデルチェンジ）や売れ筋の変化に応じて，調査対象となる財・サービスを新しい財・サービスと交代させざるを得ない場合も少なくない。

その際に，新旧の商品の価格差を，(a) 品質変化による価格変動分と (b) 純粋な価格変動分に区分し，(b) **純粋な価格変動分のみを価格指数に反映する必要がある**。これが価格指数における品質調整である。

品質調整においては，物価指数作成者の「経験と勘」で，様々な品質調整方法を使い分けている。品質調整は，あくまで「ベスト・エフォート」ベースであり，価格指数は，精度面で様々な課題を抱えている。

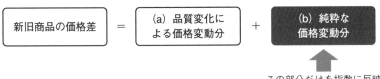

●価格指数・数量指数の作成上の課題：まとめ

価格指数・数量指数いずれについても，個別品目指数から総合指数への集計における指数算式の問題については，学界を含めて，理論的に丁寧な検討が行われている。そうした議論を踏まえ，5年ごとの基準改定，パーシェ・チェックによるバイアスの検証，連鎖指数など補完的な指数の作成などの対応が図られている。

もっとも，指数作成上の論点のうち，採用品目の妥当性（新しい財・サービスが適切に取り込まれているか），個別品目指数の作成方法（価格・数量データの調査方法および商品変更時の品質調整方法）における適切さの度合いが，指数の精度を大きく左右していることが明らかになっている。

このうち，価格指数については，物価指数作成当局が，様々な検討を行い，精度改善に取り組んでいる。もっとも，誤差の定量的な評価も難しいなか，品質調整については，「ベスト・エフォート」の域を出ていないのが現状である。一方，数量指数については，重量や台数などの数量データをそのまま集計していることが多く，品質調整に関する対応は十分ではなく，精度に影響が生じている。利用には注意を要する（詳しくは第6章の鉱工業指数において取り上げる）。

コラム　連鎖指数の上方バイアス：ドリフト現象

　4.5 節で取り上げたように，連鎖指数は，毎年指数を基準化（100 にリセット）し，最新のウエイトを利用することで，多くの場合で連鎖指数の真の指数からのかい離が小さくなることが期待できる。しかしながら，生鮮食品やエネルギーのように価格が大きく上昇した後，大きく下落するなど価格の大きな上下変動が生じる場合には，連鎖指数は上方バイアス（**ドリフト現象**）が生じやすくなっている。以下，具体的な例をみてみよう。

1. 具体例：連鎖指数の上方バイアス

　財Ａと財Ｂの２つの財から構成され，財Ａと財Ｂのウエイトが１：１の場合の価格指数を考える（**表4.9**）。財Ａは基準時点である０期から４期まで価格は 100 のまま一定である。一方，財Ｂは大きな上下変動を生じる財であり，０期の 100 から１期の 200 へと上昇し，２期には 100 に下落して元に戻り，３期に 200 へ再び上昇，４期にはまた 100 に下落して元に戻ると想定する。

　財Ａ，財Ｂ，２つの個別品目指数を集計した総合価格指数を求めると，ウエイトを基準時点で固定するラスパイレス指数では，

　　　　　０期：1.0 ⇒ １期：1.5 ⇒ ２期：1.0 ⇒ ３期：1.5 ⇒ ４期：1.0

となり，財Ｂの価格変動を受けて上下変動する。財Ｂの価格が元に戻る２期と４期では，ラスパイレス指数は 1.0 と各々０期の水準に戻っている。

　一方，各期の連環指数を掛け合わせて算出する連鎖指数では，

　　　　　０期：1.0 ⇒ １期：1.5 ⇒ ２期：1.125 ⇒ ３期：1.687 ⇒ ４期：1.265

となる。財Ｂの価格が元の水準に戻る２期と４期においては，総合価格指数は０期の水準である 1.0 に戻るべきであるが，連鎖指数は２期では 1.125，４期では 1.265 と 1.0 を上回っている。この結果は，価格が大きく上昇した後，大きく下落するなど価格の大きな上下変動が生じる場合には，連鎖指数は上方バイアスを生じることを示している。これを**連鎖指数のドリフト現象**と呼んでいる。このように０期から２期の指数を直接計算する通常のラスパイレス指数と，０期から１期までの指数と１期から２期までの指数を各々計算して，２つの指数を掛け合わせて算出する連鎖指数では，指数の値が異なる場合がある。指数は計算する経路に依存することが分かる。

2. 連鎖指数とラスパイレス指数との使い分け

　連鎖指数は，持続的に価格が上昇する，あるいは持続的に下落する場合は，連鎖指数はラスパイレス指数とパーシェ指数の中間の動きをすることが多く，ラスパイレス

表4.9　連鎖指数の上方バイアス：ドリフトの具体例

期	財A			財B			総合価格指数		
	価格	品目指数		価格	品目指数		ラスパイレス指数	連鎖指数	
		0期比	前期比		0期比	前期比		連環指数	連鎖指数
0	100	1.0	—	100	1.0	—	1.0	—	1.0
1	100	1.0	1.0	200	2.0	2.0	1.5	1.5	$1.0 \times 1.5 = 1.5$
2	100	1.0	1.0	100	1.0	0.5	0.75	0.75	$1.5 \times 0.75 = 1.125$
3	100	1.0	1.0	200	2.0	2.0	1.5	1.5	$1.125 \times 1.5 = 1.687$
4	100	1.0	1.0	100	1.0	0.5	1.0	0.75	$1.687 \times 0.75 = 1.265$

指数よりも精度が高くなる。一方で，価格の大きな上下変動が生じる場合には，連鎖指数はドリフト現象による上方バイアスを生じることから，ラスパイレス指数よりも精度が低くなることが多いと考えられる。

　1990年代から2000年代の物価のデフレ局面では，情報技術革新の進展など経済の構造変化を反映して，パソコンなどの家電製品を中心に多くの財・サービスで価格が持続的に下落したことから，消費者物価指数をみると，ウエイト変化を迅速に反映する連鎖指数はウエイトを固定するラスパイレス指数よりも精度が高くなっていた。一方，2010年代以降のように資源・エネルギー需給の大きな変動に伴い，ガソリンや電気代などのエネルギー価格が繰り返し大きく上下変動する局面では，ドリフト現象によって連鎖指数はラスパイレス指数よりも精度が低くなった。連鎖指数の上昇率がラスパイレス指数の上昇率を上回る異例な局面（例えば2023年の消費者物価指数）では，連鎖指数の利用は避けた方がよい。

　年ごとに最新のウエイトを利用する連鎖指数はラスパイレス指数よりも精度が高いという直感をユーザーは持ちがちである。しかし，それは必ずしも正しくない。各々の価格指数において個別品目の物価変動のふるまいが精度に与える影響を考慮して，ラスパイレス指数と連鎖指数のどちらを重視するかを判断することが不可欠である。

◆ 練習問題

問 4.1 価格指数・数量指数に関する以下の設問に答えよ。

りんごとみかんの 2 つの財がある経済で，基準時点（時点 0）ならびに比較時点
（時点 1）における価格と消費者の支出数量，支出金額が，以下の表になっている場合
について，以下の問に答えよ。

	基準時点（時点 0）			比較時点（時点 1）		
	価 格	数 量	支出金額	価 格	数 量	支出金額
りんご	100	10	1,000	200	8	1,600
みかん	100	10	1,000	80	15	1,200
合 計			2,000			2,800

(1) 基準時点を 100 とした，りんごとみかんを合算したラスパイレス，パーシェ，
フィッシャーの各価格指数を計算せよ。

(2) 同じく，基準時点を 100 とした，りんごとみかんを合算したラスパイレス，パー
シェ，フィッシャーの各数量指数を計算せよ。

(3) 支出金額の金額条件（比較時点の金額指数 140.0）を満たす，ラスパイレス，
パーシェ価格指数とラスパイレス，パーシェ数量指数との掛け算の組み合わせを
答えよ（2 × 2 の組み合わせの計算結果を併せて示すこと）。また，フィッ
シャー価格指数とフィッシャー数量指数との組み合わせが金額条件を満たしてい
ることを示せ。

(4) 多くのケースで，ラスパイレス価格指数はパーシェ価格指数よりも大きな値とな
る。これはどのような条件が満たされるケースか，ボルトキヴィッチの関係式を
用いて説明せよ。

第5章
統計の利用方法
：景気分析を中心に

- ■5.1 経済政策と景気判断
- ■5.2 景気判断の実際
- ■5.3 統計データの見方：前月比と前年同月比の使い分け
- ■5.4 景気判断における統計データの問題点と対処方法
- コラム 潜在GDP・需給ギャップ・潜在成長率の不確実性

　第5章では，景気分析を中心に統計の利用方法を取り上げる。経済政策の適切な遂行には，日本経済の状況を的確に把握することが不可欠である。景気判断は，①実質GDP・実質成長率の捕捉，②需給ギャップ・潜在成長率の推計，③インフレ率の評価と先行き予測の3つのステップで行う。GDP速報値（QE）の公表は遅く，精度は十分ではないことから，実際の景気判断では，生産・分配・支出の3面をカバーする各種の経済統計の利用が不可欠である。後半では，景気判断を行う際の統計データの見方を説明するとともに，統計データが持つ問題点とその対処方法について取り上げる。

5.1　経済政策と景気判断

●経済政策の目標

　政府や日本銀行は，日本経済の持続的な成長や物価の安定を実現するために，財政政策や金融政策といった経済政策を実行している。例えば，日本銀行は「物価の安定を図ることを通じて国民経済の健全な発展に資すること」を金融政策の理念としており，消費者物価指数の上昇率が年2%となることを具体的な数値目標と定めている。

　IS曲線と**フィリップス曲線**で表される単純なマクロ経済モデルを念頭に置くと，金融政策の運営とは，IS曲線に含まれる①名目金利（i）を上げ下げすることで実質GDP（Y）を変動させ，フィリップス曲線に含まれる②需給ギャップ

103 —————

$(Y - Y^*)$ の変化を通じて，インフレ率（物価上昇率：π）を年 2 ％の目標と一致するようにコントロールすることであると考えることができる。

IS 曲線：実質 GDP と名目金利との関係

$$Y - Y^* = d * (i - \pi_e - r^*) + \cdots\cdots$$

r^*：自然利子率，$d < 0$

フィリップス曲線：インフレ率と実質 GDP との関係

$$\pi = \pi_e + \theta * (Y - Y^*)$$

π_e：期待インフレ率，Y^*：潜在 GDP，$\theta > 0$

なお，**実質 GDP** とは，基準年における価格で評価した GDP の水準を意味する。価格変化に起因する影響を除いた GDP である（詳しくは第 13 章で説明する）。

●経済政策の実行に必要となる景気判断

景気判断（経済・物価の情勢判断）は，以下の①～③の 3 つのステップで行う必要がある。

① **実質 GDP・実質成長率の把握と景気の局面評価**

実質 GDP（Y）は，金融政策（名目金利）や財政政策（政府支出の増加）だけではなく，経済が持つ自律的な循環メカニズムや外的ショックによっても変動する。これを把握するには IS 曲線の形状を知ることが必要である。さらに，実質 GDP と**実質成長率**を，次の②で得られる潜在 GDP（Y^*）と潜在成長率と比較することで，景気が現在どのような状態にあるか，局面の評価を行う。そのうえで先行きの実質 GDP を予測する。

② **潜在 GDP（Y^*）・需給ギャップ（$Y - Y^*$）・潜在成長率の推計**

潜在 GDP（Y^*） を資本や労働といった生産要素を投入して実現する平均的な GDP と定義する。インフレやデフレを生じさせることなく中期的に持続可能な GDP の水準と考えられる。**潜在成長率**は潜在 GDP の成長率である。潜在 GDP は直接には観察できない変数であり，推計で求める必要がある。

③ インフレ率の現状評価と先行き予測

インフレ率の現状評価を行うとともに，直接観察できない期待インフレ率 (π_e) を含め，フィリップス曲線の形状を把握し，**需給ギャップ**（GDPギャップ：$Y - Y^*$）を用いて先行きのインフレ率 (π) を予測する。

ここでは，金融政策を念頭に景気判断のプロセスを取り上げたが，政府が行う財政政策においても，必要となる景気判断のプロセスは同一である。

●**第1ステップ：実質 GDP・実質成長率の把握と景気の局面評価**

実質 GDP・実質成長率の把握と景気の局面評価　内閣府が作成する四半期別 GDP 速報（QE）ならびに GDP の年次推計から，実質 GDP と実質成長率を把握する。次に実質 GDP と実質成長率を潜在 GDP (Y^*) と潜在成長率と比較し，景気の局面評価を行う。

景気の局面評価は，①実質成長率が潜在成長率 ($g^* = \Delta Y^*/Y^*$) と比べ高いか低いか（GDP 成長率の評価：景気の強さ），②実質 GDP が潜在 GDP (Y^*) を上回るか下回るか（GDP 水準の評価：インフレ圧力の大きさ）の2点で行う。図5.1において，実質成長率が潜在成長率を上回っている局面（①，②，③）が景気拡張局面（好況），実質成長率が潜在成長率を下回っている局面（④，⑤，⑥）が景気後退局面（不況）である。

政府（内閣府）の「月例経済報告」や日本銀行「経済・物価情勢の展望」では，景気拡張，景気後退の両局面において，実質 GDP が潜在 GDP と比べどの水準にあるかによって，より細かく評価を行っている（図5.2）。

図5.1　景気の局面評価：実質 GDP と実質成長率をどのように評価するか（1）

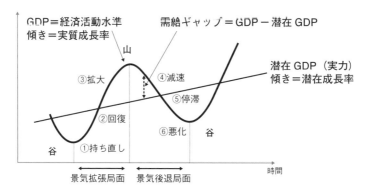

図5.2 景気の局面評価：実質GDPと実質成長率をどのように評価するか（2）

政府（内閣府）や日本銀行は以下の2つの基準で景気の局面評価を行っている。
- 実質成長率と潜在成長率との比較 ⇒ どちらの成長率が大きいか
- 実質GDPと潜在GDPとの比較 ⇒ どちらのGDPが大きいか

ただし、需給ギャップの計測誤差は大きく、特に②「回復」と③「拡大」、④「減速」と⑤「停滞」との違いを確かな精度で識別することは困難である。景気の局面評価は一定の幅を持って捉えることが重要。

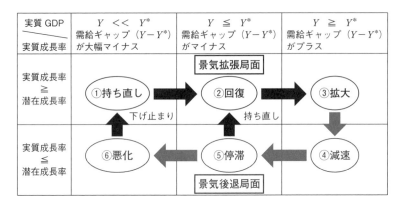

　実質成長率が潜在成長率を上回る①〜③の景気拡張局面のうち、拡張に転じてから日が浅く実質GDPが潜在GDPを大きく下回る（需給ギャップ（$Y - Y^*$）が大幅マイナスになる）①の局面は、経済活動の水準が低いことから「持ち直し」と評価する。景気拡張が持続して、実質GDPが潜在GDPに近づく（需給ギャップのマイナスが小さくなる）②の局面では、経済活動の水準の高まりを反映させ「回復」と評価を引き上げる。さらに実質GDPが潜在GDPを上回る（需給ギャップがプラスとなりインフレ圧力が増す）③の局面では、景気は過熱傾向にあることを念頭に「拡大」と判断をさらに引き上げる。

　一方、実質成長率が潜在成長率を下回る④〜⑥の景気後退局面のうち、実質成長率は低下したが後退局面入りから日が浅く、実質GDPが潜在GDPをなお上回る（需給ギャップがプラスでインフレ圧力が残っている）④の局面では、景気の過熱感が残っていることから「減速」と評価する。景気後退が継続して、実質GDPが潜在GDPを下回る（需給ギャップがマイナスとなる）⑤の局面では、経済活動の水準低下を反映させて「停滞」（あるいは「足踏み」）と評価を引き下げる。さらに景気後退が深刻化し、実質GDPが潜在GDPを大きく下回る（需給ギャップが大幅なマイナスとなる）⑥の局面では、経済活動の水準が大きく低下

していることから「悪化」（あるいは「後退」）ともう一段評価を引き下げる。上記で例示した用語は代表的なものであり，実際にはいろいろなバリエーションが存在する。政府や日本銀行は，こうした景気の現状評価を踏まえて，先行きの実質成長率の予測を行っている。

　もっとも，潜在 GDP の計測誤差は大きく，局面評価の決め手となる需給ギャップ（$Y - Y^*$）の不確実性は大きい。特に需給ギャップが小幅なマイナスかプラスかを確かな精度で把握することは容易ではなく，景気拡張局面における②「回復」と③「拡大」との識別，景気後退局面における④「減速」と⑤「停滞」との識別を的確に行うのは難しい。政府や日本銀行が行う景気の局面評価については，一定の幅を持って捉えることが重要である。

■■■日本経済の景気循環■■■　第 2 次世界大戦後の日本の景気循環（循環：16回）をみると，景気拡張局面（谷 ⇒ 山）が平均 36 か月，景気後退局面（山 ⇒ 谷）が平均 16 か月で，一つの循環で平均 52 か月となっている（**表 5.1**）。景気拡張局面の期間は景気後退局面の期間よりも長い場合が多くなっている。景気は

表 5.1　第 2 次世界大戦後の日本経済の景気循環

	谷	山	谷	期　間		
				拡　張	後　退	全循環
第 1 循環		1951年 6月	1951年10月		4 か月	
第 2 循環	1951年10月	1954年 1月	1954年11月	27 か月	10 か月	37 か月
第 3 循環	1954年11月	1957年 6月	1958年 6月	31 か月	12 か月	43 か月
第 4 循環	1958年 6月	1961年12月	1962年10月	42 か月	10 か月	52 か月
第 5 循環	1962年10月	1964年10月	1965年10月	24 か月	12 か月	36 か月
第 6 循環	1965年10月	1970年 7月	1971年12月	57 か月	17 か月	74 か月
第 7 循環	1971年12月	1973年11月	1975年 3月	23 か月	16 か月	39 か月
第 8 循環	1975年 3月	1977年 1月	1977年10月	22 か月	9 か月	31 か月
第 9 循環	1977年10月	1080年 2月	1983年 2月	28 か月	36 か月	64 か月
第10循環	1983年 2月	1985年 6月	1986年11月	28 か月	17 か月	45 か月
第11循環	1986年11月	1991年 2月	1993年10月	51 か月	32 か月	83 か月
第12循環	1993年10月	1997年 5月	1999年 1月	43 か月	20 か月	63 か月
第13循環	1999年 1月	2000年11月	2002年 1月	22 か月	14 か月	36 か月
第14循環	2002年 1月	2008年 2月	2009年 3月	73 か月	13 か月	86 か月
第15循環	2009年 3月	2012年 3月	2012年11月	36 か月	8 か月	44 か月
第16循環	2012年11月	（暫定）2018年10月	（暫定）2020年 5月	71 か月	19 か月	90 か月
第 2～第15循環の平均				36.2 か月	16.1 か月	52.4 か月

（出所）　内閣府「第 21 回景気動向指数研究会提出資料」, 2022 年 7 月 19 日

「緩やかに拡大して，急激に後退する」のが通例である。特に直近の景気拡張局面（第16循環：2012年11月～2018年10月）は71か月と非常に長くなった。

●第2ステップ：潜在GDP・需給ギャップ（$Y - Y^*$）・潜在成長率の推計

潜在GDPの推計方法　潜在GDPは，資本や労働といった生産要素を投入して実現する平均的なGDPである。潜在GDPは以下のマクロの生産関数の考え方に基づき推計される（**生産関数アプローチ**）。まず，GDPは「**労働の投入量（L_t），資本の投入量（K_t）**，労働と資本の利用効率を表す**全要素生産性（TFP）（A_t）の3変数で決定される**」との考え方に基づき，以下の関係が成立すると考える。

$$Y_t = A_t L_t^\alpha K_t^{1-\alpha} \quad \cdots\cdots \quad (1)\ 式$$

この関数はコブ・ダグラス型生産関数と呼ばれ，マクロ経済学で最も一般的な生産関数である。なお α は労働分配率である。

潜在GDP（Y_t^*）についても（1）式と同様の生産関数が成立すると考え，

$$Y_t^* = A_t^* L_t^{*\alpha} K_t^{*1-\alpha} \quad \cdots\cdots \quad (2)\ 式$$

となる。ここで，A_t^*，L_t^*，K_t^* は，各々 t 時点における（景気循環による変動を均した）平均的なTFP，労働投入量，資本投入量（言い換えると，TFP，労働投入量，資本投入量のトレンド値）である。

次に（2）式で求めた Y_t^* を用いて，需給ギャップ（$Y - Y^*$）ならびに潜在成長率（$g^* = \Delta Y^* / Y^*$）を求める。

平均的な投入量の推計の困難さ　A_t^*，L_t^*，K_t^* は，いずれも直接観察される変数ではなく，推計で求める必要がある。しかし，推計には不確実性があり，一定の誤差が混入するのは避けられない。例えば，**平均的な労働投入量 L_t^*** は以下のように求める。

$$
\begin{aligned}
L_t^* &= （平均的な就業者数） \times （平均的な労働時間） \\
&= （15歳以上の人口） \times \frac{平均的な労働力人口}{15歳以上の人口} \times \frac{平均的な就業者数}{平均的な労働力人口} \\
&\quad \times （平均的な労働時間）
\end{aligned}
$$

このうち，右辺第2項（労働力人口/15歳以上の人口）は**労働力人口比率**

（労働力率：労働参加率）と呼ばれ，15 歳以上の人口のうち労働市場に参加している人口（労働力人口：就業者数と失業者数の合計）の割合である。第 3 項（就業者数/労働力人口）は**就業率**と呼ばれ，労働力人口のうち就業者の割合で「1−完全失業率」と等しい。各々，労働力人口比率，就業率，労働時間の「平均的（トレンド）部分」が平均的な労働投入量 L_t^* にカウントされる。

労働力人口比率や失業率は，景気循環に従って変動するだけではなく，労働市場の構造変化によっても変動する。労働力人口比率は人口の高齢化に伴い引退する高齢者が増加し，長年低下トレンドにあったが，2010 年代半ば以降，高齢者や女性の労働参加の高まりによってトレンドは上昇に転じている。完全失業率についても，雇用のミスマッチや転職に伴う職探しなど労働市場の構造的な変化によってトレンド部分が変化している。また，第 4 項の労働者 1 人当たりの平均的な労働時間は，週休二日制の普及に伴い 1990 年代以降趨勢的に減少している。近年では「働き方改革」の進展で時間外労働時間の減少が加速し，労働時間のトレンドの減少ペースがさらに拡大している。

このように経済の構造変化に伴い大きく変化する労働力人口比率，完全失業率，労働時間のトレンド部分を把握し，各項の積から算出される平均的な労働投入量の動きを見積もるのは容易ではない。

潜在 GDP・需給ギャップ・潜在成長率は一定の誤差を織り込んで評価 以上のように，平均的な労働投入量を正確に把握するのは容易ではなく，推計には一定の誤差が伴う。この点は，機械・設備などの資本ストックの平均的な稼働量を示す**平均的な資本投入量**や**平均的な TFP** についても同様であり，潜在 GDP，需給ギャップ，潜在成長率には一定の不確実性が生じる。潜在 GDP，需給ギャップ，潜在成長率は，日本では内閣府と日本銀行によって，また，国際機関では IMF や OECD によって各々推計されている。もっとも，その推計値は機関ごとにばらつきが存在する（コラム参照）。第 1 ステップの景気の局面評価や第 3 ステップの需給ギャップを用いたインフレ率予測においては，需給ギャップや潜在成長率に一定の誤差が含まれていることを前提に，幅を持って利用することが必要である。

●第 3 ステップ：需給ギャップを用いたインフレ率予測

第 1 ステップと第 2 ステップで求めた現状と先行きの需給ギャップを用いて，前述のフィリップス曲線の関係式から，先行きのインフレ率を予測する。

⑤ 統計の利用方法：景気分析を中心に　　*109*

$$\pi = \pi_e + \theta * (Y - Y^*)$$

　実際に観察される消費者物価指数の上昇率は，需給ギャップで示されるマクロの需給関係だけではなく，天候変動に伴う野菜・果物など生鮮食品の大きな価格変動やガソリン，電気代などのエネルギー価格の変動にも左右されている。そのため，インフレ率予測においては，消費者物価指数のうち，需給ギャップと相関が高い趨勢的な物価変動に該当する**コア指標**を算出し，そのコア指標をベースにインフレ率の評価を行い，先行きの予測を行っている。

　消費者物価指数の総合指数から生鮮食品を除いた**「生鮮食品除く総合」**指数や，さらにエネルギーを除いた**「生鮮食品及びエネルギー除く総合」**指数が，消費者物価指数のコア指標として利用されている。

　フィリップス曲線の関係式に含まれる需給ギャップ（$Y - Y^*$）や期待インフレ率（π_e）は直接観察できない変数であり，さらに曲線の係数 θ は不確実性を伴うことから，インフレ予測には一定の誤差が避けられない。

5.2　景気判断の実際

● GDP のみで景気判断・予測は困難

　5.1 節を踏まえると，景気判断では，実質 GDP と消費者物価指数の 2 つの統計があれば十分のように思われる。しかし，実際には，実質 GDP のみで，第 1 ステップの景気の現状評価や先行きの予測を完結させることは困難である。その主な理由は以下の 3 つである。

　第 1 に GDP の公表タイミングが遅いことである。GDP の速報値である**四半期別 GDP 速報（QE）**の最初の速報値（1 次 QE）が公表されるのは，当該四半期が終了してから 45 日後である。より精度の高い 2 度目の速報値（2 次 QE）の公表は 70 日後である。QE のみでは景気の現状把握が遅れてしまう。

　第 2 に QE では支出側 QE の情報に限定され，情報が不足していることである。**生産側 QE** や分配面である家計の**可処分所得**は，四半期終了後 100〜110 日経過してから公表される（家計以外の分配側の情報は QE では公表されない）。経済活動は，生産して生じた所得を分配し，その所得で支出することで成り立つが，生産 ⇒ 所得（分配）⇒ 支出という経済の循環メカニズムを QE では迅速に把握することができない。経済の先行きを予測するのは困難である。

第 3 に GDP の速報値である QE は事後的に大きく改訂されることが少なくない。1 年半後ならびに 2 年半後に公表される確報値（年次推計）のタイミングで，大きく変化する。日本の QE の事後改訂幅は先進国の中でもかなり大きい。QE のみで景気判断を行うと，事後的に大きな判断ミスを起こす可能性がある。

●各種の経済統計を用いた景気判断
　こうした事情から，実際の景気判断では，QE のみに頼るのではなく各種の経済統計を利用して，景気の現状評価を行っている。QE よりも早期に公表され，事後の改訂幅が小さい経済統計を用いて分析を行い，
　（生産面）企業の生産活動によって，付加価値がどのように生み出されるか
　（分配面）生産で生み出された付加価値が，企業と家計にどのように所得（企業収益・雇用者所得）として分配されるか
　（支出面）企業と家計に分配された所得が，どのように支出（企業の設備投資，家計消費など）されるか
といった経済の循環メカニズムを明らかにし，経済全体の実質成長率を推測する（図 5.3）。その後，公表される QE を用いて，経済統計を用いて行った景気の現状評価が正しいかどうかを確認していく（必要があれば修正を行う）というのが，景気判断の標準的な手順となる。
　図 5.3 をベースに景気循環のメカニズムを詳しく説明する。図 5.2 のグレーの矢印が景気循環の基本のフローである。すなわち，

図 5.3　経済の循環メカニズム

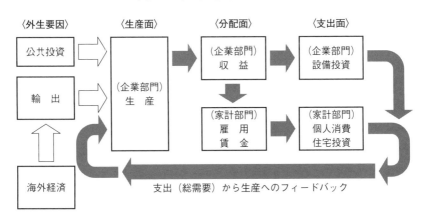

（生産面）企業の生産が拡大する

↓

（分配面）企業の収益が改善する ＆ 企業が賃金を引き上げ，雇用を増やすことで，家計の所得が増加する

↓

（支出面）企業が設備投資を増加させる ＆ 家計が個人消費（住宅投資）を増加させる

↓

支出増加が生産増加にフィードバックして，景気がさらに拡大

が内生的な景気循環のメカニズムである。もっとも，景気変動には内生的な景気循環メカニズムに加え，輸出や公共投資といった外生要因による生産面への影響（図 5.3 の白抜きの矢印）も重要である。2000 年代以降の日本経済では内生的な景気拡大の原動力が弱い状況が続いており，外生要因である輸出の増加（減少）が景気拡大（後退）のきっかけとなることが多い。

●景気分析の進め方

以上の点を踏まえて，経済統計を用いた景気判断は以下の手順で行う。

① 外生要因：輸出/公共投資
② 生産面：企業部門の生産
③ 分配面（企業部門）：企業収益
④ 支出面（企業部門）：設備投資
⑤ 分配面（家計部門）：雇用と賃金
⑥ 支出面（家計部門）：個人消費

①〜⑥の分析から得られる実質成長率と需給ギャップの現状評価と先行きの予測を用いて，最後に，

⑦ 物価面：インフレ率の現状評価と予測

を行う。

本テキストの第 2 部（経済統計の利用方法：各論）では第 6 章から第 12 章にかけて，上記の①〜⑦の分析に用いる様々な経済統計の利用方法を詳しく説明していく。具体的には，内生的な景気循環メカニズムを構成する②企業部門の生産，③企業部門の分配面である企業収益，④同じく企業部門の支出面である設備投資，

表 5.2　生産・分配・支出面で取り上げる主な経済統計

本書の章	部　門	利用する主な経済統計
第 6 章	②生産 企業部門の生産	鉱工業指数，第 3 次産業活動指数
	③分配面（企業部門） 企業収益	法人企業統計調査，短観
第 7 章	④支出面（企業部門） 設備投資	短観，機械受注統計調査，建築着工統計 鉱工業総供給表，建設総合統計
第 8 章	⑤分配面（家計部門） 雇用と賃金	労働力調査，職業安定業務統計 毎月勤労統計調査
第 9 章	⑥支出面（家計部門） 個人消費	家計調査，消費活動指数，新車登録台数，商業動態統計調査，外食産業市場動向調査，宿泊旅行統計調査，サービス産業動態統計調査，消費動向調査（消費者態度指数），景気ウォッチャー調査
第 10 章	⑦物価	消費者物価指数，企業物価指数，企業向けサービス価格指数，地価公示，不動産価格指数
第 11 章	①外生要因　輸出	貿易統計，実質輸出入の動向，国際収支統計
第 12 章	①外生要因　公共投資	公共工事前払金保証統計，建設総合統計

⑤家計部門の分配面である雇用と賃金，⑥同じく家計部門の支出面である個人消費，各々に関する経済統計を順次取り上げる。それを受けて，⑦物価面の統計を説明し，さらに①外生要因である輸出，公共投資に関する統計を取り上げる（表5.2）。

5.3　統計データの見方：前月比と前年同月比の使い分け

●統計データの変化は，できる限り前月比（前期比）で捉えるのが適切

　景気分析を行う際に，経済活動の実質成長率を見積もるためには，各統計データの変化を的確かつ迅速に把握することが不可欠である。統計データの変化は，**前月比（四半期データの場合は前期比）**あるいは**前年同月比（同じく前年同期比）**のいずれかで把握するのが一般的である。景気分析においていずれで把握するのがより望ましいかは大きな論点である。

　前月比は，系列の季節調整値が必要であるほか，不規則変動（ノイズ）の影響を受けやすくトレンドを捉えにくいというデメリットが存在する一方で，前年同月比と比べ，景気の下降から上昇へ，あるいは上昇から下降への循環変動の転換点の早期の把握が可能であるほか，前年同月比とは異なり，過去（前年）の変動パターンの影響を受けないというメリットがある（**表5.3**）。景気判断では，景気

表 5.3　統計データの変化の把握：前月比（前期比）VS. 前年同月比（同期比）

	前月比（前期比）	前年同月比（同期比）
①短期の循環変動の転換点を捉えやすいか	○：転換点の早期把握が可能である	×：転換点の把握が遅れることが多い
②過去の変動パターンの影響を受けるか	○：過去の変動パターンの影響は受けない	×：前年同月の変動の影響を受ける（前年の裏）
③季節調整値は必要か	×：季節調整値が必要	○：季節調整値は不要
④不規則変動（ノイズ）の影響を受けにくくトレンドを捉えやすいか	△：1か月分の変化であるため，ノイズの影響を受けやすい	○：12か月分の変化の合計値であるため，ノイズの影響を受けにくい

の転換点を早期に把握できることが重要であるから，景気判断では，できる限り，前月比（前期比）を利用することが望ましい。

● 前月比（前期比）のメリット①：循環変動の転換点の早期把握が可能

　前月比（前期比）は，前年同月比（同期比）と比べて，循環変動の転換点を早期に把握することができる。具体的な事例として，リーマンショック（2008～2009 年）に伴う鉱工業生産の落ち込みからの持ち直し局面をみてみよう（図 5.4）。前月比でみると，2009 年 3 月からプラスに転じており，生産が持ち直していることを早期に把握することが可能である。一方，過去 12 か月の変動を合算する前年同月比では，12 か月分の変動に含まれる過去の落ち込み分がマイナスに寄与することから，2009 年夏以降になってマイナス幅が本格的に縮小しており，前年同月比のプラスへの転化が 2009 年 12 月まで遅れる。前年同月比で判断していると生産の持ち直しの把握が遅れてしまう。

● 前月比（前期比）のメリット②：過去（前年）の変動の影響を受けにくい

　前月比（前期比）のもう一つのメリットは，前年同月比（同期比）と比べ過去の変動の影響を受けにくいことである。

　例として，1 年目の 1 月から 3 年間，前月比で 0.25％（前年同月比で約 3％）のペースで増加する系列（例えば小売売上高）を想定する。この間，2 年 4 月に消費税率の引き上げがあったことから，2 年目の 3 月に税率引き上げ前の駆け込み需要による売上高の増加，4 月に引き上げ後の反動減による売上高の減少が生じ，5 月，6 月で徐々に回復し，7 月に元のトレンドに復元したとしよう（図 5.5）。前月比では，駆け込み需要があった 2 年 3 月に大きなプラス，反動減の 4

図5.4 景気の転換の早期把握:前月比と前年同月比:鉱工業指数の事例

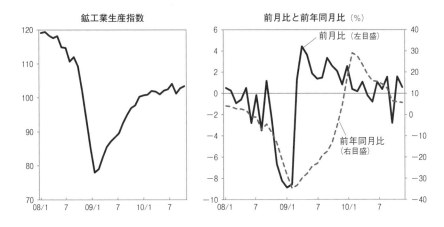

図5.5 前年の変動の影響:前月比と前年同月比:仮設事例

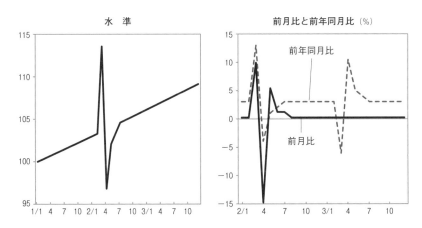

月に大きなマイナス、5~6月にやや大きなプラスが生じた後、7月に元の0.25%に戻り、その後は3年末まで一定となる。

しかし、前年同月比では動きは複雑になる。2年3月の大きなプラス、4月のマイナスが生じ、5月、6月と徐々に上昇し、7月以降は3%に戻る。ここまでは前月比と大きな違いは生じないが、さらに3年3月に大きなマイナス、4月に大きなプラス、5~6月にやや大きなプラスが生じる。この点は前月比とは大きく異なる。3年目の売上高の増加ペースは年率で約3%と等速で変化はないが、前年同月比の値には1年前の前年同月の動きが影響を及ぼしている。

⑤ 統計の利用方法:景気分析を中心に

このように，前年同月比は，当年の動きに変化がない場合でも，前年同月の変動で値が変化するくせ（「前年の裏」）が生じる。前年同月比を利用する際には，前年の計数がどのような動きをしていたかを把握することが不可欠である。前月比にはこうしたリスクはなく，前月比を利用する方が誤りを生じにくい。

●前月比には「季節調整済系列」の利用が必須

■ 統計データは季節変動により大きく変動する ■ 前月比で統計データの変化を捉える場合には，12か月の周期で変動する季節変動を統計データから除去した**季節調整済系列**を利用する必要がある。例えば，「鉱工業指数」の生産指数の場合，毎年，年度末の3月には駆け込みの出荷があるため，生産水準は高くなる一方，8月は夏休みのため工場の稼働日数が少なくなることから生産水準が低くなる傾向がある。このため，季節変動を除去しないままで生産指数の前月比をみると，景気循環による変動にはかかわりなく，前月比は毎年3月と9月にプラスになり，同じく4月と8月にマイナスになることが多い。この結果，前月比では生産が趨勢的に増加しているのか，それとも減少しているのかを判断できないことになる。

■ 季節調整とは何か：移動平均法による季節調整 ■ こうしたことから，多くの統計では統計の原系列から季節変動成分を除去した季節調整済系列を計算し，季節調整済系列の前月比を用いて系列の趨勢的な変動を把握し，景気循環変動を評価している。日本の公的統計では，**季節調整**に米国センサス局が開発した**移動平均法を用いた季節調整**プログラムが用いられている。米国センサス局が提供する最新版は X-13-ARIMA-SEATS であるが，日本の公的統計では古いバージョンである X-12-ARIMA が利用されている場合が多い。ただし，両者の結果は大筋で一致している[1]。

移動平均法を用いた季節調整では，統計の原系列（O）が以下の3つの成分，TC：すう勢循環変動成分（経済成長に伴うトレンド変動と景気循環変動：周期が12か月よりも長い変動），S：季節変動成分（周期が12か月の変動），I：不規則変動成分（天候など突発的な出来事や標本誤差などによる短周期の変動）に分解できると考える。

---

[1] X-12-ARIMA については木村（1996），X-13-ARIMA-SEATS については野木森（2013），奥本（2016）を参照。

116

$$O = TC \times S \times I$$

　移動平均法では，原系列（O）の 12 か月移動平均を採ると季節変動成分（S）と不規則変動成分（I）を均すことができ，すう勢循環変動成分（TC）を求めることを利用し，以下①〜⑤の手順で季節調整済系列（$TC \times I$）を求める。

　　①　O の 12 か月移動平均を採って，TC を求める。

　　②　O を①で求めた TC で割り込んで，$S \times I$ を得る。

　　③　②で求めた $S \times I$ を，同一月（1 月，2 月…）ごとに長期間（最低 7 年以上）のデータを平均する。I が均されることで S を求める。

　　④　O を③で求めた S で割り込んで，$TC \times I$（季節調整済系列）を求める。

　　⑤　④で求めた $TC \times I$ を移動平均することで I を均して TC を求める。この TC を②へ代入し，②→③→④→⑤を繰り返し計算する。繰り返しても S と $TC \times I$ が変化しなくなったところで，最終的な値として採用する。

●季節調整の利用上の注意点：季節調整は万能ではない

　以上の方法で求められる季節調整済系列は万能ではない。実際の季節調整は様々な要因で歪みが生じる可能性がある。代表的な事例を紹介する。

　急激かつ大幅な経済変動が発生する場合：季節調整に歪みが生じる　季節調整では，一定期間の時系列データに対して移動平均を繰り返し適用することで，すう勢循環変動成分（TC），不規則変動成分（I）と季節変動成分（S）を分離し，季節調整済系列（$TC \times I$）を求めている。しかし，急激かつ大幅な経済変動が生じる場合には，長期間の時系列データを用いてもうまく移動平均で均すことができないため，本来，すう勢循環変動成分や不規則変動成分と識別されるべき成分が季節変動成分に取り込まれ，季節変動成分が歪んでしまう可能性がある。こうした問題を回避するため，移動平均法を用いた季節調整では，前述の①〜⑤の手順に入る前に，異常値ダミーを変数に含めた時系列モデルを推計し，異常値ダミーの係数が統計的に有意となった場合には，異常値分を原系列から除去する仕組みが取り入れられている。

　しかし，リーマンショックのように急激な経済変動が生じたケースでは，GDP速報値（QE）や「鉱工業指数」など変動が大きい統計の季節調整済系列に歪みが発生している。これは，各ショックの発生時点においては，落ち込みが生じてからの期間が短く，異常値ダミーの係数が有意とはならなかったことから，大幅

5　統計の利用方法：景気分析を中心に

な落ち込みが異常値として除去されなかったためである。その後，時間の経過とともに異常値ダミーの係数が有意となり，大幅な落ち込みが異常値として除去できるようになったため，季節調整済系列の歪みは次第に解消していった。ただし，その過程では季節調整済系列の大幅な事後改訂が発生し，景気判断を攪乱させる要因となった[2]。

■ 景気変動成分と季節変動成分が相関を持つ場合：季節調整が不安定になる ■

季節調整では，すう勢循環変動成分（TC），不規則変動成分（I），季節変動成分（S）が各々独立であることを前提に時系列の分解が行われている。しかし，実際には，景気変動に対応する，すう勢循環変動成分（TC）と季節変動成分（S）が相互に関係を持つ場合が存在する（木村（1997））。

例えば，消費者物価指数や企業向けサービス価格指数におけるサービスの価格改定は毎年4月と10月に集中する傾向がある。景気が拡大する物価上昇局面ではサービス価格の引き上げが行われる一方，景気が後退する物価下落局面ではサービス価格の引き下げが行われる。このように，景気の局面によって季節変動パターンが変化し，季節変動成分が不安定となるため，季節調整がうまくいかない可能性がある。物価変動が緩やかなデフレや横ばい状況からインフレに変化している最近の局面では，サービスの価格改定パターンに変化が生じやすいことから要注意である。

●前年同月比（同期比）を利用するのがより適切である統計も存在する

景気判断では，各統計の季節調整済系列の前月比（前期比）をベースに統計データの変化を評価するのが原則である。しかし，以下のように一部の統計では前年同月比が利用されている。

第1は，先に述べた急激かつ大幅な景気変動が生じる場合や季節変動パターンが景気変動と相関をもつ場合である。前者では変動が大きい鉱工業指数（IIP），GDP（QE）などが対象となる。後者では，消費者物価指数や企業向けサービス

---

[2] なお，コロナ禍（2020年）における急激な景気後退局面では，内閣府は，季節調整済系列の歪みの発生を避けるべく，GDP速報値（QE）の大きな落ち込みを先験的に全て異常値として扱っている。ただし，この方法を用いると，毎四半期の事後改訂は小さくなる一方，事後的に最適な季節調整となるように異常値ダミーを最終的に確定させる際（年次推計時）に大きな事後改訂がまとめて生じる可能性がある。この点を踏まえ内閣府は，リアルタイムに異常値ダミーを適切に設定する統計的な基準について検討を重ねている。詳しくは，權田（2015），山岸・髙井・清水（2022），權田・松村（2023）を参照。

価格指数が対象となる。いずれも季節調整済系列をうのみにせず，前年同月比を併用して分析することが肝要である。

　第2に，景気変動とは無関係の不規則変動（ノイズ）が統計データに占める比率が高い場合である。この場合は，前月比ではなく過去12か月の変動の合算で評価する前年同月比を用いた方が，短周期の不規則変動が均されて，景気循環に相当する基調的な変動を捉えやすくなる（前掲**表5.3**）。例えば，「消費者物価指数」などの物価の変動や「毎月勤労統計調査」による賃金の変動が該当する。消費者物価指数では，インフレ率に含まれる天候などの一時的な供給要因によるノイズが大きいことから，前年同月比による分析が一般的である。

5.4　景気判断における統計データの問題点と対処方法

●統計データが持つ問題点

　景気判断に用いる統計は不完全である。先行きの予測だけでなく，現在の状況すら，正確に把握するのも容易ではないのが実情である。統計データが持つ問題点のうち，主なものは，①データが遅い，②データは振れる，③データは改訂される，④データが正しいかどうか分からない，の4点である。

①　データが遅い

　統計の収集や集計には時間がかかる。利用可能な統計は最短でも1か月，多くの統計は2か月前のデータである。現在の状況は分からない。

　例えば，2024年4月25〜26日に開催された日本銀行・金融政策決定会合時点で利用可能であった統計データをみると，前月の2024年3月分まで利用可能なデータは，「貿易統計」，「消費者物価指数」などの物価指数，「短観」「景気ウォッチャー調査」「消費者態度指数」といった企業や個人に対するマインド調査に限定されており，生産，個人消費，設備投資，雇用など多くの統計は，2か月前の2024年2月分までが利用可能であるにすぎない。さらに，QEや「法人企業統計調査」は，4〜6か月前の2023年10〜12月分のデータが利用できるにとどまる。このように，かなり古い時点の統計データを用いて景気判断をせざるを得ないのが実情である。

②　データは振れる

　データには季節変動や統計のノイズが含まれる。振れるデータから，景気循環

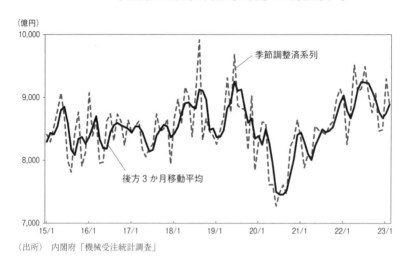

図5.6 機械受注額（民間需要：除く船舶・電力）
：季節調整済系列と同系列の後方3か月移動平均

（出所）　内閣府「機械受注統計調査」

に対応するトレンドの変化をどのようにして把握するのか。常に困難に直面する。図5.6は，設備投資（機械投資）の先行指標として利用される「機械受注統計調査」の機械受注額である。機械受注額の季節調整済系列は月次の振れが極めて大きく，機械受注額が増加しているのか，減少しているのかを判断するのが難しい。統計を作成する内閣府は3か月移動平均を採ることで振れを一定程度均して，機械受注額の基調判断に利用している。

不規則変動による振れを均すためには，このほか，より長い期間の移動平均，季節調整プログラムのすう勢循環変動成分（TC），HPフィルター，などの利用が候補となる。

③　データは改訂される

GDP速報値（QE）以外においても，事後的に大きな改訂が発生する統計が存在する。統計データを観察して景気の基調判断を行った後に，判断材料として利用した統計が，事後的に大幅に遡及改訂され，当初の判断が覆ってしまう場合（いわゆる「後出しじゃんけん」）がある。

図5.7は，日本銀行が「消費者物価指数」の2000年基準指数を用いて「消費者物価の上昇率が拡大し，プラス基調になった」と判断し，2006年7月に金融政策を変更した後に，8月末に実施された2005年基準指数への基準改定におい

120

図5.7 消費者物価指数（生鮮食品除く総合）の基準改定による下方改訂

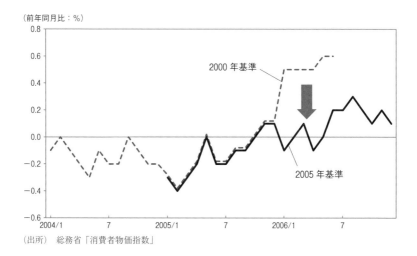

（出所）　総務省「消費者物価指数」

て，2006年1月に遡って物価上昇率が下方改訂され，「実は消費者物価は上昇していなかった」ことが明らかになった事例である。

　こうした「後出しじゃんけん」的な大幅な遡及改訂は，GDP速報値（QE）から年次推計への改訂でみられるほか，「消費者物価指数」など物価指数の基準改定（5年ごと），設備投資や公共投資を把握する「建設総合統計」の建設工事出来高の遡及改訂（毎年4月分公表時に実施）で生じる可能性がある。

④　データが正しいかどうか分からない

　景気判断を行う際に，判断材料となる複数の統計の動きが整合的でない場合がある。その場合，どちらの統計が正しいのかを判断するのは容易ではない。景気判断に用いる動態統計の標本誤差は大きいことから，前月比（前期比）や前年同月比（前年同期比）の変動がプラスないしマイナスになっても，95％など一定の信頼係数で，対象計数が増加しているか，減少しているか，を判断できないことが少なくない。例えば，「法人企業統計調査」の中小企業・全産業における経常利益の標準誤差率は9.6％に達する。前年同期比ベースの標準誤差率はその1.0～1.4倍となることから，中小企業の経常利益の前年同期比増加率が19～26％に達しないと，信頼係数95％で増益になっていると判断することはできないことになる。実際の経常利益の変動の大きさを比べると，これはかなり高いハードルである。

5　統計の利用方法：景気分析を中心に

●統計データの問題点に対する対処方法

こうした統計データの問題点に対する決定的な対処方法は存在しないが，以下の対策が解決には一定の効果を持っている。

① 企業の生の声（ヒアリング情報）の活用

景気の判断を行う際，統計データをみるだけではなく，実際に経済活動を行っている企業の「生の声」を活用することが重要である。個人でこうした企業のミクロ情報を収集することは容易ではないが，新聞や雑誌の記事，日本銀行「地域経済報告（さくらレポート）」，内閣府「景気ウォッチャー調査」のコメント欄などから生産や販売動向に関する企業の声を把握し，統計データの「振れ」が一時的なものか，基調的なものかを判断する材料に活用することができる。

② ビッグデータの活用

小売店の販売データ（POS データ，クレジットカード・データ）や携帯電話の位置情報などのビッグデータは，経済全体の動きを示す包括的なデータではないことが多いが，速報性は高い。公表が遅い公的統計をカバーする役割を担うことが可能である。

③ 統計の信頼度や景気全体のストーリーとの整合性で総合判断を行う

景気判断に利用する統計には，全数調査で振れがほとんどなく精度が高いと考えられる統計（「貿易統計」など）がある一方で，誤差が多く含まれ計数の振れが大きい統計（「法人企業統計調査」「建設総合統計」「毎月勤労統計調査」「家計調査」など）も存在する。振れが大きい統計では，標本誤差や非標本誤差がかなり大きいことから，一定の信頼係数（有意水準）を満たすとの条件のもとで，企業収益，設備投資，賃金，家計消費などの増減についての基調判断を行うことが困難である場合が少なくない。

そのため，景気分析においては，項目ごとにできるだけ複数の統計を用いて判断を行うことが望ましい。複数の統計間において計数の動きに矛盾が生じる場合には，①各統計の信頼度の違いを考慮して相対的に精度の高い統計の動きを正しいと判断するほか，②どちらの統計の動きが景気変動全体のストーリーとより整合的であるかも考慮して総合的に判断を行うことが適切である。

コラム 潜在 GDP・需給ギャップ・潜在成長率の不確実性

5.1 節では，潜在 GDP・需給ギャップ・潜在成長率の推計は難しく，一定の誤差を伴うことから，幅を持って評価する必要がある点を指摘した。ここでは，内閣府と日

図 5.8　内閣府と日本銀行によって推計された需給ギャップ・潜在成長率

① 需給ギャップ
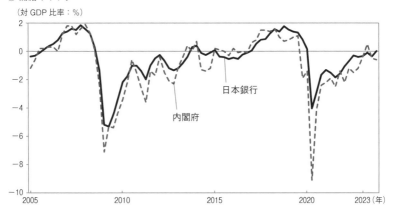

② 潜在成長率：年度ベース
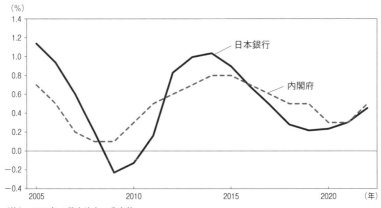

（注）　2024 年 4 月末時点の公表値。
（出所）　内閣府，日本銀行のデータをもとに筆者作成

本銀行が推計した潜在 GDP，需給ギャップ，潜在成長率（2024 年 4 月末時点）を比較し，具体的なイメージを把握する。

図 5.8 の①は，内閣府と日本銀行が推計した需給ギャップ（$(Y-Y^*)/Y^*$）である。両者の動きは大筋で一致しているが，細かくみるとかい離している。2005 年から 2023 年までの平均で両者のかい離は，GDP の 0.4％ポイントである。特に 2018 年頃からかい離が拡大し，2018 年以降のかい離は平均で GDP の 0.8％ポイントに達している。最近では日本銀行の需給ギャップが内閣府の需給ギャップよりもゼロに近い値となっており，日本銀行の推計の方がより需給がひっ迫している結果となっている。

⑤　統計の利用方法：景気分析を中心に　　123

同様に潜在成長率についても，内閣府と日本銀行では平均年0.2％程度のかい離が生じている（**図5.8②**）。

　両者のかい離は，以下の2つの要因から生じている。第1に日本銀行と内閣府では景気循環による変動を均した平均的なTFP，労働投入量，資本投入量（トレンド）の推計値が異なっている。2018年以降の需給ギャップのかい離拡大には，近年の高齢者や女性の労働参加拡大による労働力人口比率の上昇トレンドの傾きや「働き方改革」によって加速する平均労働時間の低下トレンドの傾きをリアルタイムに見極めることが難しく，両者でトレンドの推計値がばらついていることが寄与しているとみられる。

　第2に内閣府と日本銀行では需給ギャップの推計手順が異なっている[3]。内閣府では，5.1節で述べた方法に沿って最初に潜在GDPを推計し，次に現実のGDPと潜在GDPとの差から需給ギャップを求めている。一方，日本銀行では，GDPデータを直接用いずに，労働統計や設備稼働率の統計から，労働投入量ギャップ（実際の労働投入量と平均労働投入量とのかい離）と資本投入量ギャップ（実際の資本投入量と平均資本投入量とのかい離）を推計し，両者を加重平均して需給ギャップを推計している。実際のTFPと平均的なTFPとのかい離についてはGDPの計測誤差であるとみなしており，需給ギャップの計算に含めていない。

　この結果，内閣府が推計する需給ギャップにはGDPの速報値（QE）の統計誤差（ノイズ）が含まれる一方，GDPデータを利用しない日本銀行の需給ギャップにはGDPの統計誤差が含まれていない。このため，需給ギャップの振れは内閣府よりも日本銀行の推計値が小さくなっている。

　リアルタイムでも事後的にも潜在GDP（Y^*）の真の値が分からない以上，内閣府，日本銀行，いずれの推計値の精度が高いかを評価することは難しい。現状，内閣府，日本銀行いずれの需給ギャップともその値がゼロないしは小幅のマイナスであり，現実のGDP（Y）が潜在GDP（Y^*）を下回る供給超過がなお継続している。

　なお内閣府と日本銀行の需給ギャップでは，①平均的な労働投入量（労働力人口比率，完全失業率，労働時間のトレンド）は過大推計であり，人手不足が深刻化し，労働需給がひっ迫する日本経済の状況を反映できていないのではないか，②平均的な資本投入量の計測に用いる「鉱工業指数」の稼働率指数には，実際には利用できない設備も含まれており，過小推計ではないか，などの疑問が，民間エコノミストから提起されている。以上のように需給ギャップや潜在成長率には一定の計測誤差が含まれる可能性が高い。景気の局面判断，インフレ率の先行き予測，経済政策の評価においては，幅を持って需給ギャップや潜在成長率の推計値を利用することが大切である。

---

[3]　内閣府の推計方法については吉田（2017）を，日本銀行の推計方法については川本・尾崎・加藤・前橋（2017）を，各々参照。

◆ 練習問題

問 5.1 景気の局面評価について，以下の空欄に当てはまる語句を埋めよ。

　景気の局面評価を行う際には，経済活動水準を示す GDP に関する 2 つのデータを基準に，景気拡張局面，景気後退局面のいずれであるかを判断する。その 2 つのデータとは，現実の実質 GDP と潜在 GDP とのかい離である（　①　）と，現実の実質成長率と潜在 GDP の成長率である（　②　）とのかい離である。

問 5.2 現実の景気判断において，GDP（QE：四半期別 GDP 速報）のデータだけでは，景気の現状評価や先行き予測を行うことは困難である。その 3 つの理由について述べよ。

問 5.3 経済の変動は季節調整済系列の前月比（前期比）で評価するのが標準的である。しかし，季節調整済系列に歪みが生じるため，季節調整済系列の前月比を利用するのが適切ではない場合が存在する。その 2 つの事例について説明せよ。

問 5.4 統計データが持つ 4 つの問題点について説明せよ。

第2部

経済統計の利用方法：各論

第6章　企業に関する統計（1）：生産と収益

第7章　企業に関する統計（2）：設備投資

第8章　労働に関する統計：雇用・賃金

第9章　家計に関する統計：家計消費

第10章　物価に関する統計

第11章　対外バランスに関する統計

第12章　財政と金融に関する統計

第13章　国民経済計算（1）
　　　　　：GDPの概念と推計方法

第14章　国民経済計算（2）
　　　　　：利用方法と利用上の注意点

第6章
企業に関する統計（1）：生産と収益

- ■6.1　生産に関する統計：鉱工業指数
- ■6.2　収益に関する統計：法人企業統計調査
- ■6.3　企業マインドに関する統計：短観

コラム　鉱工業指数の品質バイアスと速報性とのトレードオフ

　第6章からは個別の統計について詳しく解説していく。本章では，企業に関する統計のうち，生産ならびに企業部門の分配面である企業収益，さらに企業行動に大きな影響を及ぼす企業のマインドに関する統計を取り上げる。

　6.1節の生産では，経済産業省「鉱工業指数」を説明する。「鉱工業指数」は，製造業の生産活動を捕捉する統計である。「鉱工業指数」は，速報性が高く，景気動向に敏感なため，景気を判断するうえで中核を占める統計である。

　6.2節の企業収益では，財務省「法人企業統計調査」を取り上げる。「法人企業統計調査」は，四半期ごとに企業の決算データ（貸借対照表と損益計算書）を調査する。企業の売上高，費用，利益を多面的に捉えることができる。

　6.3節の企業マインドでは，日本銀行「短観」を取り上げる。企業が直面する収益環境の変化は，企業の決算を待たずに，企業のマインド（景況感）に反映されることが多い。「短観」の業況判断DIは，景気のピーク・ボトムとの連動性も高いことから，ユーザーからは特に注目されている。

6.1　生産に関する統計：鉱工業指数

●生産に関する統計はなぜ重要か

　景気判断において，企業の生産，とりわけ製造業の生産は重要性が高い。日本において製造業が名目GDPに占める比率は，近年2割程度（19.4%〈2022

年〉）に過ぎないが，製造業の生産活動は，景気に対し敏感に変動している。製造業はGDPに占めるウエイトの大きいサービスと異なり，在庫を抱える特性を有する。製造業は商機を逃さぬよう出荷（＝売上）予測に基づき生産を行う。需要が想定通り伸びないと「意図せざる」在庫が発生し，生産調整を行う。こうした製造業の特性などを背景に，製造業の生産活動はサービス業と比べて変動が大きい。実質GDPの変動の5割程度（絶対値の変化率寄与度：1995年〜2022年）と，大きなシェアを占めている。

　企業の生産を把握する統計では，製造業・鉱業の生産を対象に経済産業省が作成する「**鉱工業指数**」が重要である。「鉱工業指数」は速報性が高く，景気に敏感に反応するため，景気判断の中核を占める。なお，サービス業の生産を捕捉する統計には，同じく経済産業省の「**第3次産業活動指数**」がある。

●鉱工業指数：統計の概要

鉱工業指数の特徴　「鉱工業指数」は，日本全国の鉱業・製造業の動きを示す数量指数である（**表6.1**）。現行の2020年基準指数では，2020年1〜12月の平均値を100とする指数を毎月算出している。実績が対象月の翌月末（1月分の指数が2月末）に公表されるなど，速報性が高く，日本の景気を示す経済統計として重要な役割を果たしている。

指数の種類　鉱工業指数は，生産の動きを示す「**生産指数**」，工場からの出荷の動きを示す「**出荷指数**」，生産者の元に残っている製品在庫の動きを示す「**在庫指数**」などから構成されている。「生産指数」は，生産活動の状況から日本の鉱業・製造業の景気を，「出荷指数」は製品の需要動向を，「在庫指数」は製品在庫がどの程度積み上がっているのかを，各々示している。

　同指数では，鉱業・製造業全体の生産額・出荷額の90％をカバーするように金額の多い順に品目を採用している。採用品目数は，「生産指数」「出荷指数」で408品目，「在庫指数」で291品目である。「在庫指数」の品目数が少ないのは，在庫をせずに生産・出荷する製品（自動車用エンジン，各種自動車部品，半導体製造装置など）が数多く存在するためである。

指数の体系・分類　各指数は，基準年（2020年）のウエイトを用いるラスパイレス指数として算出される。内訳指数として，品目指数（普通乗用車，普通トラックなど個々の製品の指数），品目指数から集計される業種指数（輸送機械工業など各業種の指数），総合指数（鉱工業，製造工業など全体の指数）から

6 企業に関する統計（1）：生産と収益　**129**

表 6.1 鉱工業指数の概要

① 鉱工業指数（2020 年基準）の概要

項 目	内 容
統計作成者	経済産業省
統計の種類	加工統計：鉱業・製造業の動きを示す数量指数
対象項目	生産指数，出荷指数，在庫指数，在庫率指数，生産能力指数，稼働率指数，生産予測指数
基準年	2020 年（2020 年平均＝100）
作成方法	基準年（2020 年）のウエイトで集計するラスパイレス指数
基礎データ	経済産業省生産動態統計調査，他府省の生産動態統計，民間統計
作成周期	月次
公表時期	速報：対象月の翌月末，確報：対象月の翌々月の中旬

② 指数の種類

指数の種類	指数の内容	品目数	集計ウエイト
生産指数	鉱工業製品の生産	408	付加価値額
出荷指数	鉱工業製品の工場からの出荷	408	出荷額
在庫指数	生産者の元に残っている製品在庫	291	在庫額
在庫率指数	在庫量／出荷量の比率	283	在庫額
生産能力指数	設備をフル稼働したときの生産能力	139	付加価値額
稼働率指数	設備の稼働率＝生産数量／生産能力	139	付加価値額

③ 指数の体系・分類

（業種分類指数）品目指数を品目ウエイトで集計して，業種指数や総合指数を作成

普通乗用車，普通トラック　　　輸送機械工業　　　鉱工業，製造工業

（財別分類指数）経済的用途によって区分した指数を作成

資本財	建設財	耐久消費財	非耐久消費財	生産財
設備投資向けの製品	建設投資向けの製品	家計が購入する製品のうち，		生産の原材料となる製品
		耐用年数が長い	耐用年数が短い	

④ 主な業種別ウエイト（2020 年基準指数：鉱工業総合＝10000）

	生産指数	出荷指数	在庫指数	生産予測指数
鉄鋼・非鉄金属	596.5	857.3	1538.6	788.9
生産用機械	746.1	652.8	757.5	1015.4
汎用・業務用機械	705.8	624.2	512.8	834.9
電子部品・デバイス	585.0	506.8	479.0	790.4
電気・情報通信機械	860.8	797.8	621.6	1163.2
輸送機械	1502.4	1798.8	606.2	2022.3
化学	1233.0	1023.2	1894.2	1352.8

構成される「**業種分類指数**」と，財の経済的用途で分類される「**財別分類指数**」（資本財，建設財，耐久消費財，非耐久消費財，生産財から構成）が作成されている。

ウエイト 「生産指数」では付加価値額（生産額から原材料費，燃料代，機械・設備の減耗分を引いた金額），「出荷指数」では出荷額，「在庫指数」では在庫額，各々を集計のウエイトとして利用している。業種によって製品在庫の保有意図が異なることから，生産・出荷指数と在庫指数では業種別ウエイトが大きく異なる。生産・出荷指数では輸送機械など機械工業のウエイトが大きいが，在庫指数では鉄鋼・非鉄金属，化学など素材工業のウエイトが大きい。

基準改定 「鉱工業指数」は，採用品目の入れ替え，ウエイトの更新，指数の基準化を行う基準改定を5年ごと（西暦下一桁0年，5年を対象）に行っている。最新の2020年基準改定は，2023年6月に実施されている。

●鉱工業指数：基礎データと作成方法

基礎データ 「鉱工業指数」の基礎データには，主に経済産業省が作成する「**経済産業省生産動態統計調査**」が利用される（408品目のうち364品目）。「生産動態統計調査」は，製造業14,000事業所を対象に毎月実施される統計調査である。調査対象が一定規模以上の事業所に固定される裾切り調査であることや調査票回収率が95％と高いことから，統計誤差は小さい。「鉱工業指数」は，景気循環による変動幅が大きい一方でノイズが比較的小さいことから，基調変動が捉えやすく，景気の局面評価として利用するのに適している。

「経済産業省生産動態統計調査」が対象としていない食料品・酒類・たばこ，医薬品，鋼船・鉄道車両，石炭関連の44品目は，農林水産省，厚生労働省，国土交通省の「生産動態統計調査」や業界団体・民間企業の統計を利用して指数が作成されている。これらの品目では，基礎データの入手タイミングが遅く速報段階での反映には間に合わずに，確報で公表されるものが多い。「鉱工業指数」の速報から確報までの指数の事後改訂の要因となっている。

指数における数量の計測単位 「鉱工業指数」は数量指数であり，数量をどのような単位で計測するかが重要である。品目別に計測単位をみると，トンなど重量が47％，乗用車や機械など台数・個数・本数が27％，キロリットル・平方メートルの容量が10％を占める。87％の品目では重量や台数などを計測単位にしていることから，機械の性能向上などの品質向上は，指数に反映されない。

一方，12％の品目（電子部品，自動車部品，生産用機械の一部）では，同一の品目内に品質が異なる製品が含まれることから，生産（出荷）金額を日本銀行「企業物価指数」で割り込んで算出した生産・出荷の実質値を，計測単位として

採用している。「企業物価指数」は品質を固定した物価指数であることから，これらの品目では品質向上が各指数に反映されている。

このように「鉱工業指数」は，多くの品目で製品の品質向上が反映されていないことから，品質向上が適切に反映された真の指数に比べ下方にバイアスしている。一方，重量や台数などの計測単位を採用することで，①生産・出荷金額よりも計数が早期に確定するため，企業の迅速な回答が可能である，②生産・出荷金額を物価指数で割り込んだ実質の数量と比べて計数の振れが小さい，とのメリットがある。「鉱工業指数」は，景気判断に不可欠である速報性や安定性を重視し，品質向上分の下方バイアスを許容して作成されている（コラム参照）。

●鉱工業指数：統計の利用方法

公表資料・データ 速報公表時に，経済産業省 HP で「生産・出荷・在庫・在庫率指数速報（概要冊子）」が提供されている。1 ページの概況で指数の大まかな動きや基調判断を把握できるほか，2 ページ以降に業種別・財別などの詳細な指数動向が掲載されている。「鉱工業指数参考図表集」でも，指数の概況が説明されている。「時系列データ等ダウンロード」からは，業種別・財別・品目別の原指数と季節調整済指数のデータが入手できる。

統計の見方：季節調整済指数の前月比を利用 「鉱工業指数」には，ゴールデン・ウイークや夏休みなどによる季節変動が含まれることから，原指数をそのまま利用することは難しい。生産・出荷・在庫の各指数について季節調整済指数が提供されていることから，基調判断は季節調整済指数の前月比を用いて行う。

「鉱工業指数」は変動が大きい。このため，リーマンショックや東日本大震災などで急激な落ち込みが生じた場合には，第 5 章で述べたように生産・出荷の落ち込みが季節変動成分に取り込まれ季節調整に歪みを生じる可能性がある。つまり，イベントに伴う生産調整を一部，季節性の動きとして捉えることになる。こうしたケースでは，季節調整済指数に歪みがもたらされるため，原計数の前年同月比も併せて利用し判断することが望ましい。なお，経済産業省は，2020 年基準指数から季節調整の算出に用いるデータ期間を，従来の過去 8 年間から 12 年間に延長している。これにより，急激な落ち込みが異常値と認識されやすくなり，季節調整に歪みが生じる可能性はこれまでよりは低下するとみられる。

●鉱工業指数：指数の動きの特徴

生産の動き 製造業の生産は，景気循環に対応して大きく変動するため，景気の局面評価で重要な役割を担っている。2008年以降の局面をみても，生産が減少する局面（2008〜2009年，2012年，2019〜2020年）は，景気後退局面（図6.1の灰色部分）と一致している（図6.1）。

業種別の生産動向をみると，輸送機械（自動車），生産用機械，汎用・業務用機械，電子部品・デバイス，電気・情報通信機械の寄与が大きくなっている。つまり，基調判断をするうえでは，機械関連業種の生産動向を捉えることが重要である。

出荷・在庫バランスの動き 出荷・在庫バランス（「出荷の前年比」−「在庫前年比」）が，生産の変動に先行する傾向があるため，生産の先行き予測をするうえで有益である（図6.2）。これは，出荷の伸び率が在庫の伸び率を上回る局面では，在庫率（＝在庫/出荷）が低下することで，不足する在庫の復元に向け生産を増加させようとする。その一方で，出荷の伸び率が在庫の伸び率を下回る局面では，在庫率（＝在庫/出荷）が上昇する結果，企業は「意図せざる」在庫を抑制する観点で，生産を減少させようとするためである。ただし，シェアの大きい輸送機械，生産用機械などの機械工業の品目は原則として受注生産を行い，在庫を持たないため，ごく最近では，「鉱工業生産」全体における生産と出荷・

図6.1　鉱工業指数・生産の動き

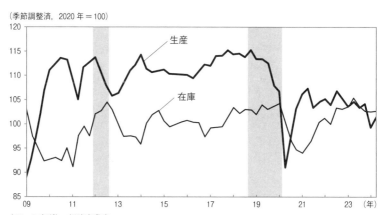

（データ出所）　経済産業省
（注）　灰色部分は，景気後退局面
（出所）　日本銀行「経済・物価情勢の展望（2024年7月）」

6　企業に関する統計（1）：生産と収益

図6.2 出荷・在庫バランスと生産前年比

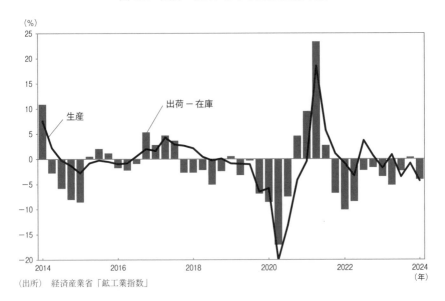

(出所) 経済産業省「鉱工業指数」

在庫バランスとの対応関係が以前と比べ薄れてきている。

● 製造工業生産予測指数

　経済産業省では，生産・出荷・在庫の実績に加えて，先行き2か月間（当月，翌月）の生産計画を調査しており，速報公表時に「**製造工業生産予測指数**」として公表している。生産の先行き予測に有益な情報である。利用に際しては，以下の2点に注意することが望ましい。

　第1に予測指数では，多くの企業は過大な生産計画を報告する傾向がある。そのため，生産の実績値は予測指数を下回るのが通例である。経済産業省では，1か月先（当月）の予測指数を対象に過去の予測と実績とのかい離パターンから補正した「補正値」を公表しており，先行きの生産予測には有益な情報として活用できる。

　第2に予測指数の作成対象は186品目に限定され，「鉱工業指数」の対象品目408品目に比べてカバレッジが狭い。186品目をみると，生産指数と比べて輸送機械や生産用機械などの機械工業のウエイトが高い（前掲表6.1④）。実際の計数をみると，生産用機械が実績値対比で予測値の増加率が高めであることが多く，予測指数全体の誤差をもたらす傾向がある。

6.2　収益に関する統計：法人企業統計調査

●収益に関する統計はなぜ重要か

　「国民経済計算」の分配面である国民所得に占める各要素所得（雇用者報酬，企業所得，財産所得）の構成をみると，企業部門の利潤である企業所得は国民所得の2割強を占める。雇用者報酬や財産所得の変動は小さい一方で，企業所得は景気循環に伴う変動が大きく，国民所得の変動に占める寄与はシェア以上に大きくなる。企業収益は，企業の支出面である設備投資の原資でもあり，設備投資動向を左右する。また，雇用・賃金を通じた家計部門への分配にも大きな影響を及ぼすことから，景気判断における企業収益の重要性は高い。企業収益の分析では，**財務省が作成する「法人企業統計調査（四半期調査）」（「法人企業統計季報」とも呼ばれる）**を利用することが多い。

●法人企業統計調査：統計の概要（表6.2）

　調査対象　「法人企業統計調査（四半期調査）」は，全産業の資本金1千万以上の営利法人を調査対象としている。営利法人には株式会社などの会社企業などが含まれる一方，医療法人や社会福祉法人，学校法人などの非営利法人は対象外であることから，医療・介護・福祉や教育関連を十分にカバーしていない。実際の分析では，全産業から金融業・保険業を除いた非金融法人のデータを用いることが多い。金融・保険業では，景気変動とは関係性の薄い有価証券の売買損益や貸出金の信用コストで経常収益や当期純利益が大きく変動するためである。調査対象は資本金1千万円以上の企業に限定されており，規模のより小さい1千万円未満の零細企業を含んでいない。なお，年に1回9月頃に公表される「法人企業統計調査（年次調査）」では，資本金1千万円未満の零細企業を含んでおり，規模の小さい企業を含めた分析が可能である。

　調査項目　四半期ごとに企業の仮決算データ（貸借対照表と損益計算書）を調査している。損益計算書からは，売上高や経常利益に加えて，人件費，減価償却費，売上原価，販売費・一般管理費などの経費項目の動きが捕捉され，収益変動の要因を分析できる。また，年次調査では配当など利益処分の状況も確認できる。貸借対照表からは，有形固定資産や借入金など資産・負債の動きや設備投資額を把握することができる。このように，企業活動の変化を，詳細かつ包括的に捉えることができる有用な統計である。

6　企業に関する統計（1）：生産と収益

表 6.2　法人企業統計調査（四半期調査）の概要

① 統計の概要

項　目	内　　容
統計作成者	財務省
統計の種類	調査統計：標本調査
調査対象	資本金 1 千万円以上の営利法人（会社企業，信用金庫，生命保険・損害保険相互会社などの金融機関）
母集団法人数	89.2 万社（2024 年 4 ～ 6 月調査，金融業・保険業除くベース）
標本法人数	26,841 社（同上）
調査票回収率	69.2%（同上）
調査項目	➢ 企業の四半期仮決算（貸借対照表・損益計算書）を調査 ➢ 売上高，損益（営業利益，経常利益，売上原価，販売費・一般管理費など），減価償却費，人件費（給与・賞与，福利厚生費） ➢ 資産・負債及び純資産，固定資産の増減（設備投資額など） ➢ 投資その他の資産の内訳
調査周期	四半期ごと
公表時期	当該四半期終了後翌々月の初め（4 ～ 6 月期調査は 9 月初）

② 標本抽出方法（金融業・保険業を除くベース）

➢ 層化抽出法：業種別と資本金階層別に層化して，標本を抽出
➢ 毎年，標本の半数を入れ替えるローテーション・サンプリングを実施

資本金階層	調査方法
資本金 5 億円以上の法人	全数調査
資本金 5 億円未満の法人	標本調査。標本法人は 2 年間調査を実施。毎年 4 ～ 6 月期に半数を入れ替え（ローテーション・サンプリング） 毎年 4 ～ 6 月期に標本交替に伴う計数の段差が生じる。

③ 調査票回収率（2024 年 4 ～ 6 月調査，金融業・保険業を除くベース）

資本金階層	1 千万～1 億円	1 ～ 10 億円	10 億円以上	合　計
回収率	60.0%	70.1%	88.5%	69.2%

統計の表章区分　業種区分で 45 業種別，資本金区分で 5 つの規模別（資本金 1 千万～2 千万円，2 千万～5 千万円，5 千万～1 億円，1～10 億円，10 億円以上）で計数を提供しており，詳細な業種・規模別の分析が可能である。

統計の公表時期　統計の公表は対象四半期終了 2 か月後となっている。企業は四半期末から決算作業を進めるため，回答には一定の時間を要することは避けられない。実際に，上場企業の決算短信の公表も，期末から 45 日以内と時

間的猶予を認めている。集計・作成する財務省は，計数への影響が大きい大企業からの調査票回収が一巡する四半期終了後 50 日頃に調査票を締め切り，翌々月の初め（通常 3，6，9，12 月の各 1 日）に，集計結果を公表している。

標本抽出方法　標本は，財務省が独自に作成する法人の母集団名簿をもとに，業種別と資本金階層別に層化して抽出している（層化抽出法）。母集団サイズの小さい大企業で計数のばらつきが大きいことから，資本金 5 億円以上の企業では全数調査とする一方，資本金 5 億円未満の企業では標本調査としている。なお，標本調査では，前年同期比の計数の振れを小さくするために，抽出された法人は 2 年間継続調査し，毎年 4〜6 月期に調査対象法人の半数を入れ替えるローテーション・サンプリングを採用している。このため，毎年 4〜6 月期に標本入れ替えに伴う計数の段差が生じている。

調査票回収率　「法人企業統計調査」は報告者の回答負担が重いことから，調査票回収率は他の動態統計と比べると低い。2024 年 4〜6 月調査の回収率は全体で 69％である。規模別では資本金 10 億円以上の大企業は 88％と高い一方，1 千万〜1 億円の中小企業は 60％と低くなっている。しかも，過去 30 年間で全体での回収率は約 15％ポイント低下している。こうした回収率低下に伴って，非標本誤差が拡大して計数の振れが目立ってきており，精度に無視できない影響を及ぼしている。

●法人企業統計調査：統計の利用方法

公表資料・データ　統計の公表時に，財務省 HP に四半期別調査の「結果の概要」が掲載される。1 ページに全規模・全産業（除く金融業・保険業），同・製造業，同・非製造業の売上高，経常利益，設備投資の前年同期比ならびに季節調整済前期比が掲載されている。ユーザーは，企業部門全体の収益動向の概要を把握することができる。3 ページからは，業種別ならびに資本金規模別の売上高，営業利益，経常利益，設備投資の実額と前年同期比が掲載されている。さらに，すべての調査項目に関する長期の時系列データが，「**政府の統計窓口（e-Stat）**」（財務省 HP からリンク）から，ダウンロード可能である。

統計の見方

① 季節調整済系列の前期比と原系列の前年同期比を併用

企業の売上高や経常利益の系列は，明確な季節変動が存在する。そのため，企業収益の基調判断は季節調整済系列の前期比を用いることが望ましい。財務省か

6 企業に関する統計（1）：生産と収益　**137**

表6.3　法人企業統計調査（四半期調査）の標準誤差率：2022 年 4 〜 6 月期

	売上高	経常利益	設備投資	資産合計
全産業・全規模	1.4%	—	2.6%	1.0%
うち中小企業	3.2%	9.6%	6.4%	—
製造業・全規模	1.4%	—	2.3%	1.0%
非製造業・全規模	1.9%	—	3.8%	1.3%

(注)　四半期計数に対する標準誤差率。設備投資はソフトウェア投資を含む。全産業及び非製造業は
　　　金融業・保険業を含まない。中小企業は，資本金 1 千万以上 1 億円未満の企業。
(出所)　財務省「法人企業統計調査（四半期調査）」，法人企業統計研究会提出資料

らは，全規模・全産業，同・製造業，同・非製造業における売上高，営業利益，経常利益，設備投資について季節調整済系列が提供されており，前期比の動きを把握することが可能である。ただし，細かい業種別や資本金規模別に関する季節調整済系列は提供されてないことから，詳細な分析では原系列の前年同期比を用いる必要がある。「法人企業統計調査」の分析では，季節調整済系列の前期比と原系列の前年同期比を併用することになる。

②　大企業／中堅企業／中小企業×製造業／非製造業の 6 区分で分析

　収益動向の分析では，全産業・全規模に加えて，資本金規模別，業種別にどの程度細分化するかは大きなイシューとなる。「法人企業統計調査」のデータは，資本金規模で 5 つ，業種別で 45 業種に区分されていることから，最大限 5 × 45 ＝ 225 に細分化できる。もっとも，精度の面からは，ここまで細分化して分析することは現実的でない。「法人企業統計調査」は標本の大きさ 2.7 万社，回収された標本の大きさ 1.9 万社にとどまることから，経常利益の標本誤差（標準誤差率）はかなり大きく，比較的大括りの区分である中小企業・全産業でも約 10％に達する（**表6.3**）。資本金規模別，業種別に詳細に分けて分析すると，計数が大きな標本誤差に埋もれてしまい，整合的な結果を得るのが困難となってしまう。

　こうした精度面の制約を考慮すると，資本金規模別では資本金 10 億円以上の大企業，1〜10 億円の中堅企業，1 千万〜1 億円の中小企業の 3 つの区分，業種別では製造業と非製造業の 2 つの区分，合計 3 × 2 ＝ 6 つの区分での分析を一つの目安とすることが望ましい。業種別に，より細分化して分析を行う場合には，標本誤差の影響を小さくするため，①資本金規模別には区分せずに全規模の計数を用いる，あるいは，②全数調査であり，誤差の小さい資本金 10 億円以上の大

企業に限定して分析するのが適切である。

③　二重計上を回避するため，純粋持株会社の経常利益を控除して利用

　純粋持株会社の売上高には傘下企業の利潤から分配された配当金が計上され，そのまま経常利益となっている場合が多く，全産業では純粋持株会社の経常利益が傘下企業の経常利益とダブルカウントされることになる。近年，大企業を中心に純粋持株会社の設立が相次いでいることから，ダブルカウントによる経常利益の嵩上げの影響は，次第に拡大している。このため，経常利益の分析では，全産業（ならびに非製造業）の経常利益から「純粋持株会社の経常利益」を除いたベースの値を用いるのが適切である。

④　標本入れ替えによる段差への対応：継続標本系列の活用

　「法人企業統計調査」では，全数調査を行う大企業を除いて，毎年4〜6月期に標本の半数が入れ替えとなる。標本入れ替えによって計数に段差が生じ，前年同期比に振れを生じることから，中小企業を中心に経常利益の基調判断が難しくなる。景気判断にとって，企業収益の動向を把握することは重要であることから，標本入れ替えに伴う段差は無視できない問題となる。

　この点に対応するため，財務省では，当期と前年同期の両方で調査票を回収している「継続標本のみを用いた計数による前年同期比増加率」を公表している。入れ替え前後で継続して調査を行っている継続標本系列は，入れ替えによる段差による振れを回避できるメリットがある。その一方で，継続標本系列の標本の大きさは本系列の半数にとどまり標本誤差を拡大させる要因となることから，「法人企業統計調査」の継続標本系列は原系列を代替できるほど振れが小さくはなっていない。こうした限界に留意しつつ，原系列と継続標本系列の2系列の動きを比較することで，中小企業の経常利益の動向がどの程度確からしいかを判断する際の補強材料として活用することができる。

●法人企業統計調査：経常利益の動きの特徴

　「法人企業統計調査」による全規模・全産業（金融業・保険業・純粋持株会社を除いたベース）の経常利益の推移をみると，景気拡大局面に大きく増加し，景気後退局面で大きく減少するなど，景気循環と軌を一としている（**図6.3**）。また，経常利益の変動幅は，製造業の生産の変動幅を大きく上回っている。企業の経常利益の変動は景気循環に対して極めて敏感である。

6　企業に関する統計（1）：生産と収益　　*139*

図 6.3　企業の経常利益の動き

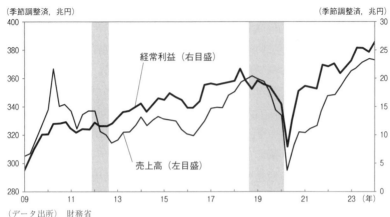

（データ出所）　財務省
（注1）　法人季報ベース。金融業，保険業を除く。
（注2）　2009／2Q 以降は，純粋持株会社を除く。
（注3）　灰色部分は，景気後退局面。
（出所）　日本銀行「経済・物価情勢の展望（2024 年 7 月）」

6.3　企業マインドに関する統計：短観

●企業マインドを把握することがなぜ重要なのか

　企業収益の変化は，企業の決算（四半期決算）を通じて判明する。決算作成には一定の時間を要することから，企業収益の変化を統計で把握するまでには一定のタイムラグが生じる。一方，企業の収益環境の変化は，決算集計を待つことなく，企業内部では早い段階で認識されている。そうしたリアルタイムの収益動向は，企業の景況感・マインドに反映されることになると考えられる。そのため，設備投資や賃金・雇用など企業の支出行動の予測には，各種の企業アンケート調査から得られる企業のマインド（景況感）の変化に着目することが有益である。企業アンケート調査としては様々な統計調査が存在するが，そのうち，**日本銀行が作成している「全国企業短期経済観測調査（短観）」**が，景気分析を行うユーザーに最も幅広く利用されている。

●全国企業短期経済観測調査（短観）：統計の概要

　　調査対象　　「短観」は資本金 2 千万円以上の民間企業を対象としている（表 6.4 ①）。資本金 1 千万円以上の企業をカバーする「法人企業統計調査」（母

表 6.4　全国企業短期経済観測調査（短観）の概要

① 統計の概要

項　目	内　容
統計作成者	日本銀行
統計の種類	調査統計：標本調査
調査対象	資本金 2 千万円以上の民間企業（本体調査「全国短観」は，金融機関，経営コンサルタント業，純粋持株会社を除く） 「短観」を補完する調査として，併せて「金融機関調査」「持株会社等に関する調査」「海外での事業活動に関する調査」を実施
母集団法人数	約 23 万社
標本法人数	約 9,100 社
調査票回収率	99.2%（2024 年 9 月調査）
調査項目	➤　判断項目：企業の経営環境に対する見方 ➤　年度計画：売上高，経常利益，設備投資の年度計画 ➤　物価見通し：企業が持つ物価に関する見通し ➤　新卒者採用状況
調査周期	四半期ごと（3 月，6 月，9 月，11 月央〜12 月央）
公表時期	4 月初，7 月初，10 月初，12 月中旬

② 調査項目の詳細（4 区分・26 項目）

項　目	個別の調査項目
判断項目 （13 項目）	業況，国内での製商品・サービス需給，海外での製商品需給 製商品在庫水準，製商品の流通在庫水準，生産・営業用設備 雇用人員，資金繰り，金融機関の貸出態度，CP の発行環境 借入金利水準，販売価格，仕入価格
年度計画 （10 項目）	売上高，輸出，経常利益，当期純利益 為替レート（円／ドル），為替レート（円／ユーロ） 設備投資額（土地投資を含み，ソフトウェア・研究開発除く）土地投資額，ソフトウェア投資額，研究開発投資額
物価見通し	販売価格，物価全般（各々，先行き 1 年後，3 年後，5 年後）
新卒者採用状況	新卒採用者数（6 月，12 月調査のみ）

集団企業数：約 90 万社）と比べ，「短観」の中小企業のカバレッジ（同：約 23
万社）は狭くなっている。「短観」は，企業数が多い資本金 1 千万円近傍の中小
企業を除外し，相対的に規模が大きい少数の中小企業に限定された統計である。
「短観」では，対象企業数を絞り込むことで，統計の速報性や調査票の高い回収
率の確保を重視しているためである。

　また，「短観」の本体調査「全国短観」では，金融機関や純粋持株会社は除外
されている。このため，純粋持株会社による経常利益のダブルカウントは生じて
いない。景気との関連性が弱い業種である学術・開発研究機関，医療業が対象か
ら除外されるなど，景気変動の把握に注力する設計となっている。

6　企業に関する統計（1）：生産と収益　　*141*

調査項目 調査項目は，企業の経営環境に関する見方（マインド）を調査する「**判断項目**」，売上高，経常利益，設備投資等の事業計画を調査する「**年度計画**」，企業の先行きの物価の見方を調査する「**物価見通し**」，「**新卒者採用状況**」の４種類・26項目から構成されている（表6.4②）。

「判断項目」では，貴社の「業況」「製商品・サービス需給」「生産・営業用設備」「雇用人員」「販売・仕入価格」「資金繰り」「金融機関の貸出態度」などの13項目が調査される。企業の景況感（マインド）に対する設問であり，景気循環との相関が高い「業況」への注目度が特に高い。

具体的には，「判断項目」に対する企業の見方に最も近い回答を３つの選択肢から１つ選んで企業に回答してもらい，その集計結果から判断項目のDI（ディフィージョン・インデックス）を算出し，公表している。例えば，「業況」では，以下のように業況判断DIを作成する。

① 「業況」：回答企業の収益を中心とした，業況についての全般的な判断

　　　「1. 良い」　「2. さほど良くない」　「3. 悪い」

の３つの選択肢から，企業は一つを選択する。なお，「最近」（回答時点の業況）と「先行き」（３か月後の業況）の２時点について「業況」を回答する。

② 業況判断DI（ディフィージョン・インデックス）の算出方法

> DI（％ポイント）＝（「1. 良い」の回答社数構成比〈％〉）
> 　　　　　　　　－（「3. 悪い」の回答社数構成比〈％〉）

（例）対象企業数：100社
回　答：「1. 良い」：25社「2. さほど良くない」：65社「3. 悪い」：10社
構成比：「1. 良い」：25％「2. さほど良くない」：65％「3. 悪い」：10％
　　業況判断DI＝25％－10％＝15％ポイント

となる。

なお，設備投資などの「年度計画」の調査内容については，設備投資に関する統計を取り上げる第7章で説明する。

統計の表章区分 業種では31業種別，資本金では３つの規模別（中小企業：資本金２千万円以上～１億円未満，中堅企業：１億円以上～10億円未満，大企業：10億円以上）で計数を提供しており，業種・規模別に詳細に分析する

ことができる。

統計の公表時期 「短観」は，3月，6月，9月，11〜12月の年4回調査が行われる。調査結果は，各々4月初（月初第1営業日），7月初（同），10月初（同），12月中旬（13〜16日）に公表される。例えば，2024年9月調査では，8月27日から9月30日の約1か月間が企業の回答日である（実際の回答は期限である回収基準日〈9月11日〉前後に集中している）。調査結果は，10月1日に公表されている。このように「短観」は，企業の調査票提出から統計公表までのタイムラグが短いことが特徴であり，統計の速報性が高くなっている。

標本抽出方法 総務省「事業所母集団データベース」に収録された資本金2千万円以上の民間企業（金融機関，純粋持株会社等を除く，約23万社）を母集団としている。業種別，資本金階層別，売上高別に層化して調査対象企業を抽出している（層化抽出法：382層に層化）。調査対象企業数は約9,100社である。

「短観」では，母集団の変化に対応した調査対象企業の見直しを2〜4年ごと（直近は2024年3月）に実施している。見直しでは，既存の調査対象企業については調査の協力が得られる場合は概ね調査を継続し，業種・資本金階層別で必要となる標本の大きさと比べ不足している分を母集団から抽出して新規の調査対象企業として追加している。「短観」は，調査対象企業を全面的に入れ替える措置は行わず，継続標本を主体とする統計調査である。「短観」では標本入れ替えによる段差・振れが生じにくい一方で，統計調査に協力的な業歴の長い老舗企業が多くなりやすいなど標本に偏りが生じる可能性がある。

調査票回収率 「短観」は調査項目数が少なく報告者負担が小さいこと，回収率が低くなりやすい資本金が少ない小規模の中小企業を除外していること，継続標本が主体の調査であり，標本に占める調査に協力的な企業のシェアが高まりやすいこと，などの理由から，調査票回収率は極めて高い。ほぼ全ての調査で回収率は99％以上となっており，調査票の未回収に伴う振れはほとんど生じない。

●全国企業短期経済観測調査（短観）：統計の利用方法

公表資料・データ 「短観」の公表時に日本銀行HPに「概要」が掲載される。「概要」の1ページに業種別・規模別の業況判断DIが掲載されており，企業の景況感（マインド）を一覧で把握することができる。2ページに製商品・サービス需給，在庫，価格，の各DIが掲載されている。3〜4ページに「年度計

6 企業に関する統計（1）：生産と収益 **143**

画」のうち売上高，経常利益，当期純利益が，５ページに「年度計画」の設備投資と生産・営業用設備判断 DI が，６ページに雇用人員判断と企業金融関連の DI，７ページに「企業の物価見通し」が掲載されている。このように「概要」をみれば，「短観」が得られる主要な情報を入手することができる。

　なお，業種別・資本金規模別の業況判断 DI 以外の各 DI と「年度計画」の各計数は，公表翌日に公表される「調査全容」から入手できる。時系列データは，**「時系列統計データ検索サイト」**からダウンロード可能である。

■ 統計の見方 ■

① 業況判断 DI は，大企業／中小企業×製造業／非製造業の４区分で分析

　「概要」の１ページでは，業況判断 DI（最近，先行きの２つ）について，業種別（31 業種，製造業，非製造業）×資本金規模別（大企業，中堅企業，中小企業の３区分）のクロス結果が掲載されている。さらに資本金規模の合計値である全規模について，製造業，非製造業，全産業の業況判断 DI が掲載されている。業況判断 DI は，各業種・各資本金規模別に選択肢の回答社数構成比を計算し，DI を算出する。製造業，非製造業，全規模の集計値は，集計区分ごとに選択肢の回答社数の単純合計値の構成比から DI を計算している。このように業況判断 DI は，企業規模に応じた加重平均ではなく，企業の重みづけがない「１社１票」の集計値であることに注意して利用する。

　分析では，業況判断 DI のうち，現時点での企業のマインド（景況感）を示す業況判断 DI（最近）に注目が集まりやすい。まず，大企業・製造業，大企業・非製造業，中小企業・製造業，中小企業・非製造業，全規模・全産業の５系列について，今回調査の業況判断 DI の水準と前回調査からの変化幅を把握する。これにより，現在の企業の景況感と３か月前の前回調査からの変化を捉える。

② 業況判断 DI：31 業種別×資本金規模別の分析も可能

　次に，大企業，中小企業の２つの資本金規模について，各業種（31 業種）の業況判断 DI の水準と前回調査からの変化幅を観察し，各業種の景況感の変化を把握する。「短観」はほとんどが継続標本の調査であり，標本の入れ替えによる段差（振れ）がほとんどないことから，業種別・資本金規模別に業況判断 DI に示される企業の景況感と３か月間の変化を捉えることが可能である。企業の景況感についてきめ細かな分析を行うことができることが「短観」の大きなメリットである。

144

● 短観：業況判断 DI（最近）の動きの特徴

「短観」の業況判断 DI は，景気拡張局面（白地部分）で上昇し，景気後退局面（灰色部分）で下落しており，景気循環に概ね対応している（図6.4）。より細かくみると，業況判断 DI と景気循環のボトム（谷：灰色部分の終了時点）は，よく一致している。すなわち，業況判断 DI が下落から上昇に転じると，景気が底を打って景気後退局面から景気拡張局面に入っている。一方，業況判断 DI と景気循環のピーク（山：白地部分の終了時点）は完全には一致していない。業況判断 DI が上昇から下落に転じてから，一定のタイムラグを伴って景気のピークが到来していることが多い。

なお，資本金規模別では，大企業の業況判断 DI が中小企業の業況判断 DI よりも水準が高くなっている。ただし，DI の変化方向の特徴は，大企業も中小企業も同一である。また，製造業と非製造業を比較すると，製造業の方がより大幅に変動する傾向がある。

こうした業況判断 DI の動きは，企業の収益（経常利益）の動きとほぼ一致している。企業の景況感（マインド）を示す業況判断 DI は，企業収益の代理変数

図 6.4 「短観」業況判断 DI（全規模・全産業，製造業，非製造業）の推移

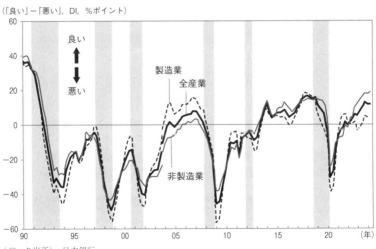

（データ出所）　日本銀行
（注1）　短観の業況判断 DI（全規模ベース）。2003／12月調査には，調査の枠組み見直しによる不連続が生じている。
（注2）　灰色部分は，景気後退局面。
（出所）　日本銀行「経済・物価情勢の展望（2024年7月）」

とみなすことができる。企業における決算集計や業績見通し変更の作業には一定の時間を要することから，「法人企業統計調査」で把握する経常利益の実績や「短観」の「年度計画」で把握する経常利益の先行き見通しと比べて，業況判断DIが先行して変化しやすい性質がある。このように，業況判断DIは景気循環を迅速に把握できる速報性の高い統計であることから，景気分析を行う多くのユーザーは，業況判断DIを重視している。

●短観：業況判断DI（先行き）の特徴：先行き予測が持つ「くせ」

業況判断DIのうち，もう一つの調査項目である業況判断DI（先行き）は，企業自身による3か月後の景況感の予測を示したものである。業況判断DI（先行き）は先行きの予測に役立つ情報を有するが，「鉱工業指数」の生産予測指数と同様に，「くせ」が存在することから，注意して利用する。

業況判断DIの予測誤差（前回調査の業況判断DI〈先行き〉と今回調査の業況判断DI〈最近〉とのかい離）には，以下の特徴がある（**表6.5**）。大企業では，製造業・非製造業とも景気拡張局面・景気後退局面双方を含む期間全体のかい離の平均はほぼゼロであり，先行きの予測誤差には偏りはみられない。もっとも，景気拡張局面と景気後退局面に分けると違いがみられる。景気拡張局面ではかい離の平均はマイナスと，先行き予測は最近（実績）を下回り，先行き予測は慎重になる傾向がみてとれる。一方，景気後退局面ではかい離の平均はプラスと先行き予測は最近（実績）を上回り，先行き予測は楽観的となる傾向がある。

一方，中小企業では，製造業と非製造業で傾向が異なっている。製造業では，大企業と同様に景気拡張局面ではかい離の平均がマイナスと先行きを慎重にみるが，景気後退局面ではかい離の平均がプラスと先行きを楽観的にみる傾向がある。ただし，景気後退局面でのかい離の平均のプラス幅は小さく，楽観の度合いは大

表6.5　業況判断DIの予測誤差：前回調査の業況判断DI（先行き）と
今回調査の業況判断DI（最近）とのかい離の平均（％ポイント）

規模別	大企業			中小企業		
局面別	全期間	景気拡張	景気後退	全期間	景気拡張	景気後退
製造業	▲0.3	▲3.0	+6.0	▲2.0	▲3.3	+1.2
非製造業	▲0.1	▲1.5	+4.0	▲3.3	▲4.0	▲1.3

（注）　調査開始時点から2019年9月調査までの平均値。
（出所）　日本銀行「全国企業短期経済観測調査（短観）」を参考に筆者作成

企業よりも弱めである。一方，非製造業では，景気拡張局面，景気後退局面いずれもかい離の平均がマイナスであり，先行きを一貫して慎重にみる傾向がある。こうした中小企業・非製造業における慎重バイアスは，業種別では建設で顕著である。建設は，公共工事の受注増加などで景況感が改善しても，その改善を一時的なものと捉え，先行きは悪化すると予測する「くせ」がある（「短観」のくせについては，片岡（2010）を参照）。

●他の判断項目 DI の利用方法

「短観」では「業況」以外に 12 の判断項目の調査を行っており，業況判断 DI では捕捉できない有益な情報を提供している。物価変動との関係では**販売価格判断 DI** と**仕入価格判断 DI** が，需給ギャップとの関係では**生産・営業用設備判断 DI** と**雇用人員判断 DI** が，企業金融との関係では**資金繰り判断 DI** と**金融機関の貸出態度判断 DI** が，各々注目されている。

➤ 販売価格判断 DI，仕入価格判断 DI　⇒　物価の上昇・下落の判断
➤ 生産・営業用設備判断 DI　⇒　企業の設備の過不足の判断
➤ 雇用人員判断 DI　⇒　企業の雇用人員の過不足の判断
➤ 資金繰り判断 DI，金融機関の貸出態度判断 DI　⇒　企業金融の情勢判断

●短観：振れが小さく有益な統計だが，継続標本による偏り（バイアス）に注意

「短観」は，業況判断 DI による企業の景況感の把握ならびに，第 7 章で取り上げる「年度計画」による設備投資の先行き予測に有用である。「短観」は，他の多くの統計とは異なり，継続標本で構成され，標本の入れ替えによる段差・振れが小さいことから，景気分析を行う幅広いユーザーからは信頼性の高い統計と評価されている。

もっとも，「短観」の調査対象企業が継続標本で構成され，最新の母集団名簿の変化を十分に反映しておらず，統計調査に協力的な業歴の長い比較的経営状況が優良な中小企業（老舗企業）が多くを占める傾向がある点には注意を要する。対象が資本金 2 千万円以上の企業に限定されており，小規模の中小企業を含んでいない点とも併せ，「短観」が日本の中小企業の実像を必ずしも適切に反映していない可能性がある。例えば，1990 年代末の金融危機では，金融機関の貸し渋りへの不安が高まっていた中小企業の実感ほどには，「短観」の中小企業の資金

繰り判断 DI や金融機関の貸出態度判断 DI が，悪化しなかったとの指摘もみられる。

「短観」は振れが小さく景気判断において有用な統計ではあるが，継続標本などに起因する偏り（バイアス）が局面によっては表面化する可能性があることを念頭に置きながら利用することが望ましい。

コラム　鉱工業指数の品質バイアスと速報性とのトレードオフ

1. 鉱工業指数の品質バイアスと速報性・安定性とのトレードオフ

6.1 節で述べたように「鉱工業指数」は，多くの品目で重量や台数などの数量データから指数を作成しており，製品の品質向上（高付加価値化）が反映されていない。このため，品質向上分が適切に反映された真の指数に比べると，下方にバイアスしている可能性がある。

一方で重量や台数などの計測単位には以下の 2 つのメリットがある。第 1 に，生産・出荷金額よりも早期に確定するため，企業の迅速な回答が可能である。日本の製造業とユーザーとの長期継続取引では，定期的に行われる製品の価格交渉に時間を要するため，生産・出荷時点では価格が決まっておらず，取引後に決定した価格が遡って適用される場合が少なくない。この場合，生産・出荷時点では重量や台数などの生産・出荷の数量データは確定するが，金額データは確定していない。「鉱工業指数」の速報性への高いニーズを考慮すると，重量や台数を用いて指数を作成するのが次善である。

第 2 に，重量や台数などの数量は生産・出荷金額を物価指数で割り込んで算出する実質値と比べて振れが小さい点である。日本の製造業は，製品の少量・多品種化やオーダーメード化の進展とともに，ユーザーへの価格差別が顕著となっている。物価指数の価格調査の難易度は高まり，企業の生産者物価である日本銀行「企業物価指数」に短期的なノイズ（振れ）が生じやすくなっている。このため，製品の品質向上を反映させるために生産・出荷金額を物価指数で割り込んで指数を作成すると，「鉱工業指数」に物価指数の振れに起因する振れが生じ，生産変動を把握するうえでノイズとなりうる。振れが小さい重量・台数から作成する現行指数の方が景気判断に好都合である。

以上の 2 点を踏まえ，「鉱工業指数」においては，景気判断に不可欠である指数の速報性や安定性を重視し，重量や台数から生じる品質向上分の下方バイアスを許容しているものと解される。

2. 鉱工業指数の品質バイアスの大きさはどの程度か

それでは，「鉱工業指数」に製品の品質向上分が反映されていないことによる下方

図 6.5 「鉱工業指数」生産指数（製造業）と生産側 GDP 実質産出額（製造業）

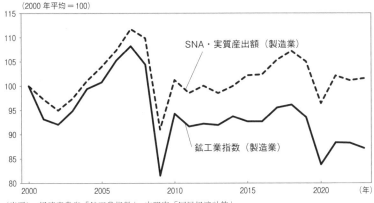

（出所）　経済産業省「鉱工業指数」，内閣府「国民経済計算」

バイアスは，どの程度の大きさかをみてみよう。

　「国民経済計算」生産側 GDP における製造業の実質産出額と比較してみる（図 6.5）。生産側 GDP の実質産出額は，製造業の生産金額（出荷金額）を「企業物価指数」などの物価指数で割り込んで計算したものであり，製品の品質向上分を反映している。2000 年平均＝100 とした年次データをみると，2023 年では「鉱工業指数」の生産指数が 87.2 と減少しているのに対し，生産側 GDP の実質産出額は 101.6 と横ばいを維持している。製品の品質向上を反映する生産側 GDP の実質産出額は「鉱工業指数」の製造業・生産指数よりも大きな値となっている。両者のかい離は，2023 年には 14.4 ポイント（年率で 0.6％ポイント）に達している。品質向上を反映しない「鉱工業指数」の生産指数の下方バイアスは年 0.6％程度と推測される。

　下方バイアスが年 0.6％程度であれば，変動の大きい生産の基調判断に与える影響は小さく，速報性や安定性の面で優れている「鉱工業指数」の利便性は高い。もっとも，製造業の長期の生産動向を把握する場合は，品質向上分が反映しない「鉱工業指数」は製造業の活動水準を過小に捉える可能性が高いことから，「鉱工業指数」ではなく「国民経済計算」生産側 GDP の実質産出額を用いるのが適切である。このように「鉱工業指数」と「国民経済計算」生産側 GDP の実質産出額を目的に応じて使い分けることが望ましい。

⑥　企業に関する統計（1）：生産と収益

◆ 練習問題

問 6.1　生産の統計について①～③に適切な語句を埋めよ。

　企業活動のうち，生産については，（　①　）をみるのが基本である。（　①　）は，製造業の生産を捕捉する統計であり，速報性が高い。景気の動きに敏感であるため，景気判断の中核を占める重要な統計である。生産の動きを把握するには，生産の動きとの相関が高い（　②　）の動きを捕捉することが重要である。このほか，経済産業省は，先行き 2 か月間の生産を予測する（　③　）を調査・公表している。（　③　）は，先行きの生産を過大に予測する「くせ」を持っているが，それを補正しつつ利用すれば，翌月の生産予測に有益である。

問 6.2　経済産業省が作成する「鉱工業指数」では，多くの品目で重量や台数などの数量データで指数を作成している。①このような作成方法のメリットとデメリットは何か，②デメリットが存在するにもかかわらず，「鉱工業指数」が現行の作成方法を採用する理由は何か，③「鉱工業指数」のデメリットを補完するためには，別のどの統計をみるのが有益か，の 3 点について説明せよ。

問 6.3　企業の収益動向を把握するには，財務省が作成する「法人企業統計調査」を利用する。しかしながら，「法人企業統計調査」は標本誤差も非標本誤差も大きく，計数の振れが大きい統計であり，その利用は簡単ではない。「法人企業統計調査」を利用して企業の経常利益の動向を把握するためにはどのように統計を利用すべきか，説明せよ。

問 6.4　景気判断においては，日本銀行が作成する「短観」で公表される企業の業況感に対する質問の回答である「業況判断 DI」に対する注目度が高くなっている。その理由について，①景気の局面（ピーク・ボトム）判断，②企業収益の捕捉，の 2 つの観点から述べよ。

第7章
企業に関する統計（2）：設備投資

- ■7.1 設備投資の特徴とその把握方法
- ■7.2 設備投資の計画を把握する統計：短観
- ■7.3 設備投資の先行指標：機械受注と建築着工
- ■7.4 設備投資の一致指標：資本財総供給と建設工事出来高
- コラム　建設総合統計：建設工事出来高（民間）のどの系列を利用
  　　　　すべきか

　第7章では，企業活動に関する統計のうち，設備投資に関する統計を取り上げる。最初に7.1節では設備投資の特徴とその把握方法について概観する。

　そのうえで，7.2節では「短観」を用いて直近年度の「設備投資計画」を把握することで，企業の設備投資スタンスを把握する。

　7.3節では，設備投資の先行指標である「機械受注」と「建築着工」を取り上げる。企業の設備投資は，着手（発注，着工）から設備投資の実行まで一定のタイムラグがあるため，設備投資の先行指標を利用することで，先行き3か月から6か月程度先の設備投資を把握することが可能である。

　7.4節では，設備投資の一致指標である「資本財総供給」と「建設工事出来高」を取り上げる。設備投資の一致指標をみることで，企業の設備投資が実際に実行されているかどうかを確認することができる。

7.1　設備投資の特徴とその把握方法

●設備投資がGDPに占めるシェア

　民間設備投資（GDPでは「民間企業設備」と呼称される）は，2023年で102兆円となっており，名目GDP（593兆円）の17％を占める（**表7.1**）。民間最終消費支出，政府最終消費支出に次いで金額が大きい需要項目である。

　民間設備投資の増減率の変動が大きいことから，その増減率の変化が実質成長

151

表7.1 GDP（支出側）の需要項目別実額・構成比と実質成長率と寄与度

需要項目	名目 GDP 2023 年		実質成長率 1995 年〜2023 年平均		
	実　額 （兆円）	構成比 （%）	成長率 （%）	寄与度 （%）	寄与度の標準 偏差（%）
民間最終消費支出	322.3	54.4	0.6	0.3	0.8
うち家計最終消費支出	314.3	53.0	0.6	0.3	0.8
民間住宅	22.0	3.7	▲1.6	▲0.1	0.3
民間企業設備	101.6	17.1	1.2	0.2	0.7
民間在庫変動	2.4	0.4	—	0.0	0.5
政府最終消費支出	122.9	20.7	1.8	0.3	0.2
公的固定資本形成	30.5	5.1	▲1.8	▲0.1	0.3
公的在庫変動	▲0.0	▲0.0	—	▲0.0	0.0
純輸出（輸出－輸入）	▲8.9	▲1.5	—	0.0	0.7
うち輸出	129.0	21.8	4.1	0.5	1.2
うち輸入	137.9	23.3	3.1	▲0.3	0.8
国内総生産	592.8	100.0	0.8	0.8	2.0

（出所）　内閣府「国民経済計算」（四半期別 GDP 速報），2024 年 9 月末時点

率の変化に与える寄与も大きい。民間設備投資の実質成長率への寄与度の標準偏差（1995〜2023 年）をみると 0.7％ポイントと，民間消費（家計消費）に次いで大きくなっている（**表7.1**）。民間設備投資の変動を把握することは，景気を分析するうえでかなり重要である。

●形態別にみた設備投資

　民間設備投資を，投資の形態別（2022 年）にみると，機械投資（機械・設備）が 45％と半分近くを占め，次いで建設投資（住宅以外の建物，土木構築物）が 26％となっており，機械投資と建設投資で 7 割程度を占める（**表7.2**）。設備投資動向の把握には，機械投資と建設投資を捕捉することが重要である。このほか，こうした従来型の投資に加えて，知的財産生産物への投資である研究開発投資が 19％，ソフトウェア投資が 10％を占めている。

●設備投資を把握する統計とその利用方法

　設備投資の動向は，以下の 3 つの段階における統計を用いて把握する（**図7.1**）。

表 7.2　形態別の民間設備投資（2022 年）

	機械・設備	住宅以外の建物・構築物	研究開発	ソフトウェア	その他とも計
実　額	42 兆円	24 兆円	18 兆円	10 兆円	95 兆円
構成比	45%	26%	19%	10%	100%

（出所）　内閣府「国民経済計算」（年次推計フロー編・固定資本マトリックス），2024 年 9 月末時点

図 7.1　民間設備投資の把握方法

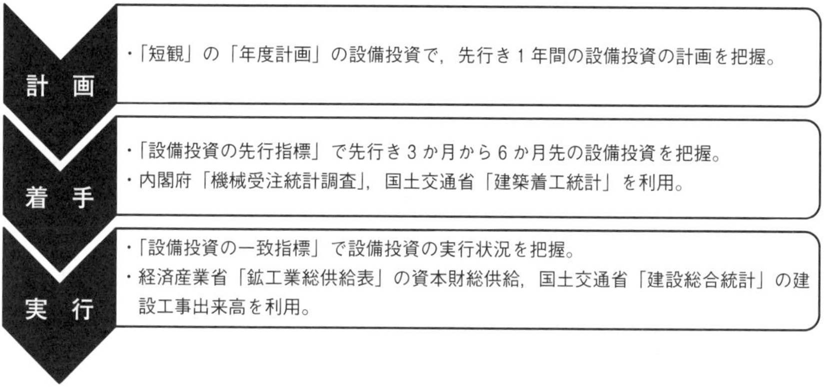

計画
・「短観」の「年度計画」の設備投資で，先行き 1 年間の設備投資の計画を把握。

着手
・「設備投資の先行指標」で先行き 3 か月から 6 か月先の設備投資を把握。
・内閣府「機械受注統計調査」，国土交通省「建築着工統計」を利用。

実行
・「設備投資の一致指標」で設備投資の実行状況を把握。
・経済産業省「鉱工業総供給表」の資本財総供給，国土交通省「建設総合統計」の建設工事出来高を利用。

① 　先行きの設備投資のスタンスは「短観」の設備投資計画で把握

　企業収益の増加（減少）や企業マインドの改善（悪化）は，企業の先行きの設備投資スタンスを変化させる。**日本銀行「短観」**が調査する企業の設備投資の計画によって，企業の設備投資スタンスを把握することができる。ただし，短観が調査するのは当該年度分のみであり，先行きの射程は短い。

② 　「設備投資の先行指標」で，近い将来の設備投資の見通しを把握

　企業の設備投資は，多くがオーダーメード（受注生産）であるため，機械・設備を発注ないしは建物を着工してから，機械・設備が設置される，あるいは建物が完成するまでには，一定の時間を要する。機械の発注状況を把握する**内閣府「機械受注統計調査」**や建物着工状況を把握する**国土交通省「建築着工統計」**（これらを「設備投資の先行指標」と呼ぶ）をみることで，先行き 3 か月から 6 か月程度先の設備投資の動きを予測することができる。

③ 　「設備投資の一致指標」で，現在実行されている設備投資の動向を把握

　企業の設備投資が実際に実行されているかどうかについては，機械・設備の出

7 　企業に関する統計（2）：設備投資　　*153*

荷状況を示す経済産業省「鉱工業総供給表」の資本財総供給や，建設投資の進捗状況を示す国土交通省「建設総合統計」の民間・建設工事出来高（これらを「設備投資の一致指標」と呼ぶ）で把握することができる。最終的には，民間設備投資の動向を，四半期別GDP速報（QE）で確認する。

7.2　設備投資の「計画」を把握する統計：短観

●全国企業短期経済観測調査（短観）：統計の概要

調査対象　企業の先行きの設備投資の計画は，日本銀行が調査する「短観」から把握することができる。「短観」は，資本金2千万円以上の民間企業を対象としており，中小企業の対象は相対的に規模が大きい中小企業に限定されている。また，「短観」の本体調査「全国短観」には，金融機関や純粋持株会社は含まれていない。補完する調査として，金融機関や純粋持株会社を対象とする「金融機関調査」「持株会社等に関する調査」が別途実施されている。

設備投資計画：調査項目　調査項目は，企業のマインドを調査する「判断項目」，売上高，経常利益，設備投資等の事業計画を調査する「年度計画」，「物価見通し」，「新卒者採用状況」の4種類・26項目から構成される（**表7.3①**）。そのうち「年度計画」では，企業の設備投資計画を，設備投資額（土地投資を含み，ソフトウェア・研究開発を除く），土地投資額，ソフトウェア投資額，研究開発投資額の4項目に分けて調査している。設備投資計画は，「全国短観」のほか，「金融機関調査」「持株会社等に関する調査」でも調査しているほか，「海外での事業活動に関する調査」では日本企業の海外での設備投資計画を調査している。なお，「年度計画」の計数は，復元乗率（乗率，抽出ウエイト）を乗じて算出される「母集団推定値」が公表されている。

設備投資計画：調査の時期　「短観」では，当該年度（例えば，2024年6月調査であれば2024年度）の**「設備投資計画」**（年度の合計値）を調査する。当該年度の設備投資計画は，当該年の3月調査から翌年の6月調査まで6回に亘って調査される。例えば，2024年度の設備投資計画は，2024年3月調査で初めて調査され，2025年6月調査まで継続して調査が行われる（**表7.3②**）。そのうち，最初の4回の調査が計画額を，5回目の2025年3月調査が実績見込額を，最後の2025年6月調査が実績額を，各々調査する。「短観」では，概ね先行き1年間の「設備投資計画」を把握することが可能である。

154

表 7.3　全国企業短期経済観測調査（短観）の概要：年度計画（設備投資）関連

① 調査項目の詳細（4 区分・26 項目）

項　目	個別の調査項目
判断項目 （13 項目）	業況，国内での製商品・サービス需給，海外での製商品需給 製商品在庫水準，製商品の流通在庫水準，生産・営業用設備 雇用人員，資金繰り，金融機関の貸出態度，CP の発行環境 借入金利水準，販売価格，仕入価格
年度計画 （10 項目）	売上高，輸出，経常利益，当期純利益 為替レート（円／ドル），為替レート（円／ユーロ） 設備投資額（土地投資を含み，ソフトウェア・研究開発除く）土地投資額， ソフトウェア投資額，研究開発投資額
物価見通し	販売価格，物価全般（各々，先行き 1 年間，3 年間，5 年間）
新卒者採用状況	新卒採用者数（6 月，12 月調査のみ）

② 「年度計画」設備投資計画の調査時期

調査回	2023 年度計画	2024 年度計画	2025 年度計画
2024 年 3 月調査	5 回目（実績見込）	初回調査	—
2024 年 6 月調査	6 回目（実績）	2 回目	—
2024 年 9 月調査	—	3 回目	—
2024 年 12 月調査	—	4 回目	—
2025 年 3 月調査	—	5 回目（実績見込）	初回調査
2025 年 6 月調査	—	6 回目（実績）	2 回目

統計の表章区分　　業種区分で 31 業種別，資本金区分で 3 つの規模別（中小企業：資本金 2 千万円以上〜1 億円未満，中堅企業：1 億円以上〜10 億円未満，大企業：10 億円以上）で計数を提供しており，詳細な業種・規模に分けて分析ができる。

●全国企業短期経済観測調査（短観）：統計の利用方法

公表資料・データ　　「短観」の公表時に日本銀行 HP に「概要」が公表される。5 ページに「年度計画」の設備投資額と生産・営業用設備判断 DI が掲載されている。

　なお，業種別・資本金規模別の詳細な設備投資計画は，翌日に公表される「調査全容」から入手できる。また，時系列データは「時系列統計データ検索サイト」からダウンロード可能である。

統計の見方

① 設備投資計画は，全規模合計，大企業／中小企業別に着目する

　「概要」の 5 ページでは，当該年度の設備投資計画について，業種別（製造業，

7　企業に関する統計（2）：設備投資　　*155*

非製造業，全産業の３区分）×資本金規模別（大企業：資本金10億円以上，中堅企業：１億円以上～10億円未満，中小企業：２千万円以上～１億円未満，全規模合計の４区分）の前年度比（前年度からの増減率）と前回調査からの修正率が掲載されている。設備投資計画の全体像を把握できる。

上記データのうち，全規模合計・全産業の設備投資計画が最も重要視されている。さらに，資本金規模別では大企業，中小企業の２区分，業種別では製造業，非製造業の２区分別に設備投資の動向を分析することが多い。また，経済全体での設備投資動向を把握するため，全規模合計・全産業の設備投資額に，「金融機関調査」の設備投資額，「持株会社等に関する調査」の設備投資額，各々を加算した「全産業（含む金融機関）」や「全産業（含む金融，持株等）」の設備投資額にも注目が集まっている。

② 継続標本調査：計数の振れは小さいが偏り（バイアス）に注意する

「設備投資計画」は，31の業種別・３つの資本金規模別の計数が提供されている。「短観」はほとんどが継続標本の調査であるが，設備投資の企業ごとのばらつきはかなり大きく，かつ前年度の設備投資と当年度の設備投資の相関係数は低いことから，前年度比の標本誤差は大きいとみられ，業種別・資本金規模別の利用には一定の限界がある。また，「短観」は，調査対象が業歴の長い比較的経営状況が優良な中小企業が多いことに伴う偏り（バイアス）を含んでいる可能性がある。例えば，1990年代末の金融危機では，「短観」の中小企業の設備投資の落ち込み幅が，実勢と比べて小さかったとの指摘もみられる。

③ ソフトウェア・研究開発を含む設備投資額（除く土地投資額）に着目

「概要」の５ページ「設備投資計画」には，設備投資額について様々な計数が掲載されている。どの計数に着目するかが問題となる。

(1) 設備投資額（含む土地投資額）

「概要」のヘッドライン計数であり，マスコミ報道もこの計数で行われる。この計数にはGDPにカウントされない土地投資額が含まれる一方で，GDPに含まれるソフトウェア投資額と研究開発投資額が除外されている。

(2) ソフトウェア・研究開発を含む設備投資額（除く土地投資額）

この計数では土地投資額が除外される一方，ソフトウェア投資額と研究開発投資額を含んでおり，GDPの設備投資の定義に合致している。GDPの設備投資動向の把握を重視する景気分析では，この計数が重要である。

さらに，全規模合計・全産業の設備投資額に「金融機関調査」「持株会社等に

関する調査」の設備投資額を合算した「全産業（含む金融機関）」，「全産業（含む金融，持株等）」の設備投資額が GDP の民間設備投資のカバレッジに近いことから，重視されている（「全産業（含む金融機関）」は長期時系列が利用可能である一方，「全産業（含む金融，持株等）」は 2020 年度からに限定される）。

●短観：設備投資計画の特徴

調査回ごとの設備投資計画の修正パターン 「短観」の設備投資計画は，調査回ごとに値が相応に修正される。設備投資計画の前年度からの増減を評価する際には，調査時期による設備投資計画額の修正パターンの「くせ」に注意しながら，判断することが重要である。大企業と中小企業では，修正パターンに大きな違いがある。

大企業・全産業では，初回の 3 月調査対比で 2 回目の 6 月調査では上方修正される。これは，3 月時点では計画未定だった投資案件が確定することや前年度案件のずれ込み分が上乗せされるためである（図 7.2）。その後は，横ばいとなるが，4 回目の 12 月調査から実績が確定する翌年 6 月調査にかけて，工事の遅れや案件の繰り延べ等を背景に，**当該年度の設備投資の計画額が下方修正される傾向がある**。最近では人手不足に伴う工事遅延の影響もあり，下方修正幅が拡大する傾向にある。**大企業の設備投資額の実績値の前年度比（前年度から当年度までの増減率）は，2 回目の 6 月調査時点の前年度比を下回る年が多い**。

これに対し，中小企業・全産業では，年度当初は年度計画を策定していない企業が多く，年度中に時間の経過とともに設備投資案件が具体化されることで，設備投資の計画額が徐々に増えていく傾向がある。このため，**初回の 3 月調査から実績が確定する翌年 6 月調査まで，調査回を経るごとに，ほぼ一貫して上方修正される傾向がみられる**。このため，初回の 3 月調査や 2 回目の 6 月調査において設備投資額の前年度比がマイナスであっても，設備投資スタンスが必ずしも消極的とはいえない点に注意する。実際，当初の計画額が前年度比マイナスでも，最終的な実績では前年度比がプラスとなる年が多くなっている。

なお，中小企業は投資計画を機動的に変更することから，年度中の景気の変化に伴って上方修正パターンが変化しやすい（例えば，景気が急激に悪化すると上方修正幅が大きく縮小する）一方，大企業は 2 回目の 6 月調査で当該年度の設備投資計画が固まると，景気が大きく変化しても投資額を変更しない傾向がある。「概要」の 13 ページから 15 ページにかけて，調査回ごとの設備投資額（含む土

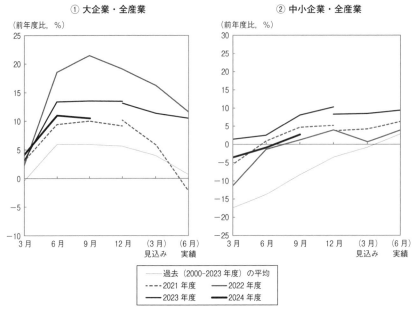

図7.2 「短観」の設備投資額：大企業と中小企業（2024年9月調査）

（注1） 横軸に初回調査（3月調査）から実績が確定する翌年6月調査までの6調査回を取り，毎年度の設備投資計画について，調査回毎の前年比の足取り（修正パターン）をグラフで示したもの。
（注2） 2021年12月調査，2023年12月調査では，調査対象企業の見直しによる不連続が生じている。
（注3） ソフトウェア投資額，研究開発投資額は含まない。
（出所） 日本銀行「短観（概要）—2024年9月—」

地投資額）の前年度比の修正パターン（足取り）を掲載しており，各時点での設備投資の評価を行うのに便利である。

　　■短観の設備投資計画で先行きの設備投資を予測できるか■　「短観」の設備投資計画で，先行きの設備投資をどの程度予測できるのかを確認する。まず，翌年6月調査で判明する「短観」の設備投資（ソフトウェア投資額，研究開発投資額を含み，土地投資額を除く，全規模・全産業＋金融機関）の実績値の前年度比とGDPの民間設備投資（名目）の前年度比を比較すると，その動きはほぼ一致している（図7.3）。一方，年度入り直後の当年6月調査時点の設備投資計画額の前年度比とGDPの民間設備投資の前年度比を比較すると，変化の方向性は一致しているが，「短観」の計画額の前年度比はGDPの民間設備投資の前年度比よりも平均して5%程度過大である。12月調査から翌年6月調査にかけての最終

図7.3 「短観」の設備投資額とGDP・設備投資の比較

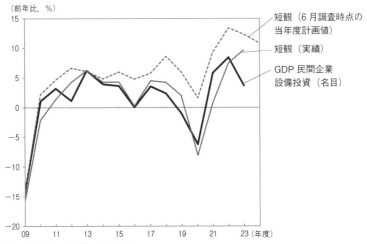

（データ出所） 日本銀行，内閣府
（注） 短観は，ソフトウェア投資額・研究開発投資額を含み，土地投資額は含まない（2016/12月調査以前は，研究開発投資額を含まない）。全産業＋金融機関の値。
（出所） 日本銀行「経済・物価情勢の展望（2024年7月）」

局面で大企業の設備投資計画額の下方修正幅が拡大しており，「短観」の最終的な実績値は，当年6月調査時点の計画額からやや大きめに下方修正されることが影響している。

このように，一定の上方バイアスは存在することを織り込みながら，大企業の設備投資計画がおおよそ固まる「短観」の6月時点の設備投資計画額をみることで，翌年3月末までの当年度のGDP・民間設備投資を大まかに予測することが可能である。

「短観」の設備投資計画は，先行き1年間の民間設備投資を予測する有力なツールである。

7.3 設備投資の先行指標：機械受注と建築着工

● 設備投資の先行指標とは

企業の設備投資では，設備投資計画を決定し，投資に着手（発注）してから，実際に設備投資が完成するまでに一定のタイムラグが存在する。これは，①工場等への機械設備の設置，②工場，事務所，店舗など建物の建設，③コンピュー

タ・ソフトウェアの導入は，いずれも多くがオーダーメード（受注生産）の形態であり，受注を受けて製造（建設）が行われることから，設備投資の完成（引き渡し・据え付け）までに時間を要するためである。

　そのため，設備投資に先行する受注や着工に関する統計をみることで，先行きの設備投資の増減について知見を得ることができる。具体的には，民間設備投資のうち，約7割を占める機械投資や建設投資については，**設備投資の先行指標である内閣府「機械受注統計調査」や国土交通省「建築着工統計」をみることで，3か月から6か月程度先の設備投資の動きを予測することができる。**ここでは設備投資の先行指標として，「機械受注統計調査」と「建築着工統計」を取り上げる。なお，ソフトウェア投資や研究開発投資に関する先行指標は作成されていない。

●機械投資の先行指標：機械受注統計調査：統計の概要

　調査対象・カバレッジ　　内閣府が作成する「機械受注統計調査」は，機械等のメーカーが受注する設備用機械類の受注状況（受注額，受注残高，販売額）を調査する（**表7.4**）。

　調査対象は，機械等を製造する主要な企業280社となっている。対象は長期間固定される継続標本の調査であり，新しいメーカーは取り込まれていないが，調査対象機種の「生産動態統計」出荷額の9割以上をカバーする。ただし，①海外メーカーから輸入される機械・設備，②受注生産ではない乗用車，パソコン，民生用電気機器等が同統計の調査対象に含まれないことから，機械受注が機械投資に占めるカバレッジは高くない（機械受注額のGDP・機械投資に占めるカバレッジは4割程度とみられる）。

　調査項目　　設備用機械類の受注状況（受注額，受注残高，販売額）を，需要者（発注者）別，機種別に調査する。需要者は，民間需要（国内民間企業からの受注），官公需，海外需要，代理店（代理店経由の受注；中小企業が多い）に分けて調査する。機種別は機械の種類別に分けて調査するが，電子・通信機械（半導体製造装置，電子計算機など）と産業機械（建設機械，運搬機械，産業ロボットなど）で民間需要の7割を占める。次いで，原動機，重電機が多い。

　機械受注見通し調査　　四半期ごとに翌四半期の受注見通しの調査が行われる。受注見通しには一定のバイアスがあることを考慮し，集計値に過去3四半期の平均達成率（＝実績値/見通し集計値）を乗じた補正値が公表される。

表 7.4　機械受注統計調査の概要

項　目	内　容
統計作成者	内閣府
統計の種類	調査統計：標本調査
調査対象	機械等を製造する主要な企業
標本企業数	280 社（該当業種の「生産動態統計」出荷額の 9 割をカバー）
標本抽出方法	有意抽出による標本調査。対象企業は基本的に固定（継続標本）
調査項目	機械等製造業者が受注する設備用機械類の受注状況を調査。 具体的には，「設備投資に関連を持つ注文機械製品及び一部の見込生産の機械製品」 を調査対象の機種とする。 ① 需要者（発注者）別・機種別の受注額 ② 機種別販売額及び受注残高 ③ 機械受注見通し 　需要者は，民間需要（製造業及び非製造業の内訳業種），官公需，海外需要，代 理店に分けて調査 　機種は，原動機，重電機，電子・通信機械，産業機械，工作機械，鉄道車両，道路車両， 航空機，船舶などに区分して調査
調査周期	毎月（機械受注見通し調査は四半期ごと〈3,6,9,12 月〉）
公表時期	翌々月の中旬

●機械受注統計調査：統計の利用方法

公表資料・データ　　内閣府 HP に掲載される「調査結果の概要」から主要な計数を把握できる。詳細な結果は「報告書」から，時系列データは「統計表」から入手できる。

公表時期　　統計は月次で公表される。公表は調査対象月の翌々月の中旬である。

統計の見方　　「機械受注統計調査」は，調査対象の性質上，どうしても振れが大きくなる。このため，以下の点に配慮しながら統計を利用する。

① 機械受注は「民需（船舶・電力除く）」の受注額に着目する

民間需要（民需）を，民間設備投資の先行指標として利用する。民間需要の系列は振れが大きい。このため，基調判断を行う際には，受注から出荷までの期間が長く，案件ごとの発注額が大きく，月々の変動の大きい「船舶」と「電力」を除いた「民需（船舶・電力除く）」の受注額を利用する。

② 基調判断には季節調整済系列を利用する

内閣府から季節調整済系列が公表されているので，これを利用する。

③ 機械受注は極めて振れが大きい。受注額を移動平均で均して判断する

機械受注額は受注した月に一括計上されるため，受注額の振れはかなり大きく，

[7] 企業に関する統計（2）：設備投資　　*161*

移動平均などを用いて受注額の振れを均して利用する必要がある。内閣府では，3 カ月移動平均を用いて基調判断を行っている。

④ 受注から設備投資の実行までのラグは平均3〜6か月程度

　機械の受注から設備投資の完成（引き渡し・据え付け）までのラグは平均3〜6か月程度である。つまり，GDP・民間設備投資よりも動きが1〜2四半期程度先行している。ただし，オーダーメード性が強い機種（原子力・火水力原動機，発電機，電子計算機，金属加工機械，化学機械，鉄道車両，航空機，船舶など）ではラグが6か月以上と発注から納入・据え置きまで期間が長くなる。このように，機種構成の変化によって，受注から設備投資の実行までのラグの大きさが変動する。

⑤ 輸入を含まれないなどカバレッジ不足による計数のバイアスに注意

　機械受注は，海外メーカーから輸入される機械・設備が含まれていない。近年，資本財の輸入が大きく増加していることから，機械受注をみていると，機械投資のトレンドを過小に見誤る可能性がある。

●建設投資の先行指標：建築着工統計：統計の概要

　調査対象・カバレッジ　国土交通省が作成する「建築着工統計」は，全国の建築物（住宅ならびに非居住用建物）の着工状況を調査する統計である。建築基準法により，建築主（建物を建てる個人・企業）は，延べ床面積 10 m² 以上の建物を建築する際は「建築工事届」を提出することが義務づけられている。「建築着工統計」は建築主が提出する「建築工事届」を集計して作成する業務統計である（表7.5）。建物の建築に関する全数統計であり，カバレッジは高い。ちなみに，同じ調査に含まれる住宅着工統計も同様である。

　ただし，調査対象は新築，増築，改築の建物のみであり，床面積の変更を伴わない建物のリフォーム・リニューアル（建築補修）工事のほか，電力施設，鉄道，空港，宅地造成などの土木工事を含んでいないことから，「建築着工統計」が民間建設投資全体に占めるカバレッジは5割弱とさほど高くない点には注意を要する（表7.6）。

　調査項目　全国の建築物の着工状況を調査する。具体的には，建物の数，建物の延べ床面積，着工時点の工事費予定額とともに，建物の属性情報として，建築主（会社，個人，国，都道府県，市町村など），構造（木造，鉄筋コンクリート造，鉄骨造），用途（居住用，非居住用，非居住用の場合は建物を利用す

表 7.5　建築着工統計の概要

項　目	内　容
統計作成者	国土交通省
統計の種類	（実質的には）業務統計
調査対象	延べ床面積 10m^2 以上の建築物を建築する建築主
標本抽出方法 作成方法	延べ床面積 10m^2 以上の建築物の建築（新築，増築，改築）を対象とする全数統計。建築基準法によって提出が義務付けられている「建築工事届」を集計して作成する。
調査項目	①　建築物着工統計 　建築物の着工状況を調査。建築物の数，建築物の延べ床面積，工事費予定額，建築主，構造（木造，鉄筋コンクリート造，鉄骨造等），用途（居住用／非居住用，非居住用では建物を利用する企業の産業），使途（事務所，店舗，工場，倉庫，学校，病院等），階数（地上，地下），工事期間，工事種別（新築，増築，改築） ②　住宅着工統計 　①のうち，住宅の着工状況を調査。住宅の戸数，建て方（一戸建，共同住宅等），利用関係（持家，貸家等），資金
調査周期	毎月
公表時期	翌月末

表 7.6　民間設備投資（住宅を除く）の構成（2021 年度）

項　目	非住宅建築	非住宅建築補修	土　木	合　計
建設投資額	11.0 兆円	5.6 兆円	7.1 兆円	23.7 兆円
構成比	46%	24%	30%	100%

（出所）　国土交通省「2023 年度建設投資見通し」（2023 年 8 月）等から筆者推計

る企業の産業分類を併せて調査），使途（事務所，店舗，工場，倉庫等），階数，工事予定期間，地域（都道府県・市町村）が調査される。このように，新築の建物に関する詳細な属性別のデータを得ることができる。

　なお，居住用建物（住宅）については，住宅の戸数，建て方（一戸建，共同住宅），利用関係（持家，貸家）について追加の調査が行われており，「住宅着工統計」として併せて公表されている。

　公表時期　統計は月次で公表される。公表は調査対象月の翌月末である。

●建築着工統計：統計の利用方法

　公表資料・データ　国土交通省 HP に掲載される建築着工統計の「記者会見資料」で統計の主要計数を把握する。同資料では，1～6 ページの住宅着工状況に続いて，7～11 ページに建築物の着工状況が掲載されている。詳細な統計表

7　企業に関する統計（2）：設備投資　　*163*

や時系列データは,「政府の統計窓口（e-Stat）」（国土交通省 HP からリンク）ないしは国土交通省 HP の「時系列表」から入手可能である。

統計の見方 「建築着工統計」も,月々の変動の大きい統計である。このため,民間設備投資（建設投資）の基調判断を行う際には,以下の要領で統計を利用する。

① 民間建築主による非居住建築物の着工床面積に着目する

民間建設投資の先行指標として,会社や個人など**民間建築主による非居住建築物の「着工床面積」**（実質投資額に相当）をみるのが適切である。「記者会見資料」には,民間建築主による非居住建築物の着工床面積とその前年同月比について,総計ならびに使途別（事務所,店舗,工場,倉庫），用途別（建物を利用する企業の業種）の時系列データが掲載されている。

本来は,名目投資額に相当する「工事費予定額」を併せてみるのが望ましいが,工事費予定額を一覧できる時系列データは提供されておらず,データ収集には手間がかかるため,「着工床面積」の利用を優先する。なお,着工床面積で評価する場合,1 m² 当たり建築単価が安い建物のウエイトを過大に捉えるリスクがある点に注意を要する。例えば,2023 年の使途別シェアをみると,床面積ベースでは倉庫 31%,工場 18%,事務所 13% と倉庫が最も大きいが,工事費予定額ベースでは工場 22%,事務所 20%,倉庫 19% と工場が最大となり,建築単価が高い事務所が倉庫と同水準となっている。

② 着工床面積の前年同月比を用いて基調判断を行う

国土交通省は,民間建築主による非居住建築物の季節調整済系列を提供していない。このため,前年同月比を用いて基調判断を行う。

③ 大型案件の着工による計数の振れが大きい。移動平均で均してみる必要

建築物の着工床面積は着工月に全額が計上されるため,大型オフィスビルなど大型案件の着工により,月々の変動が大きくなる。一定期間（3〜6 か月間）の移動平均を施すなど均して基調判断を行うことが適切である。

④ 着工から設備投資の計上までのラグは 6 か月程度

非居住建築物の工事期間は長いものが多い。オフィスビルが多くを占める鉄筋コンクリート造・鉄骨鉄筋コンクリート造の建物では,工事期間 2 年以上が 2〜3 割,1〜2 年が 6 割を占めている。GDP の建設投資は,工事完成時点に一括計上されるのではなく,工事の進捗度合いに対応して段階的に計上される。着工から計上までのラグは平均すれば 6 か月程度である。

⑤ 建築着工のカバレッジは十分ではないことに注意する

「建築着工統計」は新築・増築の民間建築投資のみをカバーしており，カバレッジは十分ではない。最近では，建築物のリフォーム・リニューアル工事が建設投資に占めるシェアが拡大しており，「建築着工統計」のみをみていると建設投資のトレンドを過小評価しかねない。民間建築物のリフォーム・リニューアル工事は，国土交通省「建築物リフォーム・リニューアル調査」（四半期調査）の改装・改修及び維持・修理の受注高で確認できる。このほか，民間建設投資を構成する民間土木工事は，国土交通省「建設工事受注動態統計調査」（月次調査）の受注高で確認することができる。

●設備投資の先行指標：機械受注と建築着工の動き

図 7.4 は，「機械受注統計調査」の民需（除く船舶・電力）受注額と「建築着工統計」の民間非居住用建築物の工事費予定額をみたものである。

受注・着工は 1 時点に集中しやすいことから，四半期平均をとってもその変動は大きい。また，両計数は名目額であり，設備投資の実質増減率をみるには，各々を物価指数で実質化する必要がある。

図 7.4 設備投資の先行指標：機械受注と建築着工

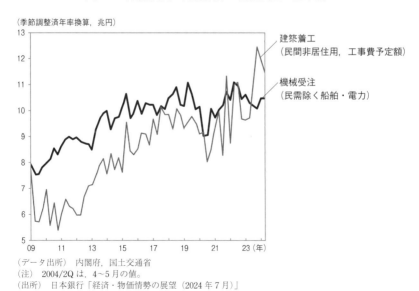

（データ出所）内閣府，国土交通省
（注）2004/2Q は，4〜5 月の値。
（出所）日本銀行「経済・物価情勢の展望（2024 年 7 月）」

7 企業に関する統計（2）：設備投資

7.4 設備投資の一致指標
：資本財総供給と建設工事出来高

●設備投資の一致指標とは

　企業の「設備投資計画」や設備投資の先行指標で把握される設備投資が，実際
に実行されているかどうかは，設備投資の実行状況を示す「設備投資の一致指
標」で確認する。具体的には，「鉱工業総供給表」の資本財総供給及び「建設総
合統計」における民間・建設工事出来高（建設工事の完成度合いを進捗ベースで
集計したもの）が設備投資の一致指標として利用される。

　さらに，設備投資の実行度合いは，一致指標に続いて公表される四半期別
GDP速報（QE）における民間企業設備でも把握できる。

●機械投資の一致指標：資本財総供給：統計の概要

　■「鉱工業総供給表」・資本財総供給とは■　「資本財総供給」とは，国内の需
要者に供給される資本財（機械・設備）の総量である。経済産業省「鉱工業指
数」の資本財の国内向け出荷と，財務省「貿易統計」の資本財の輸入を合算して
求める。鉱工業製品の国内総供給が国産品，輸入品のどちらによって賄われたか
を把握する統計「鉱工業総供給表」の内訳データとして作成されている（表7.7
①）。

　近年は機械・設備の輸入が大きく増加し，資本財総供給に占める輸入品の
シェアは2020年基準で31％まで拡大している（表7.7②）。このため，機械投
資の一致指標には，「資本財出荷」に代わり，資本財出荷に資本財の輸入を加算
した「資本財総供給」が利用されるようになっている。

　■統計の作成方法■　「鉱工業総供給表」は，以下の手順で作成される（表
7.7③）。
① 「鉱工業指数」の出荷指数を「貿易統計」の輸出データを用いて分割し，「国
　内向け出荷」指数を作成する。
② 「国内向け出荷」指数と「貿易統計」の輸入指数を合算し，「鉱工業総供給」
　指数を作成する。
　「資本財総供給」指数は供給量の実質値を示す数量指数である。資本財総供給
の名目金額は提供されていない。

　■カバレッジ■　資本財総供給には，機械受注ではカバーされない輸入の資本

表7.7 鉱工業総供給表・資本財総供給指数の概要

① 鉱工業総供給表（2020年基準）の概要

項　目	内　容
統計作成者	経済産業省
統計の種類	加工統計：国内での財の総供給（国産＋輸入）を示す数量指数
対象項目	「業種分類指数」と財の経済的用途で分類される「財別分類指数」（資本財，建設財，耐久消費財，非耐久消費財，生産財から構成）を作成。「資本財総供給」指数は財別分類指数の内訳指数である。
基準年	2020年（2020年平均＝100）
作成方法	「鉱工業指数」出荷指数と「貿易統計」輸出・輸入指数から作成。基準年（2020年）のウエイトで集計するラスパイレス指数
基礎データ	経済産業省「鉱工業指数」出荷指数，財務省「貿易統計」貿易指数
作成周期	月次
公表時期	対象月の翌々月の5日頃

② 資本財総供給に占める国産品・輸入品のウエイトの推移

	2005年基準	2010年基準	2015年基準	2020年基準
国産品	85.6%	88.6%	76.1%	69.3%
輸入品	14.4%	11.4%	23.9%	30.7%

③ 統計の作成方法

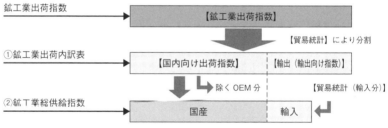

(出所) 経済産業省HP

財や乗用車，パソコンが含まれることから，GDP・機械投資に占めるカバレッジは，概算すると7割程度とみられる。4割程度の機械受注に比べて高い。

公表時期 統計は月次で公表される。公表は調査対象月の翌々月の5日頃である。

● 資本財総供給：統計の利用方法

公表資料・データ 「鉱工業総供給表」は，結果の概要を示す「概要資料」等は公表されておらず，データファイルのみ提供されている。経済産業省HPの「鉱工業出荷内訳表，鉱工業総供給表」のページから，データファイルを入手す

7 企業に関する統計（2）：設備投資　　167

る。

統計の見方

① **基調判断には資本財総供給の季節調整済系列を利用する**

データファイルでは，資本財総供給指数，その内訳指数である資本財国産指数，資本財輸入指数，3 つの指数が提供されている。設備・機械の国内総供給を示す資本財総供給指数を，基調判断に利用する。経済産業省から季節調整済系列が提供されているので，それを利用するのが適当である。

② **機械受注の 3～6 か月遅れで変動しているかを確認する**

資本財国産指数（資本財・国内向け出荷指数）が，先行指標である機械受注の民間需要に対応する。機械受注の増減から 3～6 か月遅れで資本財国産指数が同一方向で変動しているかを確認する。ただし，資本財総供給・国産指数は数量指数（実質値），機械受注は名目値である点に注意する。

③ **資本財総供給は機械受注に比べカバレッジが広く，その動きは異なる**

資本財総供給には資本財の輸入が取り込まれていることから，機械受注に比べてカバレッジが広い。最近では，資本財輸入指数の伸び率が高いため，資本財総供給指数は資本財国産指数よりも高い伸びとなっている。

④ **資本財総供給は機械受注に比べて振れは小さめである**

相応の規模で一度に受注された金額を集計する機械受注に比べると，資本財の生産・出荷や輸入は生産能力の制約などから平準化して行われるため，資本財総供給の振れは小さめである。このため，基調判断は機械受注よりは容易である。

●建設投資の一致指標：「建設工事出来高」：統計の概要

建設総合統計とは　建設工事は，数か月から 2 年程度に亘って行われる。GDP では，建設投資は工事完成時点に一括して計上されるのではなく，工事の進捗（進行）度合いに対応して段階的に出来高が計上される。国土交通省が作成する「建設総合統計」は，建築や土木といった建設投資を月々の工事進捗ベースの工事出来高で把握する加工統計である。

統計の作成方法　「建設総合統計」の建設工事出来高は，建築工事は国土交通省「建築着工統計」の着工額，土木工事は国土交通省「建設工事受注動態統計調査」の受注額，各々を用いて作成される（**表 7.8 ①②**）。具体的には，国土交通省「建設工事進捗率調査」から得られる工事種類別の進捗パターン（建設工事が各月にどの程度の割合進捗するかを示したデータ）を用いて，着工額や受注

168

表 7.8　建設総合統計・建設工事出来高の概要

① 建設総合統計・建設工事出来高のしくみ

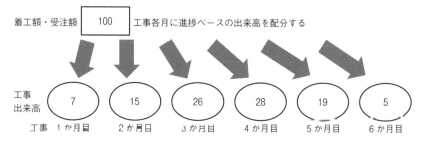

② 建設総合統計の概要

項目	内容
統計作成者	国土交通省
統計の種類	加工統計
統計の内容	建設（建築・土木）活動を工事進捗ベース（工事出来高）で把握する統計。「建築着工統計」の着工額と「建設工事受注動態統計調査」の「受注額」から，工事進捗ベースの工事出来高に配分して作成。
対象項目	建設工事出来高，手持ち工事高
内訳系列	総計，民間，うち民間建築，同（居住用），同（非居住用），民間土木，公共，うち公共建築，同（居住用），同（非居住用），公共土木，民間非住宅建築＋土木
基礎データ	国土交通省「建築着工統計」，同「建設工事受注動態統計調査」
作成周期	毎月
公表時期	対象月の翌々月の中旬

③ 建設工事出来高の算定方法：非居住用建築物（工事期間 5 か月の場合）

額を各月に配分する。着工額 100 億円，工事期間 5 か月の非居住用建築物の場合，着工月の 1 か月目に 7 億円，2 か月目に 15 億円，3 か月目に 26 億円，4 か月目に 28 億円，5 か月目に 19 億円，工事が完成する 6 か月目に 5 億円が配分される（表 7.8 ③）。月中に着工・完成する 1 か月目と 6 か月目は工事日数が少ないことから配分される出来高は少ない一方，工事がピークを迎える 3〜4 か月目は出来高が大きめに配分されている。

個別案件ごとに各月に配分された工事出来高を，全ての工事案件について合計したものが，「建設総合統計」で公表される建設工事出来高となる。

　カバレッジ　「建設総合統計」は，「建築着工統計」の建築着工額と「建設工事受注動態統計調査」の土木工事受注額を対象とする一方，建築のリフォーム・リニューアル工事（建築補修）を対象に含めていない。このため，住宅を除いた建設投資に対するカバレッジは2021年度で76%となっている。土木工事を含んでいることから，「建築着工統計」よりは高いが，なお漏れが存在する。

　公表時期　統計は毎月公表される。公表は対象月の翌々月の中旬である。

　統計の遡及改訂　毎年4月分の統計公表時（6月中旬）に，過去3年間（2024年4月公表時は2021年4月〜2024年3月）の建設工事出来高が遡及改訂される。遡及改訂幅は，土木工事で大きくなることが多い。これは，基礎統計「建設工事受注動態統計調査」の精度が低いためである。

● 建設総合統計：統計の利用方法

　公表資料・データ　国土交通省HPに掲載される建設総合統計の「概要」では，主要系列の直近月の値を把握できる。ただし，「概要」には時系列データが掲載されていない。時系列データは，「政府の統計窓口（e-Stat）」（国土交通省HPからリンク）の「時系列表（月次）」のデータファイルから入手する。

　統計の見方

① 基調判断は「民間非住宅建築＋土木」「民間建築（非居住用）」を用いる

　基調判断には，「民間建築（非居住用）」と「民間土木」，両者の合計である「民間非住宅建築＋土木」を利用する。このうち，定義に即せばカバレッジが最も広い「民間非住宅建築＋土木」を重視すべきということになる。ただし，「民間土木」の遡及改訂幅が大きいことから，「民間非住宅建築＋土木」を利用すると，基調判断を誤りかねない。これを回避するためには，**カバレッジは狭いが遡及改訂幅が小さい「民間建築（非居住用）」を利用するのが，現実的な対応である。**

② 基調判断は前年同月比を利用する

　国土交通省は，建設工事出来高の季節調整済系列を提供していない。このため，前年同月比を用いて基調判断を行う。

③ **建築着工の6か月程度の遅れで変動しているかを確認する**

　「建築着工統計」の民間非居住用建築物の着工床面積の変動に6か月程度遅れ

て，民間建築非居住用の建設工事出来高に変化が生じているかを確認する。なお，着工床面積は実質値，建設工事出来高は名目値と，計数のベースが異なることに注意して比較する。

④　建設工事出来高は，建築着工と比べて振れは小さめである

　大型建築案件の着工により大きな振れが生じる建築着工と比べ，建設工事出来高は工事の進捗に即し計上されることから計数は平準化され，毎月の振れは小さめである。このため基調判断は建築着工よりは容易である。

⑤　建築のリフォーム・リニューアル工事が含まれていないことに注意する

　建設工事出来高には，建築のリフォーム・リニューアル工事が含まれていない。同工事の動きが他の工事と異なる場合，トレンドを見誤る可能性がある。国土交通省「建築物リフォーム・リニューアル調査」から，リフォーム・リニューアル工事の動きを確認することが必要である。

⑥　毎年4月分の統計公表（6月中旬）時の遡及改訂に注意する

　毎年4月分の統計公表時（6月中旬）に，過去3年間の建設工事出来高が遡及改訂される。建築工事の遡及改訂幅は小さめだが，基礎統計の精度が低い土木工事の遡及改訂幅は大きくなることがある。このため，基調判断が過去に遡って変わる可能性があるので注意する（この点はコラムを参照）。

●設備投資の一致指標：資本財総供給と建設工事出来高の動き

　図7.5は，「鉱工業総供給表」の資本財総供給と「建設総合統計」の建設工事出来高（民間建築〈非居住用〉）の動きである。いずれも，先行指標である機械受注や建築着工と比べて月々の変動は小さくなっている。

　資本財総供給は数量指数（実質値）であるが，建設工事出来高は名目値とベースが揃っていない。図7.5では，建設工事出来高を国土交通省「建設工事費デフレーター」で実質化した系列を掲載している。

　民間設備投資の動きは，設備投資の一致指標に続いて公表される四半期別GDP速報（QE）の民間企業設備の動きで最終的に確認する。なお，大企業，中小企業などの規模別の設備投資動向は，「法人企業統計調査」の設備投資額で把握できる。ただし，設備投資についても経常利益と同様に標本誤差などによる計数の振れが大きいことから，幅を持って評価する必要がある。

7　企業に関する統計（2）：設備投資　　*171*

図 7.5 設備投資の一致指標：資本財総供給と建設工事出来高

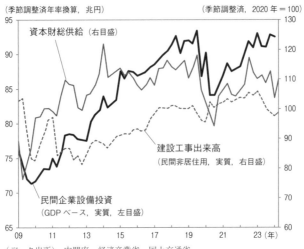

（データ出所） 内閣府，経済産業省，国土交通省
（注 1） 建設工事出来高の 2024/2Q は，4～5 月の値。
（注 2） 建設工事出来高の実質値は，建設工事費デフレーターを用いて日本銀行スタッフが算出。
（出所） 日本銀行「経済・物価情勢の展望（2024 年 7 月）」

コラム　建設総合統計：建設工事出来高（民間）のどの系列を利用すべきか

1. 建設工事出来高の遡及改訂幅：どの系列の遡及改訂幅が小さいか

「建設総合統計」は，民間建設投資の一致指標として，景気分析で大きな役割を果たしている。同時に，建設工事出来高は速報値公表後の遡及改訂幅が大きく，基調判断の「はしご」を外される可能性があることも事実である。最近の事後改訂幅の大きさを確認し，カバレッジが最も広い「民間非住宅建築＋土木」，あるいはカバレッジは狭くなるが振れの大きい「民間土木」を除外した「民間建築（非居住用）」，いずれの系列を利用すべきかを考察する。

表 7.9 は，2017 年度以降，各年度の「民間非住宅建築＋土木」「民間建築（非居住用）」「民間土木」の工事出来高の前年度比を 2019 年 4 月以降，各年 4 月時点の公表値を比較したものである。結果をみると，① 2020 年 4 月と 2023 年 4 月に大きな遡及改訂が生じている。②遡及改訂幅は，「民間土木」が最も大きく，「民間非住宅建築＋土木」が続き，「民間建築（非居住用）」が最も小さくなる（最初の公表から 2023 年 4 月までの遡及改訂の絶対値平均〈2017～2021 年度〉は，民間土木：9.1％，民間非住宅建築＋土木：3.4％，民間建築（非居住用）：1.5％）。この結果を踏まえると，景気判断においては，「民間非住宅建築＋土木」の代わりに，カバレッジは狭いが遡及改訂幅の小さい「民間建築（非居住用）」を利用するのが現実的

表 7.9 「建設総合統計」建設工事出来高の前年度比の改定状況

① 民間非住宅建築＋土木

公表時点 ＼ 年度	17 年度	18 年度	19 年度	20 年度	21 年度	22 年度
2019 年 4 月時点	+10.9%	＋ 2.9%	―	―	―	―
2020 年 4 月時点	＋ 7.2%	＋ 2.7%	＋ 0.7%	―	―	―
2021 年 4 月時点	＋ 7.2%	＋ 3.8%	＋ 1.1%	▲ 6.1%	―	―
2022 年 4 月時点	＋ 7.2%	＋ 3.8%	▲ 0.7%	▲ 7.2%	＋ 2.3%	―
2023 年 4 月時点	＋ 7.6%	＋ 3.1%	▲ 0.3%	＋ 4.4%	＋ 4.1%	＋ 8.5%

② うち民間非居住用建築

公表時点 ＼ 年度	17 年度	18 年度	19 年度	20 年度	21 年度	22 年度
2019 年 4 月時点	+12.0%	＋ 3.0%	―	―	―	―
2020 年 4 月時点	＋ 9.1%	＋ 1.6%	＋ 0.5%	―	―	―
2021 年 4 月時点	＋ 9.1%	＋ 0.7%	▲ 0.2%	▲ 9.3%	―	―
2022 年 4 月時点	＋ 9.1%	＋ 0.7%	＋ 0.1%	▲ 9.0%	＋ 3.1%	―
2023 年 4 月時点	＋ 9.1%	＋ 0.7%	＋ 0.1%	▲ 7.4%	＋ 3.3%	+10.9%

③ 民間土木

公表時点 ＼ 年度	17 年度	18 年度	19 年度	20 年度	21 年度	22 年度
2019 年 4 月時点	＋ 9.2%	＋ 2.9%	―	―	―	―
2020 年 4 月時点	＋ 3.4%	＋ 5.2%	＋ 1.1%	―	―	―
2021 年 4 月時点	＋ 3.4%	+10.6%	＋ 3.8%	＋ 0.1%	―	―
2022 年 4 月時点	＋ 3.4%	+10.6%	▲ 2.3%	▲ 3.5%	＋ 0.9%	―
2023 年 4 月時点	＋ 4.4%	＋ 8.4%	▲ 1.3%	＋ 28.6%	＋ 5.3%	＋ 4.9%

（注）　薄い灰色部分は，前年時点と比べて前年度比が ±2%以上変化した事例
（出所）　国土交通省「建設総合統計」

な対応と考えられる。

2．民間土木の遡及改訂幅が大きいのはなぜか

　「民間土木」の遡及改訂幅が大きいのは，基礎統計である「建設工事受注動態統計調査」の精度が低いためである。「建設総合統計」では，速報段階での基礎統計の精度不足をカバーするため，毎年 4 月分の統計公表時に，より精度の高い構造統計や国や地方自治体の財政決算データを用いて過去 3 年間に遡って補正を行っており，公共工事出来高の事後的な遡及改訂が生じている。公共土木の補正率が民間土木にも適用され，遡及改訂が行われる。

　さらに国土交通省では，「建設工事受注動態統計調査」の精度を向上させるため，

[7]　企業に関する統計（2）：設備投資　　*173*

統計がカバーする建設業者のカバレッジの拡大を進めている。2023 年 4 月の大幅な遡及改訂は，カバレッジ拡大に伴い 2020 年度以降の民間土木の工事出来高が大きく増加したために生じたものである。一方，2019 年度以前の出来高は遡及改訂されず，2020 年度初（4 月）に大きな段差が生じたことから，2020 年度の前年度比が大きく上振れている（▲3.5%→＋28.6%）。

　国土交通省は統計の精度向上に関する要望や統計不祥事への批判を受けて，統計改善に取り組んでおり，その成果が統計作成に反映されつつある。ただし，大幅な遡及改訂と段差の発生はユーザーの利便性を損なっている。統計の精度改善はなお途上であることから，今後もさらなる遡及改訂が生じる可能性もある。国土交通省は，不自然な段差が生じないように遡及改訂を工夫するとともに，遡及改訂や段差に関するきめ細かな情報提供が求められる。

◆ 練習問題

問 7.1 「短観」の設備投資について以下の問に答えよ。

2023 年 7 月 3 日公表の日本銀行「短観（2023 年 6 月調査）」によると，企業の 2023 年度計画の設備投資額（含む土地投資額）の前年度比は，全規模・全産業で＋12%，そのうち大企業は＋13%，中小企業は＋2% といずれも増加している。現時点では，中小企業の増加率は低いが，2023 年度の企業全体の設備投資の伸びは高いと判断してよいかを述べよ。その際には，①「短観」の設備投資と GDP の設備投資との相関度合い，②「短観」調査時点ごとに設備投資の前年度比が変化すること，その変化パターンは大企業と中小企業で異なることの 2 点に注意して評価せよ。

問 7.2 設備投資の統計の説明において，①～⑤に適切な語句を埋めよ。

先行きの設備投資の動向を知るには，まず，日本銀行が作成する（ ① ）の「設備投資計画」で設備投資のスタンスを把握することが重要である。そのうえで，設備投資の先行指標で近い将来の設備投資の見通しの情報を収集する。具体的には，機械投資については（ ② ）を，建設投資については（ ③ ）を利用する。さらに，設備投資が実際に実行されているかどうかは，設備投資の一致指標である（ ④ ）の資本財総供給や（ ⑤ ）の建設工事出来高で確認する。

問 7.3 設備投資の先行指標について以下の問に答えよ。

設備投資の先行指標として，「機械受注統計調査」と「建築着工統計」が重要である。①「機械受注統計調査」や「建築着工統計」のような先行指標が，設備投資の先行きの予測を行う上で役に立つ理由は何か，および，②この 2 つの統計とも，計数の振れが大きくなる理由は何か，以上の 2 点について説明せよ。

第8章
労働に関する統計：雇用・賃金

- ■8.1　雇用・賃金の特徴とその把握方法
- ■8.2　雇用を把握する統計：労働力調査
- ■8.3　求人・求職を把握する統計：職業安定業務統計
- ■8.4　賃金を把握する統計：毎月勤労統計調査
- コラム　毎月勤労統計調査における「共通事業所」系列の有効性

　第8章では，労働に関する統計を取り上げる。最初に，8.1節では雇用・賃金に関する特徴とその把握方法について概観する。

　そのうえで，8.2節では，雇用（就業・非就業の状態）を把握する「労働力調査」を取り上げる。家計サイドから就業状況を捕捉しており，就業者数，雇用者数，完全失業者数，労働力人口，非労働力人口などの推移を把握できる。8.3節では，求人・求職市場を把握する「職業安定業務統計」を説明する。有効（新規）求人数，有効（新規）求職数，有効（新規）求人倍率など労働需給の動きを捉えている。8.4節では，企業を対象に労働状況を調査する「毎月勤労統計調査」を取り上げる。賃金や労働時間の推移をフォローできる。

8.1　雇用・賃金の特徴とその把握方法

●雇用・賃金の重要性①：家計部門への所得分配の把握

　国内総生産（GDP）の分配面をみると，家計部門への分配である**雇用者報酬**（雇用者所得：雇用者に支払われる「賃金・俸給」と雇用主が支払う社会保険料等である「雇主の社会負担」の合計）は，2022年で295兆円に達しており，名目GDP（562兆円）の5割強を占める（**表8.1**）。

　景気分析では，生産⇒所得（分配）⇒支出との経済の循環メカニズムのもとで，企業の生産活動で生み出された付加価値が家計にどの程度分配されるかを把握す

176

表 8.1　名目 GDP（分配側）の項目別実額と構成比（2022 年）

需要項目	実額（兆円）	構成比（%）
雇用者報酬	295.3	52.6
うち賃金・俸給	249.7	44.5
うち雇主の社会負担	45.5	8.1
営業余剰（純）	64.9	11.6
混合所得（純）	8.9	1.6
固定資本減耗	145.9	26.0
生産・輸入品に課される税	52.6	9.4
（控除）補助金	▲5.7	▲1.0
国内総生産（生産側 = 分配側）	561.8	100.0

（出所）　内閣府「国民経済計算」, 2024 年度 9 月末時点

ることは重要である。雇用者報酬を確認することは，GDP の 5 割強のシェアを持つ家計消費を占ううえでも重要である。雇用者所得（雇用者報酬）は，

> （雇用者報酬）
> ＝（雇用者数）×｛（1 人当たり賃金）＋（社会保険料負担）｝

と分解できることから，**雇用者数**と雇用者 1 人当たり**賃金**の動向を統計で把握することが重要である（なお，社会保険料負担の動きは 1 人当たり賃金に比例して変動することから，賃金動向を把握することで代替できる）。

●雇用・賃金の重要性②：労働市場における需給ギャップの捕捉

　雇用・賃金の動向は，潜在 GDP と比較した経済の活動水準を示す需給ギャップを把握するためにも重要である。需給ギャップは，景気循環の局面判断に欠かせないほか，インフレ率を左右する。需給ギャップの変動の多くは，労働市場において生じている。労働力の潜在的な（平均的な）供給量と実際に雇用されている労働力の需要量との大小をみることで，経済全体の需要と供給の過不足を把握することができる。

　労働市場の過不足を確認する際には，**労働力人口比率**（**労働力率**，**労働参加率**）や**完全失業率**が重要である。労働力人口比率は，義務教育を外れ労働供給が可能な 15 歳以上の人口のうち労働市場に参加している人口（**労働力人口**）の割合を示す指標である。労働力人口は就業の有無を問う概念ではなく，働く意思を有しながら失業状態にある者も含む。完全失業率は，労働力人口のうち**完全失業**

[8]　労働に関する統計：雇用・賃金　　*177*

者となっている割合を示す指標である。労働力人口比率や完全失業率の実際の値と各々の平均値（トレンド）とのかい離をみることで，労働市場の需給ギャップ（労働投入ギャップ）を大まかに把握することができる。また，企業からの求人数を求職者数で割って求める**有効求人倍率**も，入職市場における労働需給を示す点で有益である。

●雇用と賃金を把握する統計

雇用と賃金を把握する動態統計としては，以下の3つの統計が重要である。

① 雇用（雇用者数，労働力人口比率，完全失業率）は「労働力調査」で把握

総務省が作成する「労働力調査」は，世帯を対象に就業・不就業の状態を把握する調査統計である。雇用者数，就業者数，完全失業者数，労働力人口，非労働力人口，各々の動きを把握することができる。これらのデータか完全失業率や労働力人口比率（労働力率，労働参加率）も算出できる。

② 求人・求職市場（有効求人倍率）は「職業安定業務統計」で把握

厚生労働省が作成する「職業安定業務統計」は，ハローワークで扱った求人・求職案件を集計した業務統計である。有効求人数，有効求職者数，有効求人倍率など入転職市場の動きを把握することができる。

③ 賃金は「毎月勤労統計調査」で把握

厚生労働省が作成する「毎月勤労統計調査」は，事業所（企業）を対象とする調査統計である。賃金に加えて労働時間の動きも把握できる。

8.2　雇用を把握する統計：労働力調査

●労働力調査：統計の概要

総務省が作成する「労働力調査」は，世帯を対象に就業・不就業の状態を把握する調査統計である（**表8.2①**）。

調査対象　母集団は全国の15歳以上の人（約1億1千万人）である。世帯を調査対象とするのが実務面で便利であるため，全国の世帯から約4万世帯を抽出し，世帯に属する15歳以上の約10万人を調査している。

標本抽出方法　標本は層化2段抽出法で抽出される（**表8.2②**）。全国を11地域別に区分し，さらに各層内のばらつきを小さくするために就業者の産業構成等により各地域の国勢調査の調査区をグループに区分けする（層化）。次に，

178

表 8.2　労働力調査の概要

① 統計の概要

項　目		内　容
統計作成者		総務省
統計の種類		調査統計：標本調査
調査対象		母集団：全国の 15 歳以上の人口（約 11,000 万人） 全国の世帯（約 5,500 万世帯）から約 4 万世帯を抽出。抽出世帯に属する 15 歳以上の人員（約 10 万人）を調査。
標本サイズ		基礎調査票：約 4 万世帯（15 歳以上の世帯人員：約 10 万人） 特定調査票：約 1 万世帯（15 歳以上の世帯人員：約 2.5 万人）
調査票回収率		80.7％（2018 年）
調査項目	基礎調査票	月末 1 週間の就業状態，従業上の地位，雇用形態，勤め先・自営の事業内容，仕事の内容，就業時間・日数，求職活動の状況
	特定調査票	15 歳以上の世帯員：教育の状況，年間収入 就業者：就業時間増減の希望，転職等の希望等 失業者：求職活動の方法・期間及び就職できない理由等
調査周期		毎月
公表時期		基本集計（基礎調査票の集計結果）：翌月末 詳細集計（特定調査票の集計結果）：四半期終了後翌々月中旬 ——基本集計は月次，詳細集計は四半期平均を公表

② 標本抽出方法

➢ 層化 2 段抽出法

手　順	内　容
層化	①全国を 11 地域別（北海道，東北，南関東等）に区分 ②就業者の産業構成により各地域の国勢調査の調査区をグループ分け
2 段抽出	第 1 段抽出：地域・グループ別に調査区を無作為抽出（約 2,900） 第 2 段抽出：各調査区（平均 50 世帯）から 16 世帯を無作為抽出

➢ 標本交替方式：ロ　テ　ション・リンプリング

- 調査区は 4 か月連続して調査。調査 1 か月目と 3 か月目に世帯を抽出。
- 世帯は 2 か月連続して調査。その後 10 か月空けて，翌年の同月から再び 2 か月連続して調査。同一世帯の調査期間は合計 4 か月。
- 調査対象世帯は毎月半数ずつ，調査区は毎月 4 分の 1 ずつ交替する。

第 1 段抽出では地域・グループ別に調査区を無作為抽出する（約 2,900 調査区）。第 2 段抽出では，統計調査員が整備した各調査区の世帯名簿（平均 50 世帯で構成）から 16 世帯を無作為抽出する（2 段抽出）。以上により，約 4 万世帯（＝2,900 調査区 × 16 世帯 × 回収率〈80％台〉）が抽出される。

各調査区から 1 か月目と 3 か月目に世帯を抽出し，各々 2 か月間調査する。世帯は 2 か月連続して調査した後，その後 10 か月を空けて翌年の同月から再び 2 か月連続して調査する。つまり，世帯の調査期間は計 4 か月になる。

8　労働に関する統計：雇用・賃金　　179

なお，調査対象世帯は毎月半数ずつ（調査区は毎月 4 分の 1 ずつ）交替する
ローテーション・サンプリングを採用している。世帯を 2 か月連続して調査し，
翌年の同月から再び 2 か月連続して調査することで，前月比と前年同月比につい
て各々半数の継続標本を確保し，標本入れ替えによる計数の段差を小さくしてい
る。

統計の公表時期　「労働力調査」のうち基礎調査票から作成される「基本
集計」は月次で作成され，対象月の翌月末に公表される。速報性は高い。なお，
特定調査票を主に作成される「詳細集計」は四半期ごとに集計され，四半期終了
後翌々月の中旬（4～6 月平均が 8 月中旬）に公表される。

●労働力調査：基本集計（基礎調査票）の調査項目

「労働力調査」の基礎調査票では，就業状態，従業上の地位，雇用形態などに
ついて調査している。集計結果は基本集計として毎月，公表される。

就業状態　就業状態は，「月末 1 週間」に「実際に仕事をしたかどうか」
で判断する「アクチュアル方式」を採用している。アクチュアル方式は定義が明
確で客観的なことから，各国の「労働力調査」でも採用されている。15 歳以上
の者の就業状態を，「**就業者**」「**完全失業者**」「**非労働力人口**」に区分する（**表8.3**
①）。就業者と完全失業者の合計が「**労働力人口**」である。労働市場に参加して
いる人口に相当する。このうち，完全失業者は，①仕事をしない（失業してい
る）だけでなく，②仕事があればすぐに就業できる，③調査週間中に求職活動を
しているとの 3 つの条件を満たす者に限定されており，一般の実感より狭い範囲
となる。求職活動をせず単に仕事をしていないだけの者は，③の条件を満たさず，
完全失業者ではなく非労働力人口に分類される。

就業状態に関する指標：労働力人口比率，完全失業率，就業率　就業状態
の計数から労働市場の需給ギャップを示す 2 つの指標，労働力人口比率（労働力
率，労働参加率）と完全失業率を算出することができる。

➢ 労働力人口比率（%）：15 歳以上の人口に占める労働力人口の比率

$$
労働力人口比率（労働力率，労働参加率）= \frac{労働力人口}{15\,歳以上の人口} \times 100
$$

表8.3　労働力調査の調査項目

① 就業状態　⇒　労働力人口（就業者 ＋ 完全失業者），非労働力人口に区分

15歳以上人口
- 労働力人口
  - 就業者
    - 従業者
      - おもに仕事
      - 通学のかたわらに仕事
      - 家事などのかたわらに仕事
    - 休業者
  - 完全失業者
- 非労働力人口
  - 通学
  - 家事
  - その他（高齢者など）

就業状態	内　容
労働力人口	「就業者」と「完全失業者」の合計
就業者	「従業者」と「休業者」の合計
従業者	調査週間中に収入を伴う仕事を1時間以上した者
休業者	仕事を持ちながら，調査週間中に仕事しなかった者（給与・賃金の支払いを受けている雇用者〈育児・介護休業を含む〉）
完全失業者	以下の3つの条件を満たす者 ①仕事がなくて，調査週間中に少しも仕事しなかった ②仕事があればすぐに就くことができる ③調査週間中に仕事を探す活動や事業を始める準備をしていた
非労働力人口	15歳以上人口のうち，労働力人口以外の者

② 従業上の地位　⇒　就業者を「自営業主」「家族従業者」「雇用者」に区分

就業者
- 自営業主
  - 雇有業者
  - 雇無業者
    - 一般雇無業者主
    - 内職者
- 家族従業者
- 雇用者
  - 役員
  - 役員をのぞく雇用者

③ 雇用状態　⇒　「役員除く雇用者」を勤め先での呼称により7つに区分

役員除く雇用者
- 正規の職員・従業員
- 非正規の職員・従業員（パート，アルバイト，労働者派遣事業所の派遣社員，契約社員，嘱託，その他）

➤ 完全失業率（%）：労働力人口に占める完全失業者の比率

$$完全失業率 = \frac{完全失業者}{労働力人口} \times 100$$

　労働力人口比率は15歳以上の人口のうち労働市場に参加している割合を示す比率であり，完全失業率は労働市場に参加している人口に占める完全失業者の比

率である。完全失業率は，下限とみなしうる値があり，その値に近づけば労働市場がタイトに向かっていると解される。労働力人口比率は，平均的な値からどの程度かい離しているかで，不況などを理由に求職活動を諦めた潜在的な労働力を把握することができる。両者で労働市場の需給ギャップを把握することに役立つ。このほか，労働力人口比率の分子を就業者とした就業率も利用されている。

➤ 就業率（％）：15 歳以上の人口に占める就業者の比率

$$就業率 = \frac{就業者}{15\,歳以上の人口} \times 100$$

【従業上の地位】　就業者を「自営業主」「家族従業者」「雇用者」に分類する（表 8.3 ②）。企業に雇用される雇用者と自営業の従事者（自営業主と家族従業者：自営業主の家族で自営業主の事業に無給で従事する者）を把握することができる。

【雇用形態】　会社・団体等の役員を除く雇用者について，勤め先での呼称により，「正規の職員・従業員」とそれ以外の「非正規の職員・従業員」（パート，アルバイト，派遣社員，契約社員，嘱託，その他）に分類する（表 8.3 ③）。雇用者を，正規雇用者と非正規雇用者に区分して把握することができる。

【その他の調査項目】　このほか，勤め先・自営業が属する産業，勤め先企業の規模，就業日数，就業時間，失業して仕事を探し始めた理由（自発的な離職，非自発的な離職等）などを調査している。

●労働力調査：統計の利用方法

【公表資料・データ】　結果やデータは，公表時に総務省統計局 HP に掲載される「労働力調査（基本集計）結果の概要」から概要を把握できる。概要の 1 ページ目では主要計数，2 ページ目では就業者数，雇用者数，自営業主・家族従業者数，正規雇用者数，非正規雇用者数，3 ページ目では産業別就業者数，就業率，4 ページ目では完全失業者，各々の原系列の動きを取り上げている。5 ページ目では就業者数，雇用者数，完全失業率等の季節調整済系列の動きを説明している。なお，資料には掲載されていない労働力人口比率は，労働力人口と 15 歳以上の人口（＝労働力人口＋非労働力人口）から，ユーザー自身で算出する。

　なお，時系列データについては，「政府の統計窓口（e-Stat）」（総務省統計局

表 8.4　「労働力調査」の主要項目：年平均値の標準誤差率：2023 年

項　目	2023 年平均結果（万人）	標準誤差（万人）	標準誤差率（％）	項　目	2023 年平均結果（万人）	標準誤差（万人）	標準誤差率（％）
労働力人口	6,925	26	0.4	情報通信業	278	4	1.3
就業者	6,747	25	0.4	運輸業，郵便業	349	4	1.2
自営業主	512	4	0.8	卸売業，小売業	1,041	7	0.7
家族従業者	126	3	2.0	金融業，保険業	155	2	1.4
雇用者	6,076	24	0.4	不動産業，物品賃貸業	139	3	1.8
完全失業者	178	3	1.8	学術研究，専門・技術サービス業	256	3	1.1
非労働力人口	4,084	68	1.7	宿泊業，飲食サービス業	398	3	0.9
（産業別就業者数）				生活関連サービス業，娯楽業	225	3	1.4
農業，林業	187	5	2.5	教育，学習支援業	344	4	1.2
建設業	483	4	0.9	医療，福祉	910	6	0.7
製造業	1,055	8	0.8	サービス業(他に分類されないもの)	458	3	0.6

（出所）　総務省「労働力調査年報」

HP からリンク）の「長期時系列データ」から入手可能である。

**　統計の見方　**

① 　季節調整済系列の前月比と原系列の前年同月比を併用する

　総務省から，就業者数，雇用者数，労働力人口，非労働力人口，完全失業率などについて原系列と季節調整済系列が提供されている。ローテーション・サンプリングの採用により，前月比と前年同月比の双方で半数の継続標本を確保し，段差・振れを小さくする措置が取られている。ユーザーは季節調整済系列の前月比と原系列の前年同月比を使い分けることができる。

　短期の不規則変動（ノイズ）が含まれ，標準誤差率が大きい計数では，変動を均す観点から原系列の前年同月比を変化率の評価に用いることが多い。

② 　標本誤差に伴う計数の振れを考慮しつつ基調判断を行う

　「労働力調査」の各計数は一定の標本誤差を伴っている。総務省が公表している年平均値の標準誤差率をみると，計数（人数）が大きい就業者，雇用者，労働力人口では標準誤差率が小さい一方，計数が小さい完全失業者，自営業主，家族従業者では大きい（表 8.4）。また，非労働力人口は計数が大きいにもかかわらず，標準誤差率が大きい。労働力人口比率や完全失業率の標準誤差は公表されていないが，非労働力人口や完全失業者の標準誤差率の大きさを踏まえると，やや大きめの値だと推測される。

　このように，就業者数，雇用者数，労働力人口の精度は比較的高いが，完全失業者や非労働力人口の精度はやや低い。完全失業率や労働力人口比率には一定の

誤差を伴うことから，幅を持って評価することが必要になる。

●就業者数・雇用者数・労働力人口比率・完全失業率の動きの特徴

「労働力調査」の主要計数である就業者数，正規・非正規雇用者数，労働力人口比率（労働力率），完全失業率の最近の動きをみる（図8.1）。就業者数は2012年をボトムに2018年にかけて景気拡張局面で着実に増加した。コロナ禍でいったん減少したが，その後は再び緩やかに増加している。正規雇用者数と非正規雇用者数の動きをみると，2018年にかけての景気拡張局面では非正規雇用の増加ペースが正規雇用の増加ペースを上回った一方，コロナ禍では正規雇用が増加するなかで非正規雇用が減少するなど，景気の局面によって動きに違いが生じている。就業者数と雇用者数の精度は比較的高く，計数の振れも小さいことから，就業者数や正規・非正規雇用者数の基調的な変動を捉えることで，労働市場の現状や需給ひいては景気の状況を把握することが可能になる。

一方，労働力人口比率（労働力率）は2013年まで低下基調を辿ってきたが，その後の景気拡張局面のもとで上昇に転じてきた。構造的な動きを含む様々な要

図8.1 「労働力調査」の主要計数の動き

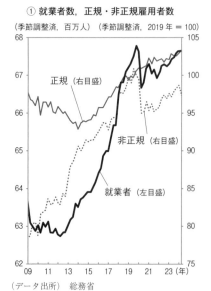

（データ出所）総務省
（注）2012年以前の正規，非正規は，詳細集計ベース。
（出所）日本銀行「経済・物価情勢の展望（2024年7月）」

因から，女性や高齢者の労働参加が拡大したことが労働力人口比率の上昇をもたらしてきた。もっとも，コロナ禍を機に上昇ペースはやや鈍化している。非労働力人口が持つ大きな標本誤差の影響もあって労働力人口比率は短期の振れも目立ち，近年の労働力人口比率の上昇を，構造変化によるトレンド上昇分と需給ギャップに相当するトレンドからのかい離とに分解するのは難しい。完全失業率についても，リーマン・ショック後にピークをつけ，その後急速に低下に転じるなど変動が大きく，近年の低下分をトレンド低下分とトレンドからのかい離に分解することは必ずしも容易ではない。

● 未活用労働に関する新たな統計の作成・公表

近年，短時間で働く非正規雇用者が増加するなど就業・失業の内容も多様となっており，従来の指標では労働状況の把握が難しくなっている。総務省は，国際労働機関（ILO）決議を受けて，労働力として追加的に利用可能な未活用労働力の調査を行い，2018 年より「詳細集計」で公表を開始している。

具体的には「**未活用労働**」として，①**追加就労希望就業者**，②**失業者**，③**潜在労働力人口**の 3 つの計数を把握している。そのうち，①追加就労希望就業者は，短時間（週 35 時間未満）の就業者のうち就業時間を延長して，もっと働きたいと希望している者である。②失業者は，調査週間中に求職活動をしていないが，過去 1 か月に期間を延ばせば求職活動している者である。日本の完全失業者は求職活動の対象期間が 1 週間と短く，範囲が諸外国と比べ狭いが，ここでは欧米と同一の 1 か月まで拡張し，範囲を揃えている。③潜在労働力人口は，求職活動をしていないなどの理由で非労働力人口に分類されるが，すぐに就労できるなど追加の労働力となることが可能な者である。

2024 年 4～6 月期では，①追加就労希望就業者 105 万人，②失業者の範囲拡張による増加分 23 万人，③潜在労働力人口 37 万人となっている。この結果からは，⑴ 失業者の範囲を米国・欧州と同一に拡張しても失業率の上昇幅は 0.3％ポイントにとどまり，日本の失業率が諸外国と比べて低いとの結果に変化はないこと，⑵ 潜在的な労働力人口を労働力人口に加えても，労働力人口比率（労働力率）の上昇幅は 0.6％ポイントと限定的なこと，一方で，⑶ 追加就労希望就業者（いわゆる不本意非正規雇用者）の就業時間延長による労働供給の増加余地が相対的に大きいこと，が分かる。ただし，税制や年金・健康保険制度といった「年収の壁」の影響から，非正規雇用者が追加的に就業できる労働時間には別途，

⑧　労働に関する統計：雇用・賃金　　**185**

制約がかかる可能性にも注意する。

8.3　求人・求職を把握する統計：職業安定業務統計

●職業安定業務統計：統計の概要

　厚生労働省が作成する「職業安定業務統計」は，ハローワークで扱った求人・求職案件を集計した業務統計である（**表8.5**）。統計は「一般職業紹介状況」として公表されている。

　調査対象・カバレッジ　「職業安定業務統計」はハローワークにおける求人，求職，就職の状況に関する統計であり，全ての案件をカバーする全数統計である。

　作成対象　表8.5に掲載された9系列を作成している。そのうち，①月間有効求職者数，②新規求職申込件数，③月間有効求人数，④新規求人数の4系列と，4系列から算出される⑥有効求人倍率＝③月間有効求人数/①月間有効求職者数，⑦新規求人倍率＝④新規求人数/②新規求職申込件数の2系列が，転職市場における労働需給を示す指標として重要視されている。なお，月間有効求職者数とは，前月まで提出された求職で，求職票の期限が今月以降になっているものを指す。他方，月間有効求人数は前月までに提出された求人で，求人票の期限が今月以降になっているものである。

　以上の系列は，全数，常用，パートタイム除く常用，常用的パートタイム，正社員（一部のみ）に区分して作成されている。

　公表時期　統計は月次で公表される。公表は対象月の翌月末である。

●職業安定業務統計：統計の利用方法

　公表資料・データ　公表時に厚生労働省HPに掲載される「一般職業紹介状況」の「報道発表資料」で概要を把握することができる。1ページが全体の概要，2～9ページが各計数の動き，10～11ページが都道府県別の結果が掲載されている。なお，時系列データについては，「政府の統計窓口（e-Stat）」（厚生労働省HPからリンク）から入手できる。

　統計の見方

① 　有効求人倍率，新規求人倍率に着目する

　転職市場の労働需給指標として有効求人倍率に着目する。併せて，分子の有効

表 8.5　職業安定業務統計（一般職業紹介状況）の概要

項　目	内　容
統計作成者	厚生労働省
統計の種類	業務統計
調査対象	公共職業安定所（ハローワーク）における求人，求職，就職の状況
標本抽出方法	全数統計
作成対象	①月間有効求職者数，②新規求職申込件数，③月間有効求人数，④新規求人数，⑤就職件数 ⑥有効求人倍率 ＝ ③月間有効求人数/①月間有効求職者数 ⑦新規求人倍率 ＝ ④新規求人数/②新規求職申込件数 ⑧就職率 ＝ ⑤就職件数/②新規求職申込件数 × 100 ⑨充足率 ＝ ⑤就職件数/④新規求人数 × 100 上記対象について，全数，常用，パートタイム除く常用，常用的パートタイム，正社員（一部のみ）に区分して作成
作成周期	毎月
公表時期	翌月末

求人数，分母の有効求職者数を把握する。さらに，やや振れはあるが，新規求人倍率，新規求人数，新規求職申込件数も参照することで，より直近の動向を把握することにもなる。

② 季節調整済系列の水準と前月比を利用して基調判断を行う

厚生労働省から各計数の季節調整済系列が公表されており，季節調整系列の水準と前月比を利用して基調判断を行う。

③ 有効求人倍率など各計数は労働需給指標として有益

有効求人倍率，有効求人数，有効求職者数，各系列は，ハローワークを通じた労働市場の最前線における需給変化に敏感に反応して変動する。全数統計であり不規則な変動が比較的小さいことから，基調判断は難しくない。「労働力調査」の完全失業率や労働力人口比率（労働力率）と比べ，動きが市場の変化に敏感である。

④ 都道府県別など地域別の労働需給指標としても利用可能

「職業安定業務統計」は全数統計であることから，標本誤差が存在しない。このため，地域別のブレイクダウンが容易である。都道府県別のデータも振れが小さく，利用しやすい。地域別の労働需給の分析にも有益である。

利用上の注意：不十分なカバレッジや偏りの可能性　「職業安定業務統計」は，ハローワークを通じた求人・求職のデータであることから，転職市場全体に占めるカバレッジは十分ではない。構造的に転職市場でのシェアが低下傾向にあ

[8]　労働に関する統計：雇用・賃金　　**187**

る点には注意を要する。具体的には、インターネットの普及等による求人メディア広告の拡大や民間紹介事業の広がりの影響もあり、転職市場におけるハローワークのシェアは最近では2割弱まで大きく低下している（厚生労働省「雇用動向調査」によると2023年の入職経路別の就職者数は、ハローワーク15%に対し、広告31%、民間紹介事業者8%）。

また、ハローワークの求人を産業別にみると、介護サービス、社会福祉、医療、飲食、小売のシェアが高い。そのため、賃金水準でみると、ハローワークの求人は低賃金の案件シェアが高いとの偏りがある。「職業安定業務統計」を利用する際には、最近のカバレッジの低下とデータの偏りが有効求人倍率等の需給指標に歪みを生じさせている可能性を念頭に置く必要がある。また、都道府県別データを比較する際も幅を持ってみる必要がある。

● 有効求人倍率・新規求人倍率の動きの特徴

有効求人倍率と新規求人倍率の動きをみると、景気変動に対する感応度は高く、その変化幅も大きくなっている。例えば、有効求人倍率は、リーマン・ショック後の2009年には0.4倍台まで低下したが、その後の景気拡張局面で急上昇し、2018年には1.6倍台まで上昇した。コロナ禍で一時大幅に低下した後、景気回復に伴い2022年末には1.3倍まで再度上昇した（図8.2）。

図8.2　有効求人倍率・新規求人倍率の動き

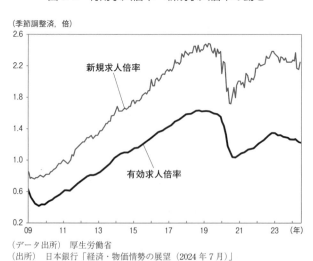

（データ出所）　厚生労働省
（出所）　日本銀行「経済・物価情勢の展望（2024年7月）」

ただし，2023 年以降は，有効求人倍率はごく緩やかながら低下しており，人手不足が深刻化している転職市場の実感とかい離している。これには前述のカバレッジの低下等の影響が及んでいる公算が大きく，労働市場の需給を必ずしも描写していない可能性がある。確定的な評価は現時点では難しいが，「職業安定業務統計」の利用には注意を要する。

8.4　賃金を把握する統計：毎月勤労統計調査

●毎月勤労統計調査：統計の概要

厚生労働省が作成する「**毎月勤労統計調査**」は，事業所（企業）を対象とする。賃金と労働時間を，月次で把握できる唯一の統計である（**表 8.6 ①**）。

■調査対象■　調査対象となる事業所は常用労働者を 5 人以上雇用する事業所（工場，店舗，営業所，本支社）である。常用労働者の 9 割をカバーする。このため，同一企業でも複数の工場や支店等が対象になる。対象の産業は農林漁業と行政機関，警察・消防の公務員を除いたすべての産業である。

雇用されている労働者のうち，期間を定めずに，あるいは 1 か月以上の期間を定めて雇用される「**常用労働者**」を調査対象としている。日雇い労働者や期間 1 か月未満の短期のアルバイト労働者は対象に含まれない。雇用期間によらず調査対象としている「労働力調査」の雇用者よりも定義が狭い。

■調査項目■　賃金（現金給与額），実労働時間・出勤日数，常用労働者数の事業所ごとの合計値を調査する。労働者別のデータは収集していない。

賃金は労働の対価として労働者に支払う給与で，所得税や社会保険料等を差し引く前の金額である。退職金は含まない。そのうち，**所定内給与**は定例の月例給与で基本給や家族手当から構成される。時間外手当が**所定外給与**に対応する。所定内給与と所定外給与の合計が「**きまって支給する給与**」となる。これに賞与などの「**特別に支払われた給与**」を加算したものが「**現金給与総額**」である（**表 8.6 ②**）。

実労働時間は労働者が実際に労働した時間であり，休憩時間を除く。所定内労働時間と所定外労働時間に分けて調査する。出勤日数は業務のために実際に出勤した日数で，短時間でも就業すれば 1 出勤日にカウントする。

賃金，労働時間とも常用労働者数（あるいは一般労働者数，パートタイム労働者数）で割って 1 人当たりの賃金，労働時間を算出して公表する。

8　労働に関する統計：雇用・賃金　　**189**

表 8.6　毎月勤労統計調査の概要

① 統計の概要

項　目		内　容
統計作成者		厚生労働省
統計の種類		調査統計：標本調査
調査対象	事業所	常用労働者 5 人以上を雇用する事業所。農林漁業，行政機関，警察・消防に属する公務員を除いた全産業が対象（公務員のうち，学校，病院，地下鉄・バスは含む）。常用労働者の 9 割をカバー。
	労働者	期間を定めずに，あるいは 1 か月以上の期間を定めて雇用される「常用労働者」を対象。日雇い労働者や期間 1 か月未満のアルバイトは含まれない。「労働力調査」の雇用者より範囲が狭い。
標本サイズ		33,200 事業所（30 人以上：15,200，5〜29 人：18,000）
調査票回収率		速報：67.5%，確報：78.1%（2024 年 7 月調査）
調査項目		賃金，労働時間，常用労働者数（指数及び実数）就業形態計，一般労働者，パートタイム労働者別に調査
調査周期		毎月
公表時期		速報：翌々月の上旬，確報：翌々月の下旬

② 賃金の調査項目

調査項目	説　明
現金給与総額	きまって支給する給与と特別に支払われた給与の合計額
きまって支給する給与	労働協約・就業規則等によって定められた基準によって支給される給与。基本給，家族手当，超過労働手当を含む。
所定内給与	きまって支給する給与のうち，所定外給与以外のもの。基本給，家族手当等。
所定外給与	所定の労働時間を超える労働，休日労働，深夜労働に対して支給される給与。時間外手当，休日出勤手当，深夜手当等。
特別に支払われた給与	①夏冬の賞与，期末手当等の一時金，②支給事由の発生が不定期なもの，③ベースアップの差額追給分等。

③ 調査対象事業所の抽出方法：層化抽出法および層化 2 段抽出法を採用

事業所規模	調査対象事業所数	母集団情報	抽出方法	調査対象事業所の入れ替え方法
500 人以上	約 15,200	事業所母集団データベース（年次フレーム）	全数抽出	—
30〜499 人			層化抽出法	1 年ごとに 3 分の 1 を入れ替え
5〜29 人	約 18,000	経済センサス	層化 2 段抽出法	半年ごとに 3 分の 1 を入れ替え

　統計の表章区分　　いずれの調査項目についても，常用労働者全体である「就業形態計」に加え，一般労働者，パートタイム労働者別に計数を公表している。なお，パートタイム労働者は常用労働者のうち，1 日の所定労働時間が一般

の労働者より短い，週の所定労働日数が一般の労働者よりも少ない，のいずれか
に該当する者（短時間労働者）である。常用労働者からパートタイム労働者を除
いた者が一般労働者であり，フルタイム労働者に該当する。「労働力調査」の正
規雇用者/非正規雇用者の区分と比較すると，パートタイム労働者はほぼ非正規
雇用者のみで構成されるが，一般労働者には正規雇用者（一般労働者の84％：
2023年）に加え，フルタイム勤務の非正規雇用者（同16％）が含まれる。退
職高齢者の再雇用の増加もあって，一般労働者に占めるフルタイムの非正規雇用
者のシェアは増加傾向にある。非正規雇用者の賃金水準は低いことから，一般労
働者の賃金上昇率を下押ししている可能性がある。

統計の公表時期　統計は月次で作成する。速報が翌々月の上旬に，確報が
下旬に公表される。速報から確報までの事後改訂幅は相応に大きい。特に，速報
から確報にかけてパートタイム労働者比率が上方修正され，一般労働者とパート
タイム労働者の合計である就業形態計の賃金が下方修正されることが多い。

標本抽出方法　常用労働者5人以上の事業所（約190万事業所）から，
約33,200事業所を対象事業所として抽出して調査（標本調査）している（**表
8.6③**）。

　常用労働者30人以上の第1種事業所では，母集団名簿「事業所母集団データ
ベース」から対象事業所を抽出する。500人以上の大規模事業所では計数のばら
つきが大きいことから全数抽出し，30～499人の事業所では事業所規模・産
業・地域に層化し無作為抽出する（層化抽出法）。対象事業所は3年間調査を行
い，毎年1月に3分の1ずつ対象事業所を入れ替える。賃金の段差を小さくす
るために，ローテーション・サンプリングを採用している。

　一方，5～29人の第2種事業所では，第1段階では調査対象区域である「調
査区」を「経済センサス」の調査区をベースに層化して抽出する。第2段階では
調査区ごとに統計調査員が実地調査を行って事業所名簿を作成し，対象事業所を
無作為抽出する（層化2段抽出法）。対象事業所を1年6か月間調査し，半年ご
とに3分の1ずつ入れ替えている（ローテーション・サンプリング）。

　なお，精度向上を図るために，①第1種事業所の全部入れ替えから部分入れ替
え（ローテーション・サンプリング）への変更，②東京都・500人以上の大規模
事業所に対する標本調査を全数調査への復帰，③30～499人の中小規模事業所
における対象事業所の積み増し（約13,000 ⇒ 約15,000），といった様々な改善
を2018年から2022年にかけて実施している。

調査票回収率 「毎月勤労統計調査」においては，工場，店舗，本支社など事業所別に賃金データを集計して複数の調査票に記入する必要があるなど，企業の回答負担が重い。こうした影響もあり，調査票回収率は，2024年7月調査の速報時点で68%，確報時点で78%と他の動態統計と比べると低めである。回収率は過去20年間で約10%ポイント低下し，非標本誤差の拡大に伴い計数の振れが目立ってきており，精度にも無視しえない影響を及ぼしている。

継続標本系列「共通事業所による前年同月比」の参考提供 「毎月勤労統計調査」では，調査対象事業所の入れ替えなどによって，賃金や労働時間に段差が生じる。特に賃金の段差は大きく，賃金の前年同月比に振れが生じることで賃金の基調判断の支障となる。また，近年の調査票回収率の低下に伴い，回収される事業所の構成が毎月変化することで，賃金の振れも拡大傾向にある。

こうした点に対応するため，厚生労働省は，2016年1月以降を対象に**「共通事業所」（継続標本）による前年同月比**を新たに提供している。「共通事業所」系列では，当月，前年同月ともに調査票が回収された「共通事業所」に限定して賃金，労働時間の前年同月比を算出している。「共通事業所」系列は，本系列と比べて集計対象の事業所数は少なくなるが，対象事業所の入れ替えや調査票回収の影響を受けないことから，賃金の段差や振れが小さくなる傾向があり，基調的な賃金変動の把握には有用である。

●毎月勤労統計調査：統計の利用方法

公表資料・データ 速報・確報公表時に厚生労働省HPに「概況」が掲載される。「概況」から，賃金，労働時間の動きを把握することができる（表8.7）。1ページに概要と当月の主要系列の実額と前年同月比，2ページに主要系列の時系列表が掲載され，大まかな動きを把握できる。3〜13ページには主要系列のグラフや各系列の詳細な統計表が，14〜15ページには賃金の基調判断に有益な「共通事業所による前年同月比」の時系列データが各々掲載されている。

なお，「概況」掲載の時系列データは厚生労働省HPからダウンロードできるほか，より詳細な時系列データは「政府統計の総合窓口（e-Stat）」（厚生労働省HPからリンク）から入手することができる。

統計の見方 近年のように賃金上昇率が低いもとで，振れが大きい賃金の基調変動を捉えるには，きめ細かい分析が必要となる。その際には，以下の6つの点に留意する（毎月勤労統計調査の精度については肥後（2025）を参照）。

表 8.7　毎月勤労統計調査：概況 1 ページ掲載の主要計数（2024 年 7 月確報）

（事業所規模 5 人以上）

区　分	就業形態計		一般労働者		パートタイム労働者	
		前年比（差）		前年比（差）		前年比（差）
月間現金給与額						
	円	%	円	%	円	%
現金給与総額	403,090	3.4	530,596	3.9	115,141	4.2
きまって支給する給与	283,858	2.2	361,243	2.5	109,097	3.6
所定内給与	264,290	2.4	334,353	2.6	106,063	3.6
（時間当たり給与）	－	－	－	－	1,339	3.7
所定外給与	19,568	−0.2	26,890	0.2	3,034	4.0
特別に支払われた給与	119,232	6.6	169,353	7.1	6,044	15.9
実質賃金						
現金給与総額	－	0.3	－	0.7	－	1.1
きまって支給する給与	－	−1.0	－	−0.6	－	0.4
月間実労働時間数等						
	時間	%	時間	%	時間	%
総実労働時間	141.5	0.6	168.2	1.2	81.5	0.0
所定内労働時間	131.4	0.8	154.6	1.5	79.2	−0.1
所定外労働時間	10.1	−2.0	13.6	−1.4	2.3	4.5
	日	日	日	日	日	日
出勤日数	18.3	0.3	0.2	0.2	14	0.2
常用雇用						
	千人	%	千人	%	千人	%
本調査期間末	51,092	1.2	35,371	3.2	15,721	−3.4
	%	ポイント	%	ポイント	%	ポイント
パートタイム労働者比率	30.77	0.45	－	－	－	－

（出所）　厚生労働省「毎月勤労統計調査」

① 　賃金は，一般労働者とパートタイム労働者に分けて分析する

　賃金の動きは，常用労働者全体の集計値である就業形態計で捉える（表 8 7）。ただし，一般労働者とパートタイム労働者との賃金格差が大きいことから，両労働者の賃金が変化しなくても常用労働者に占めるパートタイム労働者比率が変化すると就業形態計の賃金が変化する。就業形態計に加えて，一般労働者とパートタイム労働者に分けて賃金を分析することが望ましい。

② 　賃金の変動は「現金給与総額」の前年同月比で把握する

　賃金の動きは支給される賃金の総額である「現金給与総額」で捉える。「現金給与総額」は，賞与（「特別に支払われた給与」のほとんどを占める）が支給される影響から，夏（6〜7 月）と冬（12 月）にピークを持つ季節性がある。「現

8　労働に関する統計：雇用・賃金　　*193*

金給与総額」の変動は前年同月比で把握するのが適切である。ただし，事業所によっては賞与の支給月が一定ではなく，年によって夏季賞与が6月となったり7月になったりする。そのことが夏季賞与の前年からの変化を判断するうえでかく乱要因となる。

③ 「所定内給与」の変化で賃金の大まかなトレンド（基調）を把握する

　月々の基本給が大半を占める「所定内給与」は，「現金給与総額」と比べ振れが小さく，賃金のトレンドを把握しやすいとのメリットがある。「現金給与総額」は，変動の大きい所定外給与や賞与を含むためである。春闘（春季労使交渉）における賃上げが一般労働者の所定内給与の上昇率にどのように反映されるかが，賃金の基調判断を左右する大きなポイントになる。

　一般労働者の所定内給与をみる際には，以下の点を注意する。第1に，春闘の賃上げが所定内給与の増加に反映するまでには一定の時間を要する。厚生労働省「賃金引上げ等の実態に関する調査（2023年）」によると，春闘の賃上げが実際の給与支給額に反映される企業の割合は，5月15日時点で42%，6月15日時点で62%，7月15日時点で77%となっており，9月15日時点で9割を超える。賃上げの基調判断はデータの蓄積を待って行う，少なくとも6月分の公表までは待つことが望ましい。

　第2に，連合が公表する春闘賃上げ率は大企業が占めるシェアが高い。中小企業の賃上げ率が大企業を下回る場合は，毎月勤労統計調査の所定内給与の上昇率は小さくなる。

　第3に，一般労働者に含まれるフルタイムの非正規雇用者の増加による賃金上昇率の押し下げ効果に注意する。最近，所定内給与の上昇率は春闘のベースアップ（定期昇給分を除いた賃金引上げ分）を下回る傾向が目立つが，給与水準が低い非正規雇用者の構成比の高まりが影響している可能性がある。

　第4に，非正規雇用者はフルタイムでも時間給制で給与が決まっている場合が多く，月ごとの曜日構成の違いに起因する労働日数・労働時間の変化による振れも生じることに注意する。

　第5に，管理職を中心に成果型給与（年俸制）が広がっており，春闘の賃上げが所定内給与にはストレートに反映されない（代わりに賞与に反映される）場合もある。その場合は所定内給与の上昇率は小さくなる。

④ パートタイム労働者の賃金は「時間当たり給与（時給）」で把握する

　パートタイム労働者の「所定内給与」は，1人当たり労働時間が減少傾向にあ

ることから上昇率が過小となっている。「所定内給与」を所定内労働時間で除した「時間当たり給与（時給）」で変動を把握するのが適切である。

⑤　賞与支給額の振れ・ばらつきが極めて大きいことに注意

「特別に支払われた給与」のほとんどを占める賞与の支給額が「現金給与総額」の変動を左右するが，業績連動型の賞与支給制度が拡がるもとで，企業収益の変動を反映し賞与支給額の振れが大きくなる傾向にもある。特に6月から7月にかけて支給される夏季賞与の好不調を6月のデータだけで判断するのは難しい。企業間のばらつきも大きく，速報と確報とのかい離も賞与では大きくなりやすい。賞与の変動は，拙速に判断せずに支給期間全体で捉えることが大切である。

⑥　標本入れ替え等による段差を避けるため，共通事業所系列を活用する

「毎月勤労統計調査」では，2018年からローテーション・サンプリングを導入し，対象事業所の入れ替え等で生じる段差の縮小を図っているが，各年1月の段差（入れ替え後 − 入れ替え前）は現金給与総額の▲0.9～＋0.4％ポイントとなお大きい。段差が大きなマイナス（プラス）となると，その後1年間，賃金の前年同月比が実勢と比べて低め（高め）となるバイアスが生じる。

段差の影響を避けるには，継続標本による集計値である「共通事業所による前年同月比」系列を用いるのが有用である。全標本から集計される本系列（ヘッドライン公表系列）と比べ「共通事業所」系列の振れは小さく，賃金の基調変動の把握するうえで有益である（コラム参照）。ただし，「共通事業所」系列は標本の大きさが小さいため，精度の限界を認識しておく必要はある。

　常用労働者数〈常用雇用指数〉の利用は要注意　「毎月勤労統計調査」の常用労働者数の利用には注意を要する。最近，常用労働者数は過大推計される傾向があり，統計公表後3～7年後に実施される「経済センサス」を用いた確定値への修正（ベンチマーク更新）で大きめに下方修正されることが多い。雇用者数の動向は，常用労働者数（常用雇用指数）ではなく，「労働力調査」の雇用者数を用いて把握するのが望ましい。

●賃金の動きの特徴

就業形態計・現金給与総額の「共通事業所による前年同月比」系列を用いて，賃金の動きをみる（図8.3）。2013年から2018年にかけての景気拡張局面では年1％程度の上昇にとどまっていた。2020年のコロナ禍でいったん落ち込んだのち，2021年以降の回復局面では，賃金上昇率は次第に高まっている。賞与

図 8.3 賃金（現金給与総額）の動き

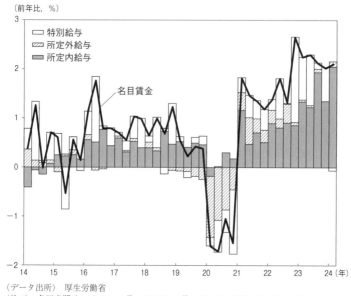

（データ出所）　厚生労働省
（注1）　各四半期は，1Q：3〜5月，2Q：6〜8月，3Q：9〜11月，4Q：12〜2月
（注2）　2016／1Q 以降は，共通事業所ベース。
（出所）　日本銀行「経済・物価情勢の展望（2024年7月）」

（特別に支払われた給与）の増加や春季労使交渉での積極的な賃上げを受けた所定内給与の増加から，2022年末以降，賃金上昇率は2%台を続けている。なお，ヘッドラインの公表系列である本系列でみた場合は，賃金上昇率の拡大傾向はここまで明確とはなっていない。賃金の変動は「共通事業所」系列を用いて把握するのが適切である（詳しくはコラム参照）。

コラム　毎月勤労統計調査における「共通事業所」系列の有効性

　最近の経済政策の運営では賃金上昇率が大きな関心事である。特に2023年は，春季労使交渉における大企業を中心とする大幅な賃上げ（連合集計の賃上げ率：2022年：2.1%→2023年：3.6%）が中小企業に波及し，雇用者全体の賃金上昇率がどの程度拡大するかが，景気判断のポイントとなっている。「毎月勤労統計調査」で賃上げの動向をどの程度明らかにできるかを，2023年の賃上げが反映されたと考えられる2023年9月確報時点のデータで確認してみよう。

図8.4 「毎月勤労統計調査」による賃金上昇率（前年同月比：％）の推移

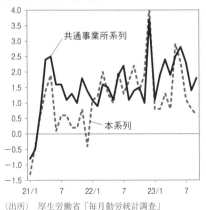
① 就業形態計・現金給与総額

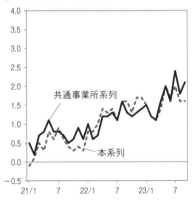
② 一般労働者・所定内給与

（出所）　厚生労働省「毎月勤労統計調査」

1．全標本の集計値：本系列による賃金の動き

　全標本の集計値である本系列（ヘッドラインの公表系列）を用いて，就業形態計の現金給与総額（全産業・規模合計，以下同じ）の前年同月比をみる（図8.4①の点線）。月々の大きな振れを均すために6か月平均で比較すると，2023年4～9月平均は＋1.4％と2022年の同平均の＋1.6％と比べ幾分低下している。本系列の就業形態計では，賃金上昇率の拡大を確認できない。これには，標本入れ替えによる段差が影響している。2022年1月の標本入れ替えに伴う上方への段差によって2022年の前年同月比が実勢以上に押し上げられたことが，2022年から2023年にかけての賃金上昇率の低下をもたらしているとみられる。

　さらに，就業形態計の賃金は，賃金水準に大きな違いがある一般労働者とパートタイム労働者との構成比が変化することでも振れが生じる。この影響を避けるため，労働者の範囲を一般労働者に限定する。そのうえで，月々の基本給を反映する所定内給与の動きをみると（図8.4②の点線），2023年4～9月の平均（＋1.7％）は前年（＋1.4％）と比べて拡大していることが分かる。もっとも，その拡大幅は＋0.3％ポイントと春季労使交渉の拡大幅（＋1.5％ポイント）と比べ小さい。賃金総額である現金給与総額では，2023年4～9月の平均（＋2.0％）となり，前年（＋1.9％）と比べ＋0.1％ポイントの拡大にとどまる。本系列でみる限りは春闘における賃上げの波及はかなり限定的にとどまっていたと判断される。

2．継続標本：「共通事業所による前年同月比」系列による賃金の動き

　標本入れ替えに伴う段差や振れの影響を除くため，継続標本の集計値である「共通

事業所」系列を用いて就業形態計の現金給与総額の前年同月比（**図8.4①の実線**）を
みると，2023年4～9月の平均（＋2.1％）は，前年（＋1.5％）と比べて＋0.6％ポ
イント拡大している。さらに，一般労働者の所定内給与ならびに現金給与総額でも，
2023年の上昇率は前年と比べて＋0.6％ポイント拡大している（所定内給与：2022
年＋1.3％→2023年＋1.9％〈**図8.4②の実線**〉，現金給与総額：＋1.7％→＋2.3％）。
春闘における賃上げ率の拡大幅と比べると小幅にとどまるが，所定内給与に加えて現
金給与総額でも上昇率が拡大するなど賃金上昇率の拡大傾向はより明確である。春闘
の賃上げが中小企業も含めて一定程度，波及していると評価できる。

3. 基調判断の際に「共通事業所」系列を利用するメリットは大きい

　事業所ごとにパートタイム比率や賞与支給額に大きなばらつきが存在していること
から，事業所間に生じる賃金格差が標本入れ替え時に賃金の段差や振れが生じている。
このため，全標本を集計する本系列では賃金変動を的確に把握することが難しい。
2023年の賃金動向をみると，標本入れ替えの段差や振れの影響から，本系列の賃金
上昇率の拡大ペースは極めて鈍くなっている。春闘の賃上げ率の拡大が全労働者の賃
金上昇率に一定程度波及しているはずだが，本系列をみる限りでは，その変化が標本
入れ替えの段差に埋もれてしまい，そうした動きを捉えることは困難である。
　一方，継続標本によって賃金の段差や振れを回避できる「共通事業所」系列を用い
ると，賃金上昇率の拡大傾向を明確に捉えることができる。「共通事業所」系列の信
頼性がより高いと判断される。「毎月勤労統計調査」の精度は十分ではないなかで，
賃金動向を的確に把握するには，「共通事業所」系列に着目するなど，利用面の工夫
を図ることが大切である。

◆ 練習問題

問 8.1 雇用・賃金を把握することが景気判断において重要であるのはなぜか。その2つの注目ポイントについて説明せよ。

問 8.2 総務省が作成する「労働力調査」について以下の問に答えよ。
(1)「労働力調査」では，ローテーション・サンプリングを採用しているが，その際に前月比と前年同月比の振れを小さくするために，どのような標本の抽出方法を採用しているかを説明せよ。
(2)「労働力調査」では，雇用形態として「正規雇用者」と「非正規雇用者」を調査している。これは，「毎月勤労統計調査」における「一般労働者」と「パートタイム労働者」と定義がどのように異なるのか説明せよ。

問 8.3 厚生労働省が作成する「毎月勤労統計調査」は賃金の動きを捉える動態統計であり，重要性が高い。しかしながら，賃金の振れは大きく，賃金変動の基調を捉えるのは容易ではない。「毎月勤労統計調査」の賃金のきめ細かな分析を行う際に気をつける必要がある6つのポイントを説明せよ。

8 労働に関する統計：雇用・賃金

第9章
家計に関する統計：家計消費

- ■9.1 家計消費の特徴とその把握方法
- ■9.2 家計の消費構造を把握する統計：家計調査
- ■9.3 家計消費の基調判断指標：消費活動指数
- ■9.4 家計消費の詳細な分析に役立つ各種の統計
- ■9.5 消費者マインド統計：消費者態度指数/景気ウォッチャー調査

コラム　家計調査：2018年の大幅見直しによる段差の影響

　第9章では，家計の消費に関する統計を取り上げる。9.1節では，家計消費の特徴点を整理し，家計消費を捕捉する統計の利用方法を解説する。家計消費を包括的に把握できる「決め手となる」統計は存在しないため，複数の統計を組み合わせて利用する必要がある。また，統計利用の目的が，景気の基調判断か，構造分析かを明確にし，適切に統計を選択することが大事になる。

　そのうえで，9.2節では，家計の消費構造を把握する統計として「家計調査」を説明する。次に9.3節では，家計消費の変動を捉え，基調判断に役立つ指標として「消費活動指数」を取り上げる。9.4節では，分野別の消費を把握する「商業動態統計調査」「新車登録台数」「外食産業市場動向調査」「宿泊旅行統計調査」「サービス産業動態統計調査」「JCB消費NOW」を紹介する。最後に9.5節では，消費者マインドを捕捉する「消費者態度指数」と「景気ウォッチャー調査」を取り上げる。

9.1　家計消費の特徴とその把握方法

●家計消費がGDPに占めるシェア

　家計最終消費支出（家計消費）は2023年で314兆円と，名目GDP（593兆円）の53%を占める（前掲表7.1）。支出側GDPでは最も金額が大きい需要項目

200

である。家計消費の増減率の変動は比較的小さいがGDPに占めるシェアが大きいことから実質成長率への寄与度は大きく，民間設備投資と同程度の寄与を持つ。景気の分析において，家計消費の把握は重要度が高いが，1つの統計で捉えるのはなかなか難しいのが実情であり，複数の統計を組み合わせて分析する必要がある。

●家計消費と可処分所得：貯蓄率（消費性向）の推移

　家計は，**可処分所得**（労働提供等から得られる所得から税・社会保険料を控除した手取り所得）ならびに一部は貯蓄取り崩しや借入をもとに消費を行う。可処分所得を消費した残りが**家計貯蓄**である。家計消費の可処分所得に占める割合を**消費性向**，家計貯蓄の可処分所得に占める割合を**貯蓄率**と呼ぶ。定義により，貯蓄率＝1－消費性向である。

　家計の貯蓄率は，1990年代以降，低下の一途を辿り，2013～2014年にはマイナスとなったが，2015年以降小幅のプラスに戻った（**図9.1**）。その後，各種給付金の増加の一方でコロナ禍による外出抑制で消費が大きく落ち込んだ結果，2020年は10％台まで上昇した。しかし，コロナの収束に伴い再び低下し，2023年にはほぼゼロとなっている。家計の貯蓄率（消費性向）は，高齢化の進

図9.1　家計貯蓄率の推移（国民経済計算ベース）

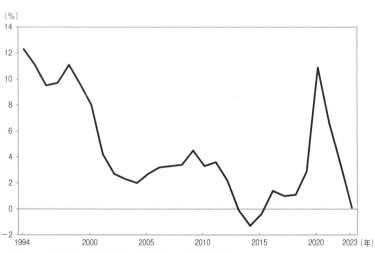

（出所）　内閣府「家計可処分所得・家計貯蓄率四半期別速報」

表 9.1　国内家計最終消費支出（名目・2023 年）の形態別の内訳

	耐久財	半耐久財	非耐久財	サービス	サービスのうち持ち家の帰属家賃	合　計
金　額	26 兆円	20 兆円	93 兆円	179 兆円	48 兆円	318 兆円
構成比	8%	6%	29%	56%	15%	100%

（出所）　内閣府「国民経済計算」，2024 年 9 月末時点

展などの構造変化に加え，家計の先行きに関する所得見通しや消費者マインドによっても変化する。

● 形態別の家計消費

　「国民経済計算」で家計消費を形態別にみると，2023 年では財が全体の44%，サービスが 56% を占める（表 9.1）。財のうち，非耐久財（食料品，電気・ガス・水道等）が 29%，耐久財（家電製品，自動車等）が 8%，半耐久財（被服，履物等）が 6% となっている。サービスでは，住宅への消費が最も大きく，15% が**持ち家の帰属家賃**である。持ち家の帰属家賃は，自己保有の住宅について，通常の借家と同様のサービスを消費したとして市場の借家家賃で評価した家賃であり，実際には金銭の支払いは生じない。このため，持ち家の帰属家賃を除いた家計消費支出が，実際に家計が金銭を支出する消費額に対応する。

● 家計消費を把握する統計とその利用方法

　家計消費については，以下のように統計を利用する。
① 　家計消費の基調判断は供給側統計を用いて行う

　家計消費を包括的に把握できる「決め手となる」統計は存在しない。日本は，世帯を対象とする包括的な消費統計「**家計調査**」が月次で実施されている稀な国である。十分な標本サイズが確保され，調査客体が日々の消費行動を誤りなく記載できれば，家計消費の包括的把握が可能となる。しかしながら，後述のように「家計調査」の振れは大きく，数か月のデータを均しても，消費の基調判断に利用するのは難しい。そこで，消費の基調判断は，財・サービスを生産する企業側の統計（供給側統計）を利用して行うことが適切である。供給側統計と需要側統計の双方を用いて推計を行う四半期別 GDP 速報（QE）においても，近年では家

計消費の供給側統計への依存比率は9割まで高まるなど，供給側統計をベースに推計しているのが実情である。

② 「家計調査」を世帯属性別の消費構造を把握する構造統計として利用

一方で，「家計調査」は，振れは大きいが世帯の消費構造を包括的に把握できる貴重な統計である。年齢別や就業形態別（勤労者，無職，自営業など）など世帯属性別の消費構造や所得と消費とのバランス（消費性向，貯蓄率）は，供給側統計では決して得られない情報である。「家計調査」は，景気変動の把握には向かないが，消費構造を把握する構造統計として利用することに適している。

③ 消費の基調判断を行う指標として，「消費活動指数」が有用

消費を包括的に把握できる供給側統計は存在しないことから，財・サービスの分野別に個別の統計を利用して基調判断を行う必要がある。公式の統計ではないが，日本銀行が各種の供給側統計を組み合わせて作成している分析データ「消費活動指数」は，速報性が高く消費の基調判断には有用である。

④ 個別の供給側統計では「商業動態統計調査」「新車登録台数」「外食売上高」「宿泊旅行統計調査」「サービス産業動態統計調査」などに着目する

細かい分類で消費動向を把握するうえで，個別の供給側統計である「商業動態統計調査」「新車登録台数」「外食売上高」「宿泊旅行統計調査」などを活用するとよい。「サービス産業動態統計調査」は速報性を欠くものの，サービス分野の包括的な統計であり有用である。また，速報性が高いクレジットカード情報を活用した「JCB消費NOW」は，消費の基調を迅速に把握するうえで有効である。

⑤ 家計の消費スタンスを把握するために，マインド指標に着目する

家計消費の動きは，可処分所得に加えて，消費性向（貯蓄率）に影響を及ぼす消費者マインドにも左右される。消費者マインドは，「消費動向調査」の「消費者態度指数」が消費者のマインドを直接把握しており有用である。加えて，消費の最前線にある販売従事者の実感を把握する「景気ウォッチャー調査」も，同様に消費動向を把握するうえで有用である。

9.2　家計の消費構造を把握する統計：家計調査

●家計調査：統計の概要

総務省が作成する「家計調査」は，世帯を対象に家計の収入・支出の実態を把握する調査統計である（表9.2①）。

⑨ 家計に関する統計：家計消費　　203

表 9.2　家計調査の概要

① 統計の概要

項　目		内　容
統計作成者		総務省
統計の種類		調査統計：標本調査
調査対象		全国の世帯（除く学生単身世帯，施設等の世帯）5,270 万世帯（2 人以上の世帯：3,455 万世帯，単身世帯：1,815 万世帯）
標本サイズ		2 人以上の世帯：8,076 世帯，単身世帯：745 世帯
調査票回収率		94.3%（2018 年）
調査項目	家計簿	勤労者世帯・無職世帯：毎月の収入と支出 その他の世帯（自営業）：毎月の支出のみ
	その他の調査票	➢　年間収入調査票　過去 1 年間の収入 ➢　貯蓄等調査票　貯蓄現在高及び借入金残高 ➢　世帯票・準世帯調査票　世帯・世帯員・住居に関する事項
調査周期		毎月及び四半期
公表時期		家計収支編：2 人以上の世帯（月次）：調査月の翌々月の上旬 同：単身世帯・総世帯（四半期）：四半期終了後翌々月の上旬 貯蓄・負債編（四半期）：四半期終了後 4 か月後

② 標本抽出方法

➢層化 3 段抽出法

抽出段階	内　容
第 1 段：市町村	全国の市町村を層化し，168 の調査市町村を抽出。
第 2 段：調査区	各調査市町村から調査区（国勢調査の調査区 2 つ分）約 1,400 を抽出。
第 3 段：世　帯	統計調査員が調査区（約 100 世帯）を巡回して作成した世帯名簿をもとに 6 世帯を抽出（2 人以上の世帯の場合）。 調査を引き受けてもらえない場合は，代わりの世帯を抽出。

➢標本交替方式：ローテーション・サンプリング

● 調査区は 12 か月連続して調査。調査 1 か月目に 6 世帯を抽出，6 か月間連続して調査。7 か月目に次の 6 世帯を抽出，6 か月連続して調査。
● 調査区は毎月 12 分の 1 ずつ，調査対象世帯は毎月 6 分の 1 ずつ交替する。

調査対象　母集団は，学生単身世帯，施設等に居住する世帯を除いた全国の世帯（5,270 万世帯）である。全国の世帯から 2 人以上の世帯を 8,076 世帯，単身世帯を 745 世帯，各々抽出して調査している。

標本抽出方法　標本は層化 3 段抽出法で抽出される（**表 9.2 ②**）。1 段目では全国の市町村を層化し，168 の調査市町村を抽出する。2 段目では各調査市町村から調査区（国勢調査の隣接調査区 2 つ分：約 100 世帯）を全国で約 1,400 抽出する。3 段目では統計調査員が作成する調査区内の世帯名簿から 6 世帯（2 人以上の世帯の場合：単身世帯は 2 調査区ごとに 1 世帯）を抽出する。

同一の調査区は 12 か月連続して調査される。1 か月目に抽出された世帯を 6 か月連続して調査し，7 か月目に新たに 6 世帯を抽出，その世帯を 6 か月連続して調査する。毎月，調査区は 12 分の 1 ずつ，調査対象世帯は 6 分の 1 ずつ交替するローテーション・サンプリングを採用することで，標本入れ替えによる計数の段差や振れを小さくすることを目指している。

　統計の公表時期　「家計調査」の主要な計数である「家計収支編（収入と支出）・2 人以上の世帯」は毎月調査され，結果は調査対象月の翌々月上旬に公表される。

　調査票回収率　調査票回収率は 94％と高いが，この値は事前に調査協力を承諾した世帯に対する比率である。「家計調査」は 6 か月間家計簿の記入を要するなど報告者負担が重い調査であるため，調査依頼に対して調査の承諾が得られる世帯は 3 世帯のうち 1 世帯程度にとどまるとされる。家計簿を記入する習慣も徐々にすたれるなど調査環境は厳しく，統計の精度にも影響が及んでいる。

　総務省は，報告者負担を軽減し精度向上を図るため，2018 年から①家計簿のオンライン化（併せてレシートの読取機能を装備），②家計簿の記入項目のプレプリント化（給与・年金の内訳項目，税金・社会保険料等の控除項目をあらかじめ家計簿に印刷しておく方式の導入）などの工夫を新たに導入している。

　調査対象世帯の構成と調査項目　調査対象世帯は勤労者世帯，無職世帯，勤労者・無職以外の世帯，の 3 つに区分される（**表 9.3**）。無職世帯はほとんどが年金を受給する高齢者世帯，勤労者・無職以外の世帯はその多くが自営業に従事する世帯である。高齢化の進展に伴い，無職世帯の割合が 35％まで高まっている。

　調査項目は収入と支出の 2 つに区分される。そのうち，収入は世帯に属する世

表 9.3　調査対象世帯の構成と調査項目

調査対象世帯の構成		世帯構成比 （2023 年）	調査項目	
世帯の分類	世帯の特徴		収入	支出
勤労者世帯	世帯主が雇用者である世帯	54.0％	○	○
無職世帯	世帯主が無職の世帯。ほとんどが年金を受給する高齢者世帯	34.5％	○	○
勤労者・無職以外の世帯	世帯主が自営業に従事する，あるいは企業の経営者である世帯	11.5％	×	○

（注）　世帯構成比は，2023 年における 2 人以上の世帯の構成比である。

⑨　家計に関する統計：家計消費　　205

帯員全員の実収入（給与・年金収入等）を調査する。支出は世帯全体での支出であり，実支出は，財・サービスへの支出である消費支出と税金・社会保険料の支出である非消費支出から構成される。消費支出は，10大費目分類（食料，住居，光熱・水道，家具・家事用品，被服及び履物，保健医療，交通・通信，教育，教養娯楽，その他の消費支出）に加え，詳細な品目単位でも把握することができる。

　なお，消費支出は全ての世帯で調査されるが，収入と非消費支出は，勤労者世帯と無職世帯のみの調査である。そのため，可処分所得（＝実収入－非消費支出）や平均消費性向（消費支出/可処分所得）は，勤労者世帯と無職世帯のみで把握することが可能である。

　調査対象世帯の表章区分　　対象世帯の表章区分として，2人以上の世帯，単身世帯，両者を合計した総世帯の計数のほか，その内訳である勤労者世帯，無職世帯，勤労者・無職以外の世帯別の計数が提供されている。そのほか，世帯主の年齢階級別，年間収入階級別（5分位階級別），職業別，有業人員別などについて計数を利用することが可能である。世帯属性別の消費支出や平均消費性向の動きを把握することができる。

●家計調査：統計の利用方法

　公表資料・データ　　「家計収支編・2人以上の世帯」の概要は，月次の公表時に総務省統計局HPに掲載される「月次結果（概要及び統計表）」で把握できる。さらに，2人以上の世帯，2人以上の世帯のうち勤労者世帯の時系列データは総務省統計局HPの「時系列データ」から，年齢階級別や年間収入階級別等の属性別のデータは「政府の統計窓口（e-Stat）」（総務省統計局HPからリンク）の「詳細結果表」から入手できる。

　公表計数：実額・名目増減率・実質増減率　　各データでは各項目の実額が提供されるほか，2人以上の世帯，2人以上の世帯のうち勤労者世帯の主要項目では，名目増減率（前年同月比，前年比）と物価の変動を除いた実質増減率（同）が提供されている。実質増減率は，名目額を該当する消費者物価指数（実収入，可処分所得，消費支出では「消費者物価指数・持家の帰属家賃を除く総合指数」）で割り引いて算出した実質額の変化率である。一部の項目では，季節調整済計数も提供されている。

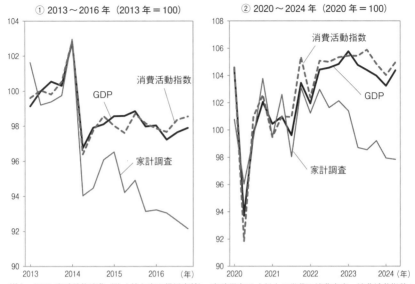

図 9.2　家計消費（実質値）の推移：GDP，家計調査，消費活動指数の比較

(注)　GDP：家計最終消費（除く持ち家の帰属家賃），家計調査：2 人以上の世帯の消費支出，消費活動指数：旅行収支調整済，いずれも実質季節調整済系列。
(出所)　内閣府「国民経済計算」，総務省「家計調査」，日本銀行「消費活動指数」をもとに筆者作成

統計の見方

① 「家計調査」の消費支出の振れは大きく，数か月のデータを均しても家計消費の基調判断を行うのは困難。基調判断には利用しないのが適切

「家計調査」2 人以上の世帯における消費支出の標本誤差（標準誤差率）は月次で約 1.3% である。前年同月比の標準誤差率は，その 1.4（＝$\sqrt{2}$）倍の約 1.8% と推測される。近年，家計消費の増加率は最大でも年 2% 程度にとどまることから，「家計調査」を用いて家計消費の基調判断を行うのは難しい。

過去 10 年間のうち，2014 年から 2015 年にかけて，2022 年後半から 2023 年にかけての 2 つの時期では，「家計調査」の消費支出は減少する一方で，GDPの家計消費は横ばいないし緩やかに増加しており，両者の動きはかい離している（図 9.2）。一旦かい離が生じると，半年から 1 年程度継続してかい離が拡大する傾向がある。このため，「家計調査」の計数に移動平均を施しても，消費の基調的な変動を正しく把握するのは難しい。「家計調査」は，構造面での把握には有用な一方で，消費の基調的な判断を誤る可能性がある。消費の基調判断には，

表 9.4 「家計調査」の標準誤差率（2018 年，単身世帯は 2021 年）

支出項目別	2 人以上世帯		単身世帯	年齢階級別	2 人以上
	月　次	年平均	年平均		年平均
消費支出計	1.3%	0.4%	1.4%	消費支出計	0.4%
食　料	0.7%	0.2%	1.1%	25〜29 歳	2.1%
住　居	8.1%	2.4%	3.5%	30〜34 歳	1.5%
光熱・水道	0.9%	0.3%	1.2%	35〜39 歳	1.4%
家具・家事用品	3.6%	1.1%	5.2%	40〜44 歳	1.1%
被服及び履物	2.9%	0.9%	4.9%	45〜49 歳	1.1%
保健医療	3.4%	1.0%	4.6%	50〜54 歳	1.2%
交通・通信	4.8%	1.4%	3.2%	55〜59 歳	1.3%
教　育	7.8%	2.5%	―	60〜64 歳	1.3%
教養娯楽	2.4%	0.7%	3.0%	65〜69 歳	1.1%
その他の消費支出	2.6%	0.8%	2.6%	70 歳以上	0.7%

（注）　月次は 2018 年 1〜12 月の月次データの単純平均。年齢階級別については，変動係数
を標本サイズの平方根で割り 1.3 倍を乗じて算出した概算値。
（出所）　総務省「家計調査　標本設計の概要」「家計調査年報（家計収支編）」

「消費活動指数」などの供給側統計を用いるのが適切と考えられる。

② 　年齢階級別，年間収入階級別，勤労者世帯・無職世帯別など家計属性別の消
費動向の違いを把握する構造統計として「家計調査」を活用する

「家計調査」は，様々な属性を持つ 8,000 世帯の収入・消費支出を包括的に捉
えた統計であり，財・サービスを提供する企業側の統計（供給側統計）から得ら
れない，家計属性別の収入や消費の動きを把握することができる貴重な統計であ
る。利用する際には，振れを均すために年単位といった長めの期間の平均を採る
ことが望ましい（**表 9.4**）。さらに，費目別など世帯属性別の標準誤差率は項目ご
とに大きく異なる点には注意を要する。食料や光熱・水道の標準誤差率は小さく，
支出の精度は相対的に高い。一方，教育や住居の標準誤差率が大きいことから，
変動は幅を持って評価する必要がある。同様に，高齢者層の支出の精度も相対的
に高くなっている。

③ 　「家計調査」の消費支出は GDP の家計消費と範囲が異なる

「家計調査」の消費支出は，持ち家の帰属家賃など現金支出を伴わない消費を
含んでいない（住宅購入は消費支出に含まれない）。そのため，「家計調査」の消
費支出額は GDP の家計消費よりも小さな値となり，「家計調査」の平均消費性向
は GDP と比べて低くなる（貯蓄率は高くなる）。

④ 「家計調査」は1世帯当たりの消費支出を捉えている点に注意する

　「家計調査」の収入や消費支出は，1世帯当たりの計数である。核家族化の進展により1世帯当たり人員は減少傾向にあることから，「家計調査」の消費支出はGDPや供給側統計の家計消費と比べ下方トレンドを有する。2人以上の世帯における1世帯当たり人員は，2010年の3.09人から2020年の2.95人へと▲4.5%減少している。同期間の総人口減少率（▲1.5%減少）とのかい離3%ポイント（年率：0.3%ポイント）分，「家計調査」の計数は下方バイアスを内包している。

⑤ 2018年実施の「家計調査」大幅見直しに伴う計数の段差に注意する

　2018年に実施した家計簿のオンライン化や記入項目のプレプリント化などの工夫を講じたことで，「家計調査」の捕捉率が高まり，精度が改善している。一方，見直し前後で可処分所得と消費支出に段差が生じている。2人以上の勤労者世帯でみると消費支出が2%ポイント，可処分所得が8%ポイント，各々見直し前後で増加している。所得の増加率が消費の増加率を上回ることから，平均消費性向は4%ポイント低下している。「家計調査」を利用する際には，見直し前の2017年以前と見直しの影響がフルに反映された2019年以降の2つの期間に分けて計数を利用することが適切である（詳しくはコラムを参照）。

9.3　家計消費の基調判断指標：消費活動指数

●消費活動指数：統計の概要

　「消費活動指数」は，日本銀行が作成する調査分析用の分析データである（表9.5①）。統計とは位置づけられていないが，実態は「加工統計」に近い。家計消費の動きを包括的に捉える速報性が高い統計が存在しないなかで，消費活動指数は家計消費の景気判断を行ううえで有用なデータである。

　対象範囲　「消費活動指数」の対象範囲はGDPの家計最終消費支出（除く持ち家の帰属家賃）である。QEは事後改訂幅が大きく，家計消費の基調判断を攪乱する場合があることから，消費活動指数は，精度の高い家計消費の年次推計値にできるだけ近い動きをするように作成されている。また，市場で取引される財・サービス消費の動きを捕捉することを目的とすることから，持ち家の帰属家賃を除いた家計消費支出を消費活動指数のターゲットとしている。

　作成項目　名目と実質の消費活動指数のほか，実質消費活動指数の内訳で

9　家計に関する統計：家計消費　　209

表9.5 消費活動指数の概要

① データの概要

項　目	内　容
データ作成者	日本銀行
データの種類	調査分析用の分析データ。実態としては「加工統計」に近い。
対象範囲	家計最終消費支出（除く持ち家の帰属家賃）
作成項目	名目・実質消費活動指数，名目・実質消費活動指数（旅行収支調整済），実質耐久財指数，実質非耐久財指数，実質サービス指数
基準年	2015 年（2015 年平均＝100）
作成方法	➢ 基礎データは下記②のとおり ➢ ウエイトは「産業連関表（2015 年）」を利用 ➢ 該当品目の消費者物価指数で実質化 ➢ 旅行収支調整済：「国際収支統計」の旅行収支（「外国人のインバウンド消費」—「日本人の海外での消費」）を控除
作成周期	月次
公表時期	対象月の翌々月の第5営業日

② 主な基礎データ

項　目		基礎データ
財	下記以外の財	経済産業省「商業動態統計調査」
	自動車	日本自動車販売協会連合会「自動車国内販売」等
	電気・都市ガス・水道	資源エネルギー庁「電力調査統計」「ガス事業生産動態統計調査」等
	たばこ	経済産業省「鉱工業指数」等
サービス	外食・宿泊・通信・介護	総務省「サービス産業動態統計調査」
	娯楽（遊園地等）・学習塾・冠婚葬祭・貸金・クレジットカード・ゲームソフト	
	旅行	観光庁「旅行業者取扱額」
	交通・駐車場・自動車整備	国土交通省の関連統計
	医療	社会保険診療報酬支払基金統計等
	娯楽（映画，音楽・プロスポーツ興行，競馬）・新聞・書籍雑誌・放送・郵便	業界統計，専門機関の収集データ，日本郵便・NHK の公表資料
	金融・保険（上記除く）	日本銀行・生保・損保協会の統計

ある実質耐久財指数，同非耐久財指数，同サービス指数を作成している。名目指数の実質化は該当品目の「消費者物価指数」を用いている。なお，消費活動指数は，2015 年平均＝100 とした指数であり，季節調整済系列のみが公表されている。「消費活動指数」の非耐久財は GDP における半耐久財と非耐久財との合計に対応する。また，対象範囲を GDP で通常用いられる国民概念の家計最終消費支出と合致させるため，消費活動指数から「外国人のインバウンド消費」を控除し，「日本人の海外旅行等での消費」を加算した「**消費活動指数（旅行収支調整済）**」

を作成している。GDP においては，「外国人のインバウンド消費」はサービス輸出，「日本人の海外旅行等での消費」はサービス輸入にそれぞれ分類される。

作成方法 「消費活動指数」は，速報性を確保するとともに簡便に作成できることを重視し基礎データを選定のうえ作成している。財では，その大半について経済産業省「商業動態統計調査」の小売販売額を利用している（**表9.5②**）。サービスでは，経済産業省「第3次産業活動指数」の基礎統計を念頭に，総務省「サービス産業動態統計調査」や業界統計などを利用している。また，消費活動指数（旅行収支調整済）は，財務省・日本銀行「国際収支統計」の旅行収支（「外国人のインバウンド消費」−「日本人の海外での消費」）を控除して算出している。公表が遅い一部の基礎データについては速報値が得られる代替統計で直近月を延長推計し，基礎データの公表後にリバイスしている。

なお，日本銀行では，消費活動指数の精度を改善するために，2016年の作成開始以降，数年ごとに作成方法を見直している。

公表時期 「消費活動指数」は月次で作成され，翌々月第5営業日に公表される。

●消費活動指数：統計の利用方法

公表資料・データ 公表時に日本銀行 HP の「調査・研究」の「分析データ」に図表とデータが掲載される。2003年以降について月次及び四半期平均の時系列データが提供されている。

統計の見方

① 基調判断には，「実質消費活動指数（旅行収支調整済）」を用いる

家計消費の基調判断には，実質 GDP の家計最終消費支出（除く持ち家の帰属家賃）に対応する「実質消費活動指数（旅行収支調整済）」を用いる。

② 基調判断には，季節調整済系列の前月比・前期比を用いる

公表されている季節調整済系列から前月比や前期比を算出して，家計消費の基調判断を行う。

③ 消費活動指数には一定の誤差が含まれていることを念頭に利用する

消費活動指数は，GDP 速報値（QE）に先行して月次で公表されるなど速報性が高く，家計消費の基調判断に有用である（**図9.3**）。ただし，速報性のある精度の高い基礎データの入手には制約があり，消費活動指数には一定の誤差が含まれる。消費活動指数と GDP の家計消費とのかい離（前年比のかい離の絶対値の平

9 家計に関する統計：家計消費 211

図 9.3　消費活動指数と GDP 家計最終消費支出

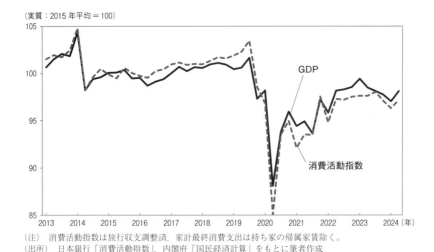

（注）　消費活動指数は旅行収支調整済，家計最終消費支出は持ち家の帰属家賃除く。
（出所）　日本銀行「消費活動指数」，内閣府「国民経済計算」をもとに筆者作成

均：平均絶対誤差）は，2004〜2019 年平均で約 0.4％ポイントと「家計調査」よりは小さな値である。ただし，2020 年以降，GDP・家計消費対比で下方へのかい離が継続する傾向もみられ，精度面で注意を要する状況である。こうした点を踏まえ，消費活動指数は，速報時点における家計消費の判断指標として，直近の比較的短い期間の利用にとどめるのがよい。

● 家計消費の基調判断に利用可能な指標：総消費動向指数（CTI マクロ）

「消費活動指数」のほか，総務省が作成する「総消費動向指数（CTI マクロ）」を家計消費の基調判断に利用することが可能である（CTI とは，Consumption Trend Index（消費動向指数）の略）。「総消費動向指数（CTI マクロ）」は，需要側統計である総務省「世帯消費動向指数（CTI ミクロ）」（「家計調査」と総務省「家計消費状況調査」「家計消費単身モニター調査」を合成した指数）と供給側統計である経済産業省「鉱工業指数」「第 3 次産業活動指数」を合成して作成される指数（2020 年平均=100）であり，月次で作成されている。

時系列回帰モデルを用いて GDP の家計消費支出（実質・季節調整済）とのかい離が最小となるように各説明変数の係数を推計して「総消費動向指数（CTI マクロ）」を求めることから，そのかい離は小さく有用とみられる。ただし，家計

消費の基調判断において重要である直近の指数については，追加される最新データを用いてモデルが再推計され，係数が変化する影響から，当初公表の速報値の事後改訂幅が大きくなる場合がある点には注意する。なお，財・サービスなどの内訳計数は提供されておらず，詳細な分析には制約がある。

9.4　家計消費の詳細な分析に役立つ各種の統計

●個別分野ごとの家計消費の把握に役立つ各種の統計

家計消費を分野別に把握するうえで役立つ統計を取り上げる（**表9.6**）。

●商業動態統計調査

統計の概要　経済産業省が作成する「商業動態統計調査」は，全国の商業（卸売業・小売業）の動向を明らかにする調査統計である。小売業全体の販売額に加え，百貨店，スーパー，コンビニエンスストア，家電大型専門店，ドラッグストア，ホームセンターの主要6業態の販売額が提供されている（**表9.7①②**）。小売店で販売される財全般の消費動向を把握することができるうえに，集計結果が対象月の翌月末に公表されるなど速報性も高い。

商品販売額の作成方法　基準年（2015年）の商品販売額を「経済センサス活動調査（2016年）」から算出し，この販売額に前月と当月双方で調査票が回収された継続標本から算出した前月比を乗じて毎月の商品販売額を推計する。継続標本を用いることで標本誤差に起因する振れが抑制される。一方，店舗新設

表9.6　個別分野ごとの消費動向を把握するのに役立つ統計

分　野	統計名	作成者	公表日
財全般	商業動態統計調査	経済産業省	翌月末
自動車	新車登録台数	日本自動車販売協会連合会 全国軽自動車協会連合会	翌月第1営業日
外　食	外食産業市場動向調査	日本フードサービス協会	翌月下旬
宿　泊	宿泊旅行統計調査	観光庁	翌月末
サービス	サービス産業動態統計調査	総務省	翌々月下旬
全　般	JCB消費NOW	JCB・ナウキャスト	2週間後

⑨　家計に関する統計：家計消費　　213

表 9.7　商業動態統計調査の概要

① 統計の概要

項　目	内　容
統計作成者	経済産業省
統計の種類	調査統計：標本調査／全数調査／裾切り調査
調査対象	全国の卸売業・小売業の事業所及び企業
標本サイズ	25,000 事業所または企業
調査票回収率	85.6%（2023 年 8 月）
調査項目	商品販売額，従業員数，商品手持ち額（四半期末のみ）
調査周期	月次
公表時期	速報：対象月の翌月末　確報：対象月の翌々月中旬

② 小売業の販売額統計の内訳

業　態	販売額（全体に占めるシェア）（2023 年）	標本抽出方法	提供される内訳系列	季節調整済	都道府県別
小売業全体	163 兆円	標本調査	業種別（9 業種）	○	×
百貨店	6 兆円（4%）	全数調査	商品別（10 区分）	○	○
スーパー	16 兆円（10%）	全数調査	商品別（10 区分）	○	○
コンビニエンスストア	13 兆円（8%）	主要企業への裾切り調査	商品別（4 区分）	○	○
家電大型専門店	5 兆円（3%）	主要企業への裾切り調査	商品別（12 区分）	×	○
ドラックストア	8 兆円（5%）	主要企業への裾切り調査	商品別（9 区分）	×	○
ホームセンター	3 兆円（2%）	主要企業への裾切り調査	商品別（9 区分）	×	○

や廃止による影響は，全数調査の百貨店，スーパー，企業別調査のコンビニ，家電大型専門店，ドラックストア，ホームセンター分には反映されるが，それ以外は反映されていない。なお，5 年ごとの基準年改定時に，直近の「経済センサス」のデータで基準年の商品販売額の水準を調整することで，5 年分の店舗改廃の影響の未反映分を反映する。この際，商品販売額に一定の段差が生じる。

　■統計の利用方法■　速報公表時に経済産業省 HP に，全公表計数が掲載された「商業動態統計速報」がアップロードされる（確報公表時も同様）。また，「時系列データ」では，長期の時系列データが利用可能である。

　■統計の見方■

① 季節調整済系列の前月比ないしは原系列の前年同月比で判断を行う

　小売業全体，業態別の百貨店，スーパー，コンビニエンスストアでは季節調整済系列が提供されており，前月比を用い基調判断を行う。一方，家電大型専門店，ドラッグストア，ホームセンターでは季節調整済系列が提供されていないため，

自ら季節調整を行うか原系列の前年同月比を用いる。

② 小売業販売額の業種別系列（9業種）で販売額の内訳が把握できる

　小売業全体に占める業種別販売額シェア（2023年）をみると，飲食料品（30％）が最も高い。次いで自動車（自動車ディーラー）（11％），医薬品・化粧品（薬局）（11％），燃料（ガソリンスタンドなど）（9％）が一定のシェアを占める。さらに無店舗（ネット通販など）（7％），各種商品（7％），機械器具（6％），織物・衣服（6％），その他（14％）の順となっている。

③ 主要6業態については，商品別の詳細な販売額の内訳が把握できる

　百貨店，スーパー，コンビニエンスストア，家電大型専門店，ドラッグストア，ホームセンターの主要6業態（小売業販売額の32％を占める）では，商品分野別の詳細な販売額が把握できる。例えば，百貨店・スーパーでは飲食料品，衣料品など10区分の販売額が，家電大型専門店ではビジュアル家電（テレビ等），情報家電本体（パソコン等），通信家電（スマホ等），調理家電（冷蔵庫等）などの12区分の販売額が，各々利用できる。また，都道府県別の販売額も提供され，地域別の消費動向も把握可能である。

●新車登録台数（新車販売台数）

統計の概要　耐久財消費のなかでも自動車販売は変動が大きいことから，景気分析では注目度が高い。**自動車の販売台数（新車登録台数）は，業界団体（日本自動車販売協会連合会・全国軽自動車協会連合会）から，毎月公表されている。**対象月の翌月第1営業日に公表されるなど，統計の速報性は極めて高い。

　販売された自動車はナンバープレートを取得するために運輸支局で必ず登録されることから，捕捉漏れはない。登録情報データは登録情報処理を行う自動車情報管理センターが作成しており，業界団体がデータを購入して作成している（民間が作成する業務統計）。計数の計上時点は運輸支局での登録時点であり，自動車ディーラーでの販売時点と一定のラグがある。季節調整済系列は提供されていないので，自ら季節調整を行うか，原系列の前年同月比を用い基調判断を行う。

統計の利用方法　自動車は日本自動車販売協会連合会HPの統計データから，軽自動車は軽自動車協会連合会HPの統計データから，各々入手できる。車種別，メーカー別，ブランド別のデータも提供されている。輸入車も含まれている。

9　家計に関する統計：家計消費　　215

●外食産業市場動向調査

統計の概要 「外食産業市場動向調査」は，日本フードサービス協会が作成する「外食売上高」の調査統計である。調査周期は月次である。対象月の翌月下旬に公表され速報性が高い。計数は前年同月比のみの公表であり，実額は公表されていない。合計に加え，業態別（ファーストフード，ファミリーレストラン，パブ／居酒屋，ディナーレストラン，喫茶）の計数が提供されている。

統計の利用方法 日本フードサービス協会 HP から，データを入手できる。

統計の見方：利用上の注意点 チェーン展開している大手外食企業（225社：2024 年 8 月）に調査対象が限定されているため，同統計に占めるファーストフードとファミリーレストランのシェア（店舗構成比）は各々 57％，28％と大きい。このため，同統計の売上高はファーストフードやファミリーレストランの影響が大きくなりやすい。両業態の売上高動向が他の飲食サービスと異なる場合は，基調判断を見誤る可能性がある。遅れて公表される総務省「サービス産業動態統計調査」において，飲食サービス全体の売上高を確認することが望ましい。

●宿泊旅行統計調査

統計の概要 観光庁が作成する「宿泊旅行統計調査」は，ホテル，旅館等に宿泊する延べ宿泊者数と客室稼働率を把握する調査統計である（**表 9.8**）。延べ宿泊客数では，内訳として日本人・外国人別，外国人の国籍別計数も調査している。全国集計値のほか都道府県別の計数も提供している。第 1 次速報が対象月の翌月末に公表されるなど速報性は高い。計数は原系列のみの提供であることから，原系列の前年同月比を用いて基調判断を行う。

表 9.8　宿泊旅行統計調査の概要

項　目	内　容
統計作成者	観光庁
統計の種類	調査統計：従業員 10 名以上は全数調査／未満は標本調査
調査対象	全国のホテル，旅館，簡易宿所，会社・団体の宿泊所など
標本サイズ	20,748 施設（2023 年 9 月）
調査票回収率	第 1 次速報 37％，第 2 次速報 52％（2024 年 7 〜 8 月）
調査項目	延べ宿泊者数，うち外国人延べ宿泊者数，客室稼働率
調査周期	月次
公表時期	第 1 次速報：対象月の翌月末，第 2 次速報：対象月の翌々月末

統計の利用方法　公表時に観光庁 HP に掲載される「報道発表資料」で統計結果の概要が把握できる。データは，「集計結果」をダウンロードして入手する。

統計の見方：利用上の注意点　統計の速報性は高いが，第 1 次速報時の調査票回収率が 40％程度と低いため計数の振れが大きく，第 2 次速報時にやや大きめに改訂される傾向がある。拙速な基調判断は避けることが望ましい。なお，旅行消費額に相当するホテルや旅館の売上高は調査されていない。売上高は「サービス産業動態統計調査」で把握する。

●サービス産業動態統計調査

統計の概要　総務省が作成する「サービス産業動態統計調査」（2025 年 1 月に総務省「サービス産業動向調査」と経済産業省「特定サービス産業動態統計調査」を統合して創設）は，**非製造業の産業別売上高や事業従事者数を把握する調査統計である（表 9.9**）。サービスの動態統計のうちでカバレッジが最も広く，標本は無作為抽出されるため，計数の偏りは小さい。ただし，公表は速報が対象月の翌々月下旬，確報が 5 か月後の下旬と遅いため，基調判断するうえでは難点であるほか，調査票回収率が 55〜60％と低めであり計数に振れや事後改訂が生じる点にも注意を要する。計数は原系列のみ提供され，ユーザーは前年同月比を用いて基調判断を行う。

統計の利用方法　公表時に総務省統計局 HP に掲載される「結果の概要（月次調査）」で，産業別売上高の概要を把握できる。時系列データは，「政府の

表 9.9　サービス産業動態統計調査の概要

項　目	内　容
統計作成者	総務省
統計の種類	調査統計：標本調査（資本金 1 億円以上の企業は全数調査）
調査対象	非製造業（除く卸売・小売業，建設業）の企業・事業所
標本抽出方法	層化抽出法（産業と事業従事者数で層化）
標本サイズ	13,000 企業と 25,000 事業所
調査票回収率	55〜60％（「サービス産業動向調査」における実績）
調査項目	月間売上高（企業全体と事業活動別），月末事業従事者数
調査周期	月次
公表時期	速報：対象月の翌々月下旬，確報：5 か月後の下旬

⑨　家計に関する統計：家計消費　　*217*

統計窓口（e-Stat）」（総務省統計局 HP からリンク）から入手可能である。

統計の見方：利用上の注意点 調査対象産業のうち家計向けサービスに該当する，宿泊業・飲食サービス業，生活関連サービス業，教育・学習支援業，情報通信業（一部），運輸業・郵便業（一部）の各売上高から家計消費の動向を把握する。統計の公表が遅いことから，「外食産業市場動向調査」など速報性の高い統計で暫定的に判断し，本統計を用いてその判断を適宜修正する。

●クレジットカード情報を用いた民間統計：JCB 消費 NOW

統計の概要 JCB とナウキャストが作成する「JCB 消費 NOW」は，JCB のクレジットカード会員から 1,000 万会員分を無作為抽出して作成する統計である。JCB の業務データから作成される民間の業務統計である。クレジットカード保有者は 40 歳代が多いなど分布に偏りがあることから，年齢・性別・居住地の属性別にカード支出額を集計し，その値を「国勢調査」から得られる属性別の人口シェアで加重平均することで偏りを補正している。月の前半，後半の半月分の計数が 2 週間後に提供されるなど速報性は高い。カード支出額は，総合のほか，財・サービス別，店舗業種別（小売業，外食，旅行，娯楽，宿泊，EC など），さらに会員の年齢，性別，地域別でも提供されている。

統計の利用方法 同統計は有料サービスであり，統計データの入手には会員となる必要がある。なお，内閣府「月例経済報告関係閣僚会議資料」や日本銀行「経済・物価情勢の展望」では，同統計のグラフがほぼ毎回掲載されている。

統計の見方：利用上の注意点 同統計の強みは，標本サイズが大きいことから店舗業種別・会員属性別（年齢別，地域別など）に細分化して消費動向を把握できる点である。外食，旅行，宿泊，娯楽などのサービス消費を把握できる速報性の高い統計が提供されていないことから，同統計で把握できるメリットは大きい。ただし，カード支出額は店舗ごとの把握にとどまり，当該店舗でどんな商品を買ったかなど商品別の細かい支出額は把握できないとの制約がある。なお，統計作成開始からの年月が短い。現時点では同統計に目立った誤差はみられていないが，今後，特有のくせやバイアスが生じる可能性には留意を要する。

9.5 消費者マインド統計
：消費者態度指数/景気ウォッチャー調査

●消費者マインドの重要性

　家計消費の動きは，可処分所得に加え，消費性向（貯蓄率）に影響を及ぼす消費者マインドに左右されている。消費者マインドには，様々なことが影響を及ぼす。株価や為替動向といった金融市場の変動（資産効果やアナウンスメント効果を含む）や災害や社会的なニュースなどが該当する。家計消費の現状評価や先行きを予測するうえで，消費者マインドの把握が重要である。

●消費動向調査：消費者態度指数

　統計の概要　内閣府は，今後の暮らし向きの見通しなどについての消費者の意識や物価の見通しを把握するため，世帯を対象に「消費動向調査」を実施している（表9.10）。同調査では，3段抽出法で抽出された8,400世帯を対象に，消費者の意識と物価の見通しに関する6つの質問（いずれも今後半年間を対象）を行っている。いずれの設問も，5段階の選択肢（例えば，今後半年間についての①暮らし向きの設問では，「良くなる」「やや良くなる」「変わらない」「やや悪くなる」「悪くなる」の5つ）から1つを選択する方式である。

表9.10　消費動向調査の概要

項　目	内　容
統計作成者	内閣府
統計の種類	調査統計：標本調査
調査対象	全国の世帯
標本抽出方法	3段抽出法（市町村，調査単位区，世帯の3段で抽出）
標本サイズ	8,400世帯（2人以上の世帯5,712世帯，単身世帯2,688世帯）
標本交替方式	世帯は15か月連続調査し，毎月15分の1ずつ交替する
調査票回収率	83.4％（2024年9月）
調査項目	消費者の意識（①暮らし向き，②世帯の収入の増え方，③雇用環境，④耐久消費財の買い時，⑤世帯で所有している資産価値）及び物価の見通し：いずれも今後半年間についての質問
調査周期	月次
公表時期	対象月の月末

9　家計に関する統計：家計消費　　219

消費者態度指数の作成方法　①暮らし向き，②世帯の収入の増え方，③雇用環境，④耐久消費財の買い時，の4つの設問の回答から「消費者態度指数」を算出し，消費者マインドとして利用する。具体的には各設問の5段階評価に，以下の点を与える。

・良くなる（大きくなる，増える）　　　　　　→　+1
・やや良くなる（やや大きくなる，やや増える）　→　+0.75
・変わらない　　　　　　　　　　　　　　　　→　+0.5
・やや悪くなる（やや小さくなる，やや減る）　→　+0.25
・悪くなる（小さくなる，減る）　　　　　　　→　0

①～④の項目ごとに，この点数に各回答区分の構成比（％）を乗じ，その値を合計して消費者意識指標を算出する。4つの消費者意識指標の単純平均を「消費者態度指数」としている。例えば，消費者態度指数は，全ての項目の回答が「変わらない」である場合には50となる。例えば，年末の12月やゴールデンウィークを含む5月は指数が高くなるといった季節変動が存在することから，季節調整済系列が提供されている。

統計の公表時期　調査は月次で実施し，対象月の月末に公表している。速報性は高い。

統計の利用方法　公表時に内閣府HPに掲載される「結果の要点」で概要を把握できる。詳しい内容は「報告書」を参照する。時系列データは「政府の統計窓口（e-Stat）」（内閣府HPからリンク）から入手できる。

統計の見方　消費者態度指数の動きをみると，2008年以降，20から45の間を変動している（図9.4）。景気が良くなると上昇し，景気が悪化すると低下する傾向があるが，2013年から2018年までの景気拡張局面では40程度に推移し目立った改善が見られなかった。コロナ後の回復局面でも30台に低迷している。

このように，消費者態度指数は長い間，下方には時折底割れする一方で，上方に弾みにくい。このことも，日本の家計消費が盛り上がりを欠く要因の一つと考えられる。

●景気ウォッチャー調査：景気の現状判断DI（家計動向関連）

統計の概要　内閣府が作成する「景気ウォッチャー調査」は，地域ごとの

図 9.4 消費者態度指数と景気ウォッチャー調査

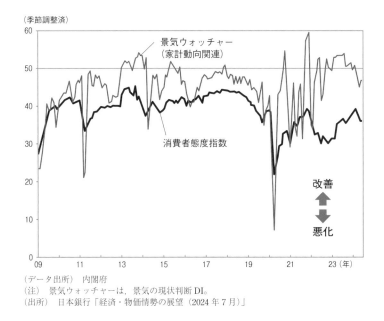

(データ出所) 内閣府
(注) 景気ウォッチャーは、景気の現状判断 DI。
(出所) 日本銀行「経済・物価情勢の展望(2024 年 7 月)」

表 9.11 景気ウォッチャー調査の概要

項 目	内 容
統計作成者	内閣府
統計の種類	調査統計・有意抽出調査
調査対象	家計動向、企業動向、雇用等の動向を敏感に観察できる業種の適当な職種の中から選定した 2,050 人 (うち、家計動向 69％、企業動向 21％、雇用動向 10％)
調査票回収率	88.9％ (2024 年 8 月)
調査項目	①景気の現状に対する判断 (方向性)、その理由 (コメント) ②景気の先行きに対する判断 (方向性)、その理由 (コメント)
調査周期	月次 (毎月 25 日から月末に調査)
公表時期	対象月の翌月 10 日頃

景気動向を的確かつ迅速に把握し、景気動向判断の基礎資料とすることを目的に、2000 年に作成が始まった。元経済企画庁長官の堺屋太一氏の強いイニシアティブのもとで創設された統計とされる (表 9.11)。景気動向を敏感に観察できる 2,050 人 (小売店の店長・販売担当者等) を対象に、景気の方向性を聴取するとともに、その判断理由を具体的なコメントで寄せてもらうとの調査方法は、統計

と企業ヒアリングを組み合わせた斬新なものである。消費者と最前線で接する販売担当者に，実感する身の回りの景気の状況を尋ねていることから，「街角景気」として報道されることも多い。なお，景気動向を敏感に観察できる人に関する母集団名簿は存在しないため，有意抽出調査である。

景気の現状判断 DI の作成方法 同調査の中心的な調査項目である**現状判断 DI** は，以下のように作成する。「今月のあなたの身の回りの景気は，3 か月前と比べて良くなっているか，悪くなっているか」との設問に 5 段階評価の選択肢から回答してもらう。

- ・良くなっている　　　→　+1
- ・やや良くなっている　→　+0.75
- ・変わらない　　　　　→　+0.5
- ・やや悪くなっている　→　+0.25
- ・悪くなっている　　　→　0

この点数に各回答区分の構成比（％）を乗じ，その値を合計して景気の現状判断 DI を算出する。現状判断 DI は，全ての項目の回答が「変わらない」（景気は 3 か月前と同一）である場合には 50 となる。なお，本系列は方向性を問う設問になっているが，参考系列では「水準」を問うており，両者を併せて景気の基調判断を確認できる。景気の先行き判断 DI（2〜3 か月先の景気の先行きに対する判断）も，同様に作成される。季節変動が存在することから季節調整済系列が提供されている。なお，景気の現状判断 DI と先行き判断 DI は全国のほか，12 の地域別にも作成されている。

景気の現状判断 DI の特性 調査対象の 2,050 人のうち，約 7 割が小売店（百貨店，スーパー，コンビニ，自動車ディーラーなど），飲食店，サービス（旅行，通信，レジャーなど），住宅などの家計動向関連（家計向けの販売・サービス担当者）である。このため，**現状判断 DI（家計動向関連）は，企業サイドからみた消費者マインド（消費スタンス）を捉えている**ことになる。

統計の公表時期 統計は毎月 25 日から月末まで調査され，その結果が翌月の 10 日前後に公表される。調査から公表までのタイムラグは短く，速報性がかなり高い。

統計の利用方法 公表時に内閣府 HP に掲載される「調査結果（抜粋）」で概要を把握できる。詳しい内容は「調査結果（全体版）」を，判断理由に関す

る詳細なコメントは「景気判断理由集」を参照する。時系列データは「統計表」から入手できる。

■統計の見方■ 「景気ウォッチャー調査」の景気の現状判断 DI（家計動向関連）の推移をみると，景気拡張局面で上昇し，景気後退局面で低下するとの大きな傾向がある。さらに DI は小刻みに変動しており，統計の振れを含んでいるほか，家計の消費動向の変化に敏感に反応している（前掲**図 9.4**）。景気拡張局面においても DI が 50 を超えることは少なく，家計向けの販売・サービス担当者が実感する景気は，総じて厳しい状況が続いてきたことを示している。

さらに景気の現状や先行きに関する判断理由に関する具体的なコメントが，「調査結果（全体版）」と「景気判断理由集」に掲載されている。企業の一線で働く担当者による生の声に触れることができる。企業ヒアリングをする機会が限られている統計ユーザーには有益な情報である。

■コラム 家計調査：2018 年の大幅見直しによる段差の影響

1．家計調査：2018 年の大幅見直し

総務省は，「家計調査」の報告者負担を軽減し精度向上を図るため，2018 年から，オンライン化，記入項目のプレプリント化などの工夫を講じている。その結果，統計の精度が向上すると同時に，見直しの前後で家計の可処分所得，消費支出，平均消費性向に段差が生じている。

2．2 人以上の世帯のうち勤労者世帯における段差

2 人以上の世帯のうち勤労者世帯について，可処分所得と消費支出の動きをみる。2018 年の見直しに伴い，可処分所得には 8％ポイントの大きな段差が生じている（**図 9.5 ①**）。世帯員別に給与・年金の内訳項目を予め家計簿に印刷するプレプリント方式の導入により，これまで記入漏れが多かった世帯主の賞与，配偶者の勤め先収入，年金や児童手当など社会保障給付の捕捉率が改善した影響と考えられる。2015 年から 2022 年の 7 年間で可処分所得は 17％増加しているが，見直しによる段差を除いた真の増加率は 9％にとどまる。段差分を除かないと可処分所得の増加を過大評価することになる。

一方，消費支出の段差は約 2％ポイントの増加と可処分所得と比べて小さい。その結果，平均消費性向（消費支出/可処分所得）は 2018 年に 4％ポイントの下方への段差が生じている（**図 9.5 ②**）。コロナ禍の影響もあって平均消費性向は低下傾向にあるが，見直しに伴う段差を考慮しないと平均消費性向の低下幅を過大評価してしまうことになる。

9 家計に関する統計：家計消費 **223**

図9.5 「家計調査」2人以上の世帯のうち勤労者世帯

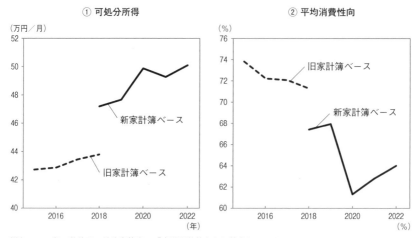

(注) 2018年の段差は，総務省算出の「変動調整値」から算出している。
(出所) 総務省「家計調査」

図9.6 「家計調査」高齢夫婦無職世帯（夫65歳以上・妻60歳以上の2人世帯）

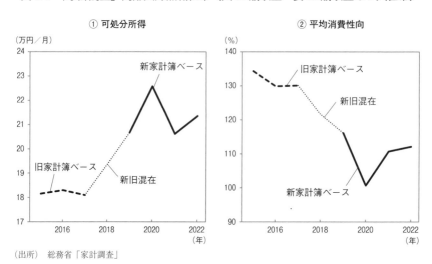

(出所) 総務省「家計調査」

— 224 —

3. 年齢階層別・収入階層別など家計属性別の時系列データの利用方法

　無職世帯や年齢別・収入階層別など属性別データについては，見直しによる段差（変動調整値）が公表されておらず，段差の影響を控除することができない。これらのデータを利用する際は，2017年までと見直しの影響がフルに反映した2019年以降の2つの期間を分けて分析することが望ましい。

　例えば，年金が主な収入源である高齢夫婦無職世帯をみると，2015年から2022年までに可処分所得が17%増加し，平均消費性向が20%ポイント低下している（図9.6）。しかし，このほとんどは年金収入などの捕捉率の改善によるものとみられ，高齢者世帯の家計収支が改善したと評価するのは正しくない。

　なお，ひと頃「2,000万円問題」として話題となった金融審議会市場ワーキング・グループ「高齢社会の資産形成・管理」報告書では，老後に必要な貯蓄額を「家計調査」の2017年のデータから30年間の家計収支の赤字額の合計として求め，約2,000万円と試算している。しかし，見直し後の2022年のデータで改めて試算すると，収入の捕捉率の改善による赤字額縮小から必要貯蓄額は約900万円まで減少する。このように，「家計調査」の見直しが計数に与えるインパクトはかなり大きくなっている。

◆ 練習問題

問 9.1 家計消費を把握する統計とその利用方法について，5 つのポイントを説明せよ。

問 9.2 日本銀行が作成する「消費活動指数」について，その長所と短所について説明せよ。

問 9.3 個別の消費分野のうち外食と宿泊の景気判断を行う際に，「外食産業市場動向調査」「宿泊旅行統計調査」と「サービス産業動態統計調査」とを適切に使い分けることが望ましい。その利用方法について説明せよ。

問 9.4 家計消費の基調判断や先行き予測を行う際に，消費者マインドを把握することは重要である。内閣府が行う「消費動向調査」の結果から，代表的な消費者マインド統計である「消費者態度指数」をどのように作成するか，作成方法について説明せよ。

第10章
物価に関する統計

- ■10.1 物価変動の特徴とその把握方法
- ■10.2 消費者物価指数
- ■10.3 企業物価指数と企業向けサービス価格指数
- ■10.4 地価と不動産価格指数
- コラム 消費者物価指数：直面する作成上の課題と精度への影響

　第10章では物価に関する統計を取り上げる。個別の統計を詳述する前に，まず，10.1節において日本の物価変動の特徴を整理する。日本の物価変動は緩やかだが，個別品目毎の動きはばらつきが大きい。10.2節では消費者物価指数を取り上げる。消費者物価指数の作成方法の特徴点，現行の作成方法のメリット・デメリットを説明する。物価の基調変動を把握するうえで有益なコア指標も取り上げる。併せて，きめ細かな物価変動を把握するうえで有益なPOSデータを活用した物価指数を紹介する。10.3節では企業物価指数と企業向けサービス価格指数を取り上げる。企業間取引の価格に反映される需給動向の変化や企業収益の影響など，景気変動の把握にとって有益である。10.4節では代表的な資産価格である地価統計（地価公示）と不動産価格指数を紹介する。

10.1　物価変動の特徴とその把握方法

●日本の物価変動の推移

　消費者物価指数の前年比の変化率は，1990年代初頭のバブル崩壊以降2020年代初頭までほとんどの時期で+1%に達しておらず，低インフレが続いてきた。この間，1990年代後半から2010年代初頭にかけては緩やかなデフレとなった。もっとも，コロナ禍以降の資源価格高騰やロシアのウクライナ侵攻の影響を契機として2022年以降，物価の状況は大きく変化している。2023年に上昇率は前

年比＋4％まで高まり，第2次石油ショック以来40年ぶりのインフレとなっている。

●個別品目の価格変動はばらつきが大きい

　集計値としてのインフレ率は小幅ながら，個別品目（財・サービス）の物価変動はばらつきが大きい（表10.1）。1990年代後半から2010年代初頭までのデフレ局面では，電気冷蔵庫，パソコン等の耐久消費財の大幅な下落に加え，競争激化に伴う食料やサービスの価格下落が目立った。一方，2010年代以降，食料は価格上昇に転じ，2022年以降のインフレ局面で上昇が加速している。また，直近では，円安を受けた輸入物価の上昇を背景に，エアコン等の耐久消費財の上昇が目立つほか，人件費の上昇を受けて外食，宅配便，宿泊料のサービスでも価格転嫁が進んでいる。一方，携帯電話料金など，なお下落が続くサービスもある。

表10.1　消費者物価指数：個別品目の価格変動（年平均）

	水準（2020年＝100）				変化率	
	2000	2010	2020	2023	2000 ⇒ 2020	2020 ⇒ 2023
食　料						
さんま	76.2	55.1	100.0	149.7	31.2	49.7
牛肉（国産品）	68.0	76.1	100.0	104.7	47.1	4.7
納　豆	127.9	101.9	100.0	104.4	−21.8	4.4
食用油	126.5	111.3	100.0	160.2	−20.9	60.2
ケーキ	69.3	78.5	100.0	114.1	44.3	14.1
中華そば（外食）	84.9	89.7	100.0	106.9	17.8	6.9
住　居						
民営家賃	106.6	103.2	100.0	100.0	−6.2	0.0
光熱・水道						
電気代	87.6	81.0	100.0	104.5	14.2	4.5
家具・家事用品						
電気冷蔵庫	1,132.8	259.9	100.0	110.1	−91.2	10.1
ルームエアコン	242.5	100.3	100.0	125.1	−58.8	25.1
保健医療						
診療代	82.2	92.1	100.0	98.0	21.7	−2.0
交通・通信						
ガソリン	76.3	96.6	100.0	126.3	31.1	26.3
通信料（携帯電話）	140.1	118.4	100.0	50.7	−28.6	−49.3
運送料（宅配便）	91.0	85.2	100.0	106.0	9.9	6.0
教養娯楽						
パソコン（ノート型）	7,595.0	154.7	100.0	103.1	−98.7	3.1
宿泊料	108.2	103.0	100.0	134.3	−7.6	34.3

（注）　細字は財，太字はサービスである。
（出所）　総務省「消費者物価指数」

●年齢階層別・所得階層別のインフレ率の違い

　品目ごとの価格動向が異なることから，年齢階層・所得階層ごとに家計が直面する物価変動率は一様ではない。世帯主の年齢階級別10大費目指数を用いて年齢階層別にみると，食料，光熱・水道の上昇率が高い今回のインフレ局面では，それらの支出比率が高い高齢層が直面するインフレ率は若年層対比で高くなっている（2022年の前年比：29歳以下：＋2.0%，70歳以上：＋3.0%）。所得階層別でも，低所得者ほど食料，光熱・水道への支出比率が大きいことから，直面するインフレ率は低所得者ほど高くなっている。

●物価を把握する統計とその利用方法

　日本では，財・サービス別，需要別に物価指数が別々に作成されている（**表10.2**）。そのうち，家計が購入する財・サービスを捉える物価指数が，総務省が作成する「**消費者物価指数**」である。一方，企業が購入する物価指数は日本銀行によって作成されており，財の物価指数が「**企業物価指数**」，サービスの物価指数が「**企業向けサービス価格指数**」である。物価の分析では，これら3つの物価指数を主に利用する。物価指数の利用方法は，以下のとおりである。

① 全体の物価動向は「消費者物価指数」で把握する

　家計が直面する物価である「消費者物価」は，国民生活への影響が大きいため，景気判断ひいては経済政策を左右する。物価動向の分析は「消費者物価指数」を中心に行う。ただし，「消費者物価指数」は短期的な需給変化を必ずしも迅速に反映しない側面を有していることから，より需給変化に敏感に反応するPOSデータを利用した物価指数（「**日経CPINOW**」や「**SRI・一橋大学消費者購買価格指数と単価指数**」）を補完的に活用する。

② 市場の需給変化の早期把握には「企業物価指数」や「企業向けサービス価格指数」を活用する

　財・サービスの生産者物価指数に相当する「企業物価指数」「企業向けサービ

表10.2　わが国における代表的な物価指数

対　　象		財・サービスの販売先（購入先）	
		企　　業	家計（消費者）
	財	企業物価指数	消費者物価指数
	サービス	企業向けサービス価格指数	

10　物価に関する統計　　229

ス価格指数」は，消費者物価指数と比べれば需給の変化を迅速に反映する。川下に位置する消費者物価指数への波及を占う点でも有用である。

③ 「地価」や「不動産価格」など資産価格の変動にも気を配ることが重要

地価を中心とする資産価格は，財・サービスの物価と比べて伸縮的で変動幅が大きいうえに，その変動が実体経済に与える影響は大きい。そのため，「地価公示」や「不動産価格指数」の動きにも着目する必要がある。

10.2 消費者物価指数

●消費者物価指数：統計の概要

指数の対象 総務省が作成する「消費者物価指数」（CPI）は，消費者が購入する財・サービスの小売価格を集計する指数である（**表 10.3** ①）。家計の消費支出を対象としており，非消費支出（直接税，社会保険料）や貯蓄，資産取得のための支出（住宅の購入）を含んでいない。

採用品目数・指数算式 最新の 2020 年基準指数では，582 品目が採用されている。集計に用いるウエイトは「家計調査」の家計消費支出額に基づき決定され，家計消費支出額の 1 万分の 1 以上を占める品目が採用される。物価指数は，基準時点のウエイトを用いた固定基準ラスパイレス指数として算出される[1]。582 品目を集計した消費者物価指数全体の指数は **CPI 総合指数**と呼ばれる。ウエイト基準年において一時的な要因で特定品目の支出額が多い場合は，その影響が大きくなりやすい点に注意する。

分類編成・ウエイト・指数変動の特徴 消費者物価指数の内訳は，10 大費目別分類で公表される。そのうち，食料が 26％と最大のウエイトを占める。次いで住居が 21％，交通・通信が 15％，教養娯楽が 9％，光熱・水道が 7％と続いている（**表 10.3** ②）。

このほか，財・サービス別分類も頻繁に利用される。財とサービスのウエイトはほぼ 50：50 である（**表 10.3** ②）。財の品目数は 442 品目と多い。特に食料は品目数が多くきめ細かに変動を捉えることができる。エネルギー（ガソリン，

---

[1] 2020 年基準指数では，コロナ禍の影響から 2020 年の家計消費支出の構成が他の年と大きく異なることから，例外的に 2020 年の家計消費支出額ではなく，家計消費支出額の 2019 年と 2020 年の平均をウエイトとして用いている。後述の企業物価指数と企業向けサービス価格指数においても同様の対応を行っている。

表 10.3　消費者物価指数（2020 年基準）の概要

① 統計の概要

項　目	内　容
統計作成者	総務省
統計の種類	加工統計（「小売物価統計調査」による価格データ等を集計）
指数の対象	消費者が購入する財・サービスの価格（小売価格）を集計する指数。家計の消費支出を対象
指数の基準年	2020 年（2020 年平均＝100）
品目数	582 品目
調査価格数	約 24 万価格
ウエイトデータ	「家計調査」による家計消費支出額
指数算式	固定基準ラスパイレス指数
価格調査日	12 日を含む週の水・木・金曜日
作成周期	毎月
公表時期	原則として，翌月の 19 日を含む週の金曜日

② 分類編成とウエイト・採用品目数

（10 大費目別：ウエイトは全体で 10,000）

10 大費目	ウエイト	品　目	10 大費目	ウエイト	品　目
食　料	2,626	236	保健医療	477	29
住　居	2,149	21	交通・通信	1,493	42
光熱・水道	693	6	教　育	304	14
家具・家事用品	387	48	教養娯楽	911	74
被服及び履物	353	64	諸雑費	607	48

（財・サービス別：ウエイトは全体で 10,000）

財・内訳分類	ウエイト	品　目	サービス・内訳分類	ウエイト	品　目
財・合計	5,046	442	サービス・合計	4,954	140
生鮮食品	396	60	公共サービス	1,219	40
農水畜産物（除く生鮮）	324	12	一般サービス	3,735	100
食料工業製品	1,522	145	うち外食	434	23
繊維製品	375	65	うち民営家賃	225	1
石油製品	278	3	うち持家の帰属家賃	1,580	1
他の工業製品	1,503	146	うち他のサービス	1,495	75
電気・都市ガス・水道	531	3			
出版物	117	8			

電気代，都市ガス代）は価格変動が大きいことから，総合指数への寄与が大きくなる。一方，サービスは 140 品目と品目数が少なく，品目当たりのウエイトは大きい。価格変動が大きい通信料（携帯電話），宿泊料，外国パック旅行費の総合指数への寄与が大きくなりやすい。一方，家賃はウエイトは大きいが変動は小さく，総合指数への寄与は小さい。

基準改定　消費者物価指数は，採用品目の入れ替え，ウエイトの更新，指

数の基準化を行う基準改定を 5 年ごと（西暦下一桁 0 年，5 年を対象）に行っている。最新の 2020 年基準改定は 2021 年 8 月に実施されている。

統計の作成周期・公表時期 消費者物価指数は月次で公表される。価格調査は毎月 12 日を含む週の水・木・金曜日に調査される（ただし，価格変動が大きい生鮮食品，切り花は月 3 回調査する）。統計は翌月の 19 日を含む週の金曜日に公表されるなど，速報性も確保されているほか，事後改訂もない。なお，「東京都区部の消費者物価指数（中旬速報値）」が，当月の 26 日を含む週の金曜日に公表される。個別品目の変動やウエイトの違いなどから，その変動率は全国の物価変動率とは多少異なるが，公表が全国よりも 3 週間程度早いことから，全国指数の先行指標として利用することができる。

●消費者物価指数の作成方法①：価格調査

調査対象となる商品・店舗を以下のように選定している。

商品の選定 品目ごとに最も売上高の多い「売れ筋」商品を調査対象とする（1 品目 1 銘柄調査）。全国の調査対象店舗において指定された同一商品の価格を調査しており，多くの場合，売上高 2 番手以下の商品は調査していない。

（例）品目「中華麺」の調査対象商品

蒸し中華麺，焼そば，3 食入り（麺 450g 入り），ソース味，「マルちゃん焼そば 3 人前」または「日清焼そば 3 人前」

店舗の選定 調査対象店舗は，次のように選定する（**図 10.1**）。①全国 1,700 市町村から 167 市町村を選定する。次に，②選定した 167 市町村をさらに分割し，調査を行う地域（580 地域）を設定する。③各調査区域において，品目ごとに最も売上高が多い店舗を選定し，調査対象店舗とする（28,000 店舗）。

調査対象店舗数は人口規模に応じて市町村ごとに設定している（東京都区部 42，大阪市・横浜市 12，県庁所在市 4 など）。調査区域ごとに最も売上高が多い店舗が選ばれることから，食料品・日用雑貨では大手 GMS，衣料品では大手アパレル，家電製品では大手家電量販店が調査対象となっており，コンビニエンスストアやディスカウントストアはさほど含まれていないとみられる。

価格の選定：短期の特売価格の除外 調査日（12 日を含む週の水・木・金曜日）における販売価格を調査するが，調査時点で継続期間が 7 日以内の特売価格は調査せず，調査日に最も近い通常の価格を調査価格として採用する。消費者物価指数は，特売など商品間・店舗間の価格競争を通じた企業の値付け（プラ

232

図 10.1 　調査対象店舗の選定：代表的店舗調査

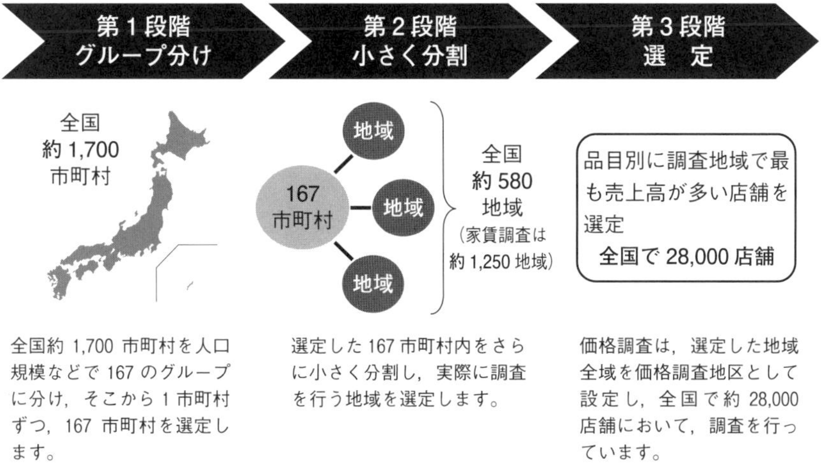

第１段階 グループ分け	第２段階 小さく分割	第３段階 選定

全国
約 1,700
市町村

167
市町村
→ 地域
→ 地域
→ 地域

全国
約 580
地域
（家賃調査は
約 1,250 地域）

品目別に調査地域で最
も売上高が多い店舗を
選定

全国で 28,000 店舗

全国約 1,700 市町村を人口
規模などで 167 のグループ
に分け，そこから 1 市町村
ずつ，167 市町村を選定し
ます。

選定した 167 市町村内をさら
に小さく分割し，実際に調査
を行う地域を選定します。

価格調査は，選定した地域
全域を価格調査地区として
設定し，全国で約 28,000
店舗において，調査を行っ
ています。

（出所）　総務省統計局「小売物価統計調査のはなし」を一部変更

イシング），つまり，家計が直面している実際の物価動向を一部，取り込まない
しくみとなっている。

料金体系が多様なサービスはモデル式で指数を作成　「電気代」「通信料
（携帯電話）」「宿泊料」「航空運賃」など多くのサービス品目では，利用条件
（サービスの利用量，利用時期）により価格差別が行われており，料金体系が多
様となっている。消費者物価指数では，品目ごとに典型的な利用パターンをモデ
ルケースとして設定した計算式（モデル式）を用い，利用パターンに対応する複
数の料金を集計し指数を算出している。

モデル式による指数の算出方法

　利用条件が異なる複数の料金パターンがある場合，指数は各パターンの料金
（$P_1, P_2, P_3, \cdots$）を利用シェア（$W_1, W_2, W_3, \cdots$）で加重平均して求める。

$$P = W_1 \times P_1 + W_2 \times P_2 + W_3 \times P_3 + \cdots$$

　全てのパターンの料金と利用シェアのデータが揃うことは稀であることから，
一定の前提条件のもと，単純化して指数を作成している。

① 利用シェアが高い代表的な料金パターンに絞って指数を計算する

(例)「電気代」

　(1) 市町村別に代表的な小売電気事業者を1社選定する

　(2) 規制料金，自由料金別に料金プランを選定する

　(3) 典型的な使用電力量（1か月当たり）のパターンを5つ（160，250，330，440，720KWh：各アンペア数指定）設定し，料金を計算する

　(4) 上記料金（規制・自由×5＝10パターン）を利用世帯数シェアで加重平均する

② 利用シェアが分からない場合は，利用度が高い料金パターンを一定数選択し，利用シェアが均等と仮定して単純平均で指数を計算する

(例)「宿泊料」

　(1) 旅行目的地別宿泊者数データ等を参考に代表的な宿泊施設を400程度選定する

　(2) 旅館は和室・1泊2食付き，ホテルは洋室・1泊朝食付きのプランを選定する

　(3) 宿泊日2か月前の月初めに旅行会社HPから1か月分の料金データを収集する

　(4) 極端に高い・安い施設の料金（外れ値）を除外し，単純平均で指数を計算する

③ 多数の料金パターンのうち，どの料金パターンが選択されるか分からない場合，サービス利用量などの需要者の利用条件を複数設定し，その条件を満たす最安の料金パターンを各々選定して，指数を計算する

(例)「通信料（携帯電話）」

　(1) 契約数が多い通信事業者・ブランドを複数選定する

　(2) 利用パターン（通話時間：2パターン，データ通信量：4パターン）を設定する

　(3) 通信事業者・ブランド・利用パターンごとに最安料金プランを選定する

　(4) 通信事業者・ブランドの契約数シェアで加重平均を，利用パターン間は単純平均を採ることで指数を計算する

　(5) 最安価格には制約条件のある割引サービス（家族割，セット割等）を含めない

　モデル式の精度は，指数を計算する際に用いる単純化の妥当性に依存する。③

のケースでは，最安の料金設定を対象としているため，シェア拡大などを企図し格安プランを打ち出すような時期では指数が大きく低下する。ただし，新たな格安プランが打ち出されても，気付かないとか手続きが面倒だといった様々な理由で旧プランのまま契約を維持するケースも多い。つまり，最安プランで指数を作成する現行の調査方法では下方バイアスを内包することになる（コラム参照）。

　POSデータ・ウェブスクレイピング技術の利用　モデル式では大量の料金データが必要となるため，「航空運賃」「宿泊料」「外国パック旅行費」では，ウェブスクレイピング技術（HPからデータを自動的に抽出する技術）を用いて，航空会社・旅行会社のHPから価格データを収集している。また，商品が多様で価格動向のばらつきがある家電製品（パソコン2品目，タブレット端末，カメラ，テレビ，ビデオレコーダー，プリンタ）では，POSデータを利用して多数の商品の価格データを入手して指数を作成している。

●消費者物価指数の作成方法②：品質調整

　品質調整とは　消費者物価指数では基準時点で商品を選定し，その商品の価格を継続して調査する。できるだけ同一の商品を継続して調査するが，商品の世代交代（モデルチェンジ）や売れ筋の変化に応じて，対象を新しい商品に交代する場合がある。その際には，新旧の商品の価格差を，(a) 品質変化による価格変動分と (b) 純粋な価格変動分に区分し，**(b) 純粋な価格変動分のみを物価指数に反映させる**措置を講じている。これが品質調整である。

　消費者物価指数では，外部の定量情報から (a) および (b) を算出する手法として，**容量比による換算**，**ヘドニック法**などを利用している。

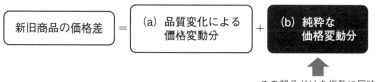

　外部の定量情報を利用した品質調整：容量比による換算・ヘドニック法

容量比による換算

　最近のインフレ局面では，食品を中心に表面価格を値上げせずに容量（重量）を減らすことで実質的な値上げを行うケースが多くみられている。

(例) バター	(旧) 300g・300 円	→	(新) 250g・300 円
1g 当たり単価	1.0 円/g	→	1.2 円/g

　上記のケースでは，バターの価格は新旧商品とも 300 円と不変だが，重量は 300g から 250g に減少している。バターの品質は重量の変更分だけ変化していると考えると，1g 当たりの単価の変化から新旧の値上げ率を計算できる。新商品では 1g 当たり単価が 1.2 円であることから，重量が 300g のままの場合の新商品価格を求めると 360 円となる。(b) 新旧の純粋な価格変動分は 60 円（＝360 円−300 円）となり，指数は 20％の上昇となる。ただし，品質調整は，一定の仮定（上記の例では，包装など容量以外の品質は不変）に基づいている点には，留意を要する。

ヘドニック法

　ヘドニック法は，各商品の品質が複数の特性（性能）に分解できると考え，諸特性と各商品の価格との関係を回帰分析によってヘドニック関数を求め，商品間の価格差のうち (a) 品質変化による価格変動分を計量的に把握する手法である。パソコン（デスクトップ型，ノート型），テレビ，（デジタル）カメラで利用している。

　例えば新旧パソコンの価格差のうち，パソコンの特性（メモリ容量，ディスプレイサイズ，HD の記憶容量など）の差で説明できる (a) 品質変化による価格変動分を控除し，(b) 純粋な価格変動分を求めている。例えば，新旧商品の価格が同一であっても，パソコンのメモリ容量が増加しているとか，ディスプレイサイズが大きくなっている場合は，(a) 品質変化による価格上昇分を控除すると，(b) 純粋な価格変動では下落するとの推計になる。

　このほか，自動車のオプション（衝突軽減ブレーキの装備など）の追加による品質変化を把握するため，**オプション・コスト法**が利用されている。

ほとんどの品質調整は，直接比較法とオーバーラップ法の使い分けで対応

　もっとも，容量比による換算やヘドニック法などが利用可能なケースは一部にとどまる。多くのケースでは，**直接比較法**と**オーバーラップ法**を使い分けて，品質調整を行っている。直接比較法とオーバーラップ法では，新旧商品の価格差は，(a) 品質差による価格変動分か，それとも，(b) 純粋な価格変動分かを，商品に関する定性的な情報から統計実務家の経験と勘によってどちらかに決めている。0

か 1 かの「二分法的」な品質調整方法である。

➤ 直接比較法 ：品質差はゼロとみなす (a) = 0，(b) = 全部
　　⇒ 新旧の価格差は全て物価指数の変動に反映する

➤ オーバーラップ法：価格差の全てが品質差 (a) = 全部，(b) = 0
　　⇒ 新旧の価格差は全て品質差となることから，物価指数は変動しない
（新旧商品が一定期間並行販売され，価格差が安定的である場合に適用）

　実際には，新旧商品の品質差がゼロとなる，あるいは価格差は全て品質差となるケースは少なく，その中間となることが多いことから，現行の品質調整では一定の誤差が生じるのは避けられない。しかし，商品に関する追加的な定量情報を得る必要がなく適用が容易であるため，消費者物価指数の品質調整は，直接比較法，オーバーラップ法，いずれかの手法が適用されるケースが大半である。統計作成者は，最善ではないにせよ，実務上の限界を踏まえつつ大きな誤差を回避する割り切りで品質調整を行っていると考えられる。

●消費者物価指数の精度

現行の価格調査方法「1品目1銘柄＋代表的店舗」が持つデメリット

　消費者物価指数では，品目ごとに最も売上高の多い商品を選定し，地域ごとに最も売上高の多い店舗で価格調査を行っている（「1品目1銘柄＋代表的店舗」調査）。さらに価格データから短期の特売価格を除いている。このため，消費者物価指数には，①調査対象以外の数多くの商品の価格動向が反映されない，②商品間・店舗間の商品代替を伴う価格競争が反映されない，③売上高の一定割合を占める特売価格が含まれない，との問題点が存在する。

　その結果，消費者物価指数の変動は振れが小さく，滑らかになっており，消費者が直面する実際の物価変動を十分に捉えていない可能性がある。消費者物価指数はインフレのトレンド把握には便利だが，消費者行動や需給動向の細かな変化を反映する物価変動を敏感に捉えるのが難しいとの欠点を有している。

　　なぜ「1品目1銘柄＋代表的店舗」が採用されているのか　こうしたデメリットにもかかわらず，「1品目1銘柄＋代表的店舗」の調査方法が採用されているのは，価格調査における人的資源の制約に加えて，以下のように品質調整における実務上の要請が存在するためである。

　第1に売上高が最も多い「売れ筋」の定番商品，地域で一番売上高の多い店舗，

10　物価に関する統計　　**237**

はともにあまり変わることはない。そのため，商品・店舗の変更に伴う品質調整の件数を最小限にできる。品質調整は統計実務家の経験知に依存する場合が多く，統計作成側の負担が大きい。件数を少なくすることで，限られたリソースのもとで品質調整の手続きを丁寧に行うことができる。

第2に「売れ筋」商品が交替する場合，新旧の商品が比較的類似した商品となることから，新旧商品の価格差や品質差が比較的小さくなる。新旧商品の価格差や品質差が小さければ，直接比較法とオーバーラップ法のいずれを選択するかによって生じる指数の違いが小さくなる。現行の作成方法は，品質調整の精度を確保するうえで好都合である。

サービス品目：モデル式の精度に注意　一方，モデル式で指数が作成されているサービス品目の精度にも，注意を要する。モデル式では一定の単純化が行われているが，その前提条件が適切ではないと指数が実態からかい離し誤差が大きくなる。例えば，①料金パターンの選択は妥当か，②選択した料金パターンを集計するウエイトは適切か，③最安の料金パターンの選択結果が正しいのか，が問題となる。サービスはウエイトが大きい品目が多いことから，モデル式の精度が総合指数に与える影響も大きい。価格変動が大きい場合には，モデル式が持つ特性やそれに伴う誤差を念頭に置いたうえで利用することが大切である（詳しくはコラム参照）。

●消費者物価指数：統計の利用方法

公表資料・データ　消費者物価指数の概要は，公表時に総務省統計局HPに掲載される「消費者物価指数　全国　○年○月分」で把握する。1ページ目に総合指数，生鮮食品を除く総合指数，生鮮食品及びエネルギーを除く総合指数の水準・前年同月比・前月比（季節調整値）が掲載されている。2ページ目には10大費目別の前年同月比・前月比（季節調整値）と総合指数への寄与度が，3ページ目に前年同月比の変動に寄与した項目に関する情報が各々掲載されている。最初の3ページで，当月の消費者物価指数の主要な動きを把握できる。

なお，長期時系列データは「政府の統計窓口（e-Stat）」（総務省統計局HPからリンク）の長期時系列データから入手できる。1970年1月から直近までの品目別価格指数などの時系列データが提供されており，利便性は高い。このほか，財・サービス分類指数，世帯属性別指数，ラスパイレス連鎖基準方式による消費者物価指数，消費税調整済指数（消費税率変更の影響を除いた指数）の各時系列

表 10.4　消費者物価指数の総合指数とコア指標

指　標	指標の内容	品目数
総　合	全品目（582 品目）を集計した指数	582
生鮮食品を除く総合	総合から生鮮食品（60 品目）を除いた指数	522
生鮮食品・エネルギーを除く総合	総合から生鮮食品・エネルギー（電気代，都市ガス代，プロパンガス，灯油，ガソリン）を除いた指数	517

データも総務省統計局 HP で提供されている。

【 統計の見方 】

① 消費者物価指数の総合指数は振れが大きい。基調的な変動は「生鮮食品を除く総合」指数，「生鮮食品・エネルギーを除く総合」指数で把握する

　消費者物価指数全体の動きは，総合指数で把握できる。しかし，総合指数には景気変動とは関係が薄い一時的な攪乱要因による振れが含まれることから，基調的な物価変動の把握には一時的な攪乱要因を除去した「コア指標」が利用される（表 10.4）。以下の 2 つのコア指標が利用されている。

　1 つ目は，総合指数から生鮮食品（生鮮魚介・生鮮野菜・生鮮果物の 60 品目）を除いた「生鮮食品を除く総合」指数である（ウエイトは万分比 9,604 とカバレッジも十分高い）。生鮮食品は天候要因で供給量が変化するため，大きな価格変動が生じる。供給ショックによる価格変動は景気変動とは関係が小さいことから，これを除いたコア指標が重視されている。2 つ目は，生鮮食品ならびに，原油などのエネルギー価格変動の影響を受けるエネルギー関連 5 品目を除いた「生鮮食品・エネルギーを除く総合」指数（ウエイトは万分比 8,892）である。エネルギーの変動は日本経済にとって外生的であり，景気変動との相関は比較的小さいと考えて除外している。2 つのコア指標は総合指数と比べて変動が小さく，基調的な変動の捕捉が容易である。ともに景気変動を反映する需給ギャップ（実質 GDP－潜在 GDP）との相関も高い。こうしたことから，コア指標は経済物価の基調判断ひいては経済政策の策定において重視されている。

② 消費者物価の変動は前年同月比で把握する

　消費者物価指数の変動は，諸外国を含め前年同月比で把握することが一般的である。消費者物価指数では，物価の基調変動との関連が低い個別要因による短期のノイズが変動の一定割合を占めるためである。ちなみに，いくつかの系列につ

10 物価に関する統計　　239

いては季節調整済指数が総務省統計局から提供されている。

③　インフレの基調はサービスが左右。改定が集中する4月と10月に着目

　消費者物価指数のウエイトの5割を占める財は，投入コストに占める原材料のシェアが大きく，資源価格や為替変動の影響を受けやすい。他方，残り5割のウエイトを有するサービスは，投入コストのかなりの部分を人件費が占める。インフレ率が趨勢的に高まるかどうかは，賃金上昇の影響を受けるサービス品目に左右されるため，サービス価格の動きは重要である。一方で，サービス価格は価格改定頻度が低く粘着的であり（例えば理髪代は月や四半期といった短期間で価格改定されることは珍しい），財と比べ需給の変動に対する反応は遅めである。また，公共料金などを中心にサービスの価格改定は毎年4月あるいは10月に集中する傾向があることから，インフレ率の基調判断では4月と10月のサービスの価格改定に注目する。

④　物価変動の早期把握には「消費者物価指数（東京都区部）」を活用する

　東京都区部の消費者物価指数（中旬速報値）は，全国の指数よりも3週間程度早く公表される。東京都区部の指数は全国と比べてエネルギーや食料のウエイトが小さいが，指数の大まかな傾向は一致している。東京都区部の指数は全国の指数の先行指標として有益である。

⑤　物価変動の早期把握にはPOSデータによる物価指数などを活用する

　消費者物価指数は，商品間・店舗間の価格競争を通じた物価変動を把握することが難しい。消費行動ひいては供給側の価格設定の背後にある需給を反映した物価変動をより敏感に捉えるためには，⑴ 多数の商品が取り込まれ，特売価格もカバーするPOSデータによる物価指数，⑵ 消費者物価指数に先行して変動する傾向がある企業物価指数や企業向けサービス価格指数，を活用するのが有益である。

●消費者物価の動きの特徴

　生鮮食品を除く総合，生鮮食品・エネルギーを除く総合の前年同月比で消費者物価の動向をみると，2022年春からインフレ率が加速している（図10.2）。1980年代初頭の第2次石油ショック以来のインフレである。2023年入り後，ガソリンや電気代・都市ガス代への補助金投入の影響もあってエネルギー価格が下落に転じ，生鮮食品を除く総合指数の伸びは低下している。また，生鮮食品・エネルギー除く総合指数は，食料品やサービスの価格上昇を受けて＋3％台の高い伸びを続けたが，2024年春以降上昇率が低下してきている。

図10.2 消費者物価指数の推移（前年同月比：％）

（出所）総務省「消費者物価指数」

　日本銀行が目標とする年＋2％のインフレが安定的に実現するかどうかは，サービス価格が上昇を続けるかどうかに左右される。

● POSデータを用いる物価指数の活用

　特売など商品間・店舗間の価格競争を通じた短期の需給変化による物価変動を捉えるには，POSデータを利用した物価指数を利用するのが有益である。①（株）ナウキャストが作成する「日経CPINOW」（有料サービス），②一橋大学経済研究所・（株）インテージ・全日本スーパーマーケット協会が作成する「SRI・一橋大学消費者購買価格指数と単価指数」（無料で利用可能）が利用できる。いずれも週次ベースでデータが提供されている。物価指数に多数の商品が取り込まれており，商品間の価格競争，消費者の購買行動の変化，特売行動を反映した実勢価格の動きを把握できる。ただし，物価指数の対象はPOSデータがカバーする加工食品や日用雑貨に限定されており，カバレッジは家計消費支出の約2割にとどまる。また，調査対象店舗はPOSデータの提供に協力する小売店に限定されていることから，偏りが存在する。

　対象カバレッジを揃えて消費者物価指数とPOSデータによる物価指数（SRI・一橋大学消費者購買単価指数）の前年同月比を比較すると，短期の需給変化を反映するPOSデータ物価指数の振れが大きくなっている。全体として両者はかな

図 10.3 消費者物価と POS データによる物価指数

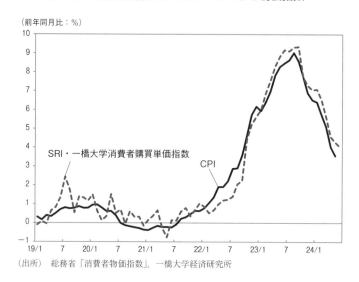

(出所) 総務省「消費者物価指数」、一橋大学経済研究所

り近い動きをしているが，2019 年から 2021 年の局面では POS データ物価指数の上昇率が CPI 上昇率を上回っている。特売の削減や「売れ筋」以外の商品値上げによって，価格の引き上げが行われていた可能性を示している（図 10.3）。POS データによる物価指数はインフレを早期に検出できる可能性がある。

10.3　企業物価指数と企業向けサービス価格指数

●企業物価指数・企業向けサービス価格指数の特徴

日本銀行が作成する「企業物価指数」「企業向けサービス価格指数」は，企業間での財・サービスの取引価格を各々示す物価指数であり，生産者物価指数に相当する。以下の 2 つの特徴がある。

① 消費者物価指数と比べて，財・サービスの需給動向の変化に迅速に価格が反応する。消費者物価への波及を見定めるうえでも有用である。
② 企業の収益環境の評価に利用できる。

消費者物価指数は，短期の需給変化や消費者が直面する物価動向の実態を十分に捕捉できない場合がある。他方，企業間の取引価格である企業物価指数や企業向けサービス価格指数は，需給動向を把握するという点では，利用価値が高い。

●企業物価指数：統計の概要

指数の対象・種類 企業物価指数は，①国内で生産した国内需要家向けの財を対象とする「**国内企業物価指数**」，②輸出品を対象とする「**輸出物価指数**」，③輸入品を対象とする「**輸入物価指数**」，の3つの物価指数から構成される（**表10.5**①）。

国内企業物価指数は国内の企業が生産する全ての財をカバーする生産者物価指数であり，財の需給動向を反映している。消費者が使う消費財だけでなく，企業

表 10.5　企業物価指数（2020 年基準）の概要

① 統計の概要

項　　目	国内企業物価指数	輸出物価指数	輸入物価指数
統計作成者	日本銀行		
統計の種類	加工統計（価格調査から得られる価格データ等を集計）		
指数の対象	国内で生産した国内需要家向けの財	輸出品（財）	輸入品（財）
指数の基準年	2020 年（2020 年平均＝100）		
品目数	515 品目	184 品目	210 品目
調査価格数	4,346 価格	1,195 価格	1,347 価格
価格回収率	速報：66.4%，速報の 3 か月後時点 95.9%（2023 年 12 月）		
価格の調査段階	生産者段階	通関段階	通関段階
時点・価格条件	出荷時点の生産者価格	船積み時点の FOB 価格	荷降ろし時点の CIF 価格
ウエイトデータ	財の国内向け出荷額（「経済構造実態調査」と「貿易統計」から算定）	財の輸出額（「貿易統計」から算定）	財の輸入額（「貿易統計」から算定）
指数算式	固定基準ラスパイレス指数		
作成周期	毎月		
公表時期	速報：翌月の第 8 営業日（定期遡及訂正月は第 9 営業日）		
指数の訂正	価格データの回収進捗に伴い，速報公表の 3 か月後まで指数を訂正。毎年 9 月に定期遡及訂正（前年 1 月から直近まで訂正）		

② 分類編成

国内企業物価指数（PPI）：総平均の下に 23 類別を設定

類別　飲食料品，繊維製品，木材・木製品，パルプ・紙・同製品，化学製品，石油・石炭製品，プラスチック製品，窯業・土石製品，鉄鋼，非鉄金属，金属製品，はん用機器，生産用機器，業務用機器，電子部品・デバイス，電気機器，情報通信機器，輸送用機器，その他工業製品，農林水産物，鉱産物，電力・都市ガス・水道，スクラップ類

輸出物価指数（EPI）：総平均の下に 7 類別を設定

類別　繊維品，化学製品，金属・同製品，はん用・生産用・業務用機器，電気・電子機器，輸送用機器，その他産品・製品

輸入物価指数（IPI）：総平均の下に 10 類別を設定

類別　飲食料品・食料用農水産物，繊維品，金属・同製品，木材・木製品・林産物，石油・石炭・天然ガス，化学製品，はん用・生産用・業務用機器，電気・電子機器，輸送用機器，その他産品・製品

が使う中間財や資本財も対象としており，消費者物価指数と比べ対象カバレッジは広い。輸出物価指数は日本から輸出される全ての財を，輸入物価指数は日本に輸入される全ての財を，各々対象としている。なお，輸出物価指数と輸入物価指数では「円ベース」の指数に加え，輸出入取引に用いた通貨建ての価格で集計した「契約通貨ベース」の指数も作成されている。「円ベース」と「契約通貨ベース」の動きを比較することで，為替変動による影響を把握することができる。

採用品目数・指数算式　最新の 2020 年基準指数では，国内企業物価指数 515 品目，輸出物価指数 184 品目，輸入物価指数 210 品目，合計 909 品目が採用されている。各物価指数は，基準時点のウエイトを用いた固定基準ラスパイレス指数として算出されている。国内企業物価は財の国内向け出荷額，輸出物価は輸出額，輸入物価は輸入額をウエイトに用いる。各金額は「経済構造実態調査」と「貿易統計」から算定する。各物価指数の全品目を集計した指数は，各々国内企業物価，輸出物価，輸入物価の**総平均指数**と呼ばれる。

分類編成とウエイト　企業物価指数では類別（業種別）などの内訳指数が提供されている（**表 10.5 ②**）。類別のウエイトをみると，国内企業物価指数では，輸送用・電気・生産用機器などの機械系類別が全体の 33％，飲食料品が 14％など製品系類別のシェアが 5 割を超える。一方，石油・石炭製品，化学製品，鉄鋼，非鉄金属，電力・都市ガス・水道など資源価格の影響を直接受ける市況系類別のシェアは 3 割弱である。この間，輸出物価指数では日本の主力輸出品である機械系類別が 7 割のシェアを占める一方，輸入物価指数では石油・石炭・天然ガス，化学製品，金属・同製品などの市況系類別のシェアが 4 割超と高い。

企業物価指数の作成方法①：価格調査　企業物価指数では，主要メーカーにおける主要商品の大口販売先への出荷価格を調査している。品目ごとに価格に影響が大きい属性（商品・メーカー・用途・販売地域等）のシェアを反映するように調査価格を選定している。品目ごとに単一の財ではなく，多様な財の価格を取り込んでいる点で，消費者物価指数とは異なる。平均価格調査（類似の商品や販売先をグルーピングした平均価格の調査）など価格調査方法の工夫によって，少ない価格数でカバレッジを高めるとともに「一物多価」のもとでの実勢の値引きを指数に反映している。こうした調査方法を採用する企業物価指数は，需給の変化に敏感に反応するとの強みを有する一方で，短期の振れ（ノイズ）を含み得るという弱みもある。

企業物価指数の作成方法②：品質調整　メーカーでは，旧製品の生産が打

ち切られ，代わりに新製品の生産が開始される。このように，企業物価指数では新旧商品が一定期間並行生産されるケースは稀であり，品質調整をするうえでオーバーラップ法を適用することが難しい。そのため，外部の定量情報を利用した品質調整を重視している。調査先企業から新商品の品質向上に要したコストを聴取し，その金額を品質変化による価格変動分とする**コスト評価法**を多用していることが特徴である。また，**ヘドニック法**をパソコン（デスクトップ型，ノート型），テレビ，スマホ，レンズ交換型カメラ，乗用車に適用しているほか，食料品などの容量変化に対しては単価比較法（容量比による換算と同一の手法）を用いている。

基準改定　企業物価指数の基準改定は5年ごと（西暦下一桁0年，5年を対象）に行っている。最新の2020年基準改定は，2022年6月に実施された。

統計の公表時期・事後の指数改訂幅　企業物価指数は月次で作成される。速報値の公表は翌月の第8営業日と主要な経済統計のなかでは最も早く，速報性に優れている。ただし，速報時点の価格回収率はさほど高くないことから，価格回収の進捗に伴い，事後改訂される。3か月間の総平均指数の改訂幅（平均）は，国内企業物価で0.3ポイント，輸出物価で0.2ポイント，輸入物価で0.6ポイントである。改訂幅は前月比や前年同月比の変動と比べて比較的小さいが，利用の際には注意を要する。

●企業物価指数：統計の利用方法

公表資料・データ　企業物価指数の動きは，公表時に日本銀行HPに掲載される「企業物価指数○年○月速報」で把握する。1ページ目に国内企業物価・輸出物価・輸入物価の総平均指数の動きが，2ページ目に各物価の前月比変動に寄与した主な類別・品目の一覧が掲載されている。掲載される類別・品目から，当月の物価変動の主な要因を大まかに把握できる。なお，時系列データは「時系列統計データ検索サイト」から，ダウンロードできる。2020年基準の各指数のほか，「連鎖方式による国内企業物価指数」や「消費税を除く国内企業物価指数」（消費税率変更の影響を除いた指数）などの参考指数も利用可能である。

統計の見方

① 企業物価指数の変動は前月比ならびに前年同月比で把握する

　相対的に季節的な変動が小さいこともあり，物価変動を早期に把握するうえでは前月比を利用することが適切である。ただし，消費者物価指数との比較には，

10　物価に関する統計　　**245**

表 10.6　最終需要・中間需要物価指数（FD-ID 指数）（2015 年基準）の概要

項　目	説　明
統計作成者	日本銀行
統計の種類	加工統計：企業物価指数，企業向けサービス価格指数等を集計
指数の対象	財・サービスの価格を中間需要と最終需要の段階別に集計した物価指数
指数の基準年	2015 年（2015 年平均＝100）
中間需要指数	生産される財・サービスを川上から川下までの 4 つのステージ（最も川上がステージ 1，最終需要に最も近い川下がステージ 4）に分類。ステージ別に該当する財・サービスの生産に投入される中間投入の価格を集計した物価指数（投入物価指数）
最終需要指数	最終需要（家計消費，設備投資等）において需要される財・サービス（国内生産と輸入の合計）の価格を集計した物価指数 最終需要指数（除く輸出）と同（含む輸出）の 2 系列を作成
指数算式	固定基準ラスパイレス指数
作成周期	毎月
公表時期	翌月の第 20 営業日

前年同月比での分析も有益である。企業物価指数はほとんどの類別で季節変動はみられないが，電力料金には夏季限定の割増料金が設定され季節変動が存在する。国内企業物価指数で前月比の変動をみる際には，この影響を除いた「**夏季電力料金調整後の指数**」を用いるのが望ましい。

② 　**国内企業物価指数ならびに輸入物価指数の総平均指数の変動から，原油など資源価格変動の日本経済への波及度合いを捕捉する**

国内企業物価指数と輸入物価指数では，原油など資源価格変動の影響が大きい。石油・石炭製品，化学製品，鉄鋼，非鉄金属など市況系類別の価格変動が大きく，総平均指数の変動の大半を占める。資源価格変動の影響は川上製品から川下製品まで重複してカウントされることから，総平均指数の変動は増幅される傾向があり，消費者物価・総合指数の変動を大きく上回る。

なお，価格変動が生産フローの川上から川下へどのように波及するかは，日本銀行が作成する「最終需要・中間需要物価指数（FD-ID 指数）」の中間需要（ID）指数のステージ別指数（生産される財・サービスを川上から川下への 4 つのステージに分類して算出した投入物価指数）で把握することができる（表 10.6）。

③ 　**消費者物価指数への波及をみるうえでは，市況系類別の大幅な変動に隠れがちな製品系類別の変動を把握することが重要である**

製品系類別の価格変動は小さいことから総平均指数への寄与は小さく，市況系類別の大きな寄与に隠れがちである。しかし，消費者物価への波及をみるうえで

は，消費財を構成する飲食料品，繊維製品，パルプ・紙・同製品，電気・情報通信・輸送用機器などの価格変動に着目することが重要である。

消費財や資本財など最終需要全体の物価の動きは「**最終需要・中間需要物価指数（FD-ID 指数）**」の最終需要（FD）指数で把握できる（**表 10.6**）。最終需要（FD）指数（除く輸出）と消費者物価・総合指数との変動の違いから，生産者段階と小売段階との価格波及度合いの差を大まかに捕捉できる。

④ **輸出物価指数と輸入物価指数の動きから，取引通貨建てベースの価格改定の影響と為替変動の影響，貿易で生じる交易利得・損失を把握できる**

輸出物価指数・輸入物価指数の「円ベース」指数には，企業の価格改定に加えて為替変動の影響を含んでいる。企業の取引通貨建てベースの価格改定の影響のみを抽出するには，「契約通貨ベース」指数を利用する。両指数の差が為替変動の影響に相当する。輸出と比べ輸入の方が取引の外貨建て比率は高いことから，為替円安（円高）は，輸出物価よりも輸入物価に敏感に投影されて指数を大きめに押し上げる（下げる）ことになる。

さらに輸出物価指数は日本企業の輸出競争力や現地での価格設定行動の影響を，輸入物価指数は原油など資源価格の影響を各々受ける。輸出物価指数の総平均指数/輸入物価指数の総平均指数の比率は**交易条件**と呼ばれ，貿易による**交易利得・損失**（1 単位の輸出入による利得・損失）の変動を示す。原油価格が高騰すると輸入物価が上昇し交易条件が悪化する。その結果，日本からの実質所得の流出（交易損失）がもたらされることになる。

●企業向けサービス価格指数：統計の概要

指数の対象・種類　企業向けサービス価格指数は，国内で生産されるサービスのうち国内企業向けサービスを対象とする指数である（**表 10.7**）。参考指数として卸売サービス価格指数，輸出サービス価格指数，輸入サービス価格指数，「消費税を除く企業向けサービス価格指数」を作成している。

採用品目数・指数算式・分類編成・ウエイト　最新の 2020 年基準指数では 146 品目が採用されている。物価指数は，基準時点のウエイトを用いた固定基準ラスパイレス指数として算出されている。ウエイトには経済産業省「延長産業連関表」の国内取引額を用いている。全品目を集計した指数は総平均指数と呼ばれる。内訳指数として 7 つの大類別，その下に 26 の類別が設定されている。大類別のウエイトをみると，諸サービスが 37%，情報通信が 23%，運輸・郵便

表 10.7　企業向けサービス価格指数（2020 年基準）の概要

項　目	説　明
統計作成者	日本銀行
統計の種類	加工統計（価格調査から得られる価格データ等を集計）
指数の対象	国内で生産されるサービスのうち国内企業向けサービス
指数の基準年	2020 年（2020 年平均 = 100）
品目数	146 品目（ほかに，卸売サービス 5 品目，研究開発 1 品目，輸出 2 品目，輸入 3 品目，知的財産ライセンス 3 品目）
分類編成	7 大類別（金融・保険，不動産，運輸・郵便，情報通信，リース・レンタル，広告，諸サービス）〈その下に 26 類別〉
調査価格数	4,675 価格
価格回収率	速報：73.2%，速報の 3 か月後時点 90.8%（2023 年 12 月）
価格の調査段階	生産者段階
時　点	サービス提供時点
ウエイトデータ	経済産業省「延長産業連関表」
指数算式	固定基準ラスパイレス指数
作成周期	毎月（卸売サービス・研究開発価格指数は四半期）
公表時期	速報：翌月の第 18 営業日
指数の訂正	価格データの回収進捗に伴い，速報公表の 3 か月後まで指数を訂正。毎年 9 月に定期遡及訂正（前年 1 月から直近まで）

が 16%，不動産が 9%，リース・レンタルが 6%，金融・保険が 5%，広告が 4%を占めている。

■企業向けサービス価格指数の作成方法①：価格調査■　企業向けサービス価格指数では，サービス生産者を対象に国内の企業向けのサービス価格を調査している。企業向けサービスでは，①価格差別が行われ，価格が多様化しているサービスや，②サービス内容の個別性が強い（同一内容の取引が 2 度と行われない）オーダーメード・サービスが数多く存在する。このため，平均価格調査，モデル価格調査（仮想的な取引を想定した場合の価格を調査），労働時間当たり単価調査（サービスに必要となる投入労働量当たりの単価〈人月単価〉を調査）など価格調査方法の工夫を通じ実勢価格を把握するよう努めている。

■企業向けサービス価格指数の作成方法②：品質調整■　企業向けサービス価格指数においても，企業物価指数と同様に外部の定量情報を利用した品質調整を重視している。調査先企業から新商品の品質向上に要したコストを聴取する**コスト評価法**を多用しているほか，ヘドニック法をインターネット接続サービス，類別「レンタル」の品目に適用している。

　このほか，時間とともに品質が変化するサービスでは，広告閲覧者数の変化，

保険料のリスク量の変化，建物の経年劣化，各々に対応する品質変化を指数に明示的に反映している（テレビ広告など広告の各品目，自動車保険，事務所賃貸）。

基準改定　基準改定は 5 年ごとに行われる。最新の 2020 年基準改定は 2024 年 6 月に実施されている。

統計の公表時期・指数の事後改訂幅　企業向けサービス価格指数は月次で作成される。速報値の公表は翌月の第 18 営業日である。価格回収の進捗に伴い事後改訂が生じるが，改訂幅（総平均指数：平均）は定期遡及訂正を含めても 0.1 ポイント程度と小幅である。

●企業向けサービス価格指数：統計の利用方法

公表資料・データ　企業向けサービス価格指数の動きは，公表時に日本銀行 HP に掲載される「企業向けサービス価格指数〇年〇月速報」で把握する。1 ページ目に総平均指数の動きが，2 ページ目に前年同月比の前月差変動に寄与した主な大類別・小類別・品目の一覧が掲載されている。掲載される大類別・小類別・品目の構成から，当月の物価変動の主な要因を把握できる。なお，時系列データは「時系列統計データ検索サイト」から，ダウンロードできる。

統計の見方

① 企業向けサービス価格指数の変動は前年同月比で把握する

　企業向けサービス価格指数では，季節調整済系列は提供されていない。このため，企業向けサービス価格指数の変動は前年同月比で把握する。

② 企業向けサービス価格指数の基調的な変動は，総平均指数ないしは総平均（除く国際運輸）指数で把握する

　企業向けサービス価格指数の変動は総平均指数を用いて把握する。基調的な動きを把握するうえでは，変動の大きい海外海運市況や為替変動の影響を除いた総平均（除く国際運輸）指数を利用するのも有益である。

③ 企業向けサービス価格指数の変動は景気循環との相関が高い。また，その変動幅は消費者物価指数のサービスの変動幅よりも大きい

　企業向けサービス価格指数は，消費者物価のサービスほど価格が粘着的ではない。指数は需給の変化に敏感に反応し，景気循環との相関が高いほか，消費者物価指数のように個別要因によるノイズも比較的目立たないことから，景気指標として有益である。例えば，広告のうちテレビ広告などの各品目は景気に敏感であり，指数は先行性を有するほか，諸サービスでも景気に対応して指数が変動する

品目（宿泊サービスなど）が多い。

　また，運輸・郵便（自動車貨物輸送など），情報・通信のうち情報サービス（受託開発ソフトウェアなど），諸サービス（労働者派遣サービスなど）は人件費比率が高く賃金との連動性が高いことから，インフレの基調の把握に有益な情報をもたらす可能性がある。このため，2020年基準指数から，該当品目を集計した参考系列「**高人件費率サービス**」が新たに提供されている。

10.4　地価と不動産価格指数

●地価・不動産価格はなぜ重要か

　1980年代以降，日本のインフレ変動は小幅にとどまっている。一方，地価に代表される資産価格の変動は大きく，1980年代後半のバブル生成と1990年代のバブル崩壊は，日本経済に大きな影響を及ぼした。日本の景気変動を捉える際には，地価や不動産価格の動向を把握することが不可欠である。

●地価・不動産価格を捕捉する統計

　地価や不動産価格の動きを捉える統計としては以下の2つが重要である。

① 　地価公示・都道府県地価調査 ⇒ 不動産鑑定価格による地価統計
② 　不動産価格指数 ⇒ 実取引価格データによる価格指数

　①「**地価公示**」「**都道府県地価調査**」は，不動産鑑定士が鑑定評価した価格を集計した統計であり，品質の固定度や代表性が高く振れ（ノイズ）が小さい。このため，地価の基調変動を捉えやすい利点を持つ一方，実勢価格の変動に遅行する欠点がある。それに対し，②「**不動産価格指数**」は，物件の品質のばらつきが大きい売買取引データから算出されていることから，振れ（ノイズ）が大きくなりやすいとの欠点がある一方で，実勢価格の変化を迅速に把握できる利点がある。両統計のこうしたメリット・デメリットを認識したうえで，用途に応じ統計を使い分けることが肝要である。

●地価公示・都道府県地価調査

　統計の概要　「地価公示」は国土交通省が，「都道府県地価調査」は都道府県が，各々作成する土地の価格統計である（**表10.8**）。「地価公示」は毎年1月1日時点，「都道府県地価調査」は毎年7月1日時点で実施されているため，地価

250

表 10.8　主な地価統計の概要

項　目	地価公示	都道府県地価調査
統計作成者	国土交通省	都道府県 国土交通省が取りまとめて公表
統計の対象	土地の正常な価格（1m^2 当たり）	
価格時点	毎年 1 月 1 日	毎年 7 月 1 日
調査地点数	全国 26,000 うち住宅地 18,273，商業地 6,548，工業地 1,058 など	全国 21,381 うち住宅地 14,666，商業地 5,262，工業地 869
価格の 調査方法	不動産鑑定士が鑑定評価した価格 取引事例比較法，収益還元法，開発法，原価法の 4 つの手法を用いて鑑定評価を実施（周辺の取引事例から標準地〈基準地〉の価格を推定する「取引事例比較法」の適用が中心とみられる）	
集計方法	地点ごとの地価変化率を単純平均して算出	
公表時期	毎年 3 月 20 日頃	毎年 9 月 20 日頃

の変動を年に 2 回把握することができる。

　地価の調査地点　調査地点数は，「地価公示」が 26,000，「都道府県地価調査」が 21,381 である。都道府県・市町村別の地価動向を把握するため，調査地点が多数設定されている。土地面積や道路など立地条件などによって価格に違いが生じるため，一定の条件を設定した標準地（基準地）の地価を算定している。用途別では，全体の 7 割が住宅地，25％が商業地，残りが工業地等である。

　地価の調査方法　地価は，不動産鑑定士が鑑定評価した価格が採用されている。周辺の取引事例から標準地（基準地）の価格を推定する「取引事例比較法」などの手法を用い，物件の条件の違いなど個別要因による価格への影響を補正する。併せて，買い手と売り手との関係など取引上の特殊要因による価格の振れを除いた正常な価格を算定して，鑑定評価による価格を決定している。

　統計の表章　地価は，地域的なばらつきが大きいことから，地域別（都市圏別，都道府県別，主要市別など）の平均変動率が公表される。用途別では，住宅地，商業地，工業地，全用途の区分で公表される。

　統計の公表時期　「地価公示」（1 月 1 日時点）が 3 月 20 日頃，「都道府県地価調査」（7 月 1 日時点）が 9 月 20 日頃に公表される。

　公表資料・データ　「地価公示」「都道府県地価調査」のいずれも，国土交通省 HP で公表される。国土交通省 HP の「地価・不動産鑑定」ページにおいて，各々の概要資料と集計データが提供されている。また，個別の調査地点の地価（1m^2 当たり）についても「標準地・基準地検索システム」で検索することがで

10　物価に関する統計　　*251*

表 10.9 「地価公示」による地価の動向（前年比：%）

	全用途平均					住宅地					商業地				
	R2	R3	R4	R5	R6	R2	R3	R4	R5	R6	R2	R3	R4	R5	R6
全　国	1.4	▲0.5	0.6	1.6	2.3	0.8	▲0.4	0.5	1.4	2.0	3.1	▲0.8	0.4	1.8	3.1
三大都市圏	2.1	▲0.7	0.7	2.1	3.5	1.1	▲0.6	0.5	1.7	2.8	5.4	▲1.3	0.7	2.9	5.2
東京圏	2.3	▲0.5	0.8	2.4	4.0	1.4	▲0.5	0.6	2.1	3.4	5.2	▲1.0	0.7	3.0	5.6
大阪圏	1.8	▲0.7	0.2	1.2	2.4	0.4	▲0.5	0.1	0.7	1.5	6.9	▲1.8	0.0	2.3	5.1
名古屋圏	1.9	▲1.1	1.2	2.6	3.3	1.1	▲1.0	1.0	2.3	2.8	4.1	▲1.7	1.7	3.4	4.3
地方圏	0.8	▲0.3	0.5	1.2	1.3	0.5	▲0.3	0.5	1.2	1.2	1.5	▲0.5	0.2	1.0	1.5
地方四市	7.4	2.9	5.8	8.5	7.7	5.9	2.7	5.9	8.6	7.0	11.3	3.1	5.7	8.1	9.2
その他	0.1	▲0.6	▲0.1	0.4	0.7	0.0	▲0.6	0.0	0.4	0.6	0.3	▲0.9	▲0.5	0.1	0.6

(注)　地方四市は札幌，仙台，広島，福岡である。
(出所)　国土交通省「令和 6 年地価公示」

きる。

■統計の見方■

① 地価は地域ならびに用途ごとのばらつきが大きいため，全国の動きに加え，東京圏，大阪圏などの地域別や住宅地・商業地別の動向を把握する

地域別では，東京圏，大阪圏，名古屋圏に加え，札幌，仙台，広島，福岡の各都市での上昇が目立つため，これら都市圏の動向にも着目する（表 10.9）。

② 地価の変動は「地価公示」「都道府県地価調査」ごとに前年比で把握する

「地価公示」「都道府県地価調査」共通の調査地点については半年間の変化率も捕捉が可能である。ただし，共通の調査地点数は 1,577 地点（住宅地 1,081 地点，商業地 496 地点）にとどまるため，精度としては限界がある。

③ 地価は滑らかに変化する一方，価格変化が実勢よりも遅れがちとなる

「地価公示」「都道府県地価調査」は，品質固定度合いが高く，特殊要因によるノイズなどが除外され滑らかに変化することから，基調変動が捉えやすい。一方で不動産鑑定価格は調査時点以前の取引事例の影響を受けるため，地価の変化が実勢価格の変動よりも遅れがちとなる点に注意して利用する。

●不動産価格指数

■統計の概要■　不動産価格の変動は経済に大きな影響を及ぼしており，最近の世界各国の金融危機の要因にもなっている。このため，G20 データギャップ・イニシアティブによる後押しもあって，各国で不動産価格指数の整備が進んでいる。日本においても，2015 年から国土交通省が「不動産価格指数（住宅）」「不

表 10.10　不動産価格指数の概要

項　目		不動産価格指数（住宅）	不動産価格指数（商業用不動産）
統計作成者		国土交通省	
統計の対象（用途別）		戸建住宅，マンション（区分所有），住宅地	店舗，オフィス，倉庫，工場，マンション・アパート（一棟），商業地，工業地
表章区分	用途別	上記のほか，住宅総合	上記のほか，建物付土地総合，土地総合，商業用不動産総合
	地域別	全国，ブロック別，都市圏別（南関東，名古屋，京阪神），東京都・大阪府・愛知県	全国，都市圏別（三大都市圏，三大都市圏以外，南関東），東京都・大阪府・愛知県
対象取引		民間部門による取引（建物と土地が一体の不動産は中古が中心）	
価格データ		国土交通省「不動産取引価格情報」：アンケート調査：年 30 万件	
算出期間		2008 年 4 月〜	2008 年 4 〜 6 月期〜
基準年		2010 年（2010 年平均＝100）	
推計方法		用途別・地域別にヘドニック法で時間ダミーを推計・指数化	
集計方法		用途別・地域別の指数をフィッシャー算式で上位指数に集計	
作成周期		毎月	四半期
公表時期		対象月から約 3 か月後の月末（公表後 3 か月間は改訂を実施）	

動産価格指数（商業用不動産）」の作成・公表を行っている。

■指数の対象■　不動産価格指数は，土地のほかマンションやオフィスなど建物と土地が一体となった不動産を対象とする（表 10.10）。住宅では，戸建住宅，マンション（区分所有），住宅地を，商業用不動産では，店舗，オフィス，倉庫，工場，マンション・アパート（一棟），商業地，工業地を各々対象としている。なお，住宅やオフィスなどの建物と土地が一体となった不動産については，中古物件の売買がほとんどを占めており，新築物件の分譲や売買は少ない。

■指数の作成方法■　不動産市場の変化に敏感に反応するように，不動産の取引価格データから指数を作成している。国土交通省が実施するアンケート調査「不動産取引価格情報」（年 30 万件）を利用してヘドニック関数を推計し，品質一定の不動産価格指数（2010 年平均＝100）を作成している。

■作成周期・公表時期■　不動産価格指数（住宅）は月次で作成している。一方，不動産価格指数（商業用不動産）は，住宅と比べ取引件数が少ないことに加え，物件ごとの品質のばらつきが大きいことから，四半期ごとに作成している。なお，指数の公表時期は対象月（四半期）終了から 3 か月後の月末である。

■公表資料・データ■　不動産価格指数は国土交通省 HP で公表される。概要は「公表資料」で把握できる。公表資料の 1 ページ目に住宅，商業不動産の主要な指数の動きが掲載されている。さらに 2 ページ目には住宅の，3 ページ目には

10　物価に関する統計　　253

商業用不動産の，各々詳細な指数が掲載されている。時系列データは，国土交通省HPからダウンロードできる。

統計の見方

① **不動産価格指数は季節調整済系列の前月比（前期比）で変動を把握する**

　不動産価格指数は季節調整済系列が提供されている。不動産価格指数（住宅）の変動は同系列の前月比で，不動産価格指数（商業用不動産）の変動は同系列の前期比で，各々把握することができる。

② **不動産価格指数は実勢価格を迅速に反映する一方で一定の振れを含む**

　不動産価格指数は，市場における実際の売買取引価格データから指数を作成しているため，不動産鑑定価格をベースとする地価公示や都道府県地価調査と比べると実勢価格を迅速に反映する性質がある。つまり，不動産市況の変化を早期に把握することができる。ただし，売買取引の個別要因の影響を受けるため，価格指数には一定の振れ（ノイズ）が含まれる点には注意する。

③ **不動産価格指数は，物件の種類や地域によって価格動向に大きな違いがある。物件種類別や地域別に価格動向を把握することが重要である**

　2024年6月の不動産価格指数（住宅・全国，2010年平均＝100）をみると，住宅地115.8，一戸建て119.2に対し，マンションは201.4とマンションの価格上昇幅が大きい。最近の不動産価格の上昇は建築コスト高騰を受けた建物価格の上昇が牽引しており，地価の上昇が主因でないことが分かる。

コラム　消費者物価指数：直面する作成上の課題と精度への影響

　消費者物価指数は，金融政策の運営で大きな役割を担っており，精度の要求水準も高い。一方，実務上の制約から精度面での様々な課題が存在する。このうち，財についてはPOSデータによる物価指数を用いることで誤差の影響をある程度定量化できるが，サービスでは容易ではない。今後，労働力人口の趨勢的な減少が見込まれる日本では，賃金の上昇を通じてサービスの価格が持続的に上昇すると見込まれるため，サービス価格の精度はより重要となる。ここでは，そのうち重要度の高い①モデル式による指数算出，②持家の家賃（帰属家賃）が直面する課題を取り上げる。

1．モデル式による指数算出が直面する課題

● 通信料（携帯電話）の指数作成方法

　サービス品目の精度は，モデル式を用いる際の前提条件の妥当性に左右される。ここでは，政府主導の大幅な料金値下げ（2021年春）に伴い，指数が大きく下落した

「通信料（携帯電話）」を取り上げる。通信料（携帯電話）の指数は，以下のようにモデル式を用いて算出している。

⑴ 契約数が多い通信事業者・ブランドを複数選定する
⑵ 利用パターン（通話時間：2パターン，データ通信量：4パターン）を設定
⑶ 通信事業者・ブランド・利用パターンごとに最安料金プランを選定する
⑷ 通信事業者・ブランドの契約数シェアで加重平均，利用パターン間は単純平均をとることで指数を計算する
⑸ 最安価格には制約条件のある割引サービス（家族割，セット割等）を含めない

⑶では「利用者が最安料金プランを必ず選択する」ことが前提条件である。利用者が最安料金プランを選択しない場合は，指数に下方バイアスが生じる。

● 通信料（携帯電話）の下方バイアス

通信料（携帯電話）の指数は，2021年4～6月に4割下落し，その後下落率は5割超に達している（図10.4①）。2021年春に導入された格安ブランドがモデル式で最安料金プランとして選択され，指数が大幅に下落したためである。しかし，利用者の支出額は，公表指数の下落ほどは減少していない。携帯キャリアが公表する1契約者当たり月間収入額や「家計調査」の1世帯当たり携帯電話通信料の支出額は1割の下落にとどまる（図10.4②③）。

両者にかい離が生じるのは，格安ブランドへの移行が十分に進んでおらず，モデル式が採用する前提が妥当性を欠くためである。総務省「新料金プランへの移行状況」によると，格安ブランドへの移行率は，導入1年半を経過した2022年9月末でも30%にとどまった。モデル式での「利用者が最安プランの価格を必ず選択する」との前提条件は満たされておらず，公表指数は下方にバイアスしている。

● CPI 総合指数に与える下方バイアスのインパクト

通信料（携帯電話）のウエイトはCPI全体の2.7%と大きなシェアを占めることから，同指数の下方バイアスは総合指数にも大きな影響を及ぼす。図10.5は，生鮮食品を除く総合指数の前年同期比について，①CPIの公表値と，通信料（携帯電話）の指数を②1契約者当たり月間収入，③1世帯当たり携帯電話通信料支出額で各々置きかえた場合の試算値を比較したものである。2021年以降，②と③の試算値は①の公表値よりも1%ポイント高い。前年同期比が2%近傍まで急騰する時点を比べると，②と③の試算値は①よりも半年以上早い。通信料（携帯電話）の下方バイアスによって2021年以降のインフレ加速の検知が遅れ，インフレの判断に歪みをもたらした可能性がある。

● 通信料（携帯電話）問題の教訓：サービス品目の誤差にどう対応するか

2021年春の時点では格安プランへの移行率のデータをリアルタイムで入手できる見通しはなく，これを用いて指数に算出するのは困難であった。総務省が実勢を反映

10 物価に関する統計　　255

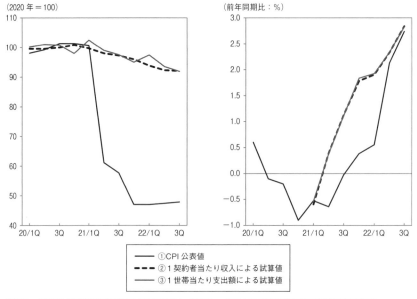

図 10.4　通信料（携帯電話）の指数　　　図 10.5　CPI 総合（除く生鮮食品）

（出所）　総務省「消費者物価指数」「家計調査」，携帯キャリア大手 3 社決算資料を参考に筆者作成

する指数を，リアルタイムに作成できなかったのはやむを得なかったと理解できる。しかし，結果として CPI 総合指数に大きな下方バイアスが生じている。事後的に利用可能となった情報を活用して，通信料（携帯電話）の指数を遡ってより精度の高いものに改訂するのが望ましい。

　なお，内閣府は，格安プランへの移行率のデータを利用して GDP の家計消費デフレーターの遡及改訂を実施しており，図 10.5 ②③に近い指数を公表している。この期間については，通信料（携帯電話）の実勢価格を反映したより精度の高い消費者物価の変動を把握するには，消費者物価指数の代わりに「国民経済計算」の家計消費デフレーターを利用するのが有効である。

　サービスはウエイトが大きい品目が多いことから，潜在的にモデル式の誤差が総合指数に大きなインパクトをもたらし得る。今後，サービス価格が大きく変動する場合，そこには，何らかの理由に起因する誤差を内包していることを考慮する必要がある。特に同一サービス内の価格差別が拡大し，価格のばらつきが大きくなっている場合，例えば，消費者物価指数と企業向けサービス価格指数，双方における同一品目の指数にばらつきが大きい場合は要注意である。品目では「宿泊料」「外国パック旅行費」「電気代」（「電気代」は財に分類）などの指数が該当する（詳しくは西村・肥後

(2023) を参照)。

2. 持家の家賃（帰属家賃）が直面する課題
● 指数の作成方法

家計の支出において家賃や住宅取得費用は大きなシェアを占める。消費者物価指数でも家賃（持家の帰属家賃，民営家賃，公営家賃等）のウエイトは全体の18%（サービスの37%）を占める。そのうち，持家については，住宅取得費用を直接取り込むのではなく，持家を借家とみなした場合に支払われるであろう家賃（持家の帰属家賃：ウエイト：16%）を推計して，物価指数に取り込んでいる。具体的には，住宅の構造（木造・非木造），規模（30m^{2}未満，30m^{2}以上）別の民営家賃の指数から持家の帰属家賃を算出している。

2015年から2023年までの指数をみると，持家の帰属家賃はほぼ横ばいとなっており，これには粘着性の高い民営家賃を参照していることに起因している。その結果，建設資材や人件費の高騰を受けた住宅建築費用（建設工事費デフレーター）の大幅な上昇は，消費者物価指数には反映されていない（図10.6）。これは，大都市圏を中心に住宅取得費用の高騰に直面している消費者の実感には合致していないと考えられる。

● 計測誤差の発生要因

持家の帰属家賃に誤差が存在するとの見方は，これまでも専門家から幅広く提起されている（白塚（2023），吉田（2023））。誤差が生じる要因として，以下の3点が指摘されている。

図10.6 持家の帰属家賃と住宅建設コスト

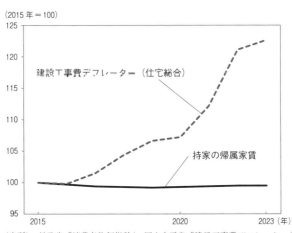

（出所）総務省「消費者物価指数」，国土交通省「建設工事費デフレーター」

表 10.11　賃貸マンション平均家賃の変化率（2015 年 1 月〜 2024 年 1 月）

延べ床面積	東京 23 区	東京都下	神奈川県	埼玉県	千葉県	大阪市
30 m² 以下	＋12.4%	＋ 4.8%	＋ 7.6%	＋11.0%	＋ 9.7%	＋ 9.0%
30〜50 m²	＋23.0%	＋ 5.8%	＋11.7%	＋17.2%	＋15.6%	＋17.1%
50〜70 m²	＋36.7%	＋16.2%	＋16.5%	＋21.4%	＋17.4%	＋25.8%
70 m² 超	＋32.3%	＋23.5%	＋27.7%	＋27.7%	＋26.8%	＋26.0%

（出所）　アットホーム「全国主要都市の賃貸マンション・アパート募集賃料動向」を参考に筆者作成

① 　民営家賃は現在入居中の世帯の継続家賃を集計している。継続家賃は「借地借家法」による実質的な家賃規制の影響から硬直的であり，市場実勢家賃を反映していない。持家の帰属家賃には，住宅取得費用と代替関係にある「持家と同内容の物件を新たに借りる場合の借家家賃」を用いるべきである。継続家賃と市場実勢家賃の差がバイアスとなる。

② 　住宅の 1 戸当たりの延べ床面積を比較すると，持家では 70m² 以上の広い住宅がほとんどを占める一方，借家では単身者向けを中心とする 30m² 未満，30〜49m² の狭い住宅の比率が高い。住宅の延べ床面積によって家賃の動きが異なる場合，狭い借家が大半を占める民営家賃のデータを持家の帰属家賃に用いるとバイアスが生じる。

③ 　民営家賃では経年劣化による住宅の品質低下が指数に反映されていない。近年の住宅着工戸数の減少に伴い，日本の住宅ストックは老朽化が進んでいる。経年劣化による品質低下分の下方バイアスが存在する可能性がある。その場合，家賃が横ばいであっても品質の劣化に伴い，品質一定の物価指数は上昇することになる。この影響は持家の帰属家賃にも及んでいる。

● どの程度のバイアスが生じているか

　実際，どの程度のバイアスが生じている可能性があるのか，以上の 3 点のうち，②持家と借家の延べ床面積の違いの影響，③経年劣化の品質低下の影響について考察する。

　まず，②持家と借家の延べ床面積の違いの影響をみてみる。民間不動産情報サービス企業の募集賃料データから，延べ床面積別の賃貸マンション家賃上昇率（2015 年 1 月〜2024 年 1 月）を比較すると，70m² 以上の広いマンションの上昇率は 30m² 以下や 30〜50m² の狭いマンションの上昇率を大幅に上回っている（表 10.11）。そのかい離は 9 年間の累積で 10〜20% ポイント，年率で 1〜2% ポイントに達する。このデータは首都圏など大都市圏に限られており，地方圏を含めて同様のかい離が存在するかは確かではないが，延べ床面積 70m² 以上がほとんどを占める持家の帰属家賃として，より狭い延べ床面積の物件が中心の民営借家家賃が転用されているために，持家の帰属家賃の上昇率が年 1〜2% ポイント過小評価されている可能性があること

を示している。これを CPI 総合指数の変化率に換算すると年 0.2〜0.3％ポイントの下方バイアスとなる。

　また，③経年劣化に伴う品質低下については，総務省の調査研究（総務省統計局消費統計課物価統計室（2021））では民営家賃に年 0.7〜0.8％の下方バイアスが存在するとの結果が得られている。持家の帰属家賃でも同様のバイアスが存在すると仮定すると，CPI 総合指数の変化率ベースで年 0.1％強ポイントの下方バイアスが生じていると推定される。

　以上の結果は，家賃の下方バイアスが年 2％のインフレ目標の達成を目指す日本銀行の金融政策に影響を及ぼす可能性があることを示唆している。

◆ 練習問題

問 10.1 物価を把握する統計とその利用方法について，3つのポイントを説明せよ。

問 10.2 消費者物価指数は，商品間・店舗間の価格競争など短期の需給変化が十分に反映されていないため，振れが小さくインフレ率のトレンドが把握しやすい一方で，市場の需給変化に対する反応が鈍く，実勢に比べて変動が遅れがちとなりやすいとの指摘がある。これは，統計を作成する総務省が，財を中心に商品・店舗・価格の選定において，特有の方針を採用しているためである。その方針の3つの特徴を述べよ。

問 10.3 物価指数において品質調整はなぜ必要となるのか，品質調整とは具体的にはどのような手続きを行うものか，説明せよ。

問 10.4 原油などの資源価格の変動の日本経済への波及度合いを捕捉する際に企業物価指数をどのように利用すべきか。消費者物価指数への波及をみるうえでどのような点を注意すべきか，説明せよ。

第11章

対外バランスに関する統計

- ■11.1 対外バランスの特徴とその把握方法
- ■11.2 貿易統計・実質輸出入の動向
- ■11.3 国際収支統計
- コラム 国際収支統計・その他サービスにおける 2014 年の段差

第 11 章では輸出入など対外バランスに関する統計を取り上げる。
11.1 節では日本の対外バランスの特徴を整理する。11.2 節では，貿
易統計ならびに貿易統計の加工データである実質輸出入の動向を取
り上げる。両統計では，財の輸出入の動きを捕捉することができる。
11.3 節では，国際収支統計を取り上げる。国際収支統計では，財・
サービスの輸出入に加えて，経常収支黒字の主役である直接投資や
証券投資の収益金（利息配当金）など日本の国際収支を包括的に捉
えることが可能である。

11.1 対外バランスの特徴とその把握方法

●財・サービスの輸出入の動き

財・サービスの**輸出**と**輸入**が GDP に占める比率をみると，経済のグローバル
化の進展に伴い，2000 年代以降，拡大を続けており，2020 年代には 20％台に
達している（**図**11.1）。

輸出と輸入の差額である**純輸出**（貿易収支＝輸出－輸入）をみると，2007 年
頃までは GDP の 1～2％ポイントの黒字であったが，2010 年代以降は，製造業
の海外移転の進展や資源価格高騰の影響から輸入の増加が輸出の増加を上回り，
純輸出（貿易収支）が赤字となる年が増えている。

なお，純輸出の毎年の変動はかなり大きいことから，実質成長率への寄与度
（暦年変化率の絶対値寄与度の平均）をみると，純輸出の寄与は家計消費や民間
設備投資に匹敵する大きさとなっている（前掲**表** 7.1）。景気変動の分析において

261

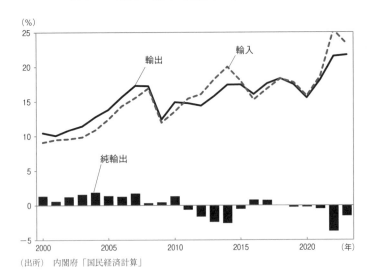

図 11.1　輸出・輸入・純輸出の対 GDP 比率%

(出所)　内閣府「国民経済計算」

純輸出の重要性は高くなっている。

　輸出入に占める財・サービスの比率（2023 年）は，輸出では財 78％，サービス 22％，輸入では財 77％，サービス 23％である。輸出ではサービス（11.3 節参照）の比率が近年上昇しているのが目立つ（2010 年：15％→ 2023 年：22％）。

● 経常収支黒字の主役は，貿易黒字から直接投資収益の黒字に交代

　2010 年代に入り，貿易収支が赤字となる年が増えているが，経常収支は黒字を続けており，経常黒字は約 20 兆円（GDP の 4％）を維持している（図 11.2）。これは，海外への直接投資や証券投資からの収益（利息配当金の受取）を計上する第一次所得収支が大幅な黒字となっているためである（経常収支，第一次所得収支については 11.3 節参照）。このように経常黒字の源泉は貿易黒字から投資収益へ大きく変化しており，日本は「貿易立国」から「投資立国」に姿を変えつつある。ただし，財・サービスの輸出入とは異なり，直接投資や証券投資からの収益は GDP には計上されないことから，「投資立国」への変貌は GDP を増加させないことに注意したい。

図11.2 経常収支の推移

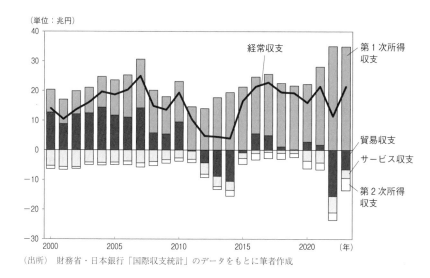

(出所) 財務省・日本銀行「国際収支統計」のデータをもとに筆者作成

● 対外バランスを把握する統計とその利用方法

以上のように輸出・輸入の動向は純輸出の増減を通じて実質成長率に大きな影響を与えることから、重要度が高い。特に、財の輸出は鉱工業生産への波及が大きいことから注目度が高くなっている。

① 財の輸出・輸入は財務省「貿易統計」で把握する

財の輸出・輸入の動きは財務省「**貿易統計**」によって把握する。「貿易統計」は、輸出入の際に税関に提出する申告書をもとに作成される業務統計である。財の輸出・輸入をほぼ全部をカバーしている。統計の速報値が翌月の20日前後に公表され、速報性が高い。

② 財の実質輸出・輸入は日本銀行「実質輸出入の動向」で把握

名目輸出（輸入）額は、輸出（輸入）価格の変動で大きな影響を受ける。このため、輸出・輸入の実質値の動きを把握することが必要である。日本銀行「**実質輸出入の動向**」では、名目輸出（輸入）額を「輸出（輸入）物価指数」でデフレートして実質化した実質輸出・輸入が公表されている。速報性が高いことから、輸出・輸入動向の把握に有益である。

③ サービスの輸出・輸入は財務省・日本銀行「国際収支統計」で把握する

「国際収支統計」は、「外国為替及び外国貿易法」で提出が義務付けられた報告

11 対外バランスに関する統計　　263

書等に基づいて作成される統計である。「国際収支統計」は，財の輸出・輸入に加え，輸送・旅行などのサービスの輸出・輸入を把握しているほか，経常黒字の主役である直接投資や証券投資の収益金（利息・配当），さらには金融取引の動きなど日本の対外バランスの動きを包括的に捕捉できる。

11.2　貿易統計・実質輸出入の動向

●貿易統計：統計の概要

統計の対象　財務省が作成する「貿易統計」は，輸出入の際に税関に提出する「輸出入申告書」をもとに作成される業務統計である（表11.1）。税関を通過する輸出入される財を対象とする。サービスを含んでいない。20万円以上の輸出入貨物については申告書の提出が関税法上の義務であることから，「貿易統計」は財の輸出のほぼ全数をカバーしている。陸続きではない日本では輸出入の捕捉漏れはほとんどなく，カバレッジは極めて高い。統計の信頼性は非常に高い。

統計の調査事項　輸出入対象の国・地域別・品目（商品）別の輸出・輸入金額及び数量を調査する。品目の分類は輸出 5,600 品目以上，輸入 7,900 品目以上と非常に詳細である。財の輸出・輸入について極めて詳細なデータが入手できる。

輸出入金額の計上基準：輸出は FOB 価格，輸入は CIF 価格　「貿易統計」

表 11.1　貿易統計（普通貿易統計）の概要

項　目	内　容
統計作成者	財務省
統計の種類	業務統計（経済統計に関する国際条約及び関税法に基づく） 世界各国でほぼ同一基準で統計が作成される。国際比較が容易。
統計の対象	日本の関税境界（税関）を追加する輸出入財貨 財のみ，サービスは含まない。所有権移転の有無は問わない
統計の作成方法	税関に提出する「輸出入申告書」に基づいて作成。20 万円以上の輸出入貨物をカバーする全数統計。カバレッジは極めて高い
調査事項	輸出入対象の国・地域，品目（商品），各品目の金額及び数量
輸出入金額の 計上基準	輸出：FOB（本船渡し）価格，輸入：CIF（運賃・保険料込み）価格。外貨建て分は税関長が公示する為替レートで円に換算する
輸出入の 計上時点	輸出：積載船舶・航空機が出発する日 輸入：輸入が承認された日
作成周期	毎月及び旬ごと
公表時期	速報：翌月の 20 日頃

264

では，輸出金額は FOB（Free on Board＝本船渡し）価格で計上する。**FOB 価格**とは，売主が商品を工場から輸出港まで輸送し，輸出港で船舶（航空機も含む，以下同じ）に積み込み，船舶で引き渡すまでの一切の費用を含めた価格である。一方，輸入金額は CIF（Cost Insurance and Freight＝運賃・保険料込み）価格で計上する。**CIF 価格**とは，FOB 価格に輸出国から輸入国までの船舶の運賃と保険料を加えた価格である。輸入品が輸入する港に到着するまでの一切の費用を含んでいる。

このため，日本から米国への輸出の場合，日本の「貿易統計」に計上される米国への輸出額と米国の「貿易統計」に計上される日本からの輸入額を比べると，「運賃・保険料」の分だけ米国の「貿易統計」の方が大きな額となる。

■「国民経済計算」「国際収支統計」との計上基準の違いに注意■　「国民経済計算」や「国際収支統計」では，輸出・輸入とも FOB 価格で計上している。このため，両統計の輸入額は「貿易統計」の輸入額とは金額が異なっている。輸入額における CIF 価格と FOB 価格との差額（船舶などの運賃・保険料）は輸入額の 2～3％程度を占めている。

■貿易指数■　「貿易統計」の輸出入額の変動には，数量の変動に加え価格の変動が含まれる。この価格と数量の動きを区別するために，2020 年平均＝100とする**輸出・輸入の金額指数，価格指数，数量指数**を作成している（**貿易指数：表 11.2**）。各指数は 5 年ごとに基準改定される。内訳系列として輸出 96 商品，輸入 118 商品の商品別指数，米国，EU，アジア，アジア NIES，ASEAN，中国，英国の 7 つの地域別指数が提供されている。

数量指数は，重量，容積，台数などを単位に計測した貿易数量の指数であり，商品について品質一定の条件が満たされていない。「鉱工業指数」と同様に数量指数に商品の品質向上分が反映されていないことから，後述するように指数には下方バイアスが生じる。輸出入の実質値を把握する際には注意を要する。

■統計の作成周期・公表時期■　貿易統計は毎月ならびに旬ごとに作成されている。主に利用される月次の統計は，翌月の 20 日頃に速報が公表される（品目等の詳細なデータが利用可能となる確報〈輸出確報及び輸入 9 桁速報〉は翌月末に公表される）。税関の輸出入手続きはデジタル化が進んでいることもあり，統計の速報性は高く提供データも詳細である。

11　対外バランスに関する統計　**265**

表11.2 貿易指数の概要

① **金額指数**：比較時の輸出入額を基準年の輸出入額で除すことにより，輸出入額の変化を算出
② **価格指数**：フィッシャー式を用いて，価格（単価）の変化を算出
③ **数量指数**：上記①を②で除すことにより，数量の変化を算出

各指数の計算式は，以下のとおり。

$$\text{金額指数} = \frac{V_t}{V_O}$$

$$\text{価格指数} = \sqrt{\frac{\sum P_t Q_O}{\sum P_O Q_O} \times \frac{\sum P_t Q_t}{\sum P_O Q_t}}$$

$$\text{数量指数} = \frac{\text{金額指数}}{\text{価格指数}}$$

V_O：基準時輸出入額
V_t：比較時輸出入額
P_O：基準時価格
Q_O：基準時数量
P_t：比較時価格
Q_t：比較時数量

（注1）　指数作用に用いる価格及び数量は，9桁の輸出入品目分類ごとの価格及び数量とする。なお，価格は，輸出は通関時におけるFOB価格，輸入はCIF価格による。
（注2）　品目は，HS（Harmonized Commodity Description and Coding System：商品の名称及び分類についての統一システム）条約に準拠した9桁の輸出入品目分類に基づく。
（出所）　財務省「貿易指数の基準年改定の概要」

●貿易統計：統計の利用方法

公表資料・データ　貿易統計の概要は，公表時に財務省HPに掲載される「○年○月分貿易統計（速報）の概要」（速報），「○年○月分貿易統計（確速）」（確報）で把握することができる。速報では，輸出入の総額・貿易収支，主な地域（国）別・品目別の輸出入額が公表される。確報では，国別・個別品目の詳細なデータが公表されている。いずれも概要資料で主な動きを捕捉することができる。

　品目別・地域（国）別の詳細なデータは，「貿易統計検索ページ」でデータの検索が可能なほか，「統計表一覧」でCSV形式のファイルをダウンロードすることができる。貿易指数のデータもCSV形式のファイルをダウンロードできる。なお，品目別のデータ（9桁統計品目）はあまりにも詳細なデータでマクロの分析には不向きである。400品目程度の分類である「概況品目」データやさらに大括りの集計である「主要商品」データ（44商品：確報の概要資料にも掲載）が分かりやすく，分析には適切である。

統計の見方

① 「貿易統計」の輸出額・輸入額・貿易収支（輸出額－輸入額）の変動は前年同月比で把握する

　「貿易統計」の輸出額・輸入額のうち，総額については季節調整値が提供され

ているが，品目別・地域（国）別のデータは原系列のみの提供である。輸出額，輸入額いずれについても季節変動が存在することから，輸出額・輸入額の変動は前年同月比で把握するのが適切である。

② **中国などアジア地域向け輸出・当該地域からの輸入については，春節の影響に注意する**

中国などアジア地域では，旧暦（太陰太陽暦）の正月（春節）に1週間程度の休暇を取得するため，経済活動が停止する国が多い。春節の時期は毎年変動するため，毎年1月と2月の輸出入額は均して変動を把握する。

③ **為替変動が輸出入額に与える影響に注意する**

為替変動は，(1)貿易に占める外貨建て取引の影響を通じて輸出入額に影響する，(2)「輸出入申告書」に記入する外貨建て取引額の円換算値に歪みが生じるとの2つのルートを通じて輸出入額に影響する。

まず，(1)貿易に占める外貨建て取引の影響をみる。貿易取引の通貨別比率（2023年下半期）をみると，輸出では円建てが34%，外貨建てが66%（米ドル51%，ユーロ7%など），輸入では円建てが23%，外貨建てが77%（米ドル70%，ユーロ3%など）となっており，輸出に比べ輸入での外貨建て比率が高くなっている。為替レートが円安になった場合は，短期では外貨建ての価格はおおむね固定されることから，円換算の輸入額の増加が輸出額の増加を上回り，貿易収支は悪化する。

次に，(2)「輸出入申告書」に記入する外貨建て取引額の円換算値の歪みを取り上げる。輸出入の税関申告では，外貨建ての輸出入額は税関が公示した為替換算レート（税関長公示レート）で円建てに換算することが義務付けられている。「貿易統計」では円換算された輸出入額が集計される。

輸出入申告書作成に要する時間を考慮して，税関長公示レートは2週間前の実勢為替レートが採用されている。すなわち，「貿易統計」の輸出入額は2週間前の為替レートで円換算されたものである。このため，円高局面では円換算された輸出入額は実勢よりも過大な値となる一方，円安局面では輸出入額は過小な値となる。為替変動が急激な局面では，「貿易統計」の輸出入額に歪みが生じる点に注意が必要である。なお，この税関長公示レートの時期のずれは，「国民経済計算」や「国際収支統計」の輸出入額にも同様の影響を及ぼしている。

表 11.3　貿易数量指数と GDP 実質輸出・輸入の比較
（2010 〜 2023 年：年平均）

	「貿易統計」 貿易数量指数（a）	GDP・財貨の実質輸出・ 実質輸入（財貨）（b）	下方バイアス（a−b）
輸　出	▲1.1%	+1.7%	▲2.8%ポイント
輸　入	+0.0%	+2.2%	▲2.2%ポイント

（出所）　財務省「貿易統計」，内閣府「国民経済計算」

④　貿易数量指数には，商品の品質向上分が反映していないことによる下方バイアスがある。輸出・輸入の基調トレンドを見誤るリスクに注意する

　貿易数量指数からは，輸出入額の変動から価格変動の影響を除去し輸出入額の実質変動をみることができる。もっとも，数量指数は重量，容積，台数などを単位に計測した指数であり，輸出入商品の品質向上分が反映されていないことから数量指数には下方バイアスが含まれる。品質向上分の下方バイアス（輸出〈輸入〉数量指数と GDP 財貨の実質輸出〈輸入〉とのかい離）は，輸出で年▲2.8%ポイント，輸入で年▲2.2%ポイントとかなり大きく，貿易数量指数では輸出・輸入の基調トレンドを見誤るリスクがある（表11.3）。このため，貿易数量指数で実質の輸出・輸入の動きを適切に把握するのは難しい。次で紹介する「実質輸出入の動向」を利用するのが望ましい。

　一方，(1) 貿易数量指数では詳細な商品別指数（輸出 96 商品，輸入 118 商品）が提供されており，「実質輸出入の動向」では分からない個別の商品の実質輸出・輸入の動きが把握できる，(2) 貿易数量指数には前述の税関長公示レートの時期のずれによる歪みが生じないとのメリットが存在する。下方バイアスに十分に注意しながら，貿易数量指数を個別の商品の実質輸出・輸入の動向の把握のために短期間に限定して利用するのが適切である。

●実質輸出入の動向：統計の概要

　■統計の対象■　「実質輸出入の動向」は，日本銀行が作成する調査分析用の分析データである（表11.4）。統計とは位置づけられていないが，実態は加工統計に近い。実質 GDP と整合的な輸出と輸入の動き，すなわち，商品の品質向上分を反映した実質輸出・輸入の動きを迅速に捉えて，景気判断を行うために日本銀行が作成している指標である。

表 11.4　実質輸出入の動向の概要

項　目	内　容
データ作成者	日本銀行
データの種類	調査分析用の分析データ。実態としては加工統計に近い。
データの対象	実質輸出と実質輸入（実質 GDP と整合的な実質輸出・輸入）
作成項目	実質輸出（2020 年平均＝100），実質輸入（2020 年平均＝100） 実質貿易収支（対実質 GDP 比率） 地域別実質輸出：米国，EU，中国，NIES・ASEAN 等，その他地域 財別実質輸出：中間財，自動車関連，情報関連，資本財，その他 ――いずれのデータも季節調整済系列を提供
作成方法	「貿易統計」の輸出（輸入）総額を 8 グループに分割し，各グループに対応する日本銀行「輸出（輸入）物価指数」で実質化したものを合算。季節調整を施し 2020 年平均＝100 として指数化
作成周期	毎月
公表時期	実質輸出・輸入は「貿易統計」速報公表日の 14:00 その他の系列は「貿易統計」速報公表日の 3 営業日後の 14:00

統計の作成方法　「貿易統計」の輸出・輸入総額を，日本銀行「輸出・輸入物価指数」でデフレートすることで実質化し，実質輸出・輸入を算出している。品質一定の物価指数で割り込むことで，実質輸出・輸入には輸出・輸入数量の変動だけでなく，商品の品質向上分も反映している。この点が貿易数量指数とは大きく異なる特徴である。具体的には，輸出（輸入）総額を 8 グループに分割し，各グループに対応する「輸出（輸入）物価指数」で実質化し，これを合算して，季節調整を行い指数化している（2020 年平均＝100）。

作成項目　実質輸出，実質輸入のほか，実質輸出の内訳計数として，地域別実質輸出について米国，EU，中国，NIES・ASEAN 等（インド，バングラデシュなどを含む），その他地域の 5 系列を，財別実質輸出については中間財，自動車関連（自動車，自動車の部分品，原動機など），情報関連（電算機類，通信機，半導体等電子部品，音響・映像機器，科学光学機器など），資本財（金属加工機械，建設用・鉱山用機械，重電機器，半導体等製造装置，船舶など），その他の 5 系列を，各々作成している。

統計の作成周期・公表時期　「実質輸出入の動向」は毎月作成されている。実質輸出・実質輸入などのメイン系列は「貿易統計」速報公表日の 14:00 に，地域別・財別実質輸出の参考系列は「貿易統計」速報公表日の 3 営業日後の 14:00 に公表される。「貿易統計」と同様に速報性が高い。

11　対外バランスに関する統計　*269*

● 実質輸出入の動向：統計の利用方法

公表資料・データ　公表時に日本銀行 HP の「調査・研究」の「分析データ」に図表とデータ（メイン系列，参考系列）が掲載される。これをダウンロードして利用する。メイン系列は 1975 年以降，参考系列は 2000 年以降について月次データが提供されている。

統計の見方

① 実質輸出・輸入は GDP・財貨の実質輸出・輸入に近い動きをしている。GDP よりも早期に輸出・輸入の動きを的確に把握できる

「実質輸出入の動向」の実質輸出・輸入の動きをみると GDP の実質輸出（財貨）・実質輸入（財貨）にかなり近い動きをしており，変動を的確に捉えることができる（図 11.3）。「実質輸出入の動向」の実質輸出・輸入は，「輸出（輸入）物価指数」による実質化により商品の品質向上分を適切に反映できている点で貿易数量指数よりも優れている。「実質輸出入の動向」の実質輸出・輸入は GDP の実質輸出・輸入（財貨）の変動を GDP 公表よりも早期に的確に把握できる指標として有益である。

図 11.3 「実質輸出入の動向」実質輸出，GDP 実質輸出（財貨），輸出数量指数の比較

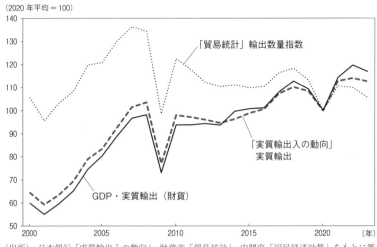

（出所）日本銀行「実質輸出入の動向」，財務省「貿易統計」，内閣府「国民経済計算」をもとに筆者作成

表 11.5　地域別・実質輸出ならびに財別・実質輸出のウエイト（2023 年：%）

	米　国	EU	中　国	NIES・ASEAN 等	その他地域
地域別	20.1	10.3	17.6	34.4	17.6
	中間財	自動車関連	情報関連	資本財	その他
財　別	20.1	24.4	19.0	16.8	19.7

② 　実質輸出・輸入の変動は前月比ないしは前期比で把握する

　「実質輸出入の動向」では季節調整済系列が提供されていることから，実質輸出・輸入の変動は前月比で把握することができる。ただし，実質輸出・輸入は振れが大きく，とりわけ内訳計数である地域別・財別実質輸出はその傾向が顕著であり，前月比では基調変動を識別することは難しい。四半期平均を計算し，前期比で変動を把握するのが適切である。

③ 　実質輸出は内訳計数である地域別・財別に動向を把握する

　実質輸出は，内訳計数である地域別と財別に動向を把握する。2023 年時点の内訳計数の構成比は**表 11.5** のとおりである。地域別では米国が最大のシェア（20%）を占めるが，中国（18%），NIES・ASEAN 等（34%）のアジア地域で 5 割に達するなどアジアへの依存度が高い。財別では，自動車関連が 24%を最大のシェアを占め，次いで中間財（20%），情報関連（19%），資本財（17%）と続いており，4 種類の財でシェアは 8 割に達する。

④ 　中国などアジア地域向け実質輸出については，春節の影響に注意する

　中国などアジア地域では，春節に 1 週間程度の休暇を取得するため，経済活動が停止する国が多い。春節の時期は毎年変動するため，毎年 1 月と 2 月の輸出は均して変動を把握することが必要である。

⑤ 　為替変動が実質輸出・輸入に与える影響に注意する

　「貿易統計」の輸出入額のうち外貨建て分は 2 週間前の為替レートである税関長公示レートで円換算される一方，実質化に用いる「輸出（輸入）物価指数」では外貨建ての価格データは同一時点の為替レートで円換算されている。このように名目額と実質化に用いる物価指数とで円換算に用いる為替レートの時点がずれているため，円高局面では実質輸出・実質輸入は実勢よりも過大な値となる一方，円安局面では過小な値となる。

11.3 国際収支統計

●国際収支統計：統計の概要

統計の対象 財務省・日本銀行が作成する「国際収支統計」は，一国のあらゆる対外経済取引（財・サービス取引，証券など金融取引，背後にあるお金の流れ）を包括的・体系的に記録するフローの統計である（**表 11.6**）。取引の結果生じる資産，負債はストックの統計「**本邦対外資産負債残高**」に記録する。

統計の作成方法 「外国為替及び外国貿易法」で提出が義務付けられている「支払又は支払の受領に関する報告書」などの報告書から作成される。現行の統計は，IMF が 2008 年に公表した「国際収支マニュアル第 6 版」に準拠している。

国際収支統計の構成項目 国際収支統計では，一国のあらゆる対外経済取引（財・サービスの取引，証券など金融取引，その背後にあるお金の流れ）について，構成項目ごとに分類し，複式計上の原理で取引を記録する。構成項目は，財・サービスの取引や所得の受払を計上する「**経常収支**」，対外金融取引（金融

表11.6 国際収支統計の概要

項　目		内　容
統計作成者		財務省・日本銀行
統計の対象		一国のあらゆる対外経済取引（財・サービスの取引，証券など金融取引，その背後にあるお金の流れ）を包括的・体系的に記録するフローの統計。取引の結果として生まれる資産，負債はストックの統計である「本邦対外資産負債残高」に記録される。
統計の作成方法		「外国為替及び外国貿易法」で提出が義務付けられた「支払又は支払の受領に関する報告書」など各種報告書等（年 40 万件）で作成される統計。世界各国で同じ基準で作成される。国際比較が容易。
計上基準		金額は取引価格をもとに計上。財の輸出入額は FOB 価格で計上。外貨建て取引は市場実勢レートで円に換算する（ただし，適用為替レートは，取引時点の実勢相場，一定の時間ラグがある報告省令レートなど様々，貿易取引は「貿易統計」の値をそのまま利用）。
計上時点		原則として，当該取引の発生時点（所有権移転時点）
統計の種類	フロー統計	国際収支統計（月次），地域別国際収支（四半期），直接投資関連統計（四半期，年次），証券投資関連統計（月次）
	残高統計	本邦対外資産負債残高（四半期，年次），本邦対外資産負債残高増減要因（試算）（年次），対外債務（四半期），直接投資残高関連統計（年次），証券投資等残高関連統計（年次），通貨別債権債務残高統計（年次），銀行等対外資産負債残高（月次）
作成周期		国際収支統計は毎月
公表時期		速報：翌々月の第 6 営業日。第 2 次速報を経て毎年 4 月に年次改訂

272

表 11.7　国際収支統計の構成項目

構成項目		内　容
経常収支		財・サービスの取引や所得の受払
	貿易収支	一般商品の輸出入や仲介貿易等の財の取引
	サービス収支	旅行，輸送のほか，知的財産権等使用料等のサービス取引
	第一次所得収支	利益配当金・債券利子等の財産所得等の受払
	第二次所得収支	損害賠償金，対外援助，個人間の生活費送金等の受払
資本移転等収支		債務免除や相続に伴う資産の移転等
金融収支		対外金融取引による金融資産・負債の増減
	直接投資	企業買収，海外での子会社設立のための投資の実行／回収
	証券投資	株式・債券の取得・売却，発行・償還
	金融派生商品	先物取引の売買差損益，通貨スワップ元本交換差額等受払
	その他投資	預金の預け入れ（引き出し），貸出実行・回収等
	外貨準備	外国為替特別会計と日本銀行が保有する外貨準備

（出所）　日本銀行「2022 年の国際収支統計および本邦対外資産負債残高」を参考に筆者作成

資産・負債の増減）を計上する「**金融収支**」，債務免除や相続に伴う資産の移転等を計上する「**資本移転等収支**」の 3 つの大項目に分類される（**表 11.7**）。対外経済取引は，「経常収支」（あるいは「資本移転等収支」）と金融収支の 2 か所に記録される。例えば，財の輸出入取引が行われる場合，①財の取引が「経常収支」に記録されるとともに，②代金などカネのやり取りが「金融収支」に記録される。このため，これらの大項目については以下の関係が成立する。

$$（経常収支）＋（資本移転等収支）－（金融収支）＋（誤差脱漏）＝ 0$$

2023 年の国際収支をみると，経常収支は 21.4 兆円の黒字（内訳：貿易収支▲6.5 兆円の赤字，サービス収支 ▲2.9 兆円の赤字，第一次所得収支 34.9 兆円の黒字，第二次所得収支 ▲4.1 兆円の赤字），資本移転等収支は ▲0.4 兆円の赤字，その合計額 21.0 兆円の黒字に対応して，金融収支が 23.3 兆円の黒字となっている。経常収支の黒字に対応して，日本が保有する金融資産がその分増加している。

　本来 3 つの大項目の和はゼロとなるはずだが，統計の捕捉漏れ，外貨建て取引の円換算方法を含む計上基準の違い，計上時期のずれにより誤差が生じる。この分を「**誤差脱漏**」として計上する。2023 年の誤差脱漏は 2.3 兆円である。絶対値の平均でみると，年約 3 兆円程度が計上されている。

経常収支と金融収支の内訳項目　経常収支のうち，財の取引が「**貿易収支**」（＝財の輸出額−財の輸入額），輸送，旅行，知的財産権等使用料などサービスの取引が「**サービス収支**」（＝サービスの輸出額−サービスの輸入額）に計上される。また，利子・配当など財産所得の受払が「**第一次所得収支**」（＝所得の受取額−支払額）である。なお，対外援助，個人間の生活費送金など無償の所得移転は「**第二次所得収支**」（＝所得移転の受取額−支払額）に計上される。

金融収支は，**金融収支＝海外への資金流出額（資産増加）−海外からの資金流入額（負債増加）** として計算される。金融収支のうち，企業買収や海外・本邦子会社の設立等投資の実行（回収）が「**直接投資**」に，株式・債券の取得（売却）・発行（償還）が「**証券投資**」に計上される。預金の預け入れ（引き出し）や貸出実行（回収）は「**その他投資**」に計上される。

構成項目の詳細・作成方法①：貿易収支　貿易取引は所有権が移転した時点で計上し，輸出入額とも FOB 価格で評価する。このため，貿易統計の財貨の輸出入額を以下のように修正する。

① CIF 価格で計上されている貿易統計の輸入額から日本までの貨物運賃と保険料を控除し，FOB 価格に変換する

② 日本の税関を経由せずに所有権が移転する輸出入取引（居住者間取引を挟んだ海外との転売取引，国外での仲介貿易など）を加算する

③ 「貿易統計」の輸出入額のうち，所有権が移転しない取引（再輸出品/再輸入品・委託加工用財貨〈海外の企業に原材料を提供して加工を委託し，完成品を輸入する取引，逆に国内企業が加工を受託する取引〉）を控除する

④ 「貿易統計」に含まれない非貨幣用金の取引を加算する

国際収支統計と貿易統計の財貨の計数を比較すると，輸出額には大きな違いはないが，輸入額は，運賃・保険料の控除の影響から国際収支統計が貿易統計を下回っている。この結果，国際収支統計の貿易収支は貿易統計よりも黒字の方向に変化している（**表 11.8**）。「国民経済計算」（GDP）の輸出・輸入（財貨）は，国

表 11.8　国際収支統計と貿易統計の比較：財貨（2023 年）

	輸出 （a）	輸入 （b）	貿易収支 （a−b）
貿易統計	100.9 兆円	110.4 兆円	▲9.5 兆円
国際収支統計	100.4 兆円	106.9 兆円	▲6.5 兆円

（出所）　財務省「貿易統計」，財務省・日本銀行「国際収支統計」をもとに筆者作成

表 11.9 サービス収支の内訳項目

内訳項目	内　容
輸　送	受取：本邦業者による非居住者旅客輸送／輸出貨物輸送 支払：海外業者による居住者旅客輸送／輸入貨物輸送
旅　行	受取：非居住者の日本での旅行支出：インバウンド観光 支払：居住者の海外での旅行支出：日本人の海外旅行
その他サービス	輸送，旅行以外の全てのサービス（以下の 10 区分）
知的財産権等使用料	特許権や著作権（ソフトウェア，音楽等）などの使用料
通信・コンピュータ・ 情報サービス	コンピュータ・サービス（ソフトウェア開発，情報処理，ハードウェアの コンサルティング・維持修理など）
その他業務サービス	研究開発サービス，特許権売買，専門・経営コンサルティング（広告を含 む），技術・貿易関連などのサービス
金融サービス	金融仲介サービスならびに関連するサービスの手数料
保険・年金サービス	再保険，貨物保険，その他の損害保険サービス
以上のほか，建設，維持修理サービス，委託加工サービス，個人・文化・娯楽サービス，公的サービスが存在	

際収支統計の輸出・輸入額がそのまま計上されている。

構成項目の詳細・作成方法②：サービス収支　サービス収支は輸送（日本と海外との国際旅客・国際貨物輸送），旅行（インバウンド観光消費，日本人の海外旅行消費），その他サービスの 3 つに大きく区分される。さらに「その他サービス」は，知的財産権等使用料，通信・コンピュータ・情報サービス，その他業務サービス，金融サービス，保険・年金サービスなど 10 のサービスに区分される（表 11.9）。各項目の受取額（輸出額）と支払額（輸入額）は，旅行を除き，「支払又は支払の受領に関する報告書」や「事業収支報告書」などを集計して作成される。

旅行の作成方法

旅行は，外部の統計データを用いて推計している。旅行の受取額（インバウンド観光消費額）は，観光庁「訪日外国人消費動向調査」の旅行者 1 人当たり消費額に法務省「出入国管理統計」の訪日外国人数を，支払額（日本人の海外旅行消費額）は，JTB 総合研究所「海外旅行実態調査」の旅行者 1 人当たり消費額に日本人海外旅行者数を，各々乗じて推計している。

その他サービスの作成方法

「支払又は支払の受領に関する報告書」は，報告者の負担軽減の観点から 1 回 3 千万円以下の取引は報告不要となっている。このため，小口取引が多い「その他サービス」では統計のカバレッジが不十分であり，計数が過小となる。この点

11　対外バランスに関する統計　　*275*

表 11.10　金融収支・第一次所得収支の主な内訳項目

	金融収支		第一次所得収支	
直接投資	➢ 議決権割合が 10％を上回る出資関係がある親子会社間の投資 ➢ 対外直接投資／対内直接投資 ➢ 株式，収益の再投資（子会社の内部留保は再投資したものとみなす），負債性資本（親子間貸付）		直接投資収益	配当金 再投資収益 利子所得
証券投資	➢ 直接投資に該当しない証券投資 ➢ 対外証券投資／対内証券投資 ➢ 株式，投資ファンド持分，債券		証券投資収益	配当金 債券利子
その他投資	➢ 現預金，貸付／借入，保険・年金準備金，貿易信用・前払など		その他投資収益	利子所得 出資所得

を補うために，一定の前提のもとで報告下限未満の取引額を推計して報告計数の集計値に加算する措置を講じている（計数補填）。現状できる限りの欠測値補完であるが，精度面では課題が残っている。また，計数補填は 2014 年 1 月から開始しており，2013 年以前の計数と段差が生じている。利用には注意を要する（詳しくはコラム参照）。

　構成項目の詳細・作成方法③：第一次所得収支と金融収支　金融取引による金融資産・負債の取得・売却（直接投資，証券投資，その他投資など）が「金融収支」に，金融資産・負債から生じる配当金・利子による所得（直接投資収益，証券投資収益，その他投資収益など）が「第一次所得収支」に計上される（**表11.10**）。計数は「支払又は支払の受領に関する報告書」「投資収益の報告書」「直接投資の報告書」などから作成される。

直接投資先の子会社の内部留保（再投資収益）の取り扱い

　直接投資先の海外子会社の内部留保（未配分収益）は，親会社にいったん配分された後，子会社に直ちに再投資されたものとみなして計上する（**再投資収益**）。すなわち，親会社に収益を配分する取引を「第一次所得収支」の「再投資収益」に計上し，同額を「金融収支」の「収益の再投資」に計上する。このため，再投資収益＝収益の再投資については，日本と海外との間で実際のカネの流れ（キャッシュフロー）は発生していない。

　統計の作成周期・公表時期　国際収支統計は毎月作成される。速報は対象月の翌々月第 6 営業日に公表される。さらに対象月が属する四半期の最終月から数えて 4 か月後に第 2 次速報を，翌年および翌々年の 4 月に年次改訂値を公表

する。再投資収益については，当年から翌々年にかけて 11 月に改訂し，3 年後の 4 月に確定する。

　なお，直接投資関連統計や本邦対外資産負債残高など各種残高統計は四半期ないし年次の作成である。

●国際収支統計：統計の利用方法

　公表資料・データ　国際収支統計の概要は，公表時に財務省 HP に掲載される「報道発表資料」の「概要」「総括表等」で把握できる。また，時系列データが CSV 形式で提供されているほか，日本銀行 HP の「時系列統計データ検索サイト」からダウンロード可能である。なお，現行の「国際収支マニュアル第 6 版」ベースの計数は 2014 年 1 月以降利用可能である。それ以前の 1996 年 1 月から 2013 年 12 月については，旧ベースの計数を第 6 版ベースの定義に組み替えた「6 版組み替え計数」が提供されている。

　統計の見方

①　国際収支統計は日本の対外バランスを包括的に把握できる統計である

　「国際収支統計」は，貿易収支，サービス収支，第一次所得収支などの経常収支の動きと，経常収支とバランスするように変化する金融収支の動きといった日本の対外バランスを包括的に把握できる統計である。

②　国際収支統計の変動は前月比ないしは前年同月比で捕捉する

　経常収支のうち輸出，輸入など主要系列については，季節調整済系列が提供されており，変動を前月比で把握することができる。ただし，振れが大きいので四半期平均の前期比などで均してみた方がよい。金融収支や経常収支の詳細系列は原計数のみの提供であるため，前年同月比で変動を把握する。

③　GDP に影響を及ぼすサービスの輸出入（サービス収支）に着目する

　国際収支統計では，貿易統計では捕捉できないサービスの輸出入の動きに着目する。サービス分野ごとの輸出入のばらつきは大きい。インバウンド観光収入や海外子会社からの特許権使用料受取の増加から，旅行や知的財産権等使用料の黒字が大きく拡大する一方，IT などサービス部門の競争力低下を映じて通信・コンピュータ・情報サービスやその他業務サービス（研究開発，インターネット広告，コンサルティング等）で赤字が拡大している。「国際収支統計」のサービス収支については，計数補填の実施に伴い 2014 年に計数の段差が存在することに注意して利用する（コラム参照）。

⑪　対外バランスに関する統計　　*277*

④ 経常黒字の大宗を担う第一次所得収支（直接投資収益）に着目する

近年，日本は第一次所得収支の黒字で経常収支の黒字の大半を生み出す「投資立国」に変貌している（前掲図 11.2）。とりわけ，海外への直接投資の持続的な拡大を受けた直接投資収益の増加がこれを牽引している。第一次所得収支，金融収支，さらに「直接投資関連統計」「証券投資関連統計」「本邦対外資産負債残高」をみることで，直接投資と証券投資の収益が経常収支黒字にどの程度寄与しているか，経常収支の黒字分を直接投資と証券投資などにどのように配分しているかを把握することができる。

既往の経常収支黒字によって生じた純資産の残高は「**本邦対外資産負債残高**」**の対外純資産残高**で捕捉できる。直近の対外純資産残高は 2022 年末の 420.0 兆円から 2023 年末の 471.3 兆円へと増加している。この増加額（51.3 兆円）は，2023 年の経常収支と資本移転等収支の合計黒字額 21.0 兆円，誤差脱漏 2.3 兆円（両者で金融収支 23.3 兆円の黒字と等しい）と，為替円安に伴う外貨建て資産の円換算評価額の増加 28.0 兆円に対応している。

コラム　国際収支統計・その他サービスにおける 2014 年の段差

国際収支統計では，貿易統計では捕捉できないサービスの輸出入の動きを把握できることが大きな特徴である。最近では，旅行や知的財産権等使用料の黒字が大きく拡大する一方，通信・コンピュータ・情報サービスやその他業務サービスで赤字が拡大している点が注目されている。

一方で，その他サービスの各分野は小口取引のシェアが高く，統計のカバレッジが不十分であったことから，第 6 版ベースに移行した 2014 年 1 月から報告下限未満の取引額を加算する計数補填を開始し，精度向上を図っている。もっとも，2013 年 12 月以前は計数補填を実施していないことから，2014 年 1 月にその他サービスの各分野の計数に段差が生じている。その他サービスの変動を評価する場合には，この点に注意して行う必要がある。

1. 通信・コンピュータ・情報サービスの輸入増加・赤字の拡大

図 11.4 は，通信・コンピュータ・情報サービスの輸出（受取），輸出（支払），収支（輸出－輸入）の動きをみたものである。IT サービスの競争力低下を映じて，2010 年代に入って通信・コンピュータ・情報サービスの輸入が急増し，サービス収支の赤字が急増している様子が分かる。

そのうち，2013 年から 2014 年にかけてのサービス収支赤字の拡大については，

図 11.4 通信・コンピュータ・情報サービスの輸出入

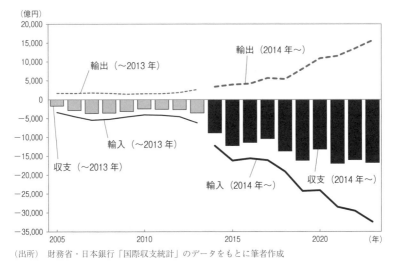

(出所) 財務省・日本銀行「国際収支統計」のデータをもとに筆者作成

図 11.5 サービスの実質輸出・輸入

(出所) 内閣府「国民経済計算」

2014 年に開始された計数補填の実施によって，小口取引の多い輸入が大幅に増加したことが影響している。直近までの輸入増加，収支の赤字拡大という流れはそのとおりであるが，計数補填の実施によって拡大ペースが増幅されている。このため，計数は 2013 年以前と 2014 年以降に分けて評価するのが適切である。近年，赤字が増加しているその他業務サービスについても，同様に 2013 年から 2014 年にかけて段差

が生じている。

2. GDP のサービスの輸出・輸入に与える影響

　国際収支統計・その他サービスに生じている計数の段差は，国際収支統計を基礎データとして輸出入の推計を行う「国民経済計算」（GDP）の輸出・輸入にも影響を及ぼしている。**図 11.5** は GDP におけるサービスの実質輸出・輸入をみたものである。2013 年から 2014 年にかけて実質輸出・輸入に各々 3 兆円程度，20%ポイント前後の段差が生じている。このまま計数を利用すると，サービスの輸出・輸入の増加トレンドを過大に評価してしまうことになる。

　GDP のサービスの輸出・輸入の時系列は，2013 年以前と 2014 年以降に分けて評価するのが適切である。

3. GDP の輸出・輸入全体に与える影響

　サービスにおける段差を主因に GDP の実質輸出・輸入全体（財・サービスの合計）にも 2013 年から 2014 年にかけて一定の段差が生じている。輸出入の分析に際しては段差の存在を考慮する必要がある。なお，GDP に直接影響を与える純輸出（輸出－輸入）については，全体では計数補填によるサービスの輸出と輸入の押し上げ効果が一定程度相殺されることから，輸出・輸入に比べると影響は限定的にとどまっている。

◆ 練習問題

問 11.1　対外バランスを把握する統計の利用方法について，3つのポイントを説明せよ。

問 11.2　輸出・輸入の実質値の動向を把握するには，①「貿易数量指数」と②「貿易統計」の輸出額・輸入額を「輸出・輸入物価指数」で割り込んで実質化した実質輸出・実質輸入の2つのデータを利用することが可能である。2つのデータのメリット・デメリットを説明せよ。

問 11.3　日本の対外バランスを知るために，国際収支統計を利用するメリットとは何かを説明せよ。

第12章
財政と金融に関する統計

- ■12.1　財政・金融の特徴とその把握方法
- ■12.2　公共投資を捕捉する統計：公共工事請負金額/公共工事出来高
- ■12.3　資金循環統計
- ■12.4　その他の金融に関する統計
- コラム　公共投資の真の姿（確定値）を早期に把握するには

　第12章では財政と金融に関する統計を取り上げる。12.1節では日本の財政と金融の特徴を整理する。12.2節では公共投資の動向を把握する統計として，「公共工事前払金保証統計」の公共工事請負金額と「建設総合統計」の公共工事出来高を取り上げる。12.3節では，家計や企業など経済主体の金融取引や保有する金融資産・負債を包括的に把握する「資金循環統計」を取り上げる。12.4節では日本銀行が供給する通貨量を示す「マネタリーベース」，金融部門から経済全体に供給されている通貨の総量である「マネーストック統計」，各種の貸出統計（「貸出・預金動向」「預金・現金・貸出金」「貸出先別貸出金」）を紹介する。

12.1　財政・金融の特徴とその把握方法

●財政活動：公的固定資本形成と政府最終消費支出の特徴

　財政活動がGDPに占めるシェア（2023年）をみると，**公的固定資本形成**（公共投資，「公共投資」と略）が31兆円で5%，**政府最終消費支出**（公共投資以外の政府支出，「政府消費」と略）が123兆円で21%を占める（前掲**表7.1**）。シェアでは公共投資よりも政府消費の方が大きいが，変動は公共投資の方が大きいことから，実質成長率の変動への寄与度を比較すると公共投資（0.3%ポイント）が政府消費（0.2%ポイント）よりも大きくなっている。景気変動の分析で

282

表 12.1 形態別の公的固定資本形成（名目値）（2022 年）

	建物・構築物	機械・設備	研究開発	ソフトウェア	防衛装備品	その他とも計
実　額	21 兆円	2.8 兆円	2.8 兆円	1.5 兆円	0.7 兆円	29 兆円
構成比	73%	10%	10%	5%	2%	100%

（出所）　内閣府「国民経済計算」（年次推計フロー編・固定資本マトリックス），2024 年 9 月末時点

表 12.2 政府最終消費支出の産出＝費用構造（2022 年度）

	雇用者報酬	固定資本減耗	中間投入等	市場産出の購入		計
				医　療	介　護	
実　額	30 兆円	21 兆円	19 兆円	42 兆円	11 兆円	122 兆円
構成比	24%	17%	15%	34%	9%	100%

（出所）　内閣府「国民経済計算」（年次推計フロー編・一般政府の機能別最終消費支出），2024 年 9 月末時点

は公共投資の変動に着目することが多い。

　公共投資の内訳を形態別にみると，建物・構築物が 73% を占めており，建設投資が占めるシェアが極めて高い（**表 12.1**）。半分近くを機械投資が占める民間設備投資とは構成が大きく異なる。公共投資は，不況局面における景気対策として活用されているほか，台風・集中豪雨・地震など大規模災害に対応した災害復旧工事が実施され，年ごとの変動が大きい。なお，実施主体別（2022 年度）では国が 26%，地方自治体が 49%，公的企業（独立行政法人，地方公営企業など）が 25% と地方自治体が占めるシェアが高い。

　一方，政府消費を産出＝費用構造別（2022 年度）にみると，医療・介護サービスへの保険給付が全体の 43% を占める（**表 12.2**）。次いで雇用者報酬（公務員の給与）が 24%，社会資本インフラの固定資本減耗が 17% を占める。政府消費は景気変動の影響を受けにくく変動は小さいが，最近では GDP に占めるシェアが拡大しており，着目度が高まりつつある。

●公共投資を把握する統計とその利用方法

　以上の特徴から，景気分析においては，財政活動のうち公共投資の変動に着目することが多くなっている。公共投資の動向は以下の統計で把握する。

12　財政と金融に関する統計　**283**

① 公共投資の先行指標である「公共工事前払金保証統計」の公共工事請負金額で，近い将来の公共投資の見通しを把握する

公共投資の大半を占める建設投資は，建設工事を発注してから完成するまでには一定の時間を要する。公共工事の発注（請負契約）状況を把握する**「公共工事前払金保証統計」の公共工事請負金額**をみることで，先行きの公共投資の動きを予測できる（**「公共投資」の先行指標**）。公共工事請負金額は公共投資の実際の進捗に比べて1四半期程度先行している。

② 公共投資の一致指標である「建設総合統計」の公共工事出来高で，公共投資の進捗状況を把握する

公共投資の進捗状況は，民間建設投資の場合と同様に**「建設総合統計」の公共工事出来高**で把握する（**「公共投資」の一致指標**）。公共工事出来高をベースに四半期別 GDP 速報（QE）の公共投資が推計される。

③ 公共投資の真の姿（確定値）は，国・地方自治体・公的法人の財政決算データで1年半～2年半後に推計される GDP 年次推計で把握する

公共投資の確定値は，GDP 年次推計において国・地方自治体・公的法人の財政決算データから推計される。公共工事出来高から推計される QE の公共投資とは異なる値となり，事後改訂幅がかなり大きくなる場合がある。公共投資に関する景気判断は事後的に覆るリスクがあることに注意する。

●金融を把握する統計とその利用方法：企業と家計の資金調達・運用行動

企業の設備投資や家計の住宅投資が貯蓄を上回る場合は外部から資金調達を行う一方，逆に投資が貯蓄を下回る場合には余剰資金を運用する。金融機関借入や債券・株式発行による資金調達は，金利水準や金融機関の貸出スタンスなどの金融環境に左右される。日本では金融が緩和した環境が続いているが，1990 年代末の金融危機や 2008～2009 年のリーマンショックでは金融機関の貸出スタンスが厳格化し，企業の事業継続や設備投資に大きな影響を与えた。また，株価など資産価格の変動が資産効果を通じて家計の消費行動に影響を与えている。景気分析ではこうした点のチェックは欠かせない。

本稿では，企業や家計の資金運用・資金調達動向を包括的に把握できる**「資金循環統計」**のほか，**「マネタリーベース」「マネーストック統計」**，各種の貸出統計を紹介する。

12.2　公共投資を捕捉する統計
：公共工事請負金額/公共工事出来高

●先行指標：「公共工事前払金保証統計」公共工事請負金額：統計の概要

統計の対象・カバレッジ　公共工事を受注した建設会社は，工事着手時に建設業保証会社から前払金保証を受けて工事請負金額の40%を前払金として受け取る。「公共工事前払金保証統計」の公共工事請負金額は，全ての前払金保証案件を集計したものである（**表12.3**）。前払金保証は少額・短期の工事を除いた公的建設投資をカバーしており，カバー率は公的建設投資の65~70%である。

対象項目・表章区分　公共工事請負金額は，工事場所の都道府県別，発注者別，工事目的別，工事種類別の表章区分でデータが提供されている。

公共工事請負金額の計上時点　公共工事請負金額は前払保証契約時に計上される。建設会社が公共工事を受注し，請負契約を結んでから通常半月以内となる。ただし，2~3月に行われるゼロ債務負担行為（新年度の建設工事に債務負担行為を設定し，旧年度中に入札，契約を締結，新年度早々に工事着手を可能とするもの。旧年度には支出は発生しない）による発注では，前払金支払は新年度の4月まで遅れるため，請負契約時点から計数計上までのラグがやや大きくなる。

なお，請負金額の半数を占める複数年度にまたがる工事には，①年度ごとに前払金が支払われ，複数年度に請負金額が分割計上されるケース，②請負契約時に前払金が全額支払われるため，初年度に請負金額が全額計上されるケース，③請負契約の翌年度に前払金が支払われ，翌年度に請負金額が全額計上されるケース（ゼロ債務負担行為による発注が多い）がある。①と③は請負金額の計上年度と

表12.3　公共工事前払金保証統計・公共工事請負金額の概要

項　目	内　容
統計作成者	東日本・西日本・北海道各建設業保証株式会社
統計の種類	業務統計
統計の対象	建設会社は，公共工事着手時に請負金額の40%を前払金として受け取る。その際に保証会社から受ける前払金保証の対象となる公共工事請負金額を集計した統計。少額・短期の工事を除いた公共工事が対象であり，公共建設投資の65~70%をカバーする。
対象項目	公共工事請負金額
計上時点	保証契約時点（概ね，受注＝請負契約時点から半月以内）
作成周期	毎月
公表時期	対象月の翌月の15日頃

12　財政と金融に関する統計　**285**

実際の工事進捗年度が一致するが，②は請負金額の計上年度と実際の工事進捗年度がかい離するため，誤差が生じる。

作成周期・公表時期 統計は月次で作成され，翌月の 15 日頃に公表される。速報性が高い。公共工事請負金額の事後改訂はなく，計数は直ちに確定する。

●「公共工事前払金保証統計」公共工事請負金額：統計の利用方法

公表資料・データ 公共工事請負金額の計数は，公表時に東日本建設業保証（株）HP の統計情報／刊行物→公共工事の動向→公共工事前払金保証統計からファイルを入手できる。全国計のほか，都道府県別，発注者別（国，都道府県，区市町村など）の計数が利用可能である。なお，工事目的別，工事種類別などの詳細データは，建設業保証各社の HP からデータをダウンロードする。

統計の見方

① 公共工事請負金額は，各月の前年同月比，四半期合計の前年同期比，4 月から当月までの年度累計の前年同月比で変動を把握する

建設業保証各社から公共工事請負金額の季節調整済系列は提供されていないことから，各月の前年同月比を用いて変動を把握する。工事発注の増減に伴い月ごとの振れが大きい。基調判断には，四半期合計値の前年同期比，4 月から当月までの年度累計の前年比も併せて利用する。

② 公共工事請負金額は，工事進捗ベースの建設工事出来高，QE の公共投資よりも 1 四半期先行している。公共投資の先行指標として有益である

公共工事請負金額の前年同期比は，工事進捗ベースの「建設総合統計」の建設工事出来高や四半期別 GDP 速報（QE）の公共投資の前年同期比より 1 四半期先行している。公共投資の先行指標として有効性が高い。

③ 公共工事請負金額は全数統計であり，事後改訂も生じないことから信頼性は高い。また速報性も高い

公共工事請負金額は前払金保証の対象案件の全数統計（22.4 万件：2022 年度）であり，事後改訂も生じないなど信頼性は高い。また，速報性も高い。都道府県別統計の精度も高く，地域別分析も可能である。

なお，類似統計には国土交通省が作成する「建設工事受注動態統計調査」があるが，標本の大きさが 12,000 にとどまり，調査票回収率が約 60％と低いことから，計数の振れが大きい。公共工事請負金額の方が優れている。

④ 公共工事請負金額には，公共投資に含まれないがれき処理や除染作業が含まれるなど一定の誤差が生じる場合がある点に注意する

公共工事請負金額には，公共投資に計上される建設工事のほか，政府消費に計上されるがれき処理や除染作業も含まれる。東日本大震災に伴う岩手・宮城・福島 3 県のがれき処理や除染作業は，ピークの 2013 年度には全国の公共工事請負金額の約 4%に達したとみられている。このため，2011～2013 年度はがれき処理や除染の増加で公共工事請負金額の増減率は公共投資の実勢よりも高く，2014～2016 年度はがれき処理の減少で実勢よりも低くなった。今後も大規模な地震災害が生じると公共工事請負金額にバイアスが生じる可能性がある。

●一致指標：「建設総合統計」公共工事出来高：統計の概要

統計の作成方法　「建設総合統計」は建設活動を月々の工事進捗ベースの工事出来高で把握する加工統計である。「建設総合統計」の建設工事出来高は，そのうち建築工事は国土交通省「建築着工統計」の着工額，土木工事は国土交通省「建設工事受注動態統計調査」の受注額を用いて作成される（**表 12.4 ①②**）。国土交通省「建設工事進捗率調査」から得られる工事期間別の進捗パターン（建設工事が月ごとにどの程度進捗するかを示した）データを用いて，着工額や受注額を各月に配分する（前掲**表 7.8 ③**）。案件ごとに各月に配分された工事出来高をすべての案件について合計したものが建設工事出来高，そのうち公共機関が発注した分が公共工事出来高となる。公共工事出来高の 8 割が土木工事であることから，その精度は「建設工事受注動態統計調査」に左右される。

作成周期・公表時期　統計は毎月公表される。公表は対象月の翌々月の中旬である。

統計の遡及改定　毎年 4 月分の統計公表時（6 月中旬）に，過去 3 年間（2024 年 4 月公表時は 2021 年 4 月～2024 年 3 月）の公共工事出来高が遡及改訂（事後改訂）される。

●「建設総合統計」公共工事出来高：統計の利用方法

公表資料・データ　国土交通省 HP に掲載される建設総合統計の「概要」では，主要系列の直近月の値を把握できる。ただし，「概要」には時系列データが掲載されていない。時系列データは，「政府の統計窓口（e-Stat）」（国土交通省 HP からリンク）の「時系列表（月次）」のデータファイルから入手する。

表 12.4 建設総合統計・公共工事出来高の概要

① 建設総合統計・建設（公共）工事出来高のしくみ

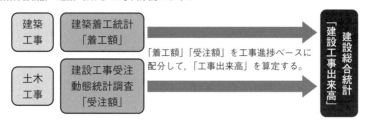

② 建設総合統計の概要

項　目	内　容
統計作成者	国土交通省
統計の種類	加工統計
統計の内容	建設（建築・土木）活動を工事進捗ベース（工事出来高）で把握する統計。「建築着工統計」の着工額と「建設工事受注動態統計調査」の受注額から，工事進捗ベースの工事出来高に配分して作成。
対象項目	建設工事出来高，手持ち工事高
内訳系列	総計，民間，うち民間建築，同（居住用），同（非居住用），民間土木，公共，うち公共建築，同（居住用），同（非居住用），公共土木，民間非住宅建築＋土木
基礎データ	国土交通省「建築着工統計」，同「建設工事受注動態統計調査」
作成周期	毎月
公表時期	対象月の翌々月の中旬

統計の見方

① **公共工事出来高は前年同月比で変動を把握する**

国土交通省は，建設工事出来高の季節調整済系列を提供していない。このため，前年同月比を用いて基調判断を行う。

② **公共工事出来高は公共工事請負金額から1四半期遅れて変動する**

公共工事出来高は工事進捗ベースで作成された一致指標である。先行指標である公共工事請負金額から1四半期程度遅れて変動しており，公共投資が実際に進捗している状況を確認することができる。公共工事出来高から推計される四半期別GDP速報（QE）の公共投資も同様である。

③ **公共工事出来高は，公共工事請負金額と比べて振れは小さめである**

工事発注の増減で大きな振れが生じる公共工事請負金額と比べ，公共工事出来高は工事の進捗に合わせて計上され平準化されることから，毎月の振れは小さめである。基調判断は公共工事請負金額よりは容易である。

④ 公共工事出来高の速報値は大きめに事後改訂されるため，速報時点で公共投資の真の姿（確定値）を知るのは容易ではない。

　毎年 4 月分の統計公表時に，過去 3 年間の公共工事出来高が遡及改訂される。遡及改訂では，公共工事出来高が速報時点における「建設工事受注動態統計調査」による推計値から国や地方自治体等の財政決算データに基づく推計値に置き換えられる（QE の公共投資も同様に年次推計において遡及改訂される）。「建設工事受注動態統計調査」の精度が低いため，事後改訂幅は大きくなりやすい。このため，公共投資の変動に関する景気判断は事後的に覆るリスクがある。この点は景気分析では大きな問題である（コラム参照）。

⑤ 公共工事出来高には，公共投資に含まれないがれき処理や除染作業が含まれるなど一定の誤差が生じる場合がある点に注意する

　公共工事請負金額と同様に公共工事出来高にも，政府消費に該当するがれき処理や除染作業が含まれる。大規模な地震災害が生じると公共工事出来高にバイアスが生じる可能性がある。

12.3　資金循環統計

●資金循環統計：統計の概要

　■資金循環統計とは■　日本銀行が作成する「資金循環統計」は，わが国で生じた「金融取引」やその結果として保有される「金融資産・負債」残高を，家計や企業，政府といった経済主体ごとに，かつ金融商品ごとに包括的に記録した統計である（表 12.5）。わが国全体の金融活動を把握することができる。

　■資金循環統計のしくみ■　資金循環統計は，横軸が「部門（金融機関，非金融法人企業，一般政府，家計などの経済主体）」，縦軸が「取引項目（現金・預金，貸出，債務証券，株式等・投資信託受益証券などの金融商品）」で構成される①～③のマトリックス（50 部門 × 57 取引項目）で表章される。

① 金融取引表（フロー表）

　ある期間の資金の流れについて，経済主体別に金融取引によって生じた資産・負債の増減を記録したもの（図 12.1）。経済主体別に資金調達や運用のフローの動きが分かる。経済主体ごとの資金運用と調達の差額は「資金過不足」（運用＞調達→資金余剰，運用＜調達→資金不足）として記録する。

12　財政と金融に関する統計　　289

表 12.5　資金循環統計の概要

項　目	内　容
統計作成者	日本銀行
統計の種類	加工統計
統計の対象	わが国で生じた「金融取引」やその結果として保有される「金融資産・負債」残高を，家計や企業，政府といった経済主体ごと，金融商品ごとに包括的に記録した統計
作成項目	横軸が「部門（経済主体）」，縦軸が「取引項目（金融商品）」で構成されるマトリックス表（50 部門×57 取引項目）。①金融取引表（フロー表），②金融資産・負債残高表（ストック表），③調整表（金融資産・負債の時価変動に相当）の 3 つのマトリックス表から構成
基礎統計・作成方法	金融機関の財務諸表，日本銀行作成の預金・貸出統計，国際収支関連統計，国債統計，地方自治体・公的機関の決算データ，業界団体統計，取引決済機関データ，法人企業統計調査などの各種の一次統計や開示資料を活用して加工・推計して作成
作成基準	国民経済計算マニュアル・IMF マニュアルに準拠。国際比較容易。
作成周期	四半期
公表時期	速報：対象四半期終了後 75～85 日後，確報：速報の 3 か月後 原則として年に 1 回，計数の遡及改定を実施（6 月下旬が多い）

図 12.1　金融取引表／金融資産・負債残高表／調整表

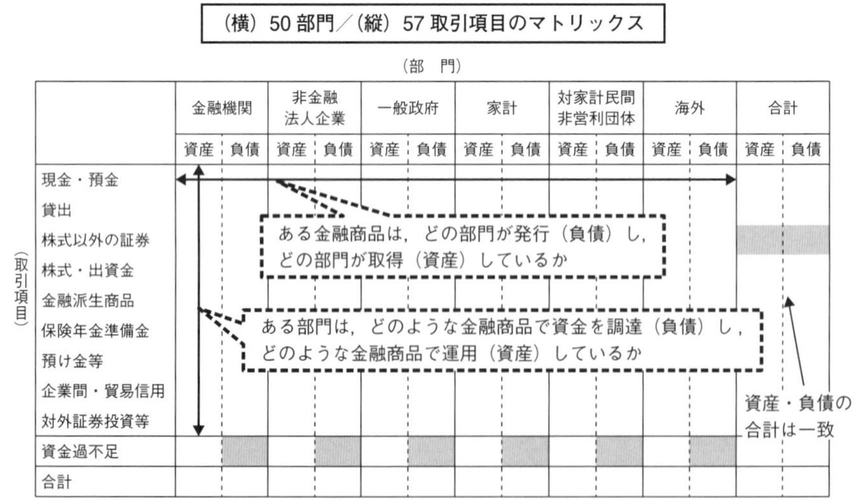

（横）50 部門／（縦）57 取引項目のマトリックス

②　金融資産・負債残高表（ストック表）

　取引の結果として保有される金融資産・負債の残高を経済主体別に示したもの。期末時点での残高を原則として時価評価したうえで記録している。そのため，残高はフローの金融取引の累積値とは異なる値となっている。

290

③ 調整表

調整表は，これら2つのマトリックスのかい離分，すなわち，「前期末と当期末との金融資産・負債残高表の差額」と「この間の金融取引表におけるフローの取引額」とのかい離分を記録したものである。期間中の株式・債券等の金融商品の価格変化分や貸出金の実質価値の毀損分などに相当する。

①～③の各マトリックスの金融資産・負債では以下の関係が成り立つ。

（前期末と当期末との金融資産・負債残高表の差額）

＝（金融取引表におけるフローの取引額）＋（調整表における価格変化等）

統計の作成方法　金融機関の財務諸表，日本銀行作成の預金・貸出統計，国際収支統計（本邦対外資産負債残高），国債統計，地方自治体・公的機関の決算データ，業界団体統計，取引決済機関データ，法人企業統計調査などの各種の一次統計や開示資料を活用して加工・推計を行う。具体的には，以下の2つのアプローチを用いて金融資産・負債残高を最初に推計し，次に金融資産・負債残高の差額を金融取引額と調整額に分割するとの手順で作成する。

① 垂直的アプローチ

詳細な財務諸表が入手可能な部門（金融機関，公的非金融法人企業など）では，財務諸表から部門・取引項目ごとの金融資産・負債残高を求める。

② 水平的アプローチ

預金，貸出，国債など取引項目ごとの総残高を，金融機関の財務諸表や預金・貸出統計や金融商品ごとの主体別保有データを用いて各部門の金融資産・負債に配分して，部門・取引項目ごとの金融資産・負債残高を求める。

詳細な財務諸表が入手可能ではない家計や民間非金融法人企業では，垂直的アプローチでは計数を求めることができない。代わりに水平的アプローチを用い，預金・貸出統計など金融商品別データや精度の高い金融機関の財務諸表を取り込むことで，家計や民間非金融法人企業の取引項目別の資産・負債残高の推計を行う。このように資金循環統計は基礎データ不足から直接把握が難しい部分の推計を様々な工夫でカバーしているのが特徴である。

なお，資金循環統計は，国民経済計算マニュアル・IMFマニュアルに準拠しており，米国や欧州の資金循環統計との比較も容易である（日本銀行HPに「資金循環の日米比較」が掲載されている）。資金循環統計は組み替えを行って「国民経済計算」の金融勘定として利用される。

12 財政と金融に関する統計　291

統計の作成周期・公表時期　　資金循環統計は四半期ごとに作成される。速報の公表は対象四半期終了後 75〜85 日後，確報の公表は速報の 3 か月後である。さらに原則として年に 1 回遡及改定を行う。遡及改定では年次で利用可能となる基礎統計の反映に加え，推計方法の見直しも実施するため，事後改訂幅が大きくなる場合がある。

●資金循環統計：統計の利用方法

公表資料・データ　　資金循環統計の概要は，公表時に日本銀行 HP に掲載される「参考図表○年○四半期の資金循環（速報）」で把握できる。資金循環統計は情報量が多いため，最初に「参考図表」で大まかな動きを把握するのが適切である。図表 1 で日本の金融構造を鳥瞰できるほか（**図 12.2**），図表 2 では家計と民間非金融法人企業の資金過不足，図表 3 では家計の金融資産，図表 6-2 では国債の保有者別内訳を取り上げており，関心が高い事項が網羅されている。さらに金融取引表，金融資産・負債残高表，調整表の全計数（50 部門×57 取引項目：直近四半期および年度）ファイル，直近 6 四半期と暦年・年度 2 年分の主要計数の時系列ファイルが EXCEL 形式で提供されている。長期の時系列データは「時系列統計データ検索サイト」から入手できる。

　なお，現行 2008SNA ベースの計数は，金融取引表では年度ベースで 2005 年度（金融資産・負債残高表では 2004 年度末）以降，四半期ベースで 2005 年第 2 四半期（同 2005 年 3 月末）以降利用可能である。「時系列統計データ検索サイト」では，現行 2008SNA ベースの計数は旧ベース（1993SNA ベース）の計数と連結して収納しており，一部取引項目での計数の段差を許容すれば，年度では 1980 年度（同 1979 年度末），四半期では 1998 年第 1 四半期（同 1997 年 12 月末）まで計数を遡ることができる。

統計の見方

① 家計や民間非金融法人企業など各経済主体の金融資産・負債残高や資金運用・調達額，および金融商品別の内訳を把握することができる

　家計の金融資産残高とその金融商品別内訳，負債残高を詳細に把握できる。保険や年金など家計自身が正確に把握するのが難しい金融商品についても残高を把握できる（**表 12.6**）。家計の金融資産のうち，現金・預金では流動性預金が多く，現金（タンス預金）も無視できない，証券では株式・投資信託が多く債券は殆ど保有していない，生命保険や年金が一定のシェアを占めるなど詳細な情報が得ら

図 12.2　部門別の金融資産・負債残高（2024 年 6 月末：兆円）

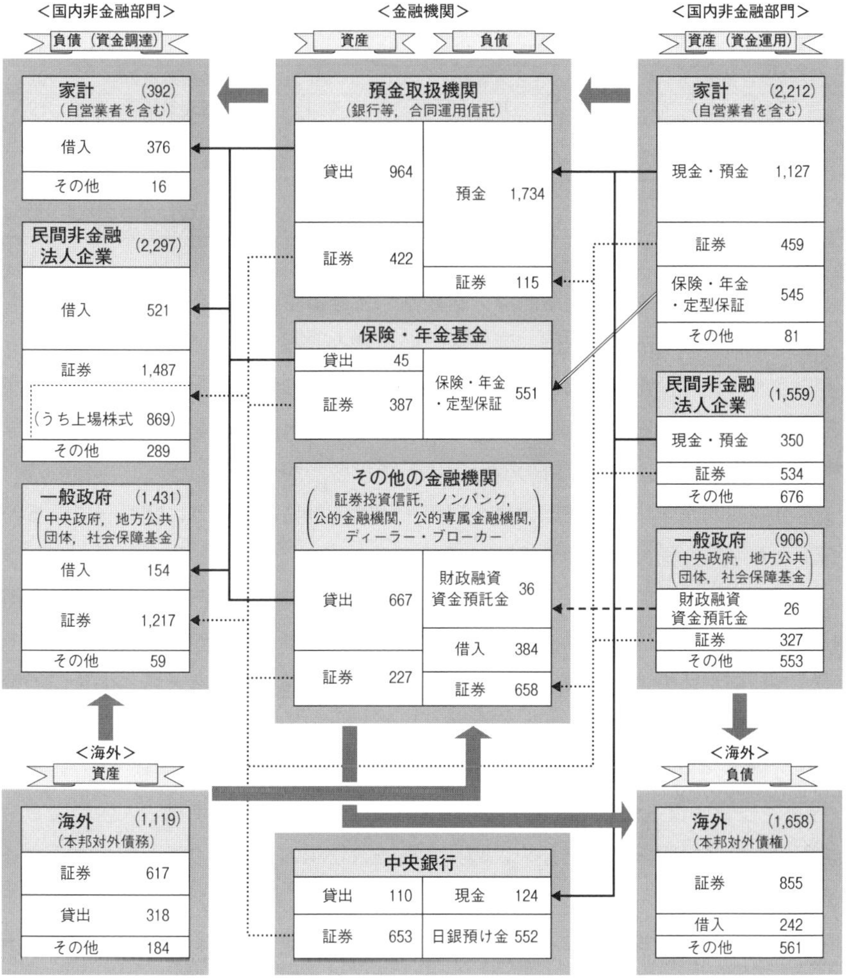

＜国内非金融部門＞	＜金融機関＞		＜国内非金融部門＞
負債（資金調達）	資産	負債	資産（資金運用）

＜国内非金融部門＞　負債（資金調達）

家計 (392)（自営業者を含む）	
借入	376
その他	16

民間非金融法人企業 (2,297)	
借入	521
証券	1,487
（うち上場株式　869）	
その他	289

一般政府 (1,431)（中央政府，地方公共団体，社会保障基金）	
借入	154
証券	1,217
その他	59

＜金融機関＞　資産／負債

預金取扱機関（銀行等，合同運用信託）			
貸出	964	預金	1,734
証券	422	証券	115

保険・年金基金			
貸出	45	保険・年金・定型保証	551
証券	387		

その他の金融機関（証券投資信託，ノンバンク，公的金融機関，公的専属金融機関，ディーラー・ブローカー）			
貸出	667	財政融資資金預託金	36
		借入	384
証券	227	証券	658

＜国内非金融部門＞　資産（資金運用）

家計 (2,212)（自営業者を含む）	
現金・預金	1,127
証券	459
保険・年金・定型保証	545
その他	81

民間非金融法人企業 (1,559)	
現金・預金	350
証券	534
その他	676

一般政府 (906)（中央政府，地方公共団体，社会保障基金）	
財政融資資金預託金	26
証券	327
その他	553

＜海外＞　資産

海外 (1,119)（本邦対外債務）	
証券	617
貸出	318
その他	184

中央銀行

中央銀行			
貸出	110	現金	124
証券	653	日銀預け金	552

＜海外＞　負債

海外 (1,658)（本邦対外債権）	
証券	855
借入	242
その他	561

（出所）日本銀行「参考図表 2024 年第 2 四半期の資金循環（速報）」

れる。民間非金融法人企業についても，金融資産・負債（資金調達）残高，資金調達に占める金融機関借入への依存度や直接金融（株式・事業債）の割合などを把握できる。ただし，年齢別・所得階層別など家計属性別，企業規模別や業種別のデータは提供されていない。

12　財政と金融に関する統計　　293

表 12.6　家計の金融資産残高（2024 年 6 月末：2,212 兆円）の詳細内訳：兆円

取引項目	残 高	取引項目	残 高	取引項目	残 高
現金・預金	1,127	証　券	459	保険・年金・定型保証	545
うち流動性預金	663	うち上場株式	181	うち生命保険受給権	233
定期性預金	353	非上場株式	113	年金受給権	159
現　金	104	投資信託	128	年金保険受給権	101
外貨預金	7	国債・財投債	14	非生命保険準備金	50
		事業債	8	その他	81
		信託受益権	6	うち対外証券投資	38

② 　取引項目別にみると金融商品の総残高，各経済主体の保有状況が明らかにな
　 る。金融商品や市場の発展・活況度合いを読み取ることができる

　国債，株式，投資信託など各種金融商品の部門別の保有状況を把握することが
できる。例えば，日本銀行は国債の発行残高のうちどの程度を保有しているか，
株式や投資信託に占める家計のシェアはどの程度かが分かる。

③ 　金融部門が，非金融部門の資金運用・調達活動にどのように関わっているか，
　 すなわち，一国の金融仲介構造を把握できる

　各金融機関がどのような金融商品で資金を調達し，どのような金融資産で運用
しているか，その仲介活動にどのような変化が生じているかが分かる。

④ 　各経済主体の資金過不足の値から，実体経済における貯蓄と投資の差額の動
　 きを金融面から推測することができる

　資金過不足は，概念上「国民経済計算」の貯蓄と投資との差額）に一致する
（貯蓄＞投資＝資金余剰，貯蓄＜投資＝資金不足）。家計や非金融法人企業の資金
過不足から家計の貯蓄の推移や民間非金融法人企業のカネ余り状況を金融面から
捕捉できる。

⑤ 　金融取引額や金融資産・負債残高には季節変動が存在する一方で季節調整済
　 系列は提供されていない。変動は前年同期比で把握する

　ただし，主要 4 部門（民間非金融法人企業，一般政府，家計，海外）における
資金過不足の四半期計数について季節調整済系列が提供されている。

⑥ 　資金循環統計の精度は部門・取引項目ごとにばらつきがある点に注意

　推計精度は基礎統計の充実度合いに左右されることに注意して利用する。家計
の金融資産残高のうち，金融機関の財務諸表等から推計されており，精度が高い
現金・預金や保険・年金が全体の 8 割弱を占める一方で，十分な基礎統計が得ら
れていない対外証券投資などのシェアはごく小さい。このため，家計の金融資産

残高の精度は全体として比較的高いと考えられる。

12.4　その他の金融に関する統計

マネタリーベース，マネーストック統計，各種の貸出統計を取り上げる。

●マネタリーベース

統計の概要　マネタリーベースとは「日本銀行が金融部門を含めた経済全体に供給する通貨量」である。具体的には，市中に出回っているお金である流通現金（日本銀行券発行高＋貨幣流通高）と金融機関が保有する日銀当座預金の合計から算出される（**表 12.7**）。

> マネタリーベース＝日本銀行券発行高＋貨幣流通高＋日銀当座預金

作成周期・公表時期　統計は毎月作成される。対象月の翌月第 2 営業日に公表。速報性が高い。

統計の利用方法　マネタリーベースの概要は，公表時に日本銀行 HP に掲載される「公表データ」で把握できる。長期時系列データは EXCEL 形式で提供されている。

統計の見方　マネタリーベースのうち銀行券や貨幣は個人や法人の現金需要の影響を強く受けており，日本銀行がコントロールするのが難しい。一方，日銀当座預金は日本銀行の金融調節の影響を受けて変動する。2013 年 4 月の量的・質的金融緩和の導入以降，残高が急増している。金融調節の具体的な影響は別途公表の「**マネタリーベースと日本銀行の取引**」から把握できる。なお，マネ

表 12.7　マネタリーベースの概要

項　目	内　容
統計作成者	日本銀行
統計の種類	業務統計
統計の対象	日本銀行が金融部門を含めた経済全体に供給する通貨量
作成項目	マネタリーベース，同内訳項目（日本銀行券発行高，貨幣流通高，日本銀行当座預金）の月中平均残高と月末残高（マネタリーベースの月中平均残高については季節調整済計数も提供）
作成周期	毎月
公表時期	対象月の翌月第 2 営業日

12　財政と金融に関する統計　　295

タリーベースは振れが大きいことから前年同月比でみると変動を捉えやすい。

●マネーストック統計
統計の概要 マネーストックとは「金融部門（通貨発行主体）から経済全体に供給されている通貨の総量」である。一般法人，個人，地方公共団体などの**通貨保有主体**が保有する現金通貨，預金通貨などの通貨量の残高から算出される。通貨（マネー）にどの金融商品を含めるかは一義的に決まっているわけではない。日本では対象とする通貨の範囲に応じて（範囲の狭い順に），**M1，M2，M3，広義流動性**の4つの指標を作成している（**表12.8**）。

マネタリーベースとマネーストックとの違い 通貨発行主体や通貨保有主体の範囲が異なる。マネタリーベースは日本銀行のみが通貨発行主体であり，金融機関は通貨保有主体に含まれる。一方，マネーストックでは日本銀行を含む金融機関全体が通貨発行主体であり，通貨保有主体に金融機関は含まれない。その結果，マネタリーベースに含まれる日本銀行当座預金や金融機関保有現金はマネーストックには含まれない。

マネーストックの指標 通貨保有主体が保有する以下の通貨量の残高を集計する（**図12.3**）
① **M1**（2024年8月速報・平均残高：1,096兆円）

最も容易に決済手段に用いることができる現金通貨と預金通貨（全預金取扱機関の流動性預金）で構成。交換手段としての貨幣を代表する指標である。

> M1＝現金通貨＋預金通貨
>
> 現金通貨＝日本銀行券発行高＋貨幣流通高
>
> 預金通貨＝要求払預金（当座・普通預金等）－金融機関保有小切手手形

② **M3**（2024年8月速報・平均残高：1,608兆円）

M1に全預金取扱機関の準通貨およびCDを加えた残高。準通貨の大半を占める定期預金は流動性が低く，価値の保蔵手段としての貨幣の性格を有していたが，金融自由化に伴い預金を担保とする自動貸付等により預金通貨への転用が容易になり，交換手段としての貨幣の性格を強めている。

> M3＝現金通貨＋預金通貨＋準通貨＋CD

表 12.8　マネーストック統計の概要

項　目	内　容
統計作成者	日本銀行
統計の種類	業務統計
統計の対象	金融部門（通貨発行主体）から経済全体に供給されている通貨の総量（マネーストック）
作成項目	M1，M2，M3，広義流動性（月中平均残高と月末残高，季節調整済計数も提供）
作成周期	毎月
公表時期	対象月の翌月第 7 営業日（3 月・9 月分は翌月第 9 営業日）

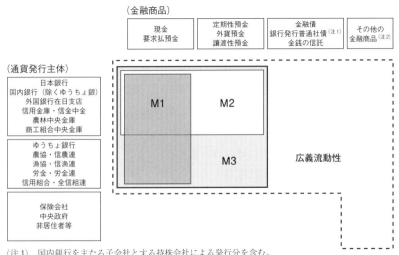

図 12.3　通貨指標の定義（概念図）

(注 1)　国内銀行を主たる子会社とする持株会社による発行分を含む。
(注 2)　金融機関発行 CP，投資信託（公募・私募），国債，外債
(出所)　日本銀行「マネーストック統計の解説」

③　M2（2024 年 8 月速報・平均残高：1,255 兆円）

　M2 は，金融商品の範囲は M3 と同じであるが，預金の預け入れ先を国内銀行等に限定し，近年機能が大きく変化した郵便貯金等を除いている。

④　広義流動性（2024 年 8 月速報・平均残高：2,179 兆円）

　広義流動性は，M3 に何らかの「流動性」を有すると考えられる金融商品を加えた指標。広義流動性は相当広範囲の金融商品を含むため，金融商品間の資金シフトがあった場合でも，その影響を受けにくい。

> 広義流動性＝M3＋金銭の信託＋投資信託＋金融債＋銀行発行普通社債
> ＋金融機関発行 CP＋国債＋外債

作成周期・公表時期　統計は毎月作成される。速報は対象月の翌月第 7 営業日（3 月・9 月分は第 9 営業日）に公表される（翌月に確報を公表）。速報性は高い。

統計の利用方法　マネーストック統計の概要は，公表時に日本銀行 HP に掲載される「マネーストック速報（○年○月）」で把握できる。時系列データについては，「時系列統計データ検索サイト」からダウンロード可能である。

統計の見方

① 注目するマネーストックの指標を 1 つに決めることは難しく，複数の指標を並行して利用するのが適切である

交換手段としての貨幣の指標に着目し，狭い定義の通貨である M1，広い定義の通貨である M3 の 2 つを重視するのが自然だが，郵便貯金等の変貌を考慮すると長期時系列での比較には M2 の方がよいとの見方もある。

② M1，M2，M3 は速報値の事後改訂幅は小さい一方，広義流動性は事後改訂幅が大きいので利用する際には注意を要する

広義流動性は預金と他の金融商品との資金シフトが大きい局面では有益な指標であるが，基礎データの入手が遅れるほか，推計に依存する部分が多いことから，M1～M3 と比較して相対的に精度が低い。

③ マネーストックには変動の一時的な振れが含まれることから，変動を捉えるには前年同月比を用いる場合が多い

マネーストックは季節調整済計数が提供されているが，基調変動と無関係の一時的な振れが含まれていることから，前年同月比の利用が適している。

●各種の貸出統計

日本銀行は各種の貸出統計を作成しており，金融機関の貸出動向を把握できる（表 12.9）。いずれもデータは日本銀行 HP の「時系列統計データ検索サイト」から入手可能である。

① 貸出・預金動向（速報）

民間非金融部門向け貸出（金融機関向け及び中央政府向けを除く）を対象とする。統計は毎月作成され，翌月の第 6 営業日（3 月・9 月分は第 8 営業日）公表

表 12.9　日本銀行が作成する貸出統計の概要

項　　目	貸出・預金動向	預金・現金・貸出金	貸出先別貸出金
作成周期	毎月	毎月	四半期
公表時期	翌月第 6 営業日	翌月末から翌々月初	翌々月中旬
作成項目	平均残高	月末残高・平均残高	四半期末残高
貸出先別	×	法人，個人，地方公共団体，中央政府等	法人，個人，地方公共団体等
企業規模別	×	中小，中小以外	大／中堅／中小
業種別	×	×	○

と速報性が高い。貸出残高の動向を前年同月比ベースで把握できる。貸出債権償却や貸出債権流動化など特殊要因調整後の計数も実勢把握に有益である。企業規模別・業種別の内訳データは提供されていない。

② 預金・現金・貸出金

　統計は毎月作成される。公表は翌月末から翌々月初と遅くなるが，貸出残高の内訳データが利用できる点が特徴である。貸出先別では法人（金融含む），個人，地方公共団体，中央政府向け等，企業規模別では中小企業向けとそれ以外（大企業・中堅企業）向け，が利用可能である。

③ 貸出先別貸出金

　四半期ごとに作成される最も詳細な貸出統計である。公表は四半期終了後翌々月の中旬である。貸出先別では個人，地方公共団体，各業種別の貸出残高，企業規模別では大企業，中堅企業，中小企業ごとの貸出残高（ならびに設備資金向け貸出残高），ならびに両者のクロスデータが利用可能である。金融機関がどの産業・企業規模に対して貸出を行っているかを把握できる。

　利用の際には以下の 2 点に注意する。

(1) 個人事業向け貸出は，事業が属する各業種に分類して計上する。例えば，個人経営アパート向けローンは「個人による貸家業」に計上する。このため，本統計の個人向け貸出は事業向けが除外されることから，住宅ローン（設備資金に計上）が 9 割強を，消費者ローン・カードローン等が 1 割弱を各々占める。

(2) 貸出は企業（事業所）の主たる事業で業種別に分類している。例えば，不動産以外の業種を主業とする企業が借入金で不動産投資を行っても不動産業の貸出には含まれない。国内銀行の「不動産業」貸出残高は，最近 10 年間（2014 年 6 月～2024 年 6 月）で＋69％増と大幅に増加しており，金融機関

12 財政と金融に関する統計

の貸出リスクの観点から注目を集めている。その観点からは，不動産を資金使途とする貸出残高は本統計の「不動産業」貸出残高よりも一定程度大きい可能性がある点にも注意が必要である。

コラム　公共投資の真の姿（確定値）を早期に把握するには

1.「建設総合統計」公共工事出来高の大きな事後改訂

　公共投資の確定値は，GDP 年次推計において国・地方自治体・公的法人の財政決算データから推計される。公共投資の確定値は「建設総合統計」の公共工事出来高の速報値から推計される QE の公共投資とは異なる値となり，事後改訂幅がかなり大きくなる。一致指標である公共工事出来高の速報値を用いて行った公共投資の基調判断は事後的に覆るリスクがある。

　実際，公共工事出来高の速報値と GDP・公共投資（うち建設投資）の年次推計・確定値の変動を比較するとかい離はかなり大きい（図 12.4）。前年度比を比較すると，両者のかい離の絶対値平均（2003〜2022 年度）は 3.8％ポイントに達する。このかい離が QE（GDP）全体の前年度比に 0.2％ポイントの事後改訂を生じさせており，インパクトは大きくなっている。公共工事出来高の基礎統計である「建設工事受注動態統計調査」は標本の大きさが 12,000 にとどまり，調査票回収率が約 60％と低く，誤差がかなり大きいことがその原因である。

図 12.4　公共工事出来高（速報値）・公共工事請負金額と GDP 公共投資
　　　　　（うち建設投資）（年次推計による確定値）との比較（前年度比：％）

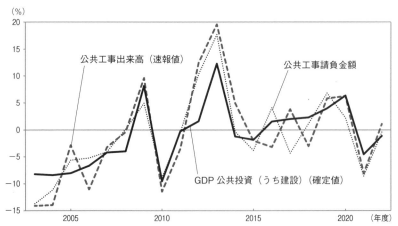

（出所）　国土交通省「建設総合統計」，東日本・西日本・北海道建設業保証「前払金保証統計」，内閣府
　　　　「国民経済計算」のデータをもとに筆者作成

300

2. 「公共工事前払金保証統計」公共工事請負金額の活用の可能性

　一方，先行指標である「公共工事前払金保証統計」の公共工事請負金額をみると GDP・公共投資（うち建設投資）の確定値とはかい離がみられるが，前年度比のかい離の絶対値平均は 3.0％ポイントと公共工事出来高の速報値よりも小さくなっている（図 12.4）。公共工事請負金額は請負契約ベースであり，GDP の計上基準である工事進捗ベースに変換されていないとの弱点がある一方で，前払金保証対象案件の全数を集計しており，標本の大きさが 22.4 万件と大きく，計数の誤差が小さい点が大きなメリットである。速報時点で公共投資の基調判断を行う際には，公共工事請負金額の情報を活用することで先行きの予測の精度を改善できる可能性がある。

　なお，公共工事請負金額を工事期間別の進捗パターンのデータを用いて工事期間の各月に配分し，「建設総合統計」の公共工事出来高と同様なかたちで工事進捗ベースの計数（公共工事請負金額から推計した「公共工事出来高」）を算出することができれば，GDP・公共投資（うち建設投資）の確定値とのかい離はさらに小さくなることが期待できる。すなわち，「建設総合統計」において，公共工事請負金額を「建設工事受注動態統計調査」の受注額の代替データとして利用することで，公共工事出来高や QE の公共投資の精度改善を図ることが可能となる。今後，関係者において，こうした取り組みが行われることが期待される。

◆ 練習問題

問 12.1　公共投資を把握する統計の利用方法について，3つのポイントを説明せよ。

問 12.2　資金循環統計の作成方法について説明せよ。特に財務諸表のデータが利用可能ではない家計や民間非金融法人企業において垂直的アプローチと水平的アプローチをどのように活用しているかを言及すること。

問 12.3　マネタリーベースとマネーストックの違いについて，通貨発行主体と通貨保有主体に着目して説明せよ。

問 12.4　各種の貸出統計を利用して金融機関の不動産向け融資のリスクを把握する際に，どのような点に気をつけるべきかを説明せよ。

第13章

国民経済計算（1）
：GDP の概念と推計方法

- ■13.1 国民経済計算（SNA）の概要
- ■13.2 GDP とは何か
- ■13.3 GDP の三面等価と産業連関表
- ■13.4 GDP の実質化
- ■13.5 GDP の推計方法①：年次推計
- ■13.6 GDP の推計方法②：QE 推計
- コラム QE 推計における供給側推計への依存度の高まり

　第 13 章と第 14 章では国民経済計算を取り上げる。第 13 章では GDP の概念や推計方法について説明する。13.1 節では「国民経済計算」の概要を説明する。13.2 節では国内総生産（GDP）とは何かを，生産の境界（P），国内概念（D），総概念（G）に着目して説明する。13.3 節では GDP の三面等価ならびに GDP と産業連関表との関係を取り上げる。13.4 節では実質 GDP を計算する手順について説明する。13.5 節では年次推計の推計方法，13.6 節では四半期別 GDP 速報（QE）の推計方法，各々について説明する。

13.1 国民経済計算（SNA）の概要

●国民経済計算（SNA）とは

　国民経済計算（SNA：System of National Accounts）は，一国経済の様々な側面について，フローとストックの両面から，勘定（Accounts）のかたちで 1 つの体系のなかで包括的・整合的・統合的に記録する一国全体の統計である。そのうち，国内総生産（GDP：Gross Domestic Product）は，国民経済計算体系の中心的な指標である。このため，国民経済計算（SNA）は「GDP 統計」とも呼ばれることも多い。

　国民経済計算では，①全経済主体の全ての活動とその結果が記録されるととも

303

に（包括的），②ある活動の結果が関係する全ての勘定で同一の値で記録される（整合的）。さらに，③1つの活動の結果がバランスシートの資産・負債を含め，影響を受ける全ての勘定に記録される（統合的）。

　より具体的には，国民経済計算は，経済における生産活動，生産活動から得られた付加価値の家計・企業への分配状況，消費や設備投資などの支出動向を示すGDP に加えて，家計の所得や貯蓄の動態，金融機関を含む企業のバランスシートの動き，さらには社会保障を含めた一般政府の財政状況など，財やサービスの生産に始まるフロー面から貸借対照表に至るストック面まで経済の動きを，一覧性をもって把握することが可能である。景気分析など経済動向を把握する観点からみると，国民経済計算が提供する GDP は，個別の経済統計に比べると利用可能となる時期が遅く，迅速性には劣るが，経済全体の動きを包括的・整合的・統合的に捉えることができる点がメリットである。このため，GDP は，個別の統計を利用して行った景気判断の答え合わせを行うとともに個別の統計からは把握が難しい経済全体の動きを包括的に捉えるのに適している。

　国民経済計算は，国際連合・国際通貨基金（IMF）・世界銀行・経済協力開発機構（OECD）・EU 統計局により起草され，国際連合で採択される**国際基準**（SNA マニュアル）に準拠して，各国政府がそれぞれ自国の統計として整備している。国民経済計算（SNA）で捉えた経済の全体像の計数は国際比較を行うことが可能である。また，国民経済計算（SNA）は，各種の基礎統計や情報を組み合わせて作成される加工統計である。国民経済計算の推計に利用される統計のうち，財・サービスの供給・使用を示す「産業連関表」，海外との取引を記録する「国際収支統計」，金融面の動きを示す「資金循環統計」の 3 つの統計は，重要性が高いことから SNA の国際基準に沿って作成されており，国民経済計算との整合性が確保されている。

●国内総生産（GDP）とは

　一定期間（1 年ないしは四半期）内に生産活動を行った結果，産み出された価値を「**付加価値**」と呼ぶ。付加価値は産出額から原材料などの中間投入額を差し引いたものとして算出される。**一国において生産された付加価値を合計した額を国内総生産（GDP）と呼んでいる**。

　生産者が生産活動で生み出した GDP は**生産側 GDP** と呼ばれる。その GDP が家計・企業・政府に分配されて所得となる。これが**分配側 GDP** である。さらに，

304

図13.1 GDPの三面構造：生産側GDP・分配側GDP・支出側GDP

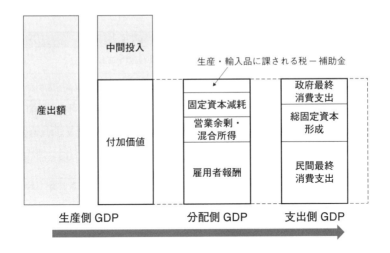

家計・企業・政府が分配された所得を使って行う消費や投資など支出の合計額が**支出側GDP**である。このように，GDPは生産・分配・支出の三面から捉えることができる（図13.1）。生産されたものが全額分配され，さらに消費・投資されることから，**生産側GDP＝分配側GDP＝支出側GDP**との関係（**GDPの三面等価**）が成り立つ。GDPは生産側，分配側，支出側いずれから計算しても同一の値となる。

●**国民経済計算：フローとストックを整合的に記録**

国民経済計算においては，1年間（四半期）に行われる経済活動を，経常勘定と蓄積勘定に分けてフローとストックに整合的に記録する。

経常勘定 経常勘定ではフローの経済活動で生み出される付加価値（GDP）を生産・分配面に6段階で記録する。①生産勘定では経済活動で生み出された生産側GDPを記録する（表13.1）。次いで，②所得の発生勘定ではGDPの分配状況（分配側GDP）の内訳（雇用者報酬，営業余剰，混合所得など）を，③第1次所得の配分勘定では分配側GDPから利子・配当などの財産所得を受払した第1次所得（家計・企業の税引き前の稼働所得）を記録する。

④所得の第2次分配勘定で第1次所得から税・社会保険料を控除し，現金による社会保障給付（年金，児童手当等）を加算した可処分所得，⑤現物所得の再配分勘定では可処分所得に医療・介護など政府から現物で提供される社会保障給

表 13.1　経常勘定・蓄積勘定の内訳

経常勘定

経常勘定の内訳	説　明
①生産勘定	生産側 GDP ＝産出額－中間投入額を算出
②所得の発生勘定	分配側 GDP の内訳（雇用者報酬，営業余剰，混合所得など）を算出
③第 1 次所得の配分勘定	第 1 次所得（家計・企業の稼働所得）＝分配側 GDP ＋財産所得の受払を算出
④所得の第 2 次分配勘定	可処分所得＝第 1 次所得－税・社会保険料＋現金による社会保障給付（年金等）を算出
⑤現物所得の再配分勘定	調整可処分所得＝可処分所得＋現物による社会保障給付（医療・介護等）を算出
⑥所得（可処分所得・調整可処分所得）の使用勘定	貯蓄＝可処分所得（調整可処分所得）－最終消費支出（現実最終消費）を算出

蓄積勘定

蓄積勘定の内訳	説　明
資本勘定	総固定資本形成など実物資産の取引を記録。貯蓄投資差額（＝純貸出（＋）・純借入（－），実物面の資金過不足）＝貯蓄＋固定資本減耗－総資本形成を算出
金融勘定	金融資産・負債の増減といった金融取引を記録。両者の差から金融面の資金過不足を算出
その他の資産量変動勘定・再評価勘定	資産・負債の時価変化による変動，災害等による資産の損害による減少分を記録
バランスシート勘定	実物資産，金融資産・負債の各残高を記録

付を加算した調整可処分所得，2 種類の可処分所得を記録する。

　最後に，⑥所得の使用勘定では，可処分所得（調整可処分所得）から最終消費支出（現実最終消費＝最終消費支出＋現物による社会保障給付）を差し引いた貯蓄を計算する。このように経常勘定では一国経済全体や家計・企業など各部門が得る所得を段階別に詳細に把握することができる。

　蓄積勘定　蓄積勘定では，ストック（バランスシート）に影響を与えるフローの取引を記録する）。資本勘定では企業や政府の投資である総固定資本形成など実物資産の取引を，金融勘定では金融資産・負債の増減といった金融取引を各々記録する。さらにフローの実物資産や金融取引の結果は，実物資産や金融資産・負債の残高を計上するバランスシート勘定に記録する。

　蓄積勘定では，実物投資の状況に加え，貯蓄と投資の大小関係を示す貯蓄投資差額（＝貯蓄＋固定資本減耗－投資，正式には，純貸出（＋）／純借入（－）と呼ばれる）の状況，実物資産，預金や借入など金融資産・負債，増減と残高を部

門別に把握することができる。

●国民経済計算：四半期別 GDP 速報（QE）と年次推計

国民経済計算は，四半期別 GDP 速報（QE），年次推計，基準年推計まで 6 回に亘って推計される（**表 13.2**）。そのうち，四半期別 GDP 速報（QE）は月次や四半期で利用可能な動態統計を用いて推計される速報値であり，対象四半期終了後 45 日後公表の 1 次 QE と 70 日後公表の 2 次 QE の 2 段階で公表される。景気分析では QE を主に利用している。

詳細な年次の構造統計を利用して推計されるのが**年次推計**である。第 1 次，第 2 次，第 3 次の 3 回に亘って公表される。QE に比べると統計は詳細であり，精度も高い GDP の構造統計である。ただし，公表時期は第 1 次年次推計が対象年次の翌年 12 月，第 2 次年次推計が翌々年 12 月，第 3 次年次推計が 3 年後の12 月と QE に比べかなり遅い。

表 13.2　国民経済計算：四半期別 GDP 速報（QE）・年次推計・基準年推計

① 四半期別 GDP 速報（QE）

	公表時期	推計内容	基礎統計
1 次 QE	四半期終了後約 45 日	支出側 QE：「コモ法」類似の供給側推計値と需要側推計値との加重平均	2 次 QE と同様だが，利用可能でない統計がある
2 次 QE	四半期終了後約 70 日		動態統計（「生産動態統計調査」等）を利用

＊「コモ法」（コモディティ・フロー法）については，13.5 節で解説している。

② 年次推計

	公表時期	推計内容	基礎統計
第 1 次年次推計	対象年の翌年 12 月	支出側 GDP：「コモ法」生産側 GDP：「付加価値法」による推計	動態統計（「生産動態統計調査」等）を利用
第 2 次年次推計	同翌々年の12 月		構造統計（「経済構造実態調査」，財政決算データ等）を利用
第 3 次年次推計	同 3 年後の12 月	支出側 GDP と生産側 GDP とのかい離を調整する	

＊「付加価値法」については，13.5 節で解説している。

③ 基準年推計（基準改定）

公表時期	推計内容	基礎統計
5 年ごと（直近は 2020 年12 月公表の 2015 年基準の国民経済計算）	「産業連関表」などから基準年（直近は 2015 年）を再推計（基準改定）。基準年を発射台に推計された公表済みの年次推計を遡及改訂する	「産業連関表」「国勢調査」「経済センサス」など

＊「産業連関表」については，13.3 節で解説している。

13　国民経済計算（1）：GDP の概念と推計方法　　*307*

表 13.3　国民経済計算の作成基準（国際基準）の変遷

国際基準	主な内容	日本への導入
1953 SNA	経済のフロー面を捉える「国民所得勘定」の整備	1966 年
1968 SNA	フロー面に加え，ストック面を捉える勘定に拡張	1978 年
1993 SNA	中心指標を国民総生産（GNP）から国内総生産（GDP）に変更。ソフトウェア・FISIM を導入	2000 年
2008 SNA	知的財産生産物（R&D 等）を導入	2016 年

　さらに「経済センサス」「産業連関表」など 5 年ごとに利用可能な基礎統計を利用して，年次推計を改訂する**基準年推計**（**基準改定**）が 5 年に 1 度実施される。現行 2015 年基準の国民経済計算は 2020 年 12 月に公表されている。

●国民経済計算の作成基準（国際基準）の変遷

　国民経済計算（SNA）は 70 年以上の歴史を有している。1930 年代の大恐慌とそれに続く第二次世界大戦がきっかけとなっている。英国や米国で大恐慌から脱する手がかりとなる情報として GDP が開発された。戦後，国民経済計算の最初の作成基準（国際基準）である 1953SNA が制定された（**表 13.3**）。その後，1968SNA と 1993SNA の導入により，フロー面からストック面への拡張，ソフトウェアや金融仲介サービス（FISIM）の GDP への取り込みなどが行われてきた。最新の 2008SNA は 2016 年 12 月に日本の国民経済計算にも導入されている。経済の知的集約化に対応して，研究開発投資（R&D）など知的財産生産物のGDP への取り込み（資本化）が図られている。

13.2　GDP とは何か

　生産活動で産み出される付加価値の合計である**国内総生産**（**GDP**）は産出額から原材料や流通費用などの中間投入額を差し引いたものとして算出される（前掲図 13.1）。以下では GDP がどのように定義されるのかをみていく（以下の整理は李（2018）によっている）。

● P（Product）とは：GDP の生産の境界

　GDP に含まれる生産　まず，GDP の最後の文字である P（Product＝生産）から取り上げる。「生産」は経済活動の起点であり，富の源泉であることか

図 13.3 単純化された経済における GDP の三面等価

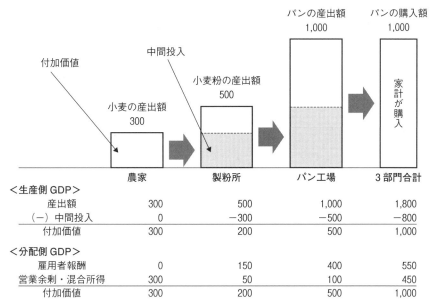

④ 家計がパンを購入し，消費する。

GDP を生産側，分配側，支出側の三面で計算する（図 13.3）。

生産側 GDP　農家，製粉所，パン工場の各生産者について，産出額から中間投入額を差し引いて付加価値を計算する。

・農家　　：産出額（小麦）300，中間投入額 0 で付加価値額 300
・製粉所　：産出額（小麦粉）500，中間投入額（農家から購入する原材料＝小麦）300 で付加価値額 200
・パン工場：産出額（パン）1,000，中間投入額（製粉所から購入する原材料＝小麦粉）500 で付加価値額 500

以上の 3 つの付加価値の合計が生産側 GDP（1,000）となる。

分配側 GDP　農家，製粉所，パン工場では付加価値を分配する。製粉所とパン工場では雇用者に賃金を支払う（この分は「雇用者報酬」となる）。残る分は利潤（自営業者の利潤は「混合所得」，企業の利潤は「営業余剰」と呼称）となる。雇用者報酬，営業余剰・混合所得の合計が分配側 GDP である。

13　国民経済計算（1）：GDP の概念と推計方法

・農家　　　：混合所得 300
・製粉所　　：雇用者報酬 150，営業余剰 50
・パン工場：雇用者報酬 400，営業余剰 100

3 部門の合計では，雇用者報酬 550，営業余剰・混合所得 450，分配側 GDP は 1,000 となる。

支出側 GDP　　家計は，最終生産物であるパンを購入する。家計のパンへの支出額（1,000）が支出側 GDP（最終家計消費支出）となる。

このように，生産側，分配側，支出側いずれで計算しても，GDP は同一の値（1,000）となる。これが GDP の三面等価である。

●支出側 GDP：最終生産物のみが GDP にカウントされる

支出側 GDP の計算では，GDP の生産の境界内にある財・サービスであっても，全てが GDP にカウントされるわけではない。財・サービスの生産のうち，消費や投資に充当される**最終生産物のみが支出側 GDP に含まれる**。図 13.3 の事例では，支出側 GDP の計測において，パンは最終生産物として GDP にカウントされる一方，小麦や小麦粉は小麦粉やパンの原材料として中間投入（中間消費）される中間生産物であることから，GDP にはカウントされない。

中間生産物と最終生産物の定義　　**中間生産物**は「原材料，部品，エネルギーなどとして今期の生産過程に使われる」財・サービスである。一方，**最終生産物**は「生産の究極の目的である人々の消費需要や次期の経済活動のための投資需要（1 年以上の期間に亘って生産過程に繰り返し使用される財・サービス＝固定資本形成）を満たす財・サービス」である。

財・サービスによっては，原材料（中間投入）として使われる場合と最終消費需要を満たすために使われる場合の両方が存在するケースもある。今回の例では，小麦，小麦粉とも家計が直接消費する（食する）ことも可能である。支出側 GDP の計算では，財・サービスが，中間投入（中間消費），最終消費や投資，いずれで使われるかをしっかりと把握する必要がある。

国民経済計算の基準改定：最終生産物の範囲拡大＝知的財産生産物等の取り込みによる GDP の押し上げ効果　　国民経済計算の国際基準では，研究・開発（R&D），特許等サービス，ソフトウェアのような知的財産生産物を，当期の生産過程のみに利用される中間投入（中間消費）とするか，それとも次期以降の生産活動にも繰り返し使用できる固定資本形成（資産計上される投資）とするか

表 13.6　知的財産生産物等の最終生産物への取り込み時点

基準改定（実施時期）	知的財産生産物	その他
2000 年基準改定 （2005 年 12 月実施）	パッケージソフトウェア	
2005 年基準改定 （2011 年 12 月実施）	自社開発ソフトウェア	間接的に計測される金融仲介 サービス（FISIM）
2011 年基準改定 （2016 年 12 月実施）	研究・開発（R&D） 特許等サービス	防衛装備品
2015 年基準改定 （2020 年 12 月実施）	娯楽作品原本 著作権等サービス	建築物の改装・改修（リフォー ム・リニューアル）

＊FISIM については，13.5 節で解説している。

が論点となってきた。近年では経済の知的集約の進展を踏まえ，知的財産生産物の資産価値を認め，最終生産物である固定資本形成に変更する見直しが行われてきた。日本においても，研究・開発（R&D）などの知的財産生産物を中間消費ではなく固定資本形成として GDP に計上するように変更している（表 13.6）。このため，国民経済計算の基準改定ごとに GDP が増加している。2016 年 12 月実施の 2011 年基準改定では，研究・開発（R&D）や特許等サービスを取り込んだことによる GDP の押し上げ効果はかなり大きくなっている。

　なお，知的財産生産物以外においても，間接的に計測される金融仲介サービス（FISIM：Financial intermediation services indirectly measured：2005 年基準改定）と建築物の改装・改修（リフォーム・リニューアル：2015 年基準改定）の最終生産物への取り込みが GDP にインパクトを与えている。国民経済計算の基準改定では，最終生産物の範囲拡大によって GDP が押し上げられることから，利用の際には注意を要する。

● GDP と産業連関表との関係

　GDP の三面等価は，産業連関表を用いると分かりやすい（図 13.4）。

　ヨコの行方向：財・サービスの産出先を明示，支出側 GDP を算出　図 13.4 の 1 行目は農家が産出する小麦（300）が製粉所で原材料として中間消費されること，2 行目は製粉所が産出する小麦粉（500）がパン工場で原材料として中間消費されること，3 行目はパン工場が産出するパン（1,000）が家計最終消費支出として消費されることを各々示している。パンが最終需要（最終生産物）となるため，支出側 GDP に 1,000 が計上される。

13　国民経済計算（1）：GDP の概念と推計方法　**315**

図 13.4　GDP と産業連関表との関係

		中間消費				最終需要	産出額
		農　家	製粉所	パン工場	計	家計消費支出	
中間投入	小　麦	0	300	0	300	0	300
	小麦粉	0	0	500	500	0	500
	パ　ン	0	0	0	0	1,000	1,000
	計	0	300	500	800	1,000	1,800
雇用者報酬		0	150	400	550		
営業余剰・混合所得		300	50	100	450		
付加価値計		300	200	500	1,000		
産出額		300	500	1,000	1,800		

支出側 GDP

生産側 GDP　　分配側 GDP

タテの列方向：生産側・分配側 GDP を表示　　各列は各部門の生産活動を示している。1 列目は農家が 300 の付加価値を産み出す。2 列目は製粉所が 300 の中間投入で 500 を産出して 200 の付加価値を産み出す。3 列目はパン工場が 500 の中間投入で 1,000 を産出し 500 の付加価値を産み出す。このトータル（300＋200＋500＝1,000）が生産側 GDP である。さらに分配側 GDP では，生産活動による付加価値（1,000）が雇用者報酬（550）と営業余剰・混合所得（450）に分配されることを記録する。

日本の産業連関表と国民経済計算　　日本では，総務省が中心になって詳細な「産業連関表」（行部門：445 × 列部門：391：行列とも商品である商品 × 商品の表）が 5 年ごと（基準年：最新は 2020 年）に作成されている。もっとも，「産業連関表」の作成には時間がかかる（2020 年の産業連関表は 2024 年 6 月公表）ことから，「産業連関表」を基礎統計として利用する国民経済計算の基準改定（5 年ごとに実施）はかなり遅い。国民経済計算の 2020 年基準への移行は 2025 年 12 月に実施される見込みである。2020 年基準改定では，基準年が 2015 年から 2020 年に変更されるほか，基準年を発射台に推計された公表済みの年次推計（2016〜2019 年，2021 年〜）も併せて遡及改訂される。

13.4　GDP の実質化

● GDP の実質化：支出側・生産側の実質 GDP の算出方法

　国民経済計算においては，名目 GDP とその変化率（名目成長率）に加えて，価格を基準時点で固定した場合の仮想的な GDP の額を求め，その水準（実質

図 13.5 支出側 GDP の実質化

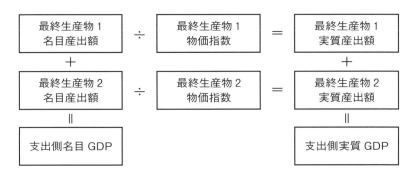

GDP）や変化率（実質成長率）を利用している。実質 GDP や実質成長率を利用することで物価変動を控除した GDP の実質値やその成長率を把握することができる。景気分析においては、実質 GDP で経済の豊かさの水準を、実質成長率で経済の変動を、各々捕捉している。

生産側、分配側、支出側、各々の GDP を以下のように実質化している。

① 支出側 GDP

支出側 GDP は、最終需要として使われる最終生産物の合計値であることから、最終需要を構成する各生産物を基準年＝100 とする物価指数（デフレーター）で割り込んで生産物ごとに実質化を行い、それを合算することで支出側の実質 GDP を計算する（図 13.5）。

なお、GDP 全体のデフレーター（支出側 GDP デフレーター）は、支出側の名目 GDP を支出側の実質 GDP で割り込んで算出する。このように事後的に逆算されるデフレーターを**インプリシット・デフレーター**と呼ぶ。

② 生産側 GDP

産業ごとに付加価値を実質化する必要がある。しかし、産業別の付加価値に対応する物価指数は存在しないことから、代わりに産業ごとに産出額と中間投入額を各々の物価指数で実質化し、「実質化された産出額」から「実質化された中間投入額」を差し引いて産業ごとの実質付加価値を計算する（図 13.6）。このように求めた各産業の実質付加価値を合計して生産側の実質 GDP を求める。投入と産出の双方で実質化する手法を「**ダブルデフレーション**」と呼ぶ。なお、GDP 全体のデフレーター（生産側 GDP デフレーター）は、生産側の名目 GDP を生産側の実質 GDP で割り込んで算出する。

図 13.6 生産側 GDP の実質化

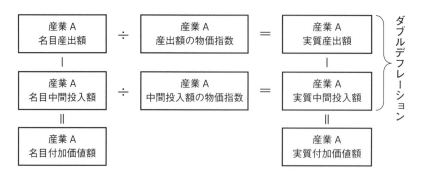

③ 分配側 GDP

分配側 GDP には実質化に用いる物価指数（例えば，雇用者報酬，営業余剰の物価指数）は存在しない。このため，分配側 GDP を直接実質化することはできないことから，生産側・支出側の実質 GDP で代用する。

●実質 GDP の二面等価

以上のように算出される支出側の実質 GDP と生産側の実質 GDP は一致する（これを「実質 GDP の二面等価」と呼ぶ）。この点を確認する。

支出側の実質 GDP　支出側の実質 GDP は最終需要額の実質値の合計である（図 13.7）。

$$（支出側実質 GDP）=（各産業への最終需要額の実質値）= \frac{F1}{D1} + \frac{F2}{D2}$$

ここで，「中間需要＋最終需要＝産出額」の関係式から

$$F1 = X1 - x11 - x12, \quad F2 = X2 - x21 - x22$$

となることから

$$（支出側実質 GDP）= \left\{ \frac{X1}{D1} - \left(\frac{x11}{D1} + \frac{x12}{D1} \right) \right\} + \left\{ \frac{X2}{D2} - \left(\frac{x21}{D2} + \frac{x22}{D2} \right) \right\}$$

表 13.4　GDP に含まれる生産

財・サービスの種類		産出額の計測方法
①生産者以外に供給される 財・サービスの生産	(a) 企業が行う市場で売買される 財・サービスの生産 （通常の財・サービス）	市場における販売価格で産出 額を計測
	(b) 政府・非営利団体による無償の 財・サービスの生産 （教育・警察・防衛など）	財・サービスの生産に要する コストで計測
②自身の自己使用のための財の生産 　（農家が自家消費用に生産する米・野菜，企業の知的財産生産物 　〈研究開発投資〉など）		市場で販売した場合の価格で 擬制して計測
③家計による持ち家サービスの生産 　（自ら所有する持ち家から享受している住宅サービス＝持ち家の 　帰属家賃）		同一の持ち家を賃貸した場合 に支払うとみられる家賃で擬 制して計測

ら，重要な概念である。国民経済計算では，経済活動を捕捉することを目的とすることから，**市場で売買される（カネを対価に取引される）財・サービスの生産を計測対象**とし，無償のものは含めないのを原則としている。具体的には GDP に含まれる「生産」を財・サービス別に**表 13.4** のように定義する。

　この定義に沿えば，①(a) 企業が行う市場で売買される財・サービスの生産のみが GDP に含まれる。①(b) 政府・非営利団体の財・サービス，②自己使用のための財の生産（農家の自家消費，企業の知的財産生産物），③家計の持ち家サービス（持ち家の帰属家賃）が含まれるのは，「市場取引を対象とする」との原則に合致していない。しかし，これらを生産に含めないとすると，①(b) では政府サービスが充実する（例えば，公教育が拡充される）と GDP が減少する，③では家計が持ち家取得を進めた結果，借家住まいの家計が減ると GDP が減少する，という事態が生じてしまう。これでは GDP は経済の実態を正しく反映できないため，例外を設けて GDP の計測対象を拡張していると考えられる。

GDP に含まれない生産　一方，家計の自己使用のためのサービスの生産（無償労働）は，GDP に含めない扱いとしている。具体的には，炊事，掃除，育児，介護などの家事労働は，GDP にはカウントされないこととなる。

　こうした扱いとしているのは，家事労働の市場価格の測定が困難であり，GDP の推計精度が低下してしまうほか，仮に家事労働を GDP に含めるとその額は巨額（内閣府経済社会総合研究所（2023）の推計では GDP の 22〜26％に達する）であることから，GDP は景気変動に応じて増減しなくなり，経済政策の指標として役に立たなくなる可能性があるためである。

13　国民経済計算（1）：GDP の概念と推計方法

● D（Domestic）とは：「国内」概念と「国民」概念

次に，GDP の真ん中の文字 D（Domestic＝国内）を取り上げる。これは，「生産」が「国内」で行われる活動に限定されることを意味している。

国民＝居住者の概念　国民経済計算は，一国の経済を捉えるという観点から，「国民」＝「居住者」の概念を採用している。日本に住所（居所）を有する人や主たる事務所を有する法人企業が該当する。そのため，日本に住む外国人に加え，外国企業の日本に所在する子会社・支店も日本の国民＝居住者となる。逆に，海外に住む日本人や日本企業の海外に所在する子会社や支店は，日本の国民＝居住者には該当せず，非居住者となる。

国内総生産：GDP の定義　一方，国内総生産（GDP）は，国内にある居住者単位（日本に所在する企業）によって行われる財・サービスの生産活動を計測する指標として定義される。日本に所在する企業では，「居住者」が提供する労働や資本に加え，「非居住者」が提供する労働や資本（海外居住者の労務提供や外国人の株式所有＝資本提供）を用いて生産活動が行われているが，GDP では誰が生産要素を提供したかは問わずに，あくまで日本で行われた生産活動を計測している。なお，国内で支払われた所得（賃金と利潤，配当等の総額）は，**国内総所得（GDI：Gross Domestic Income）**と呼ばれるが，名目値では GDP と同一の値となる（実質値では GDP と GDI は異なる〈後述〉）。

国民＝居住者の所得を測る指標：国民総所得：GNI　このため，「国民」＝「居住者」が手にする所得を計測する指標が別途作成されている。これが**国民総所得（GNI：Gross National Income）**である（1968SNA まで国民総生産〈GNP〉と呼ばれていたものと同一である）。

GNI は，GDP（＝GDI）に「海外からの所得の純受取」を加算して求める。すなわち，居住者が海外から得た賃金，利息，配当を加える一方，海外に支払った賃金，利息，配当を控除して求める。

日本企業の海外進出（対外直接投資）が大きく拡大したことから，海外子会社等から得られる利息や配当が近年大きく増加している。その結果，名目 GNI は名目 GDP を上回っており，両者のかい離は 2023 年には 34 兆円（GDP の約 6％）に達している（**表 13.5**）。GNI 成長率は GDP 成長率よりも高い。日本の豊かさをみるには GDP だけでなく，GNI にも着目する必要がある。ただし，海外から得られる所得は四半期ごとの振れが大きく，GNI には大きな不規則変動が含まれることから，景気の指標として利用するのは難しい。景気判断には主に

表 13.5　名目 GDP と名目 GNI

（単位：兆円）

	2000 年	2005 年	2010 年	2015 年	2020 年	2023 年
名目 GDP	535.4	532.5	505.5	538.0	539.6	592.8
名目 GNI	543.2	544.3	519.0	559.2	559.4	627.2
かい離	7.8	11.8	13.5	21.2	19.8	34.4

（出所）　内閣府「国民経済計算」, 2024 年 9 月末時点

GDP が利用されている。

● G（Gross）とは：「総」概念と「純」概念

■ **国内総生産〈GDP〉と国内純生産〈NDP〉** ■　最後に GDP の先頭の G（Gross＝総あるいは粗）をみてみる。GDP とは「総」概念で捉える「国内生産」ということとなる。「総」概念の GDP＝付加価値では固定資本減耗を含んでいる。

　GDP は各産業の「産出額」から，「生産のために使用された原材料，燃料などの中間投入額（「中間消費」とも呼ぶ）」を引いた付加価値である。今期の生産活動には，中間投入に加えて，設備などの固定資本が使用されることから，本来は，固定資本が使用されることによる減耗分（固定資本減耗）も費用として，付加価値から控除すべきである。GDP から固定資本減耗を控除したものが，当期に新しく産出される「純付加価値」であり，その合計値は **国内純生産**（NDP：Net Domestic Product）と定義される（**図 13.2**）。

　しかし，固定資本減耗には単に固定資本の物理的な減耗だけでなく，技術進歩による設備の陳腐化を含むなど計測誤差が生じやすく，速報値である QE の事後改訂も小さくない。こうした事情から，景気の分析では国内純生産（NDP）よりも国内総生産（GDP）が利用されることが一般的である。

■ **国民所得** ■　国内純生産（NDP）を居住者の所得概念に変更した「**国民所得**」は，日本国民の所得を示す指標として頻繁に利用されている。2 つの指標がある。

　そのうち，「**国民所得（市場価格表示）**」は，国内純生産（NDP）に，海外からの所得の純受取（賃金，利息，配当のネット受け取り）を加えたものである（**図 13.2**）。国民所得（市場価格表示）は GNI（国民総所得）から固定資本減耗を控除したものと等しくなる。もう一つの指標は，国民所得（市場価格表示）から生産・輸入品に課される税（間接税）を控除し，補助金を加えた「**国民所得（要素**

13　国民経済計算（1）：GDP の概念と推計方法　　**311**

図13.2 国内総生産（GDP）・国内純生産（NDP）・国民所得の概念

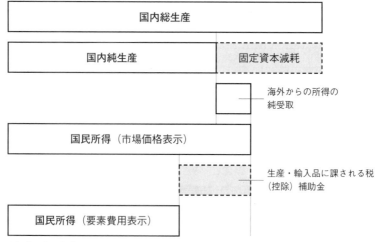

（出所）内閣府「2008SNA に対応した我が国国民経済計算について」

費用表示）」である。単に国民所得といえば，この国民所得（要素費用表示）を指すことが多い。国民所得（要素費用表示）は労働所得（雇用者報酬）と資本所得（営業余剰等）から構成されることから，所得を示す指標のほか労働分配率の算出にも利用される。

13.3　GDP の三面等価と産業連関表

●生産側・分配側・支出側 GDP と三面等価

　　生産側・分配側・支出側の三面で捉える GDP　　13.2 節では生産側 GDP を念頭に GDP を説明したが，GDP は生産側・分配側・支出側の 3 つの面から捉えることができる（前掲図 13.1）。生産されたものが全額分配され，さらに消費・投資されることから，生産側 GDP＝分配側 GDP＝支出側 GDP との関係（GDP の三面等価）が成り立つ。この GDP の三面等価を理解するために，以下のようなパンの生産・消費から構成される単純化された経済を考える。

① 農家が小麦を生産する。
② 製粉所は，小麦を購入して，小麦を原材料に小麦粉を生産する。
③ パン工場は，小麦粉を購入して，小麦粉を原材料にパンを生産する。

図 13.7　産業連関表でみた実質 GDP の二面等価

		中間需要		最終需要	産出額		デフレーター
		産業 A	産業 B				
中間投入	産業 A	$x11$	$x12$	$F1$	$X1$		$D1$
	産業 B	$x21$	$x22$	$F2$	$X2$		$D2$
付加価値計		$V1$	$V2$				
産出額		$X1$	$X2$				

生産側の実質 GDP

> （生産側実質 GDP）
> ＝（産業 A の実質付加価値）＋（産業 B の実質付加価値）

　各産業の実質付加価値は，ダブルデフレーションを行い「実質化された産出額」から「実質化された中間投入額」を差し引いて算出する（図 13.7）。

$$（生産側実質 GDP）=\left\{\frac{X1}{D1}-\left(\frac{x11}{D1}+\frac{x21}{D2}\right)\right\}+\left\{\frac{X2}{D2}-\left(\frac{x12}{D1}+\frac{x22}{D2}\right)\right\}$$

$$=\left\{\frac{X1}{D1}-\left(\frac{x11}{D1}+\frac{x12}{D1}\right)\right\}+\left\{\frac{X2}{D2}-\left(\frac{x21}{D2}+\frac{x22}{D2}\right)\right\}=（支出側実質 GDP）$$

　支出側の実質 GDP は，ダブルデフレーションから求められる生産側の実質GDP と一致することが分かる。

●所得の実質化：交易利得・損失の反映

　所得の実質値とは　所得の実質値である**実質所得（実質国内総所得：実質 GDI）**は，生産によって得られる国内所得の購買力と定義できる。輸出・輸入が存在しない閉鎖経済であれば，実質 GDP は国内所得の購買力の実質値である実質 GDI と一致するので所得の実質値としても利用できる。

　輸出・輸入物価〈交易条件〉の変化に伴う交易利得・損失　しかし，輸出・輸入が存在する場合は，輸出価格が輸入価格よりも割高になれば，輸出で受け取る代金で購入できる輸入品の量が増加する。このため，購買力の実質値である実質所得はその分だけ増加し，実質 GDP よりも大きくなる。実質所得の計算においては，輸出物価と輸入物価の変動の違い（交易条件）によって生じる所得

13　国民経済計算（1）：GDP の概念と推計方法　　**319**

変化分（「**交易利得・損失**」と呼ぶ）を勘案する必要がある。

実質 GDP は，Y_d：名目国内需要，P_d：国内需要デフレーター，X：名目輸出，M：名目輸入，P_x：輸出物価，P_m：輸入物価とすると，

$$実質 GDP = \frac{Y_d}{P_d} + \left[\frac{X}{P_x} - \frac{M}{P_m} \right]$$

と書ける。

一方，国内実質所得（購買力）である国内実質総所得（実質 GDI）は

$$実質 GDI = \frac{Y_d}{P_d} + \frac{X - M}{P}$$

と書ける。ただし，P：輸出物価と輸入物価の加重平均＝（名目輸出＋名目輸入）／（実質輸出＋実質輸入）と定義する。

輸出額と輸入額の差額（貿易黒字）を実質化する購買力のデフレーターには様々な選択肢があるが，日本では「輸出物価と輸入物価の加重平均」をデフレーターとして用いている。第 2 項（$X-M$）$/P$ は，貿易黒字から得られる実質の購買力（貿易黒字分で購入できる財・サービスの総量）を示している。

交易利得・損失＝実質 GDI－実質 GDP は，

$$交易利得・損失 = \frac{X - M}{P} - \left[\frac{X}{P_x} - \frac{M}{P_m} \right]$$

と書ける。

交易利得・損失は，実質国内総所得（実質 GDI）のうち，実質 GDP に反映されていない「輸出・輸入価格の変化による購買力の変動」を示している。

実質所得：実質 GDI と実質 GNI　実質所得の指標としては，**実質国内総所得（実質 GDI）**と**実質国民総所得（実質 GNI）**が利用される。これらは，名目国内総所得（名目 GDI＝名目 GDP）と名目国民総所得（名目 GNI）の実質値に対応する。

（実質 GDI）＝（実質 GDP）＋（交易利得・損失）

（実質 GNI）＝（実質 GDP）＋（交易利得・損失）
　　　　　　＋（海外からの所得の純受取〈実質〉）

図 13.3 単純化された経済における GDP の三面等価

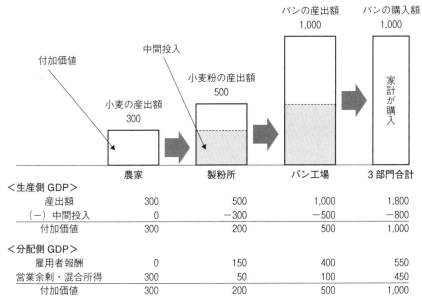

④ 家計がパンを購入し，消費する。

GDP を生産側，分配側，支出側の三面で計算する（図 13.3）。

生産側 GDP 農家，製粉所，パン工場の各生産者について，産出額から中間投入額を差し引いて付加価値を計算する。

・農家　　：産出額（小麦）300，中間投入額 0 で付加価値額 300
・製粉所　：産出額（小麦粉）500，中間投入額（農家から購入する原材料＝小麦）300 で付加価値額 200
・パン工場：産出額（パン）1,000，中間投入額（製粉所から購入する原材料＝小麦粉）500 で付加価値額 500

以上の 3 つの付加価値の合計が生産側 GDP（1,000）となる。

分配側 GDP 農家，製粉所，パン工場では付加価値を分配する。製粉所とパン工場では雇用者に賃金を支払う（この分は「雇用者報酬」となる）。残る分は利潤（自営業者の利潤は「混合所得」，企業の利潤は「営業余剰」と呼称）となる。雇用者報酬，営業余剰・混合所得の合計が分配側 GDP である。

13　国民経済計算（1）：GDP の概念と推計方法　　313

・農家　　　：混合所得 300
・製粉所　　：雇用者報酬 150, 営業余剰 50
・パン工場：雇用者報酬 400, 営業余剰 100

3 部門の合計では, 雇用者報酬 550, 営業余剰・混合所得 450, 分配側 GDP は 1,000 となる。

支出側 GDP　家計は, 最終生産物であるパンを購入する。家計のパンへの支出額 (1,000) が支出側 GDP (最終家計消費支出) となる。

このように, 生産側, 分配側, 支出側いずれで計算しても, GDP は同一の値 (1,000) となる。これが GDP の三面等価である。

●支出側 GDP：最終生産物のみが GDP にカウントされる

支出側 GDP の計算では, GDP の生産の境界内にある財・サービスであっても, 全てが GDP にカウントされるわけではない。財・サービスの生産のうち, 消費や投資に充当される**最終生産物のみが支出側 GDP** に含まれる。図 13.3 の事例では, 支出側 GDP の計測において, パンは最終生産物として GDP にカウントされる一方, 小麦や小麦粉は小麦粉やパンの原材料として中間投入 (中間消費) される中間生産物であることから, GDP にはカウントされない。

中間生産物と最終生産物の定義　**中間生産物**は「原材料, 部品, エネルギーなどとして今期の生産過程に使われる」財・サービスである。一方, **最終生産物**は「生産の究極の目的である人々の消費需要や次期の経済活動のための投資需要 (1 年以上の期間に亘って生産過程に繰り返し使用される財・サービス＝固定資本形成) を満たす財・サービス」である。

財・サービスによっては, 原材料 (中間投入) として使われる場合と最終消費需要を満たすために使われる場合の両方が存在するケースもある。今回の例では, 小麦, 小麦粉とも家計が直接消費する (食する) ことも可能である。支出側 GDP の計算では, 財・サービスが, 中間投入 (中間消費), 最終消費や投資, いずれで使われるかをしっかりと把握する必要がある。

国民経済計算の基準改定：最終生産物の範囲拡大＝知的財産生産物等の取り込みによる GDP の押し上げ効果　国民経済計算の国際基準では, 研究・開発 (R&D), 特許等サービス, ソフトウェアのような知的財産生産物を, 当期の生産過程のみに利用される中間投入 (中間消費) とするか, それとも次期以降の生産活動にも繰り返し使用できる固定資本形成 (資産計上される投資) とするか

314

表 13.6　知的財産生産物等の最終生産物への取り込み時点

基準改定（実施時期）	知的財産生産物	その他
2000 年基準改定 （2005 年 12 月実施）	パッケージソフトウェア	
2005 年基準改定 （2011 年 12 月実施）	自社開発ソフトウェア	間接的に計測される金融仲介 サービス（FISIM）
2011 年基準改定 （2016 年 12 月実施）	研究・開発（R&D） 特許等サービス	防衛装備品
2015 年基準改定 （2020 年 12 月実施）	娯楽作品原本 著作権等サービス	建築物の改装・改修（リフォー ム・リニューアル）

＊FISIM については，13.5 節で解説している。

が論点となってきた。近年では経済の知的集約の進展を踏まえ，知的財産生産物の資産価値を認め，最終生産物である固定資本形成に変更する見直しが行われてきた。日本においても，研究・開発（R&D）などの知的財産生産物を中間消費ではなく固定資本形成として GDP に計上するように変更している（**表 13.6**）。このため，国民経済計算の基準改定ごとに GDP が増加している。2016 年 12 月実施の 2011 年基準改定では，研究・開発（R&D）や特許等サービスを取り込んだことによる GDP の押し上げ効果はかなり大きくなっている。

　なお，知的財産生産物以外においても，間接的に計測される金融仲介サービス（FISIM：Financial intermediation services indirectly measured：2005 年基準改定）と建築物の改装・改修（リフォーム・リニューアル：2015 年基準改定）の最終生産物への取り込みが GDP にインパクトを与えている。国民経済計算の基準改定では，最終生産物の範囲拡大によって GDP が押し上げられることから，利用の際には注意を要する。

● GDP と産業連関表との関係

　GDP の三面等価は，**産業連関表を用いると分かりやすい**（**図 13.4**）。

　ヨコの行方向：財・サービスの産出先を明示，支出側 GDP を算出　図 13.4 の 1 行目は農家が産出する小麦（300）が製粉所で原材料として中間消費されること，2 行目は製粉所が産出する小麦粉（500）がパン工場で原材料として中間消費されること，3 行目はパン工場が産出するパン（1,000）が家計最終消費支出として消費されることを各々示している。パンが最終需要（最終生産物）となるため，支出側 GDP に 1,000 が計上される。

13　国民経済計算（1）：GDP の概念と推計方法　　**315**

図 13.4　GDP と産業連関表との関係

		中間消費				最終需要	産出額
		農　家	製粉所	パン工場	計	家計消費支出	
中間投入	小　麦	0	300	0	300	0	300
	小麦粉	0	0	500	500	0	500
	パ　ン	0	0	0	0	1,000	1,000
	計	0	300	500	800	1,000	1,800
雇用者報酬		0	150	400	550		
営業余剰・混合所得		300	50	100	450		
付加価値計		300	200	500	1,000		
産出額		300	500	1,000	1,800		

支出側 GDP

生産側 GDP　　　　　分配側 GDP

タテの列方向：生産側・分配側 GDP を表示　　各列は各部門の生産活動を示している。1 列目は農家が 300 の付加価値を産み出す。2 列目は製粉所が 300 の中間投入で 500 を産出して 200 の付加価値を産み出す。3 列目はパン工場が 500 の中間投入で 1,000 を産出し 500 の付加価値を産み出す。このトータル（300＋200＋500＝1,000）が生産側 GDP である。さらに分配側 GDP では，生産活動による付加価値（1,000）が雇用者報酬（550）と営業余剰・混合所得（450）に分配されることを記録する。

日本の産業連関表と国民経済計算　　日本では，総務省が中心になって詳細な「産業連関表」（行部門：445 × 列部門：391：行列とも商品である商品 × 商品の表）が 5 年ごと（基準年：最新は 2020 年）に作成されている。もっとも，「産業連関表」の作成には時間がかかる（2020 年の産業連関表は 2024 年 6 月公表）ことから，「産業連関表」を基礎統計として利用する国民経済計算の基準改定（5 年ごとに実施）はかなり遅い。国民経済計算の 2020 年基準への移行は 2025 年 12 月に実施される見込みである。2020 年基準改定では，基準年が 2015 年から 2020 年に変更されるほか，基準年を発射台に推計された公表済みの年次推計（2016～2019 年，2021 年～）も併せて遡及改訂される。

13.4　GDP の実質化

● GDP の実質化：支出側・生産側の実質 GDP の算出方法

　国民経済計算においては，名目 GDP とその変化率（名目成長率）に加えて，価格を基準時点で固定した場合の仮想的な GDP の額を求め，その水準（実質

図 13.5 支出側 GDP の実質化

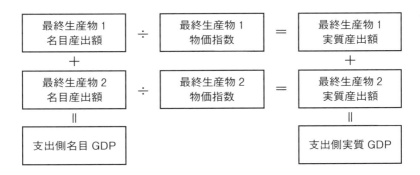

GDP）や変化率（実質成長率）を利用している。実質 GDP や実質成長率を利用することで物価変動を控除した GDP の実質値やその成長率を把握することができる。景気分析においては，実質 GDP で経済の豊かさの水準を，実質成長率で経済の変動を，各々捕捉している。

生産側，分配側，支出側，各々の GDP を以下のように実質化している。

① 支出側 GDP

支出側 GDP は，最終需要として使われる最終生産物の合計値であることから，最終需要を構成する各生産物を基準年＝100 とする物価指数（デフレーター）で割り込んで生産物ごとに実質化を行い，それを合算することで支出側の実質 GDP を計算する（図 13.5）。

なお，GDP 全体のデフレーター（支出側 GDP デフレーター）は，支出側の名目 GDP を支出側の実質 GDP で割り込んで算出する。このように事後的に逆算されるデフレーターを**インプリシット・デフレーター**と呼ぶ。

② 生産側 GDP

産業ごとに付加価値を実質化する必要がある。しかし，産業別の付加価値に対応する物価指数は存在しないことから，代わりに産業ごとに産出額と中間投入額を各々の物価指数で実質化し，「実質化された産出額」から「実質化された中間投入額」を差し引いて産業ごとの実質付加価値を計算する（図 13.6）。このように求めた各産業の実質付加価値を合計して生産側の実質 GDP を求める。投入と産出の双方で実質化する手法を「**ダブルデフレーション**」と呼ぶ。なお，GDP 全体のデフレーター（生産側 GDP デフレーター）は，生産側の名目 GDP を生産側の実質 GDP で割り込んで算出する。

13 国民経済計算（1）：GDP の概念と推計方法　*317*

図 13.6 生産側 GDP の実質化

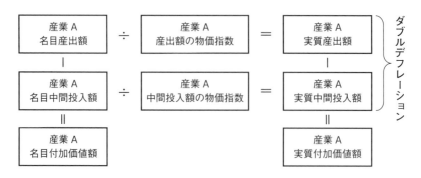

③ 分配側 GDP

分配側 GDP には実質化に用いる物価指数（例えば，雇用者報酬，営業余剰の物価指数）は存在しない。このため，分配側 GDP を直接実質化することはできないことから，生産側・支出側の実質 GDP で代用する。

● 実質 GDP の二面等価

以上のように算出される支出側の実質 GDP と生産側の実質 GDP は一致する（これを「実質 GDP の二面等価」と呼ぶ）。この点を確認する。

支出側の実質 GDP　支出側の実質 GDP は最終需要額の実質値の合計である（図 13.7）。

$$（支出側実質 GDP）=（各産業への最終需要額の実質値）= \frac{F1}{D1} + \frac{F2}{D2}$$

ここで，「中間需要＋最終需要＝産出額」の関係式から

$$F1 = X1 - x11 - x12, \quad F2 = X2 - x21 - x22$$

となることから

$$（支出側実質 GDP）= \left\{ \frac{X1}{D1} - \left(\frac{x11}{D1} + \frac{x12}{D1} \right) \right\} + \left\{ \frac{X2}{D2} - \left(\frac{x21}{D2} + \frac{x22}{D2} \right) \right\}$$

表 13.7 実質 GNI・実質 GDP 成長率：交易利得・損失の影響

	実質 GNI	実質 GDP	交易利得・損失の寄与度	海外からの所得の 純受取の寄与度
2021 年	＋2.5％	＋2.7％	▲1.3％ポイント	＋1.1％ポイント
2022 年	＋0.3％	＋1.2％	▲2.1％ポイント	＋1.2％ポイント
2023 年	＋2.3％	＋1.7％	＋0.9％ポイント	▲0.2％ポイント

(注) 交易利得・損失，海外からの所得の純受取は実質 GNI に対する寄与度。
(出所) 内閣府「国民経済計算」

なお，「海外からの所得の純受取」は国内需要デフレーターで実質化する。

　資源価格や為替の変動による交易利得・損失が実質所得に与える影響は極めて大きい。2022 年は，実質 GDP 成長率は＋1.2％，海外からの所得の純受取の寄与も＋1.2％ポイントに達したが，ウクライナ情勢等による原油・天然ガスなどの資源価格の急騰や為替円安により，交易利得・損失の寄与が▲2.1％ポイントと大きくマイナス。実質 GNI 成長率は＋0.3％にとどまった（**表 13.7**）。一方，2023 年は，資源価格の下落から交易利得・損失の寄与が＋0.9％に改善したため，実質 GNI 成長率（＋2.3％）は実質 GDP 成長率（＋1.7％）を上回っている。実質所得の動向をみる際には，実質 GDP 成長率に加えて，交易利得・損失の増減を把握することが大切である。

13.5　GDP の推計方法①：年次推計

●年次推計の流れ

　国民経済計算の基準年推計（直近は 2015 年を対象）は，基礎統計として利用する「産業連関表」の作成頻度と合わせて 5 年ごとに行われる。

　それ以外の各年の推計は「年次推計」の枠組みで推計される。年次推計では，「産業連関表」の情報を活用しつつ，年次で利用可能な構造統計・動態統計を利用して各年（2016 年〜2022 年〈2023 年末時点〉）の GDP を推計する（**図13.8**）。年次推計は年度終了後 9 か月後，例えば，2022 年度の年次推計（第 1 次年次推計）は 2023 年末に公表されている。

　なお，年次推計は「歴年」と「年度」の双方で推計が延長されるが，年度の最終四半期（2022 年度年次推計では 2023 年 1〜3 月期）の第 1 次年次推計値は，実質的には QE 推計値である。年次推計は支出側 GDP，生産側 GDP いずれも暦

13　国民経済計算（1）：GDP の概念と推計方法　*321*

図 13.8　GDP 推計の流れ（例：2023 年末時点における推計）

年ベースの基礎統計を用いて延長推計され，年度の最終四半期をカバーしないためである。年次推計は「暦年」単位の推計値とみるのが適当である。

● 年次推計の概要

年次推計では支出側，生産側，分配側の各 GDP が推計される。
① 　支出側 GDP　⇒　「コモディティ・フロー法」で推計

支出側 GDP は，「コモディティ・フロー法（コモ法）」で推計された国内総供給額を，中間消費ならびに最終需要各項目（家計消費，固定資本形成など）に配分することで推計する。「コモ法」は，2,000 品目以上に細分化して推計されており，精度面で高い信頼が置かれていることから，支出側 GDP が GDP の公式系列として利用される。

② 　生産側 GDP　⇒　「付加価値法」で推計

生産側 GDP は「コモ法」で推計された商品別の産出額を，産業別（経済活動別）の産出額に組み替え，中間投入額を控除して推計する。中間投入比率の基礎統計が十分ではなく，産業別分類が 100 程度と粗いことから，精度は支出側 GDP よりも低いとみられている。

③ 　分配側 GDP　⇒　独立に推計せず。分配側 GDP＝生産側 GDP とする

分配側 GDP は，構成項目のうち企業の利潤に相当する「営業余剰」と，自営業の利潤に相当する「混合所得」に関する精度の高い基礎統計が存在しないことから，独立で推計されていない。分配側 GDP＝生産側 GDP とし，雇用者報酬等の各項目を個別に推計，残る残差を「営業余剰」と「混合所得」としている。

●支出側GDP推計：コモディティ・フロー法による推計方法

「コモディティ・フロー法」は商品（財・サービス）別のモノの流れから，GDPの各需要項目への支出額を推計する手法である。財・サービスを2,000品目以上に詳細に分割し，品目別にモノの流れを推計する。①産出額に輸入を加え，輸出や生産者在庫増減を控除し，②生産者価格ベースの国内総供給額を算出する。さらに商業（卸売・小売）マージン，貨物運賃を加算し，流通在庫増減を調整した③購入者価格ベースの国内総供給額を求め，④家計消費，固定資本形成，中間消費などの需要項目に配分する（図13.9）。

① 産出額の推計

「産業連関表」の基準年の産出額を発射台に，財やサービスは「経済構造実態調査」「生産動態統計調査」「サービス産業動態統計調査」等から，建設は「建設総合統計」「建設工事施工統計調査」から産出額を延長推計する。

② 国内総供給額（生産者価格ベース）の推計

産出額から輸出を減算し輸入を加算。さらに生産者（製品，半製品・仕掛品）在庫の増減を調整して生産者価格（生産者段階）ベースの国内総供給額を算出す

図13.9 コモディティ・フロー法の概要

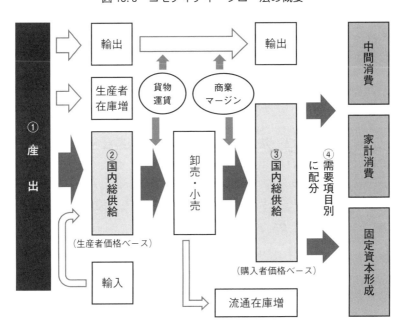

る。輸出・輸入のうち財は「貿易統計」から，サービスは「国際収支統計」から推計する。生産者在庫の増減は「経済構造実態調査」「生産動態統計調査」などから推計する。

③　国内総供給額（購入者価格ベース）の推計

商品の流通過程で生じる商業（卸売・小売）マージンと貨物運賃は，「産業連関表」による基準年の値を「商業動態統計調査」「経済構造実態調査」「法人企業統計調査」等で延長して推計する。これを生産者価格ベースの国内総供給額に加算し，「商業動態統計調査」などから求めた流通在庫の増減を調整して購入者価格（小売段階）ベースの国内総供給額を算出する。

④　需要項目別配分比率を用いて家計消費など需要項目別に推計

「産業連関表」から得られる基準年における需要項目別の配分比率を用いて，購入者価格ベースの国内総供給額を，中間消費，家計消費，固定資本形成など需要項目ごとに配分する。以上の結果から，「家計消費＋固定資本形成＋在庫増減＋輸出－輸入」を求め，支出側 GDP を算出する。

■コモディティ・フロー法の精度面の弱点と弱点をカバーする対応■　以上の推計フローにおいて，④需要項目別の配分比率が基準年の値でほぼ固定される点が「コモディティ・フロー法」の精度面での最大の弱点である。実際は，配分比率は時間とともに変化する可能性がある。精度を高めるには，配分比率の時間変化の影響を受けないようにする，すなわち，1 つの需要項目のみに 100%配分されるように品目を細分化することが望ましい。このため，財・サービスを 2,000品目以上（テレビ，携帯電話，乗用車などの個別商品）に分割して国内総供給額を推計し，需要別配分額を算出している。

●コモディティ・フロー法以外の方法で産出額の推計を行う分野

多くの財・サービスは，市場取引価格をベースとする「コモディティ・フロー法」で支出側 GDP を推計できる。ただし，①一般政府などの非市場生産者，②持ち家の帰属家賃，③金融機関については別途の対応が必要である。

■一般政府など非市場生産者の生産■　一般政府（国や地方公共団体）と対民間非営利団体は，無料ないしは非常に低い対価で財・サービスを提供している。このため，市場取引価格から GDP を算出することはできない。代わりに，こうした非市場産出の分野では，サービスを生産するのに必要な費用の積み上げ額（雇用者報酬〈雇用する公務員の給与〉，社会資本など公的インフラの固定資本減

●支出側 GDP 推計:コモディティ・フロー法による推計方法

「コモディティ・フロー法」は商品(財・サービス)別のモノの流れから,GDP の各需要項目への支出額を推計する手法である。財・サービスを 2,000 品目以上に詳細に分割し,品目別にモノの流れを推計する。①産出額に輸入を加え,輸出や生産者在庫増減を控除し,②生産者価格ベースの国内総供給額を算出する。さらに商業(卸売・小売)マージン,貨物運賃を加算し,流通在庫増減を調整した③購入者価格ベースの国内総供給額を求め,④家計消費,固定資本形成,中間消費などの需要項目に配分する(図 13.9)。

① 産出額の推計

「産業連関表」の基準年の産出額を発射台に,財やサービスは「経済構造実態調査」「生産動態統計調査」「サービス産業動態統計調査」等から,建設は「建設総合統計」「建設工事施工統計調査」から産出額を延長推計する。

② 国内総供給額(生産者価格ベース)の推計

産出額から輸出を減算し輸入を加算。さらに生産者(製品,半製品・仕掛品)在庫の増減を調整して生産者価格(生産者段階)ベースの国内総供給額を算出す

図 13.9 コモディティ・フロー法の概要

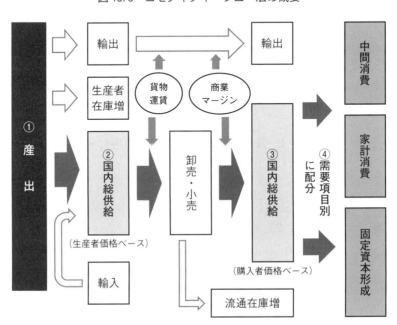

13 国民経済計算(1):GDP の概念と推計方法

る。輸出・輸入のうち財は「貿易統計」から，サービスは「国際収支統計」から推計する。生産者在庫の増減は「経済構造実態調査」「生産動態統計調査」などから推計する。

③ 国内総供給額（購入者価格ベース）の推計

商品の流通過程で生じる商業（卸売・小売）マージンと貨物運賃は，「産業連関表」による基準年の値を「商業動態統計調査」「経済構造実態調査」「法人企業統計調査」等で延長して推計する。これを生産者価格ベースの国内総供給額に加算し，「商業動態統計調査」などから求めた流通在庫の増減を調整して購入者価格（小売段階）ベースの国内総供給額を算出する。

④ 需要項目別配分比率を用いて家計消費など需要項目別に推計

「産業連関表」から得られる基準年における需要項目別の配分比率を用いて，購入者価格ベースの国内総供給額を，中間消費，家計消費，固定資本形成など需要項目ごとに配分する。以上の結果から，「家計消費＋固定資本形成＋在庫増減＋輸出－輸入」を求め，支出側 GDP を算出する。

■コモディティ・フロー法の精度面の弱点と弱点をカバーする対応■ 以上の推計フローにおいて，④需要項目別の配分比率が基準年の値でほぼ固定される点が「コモディティ・フロー法」の精度面での最大の弱点である。実際は，配分比率は時間とともに変化する可能性がある。精度を高めるには，配分比率の時間変化の影響を受けないようにする，すなわち，1 つの需要項目のみに 100%配分されるように品目を細分化することが望ましい。このため，財・サービスを 2,000品目以上（テレビ，携帯電話，乗用車などの個別商品）に分割して国内総供給額を推計し，需要別配分額を算出している。

●コモディティ・フロー法以外の方法で産出額の推計を行う分野

多くの財・サービスは，市場取引価格をベースとする「コモディティ・フロー法」で支出側 GDP を推計できる。ただし，①一般政府などの非市場生産者，②持ち家の帰属家賃，③金融機関については別途の対応が必要である。

■一般政府など非市場生産者の生産■ 一般政府（国や地方公共団体）と対民間非営利団体は，無料ないしは非常に低い対価で財・サービスを提供している。このため，市場取引価格から GDP を算出することはできない。代わりに，こうした非市場産出の分野では，サービスを生産するのに必要な費用の積み上げ額（雇用者報酬〈雇用する公務員の給与〉，社会資本など公的インフラの固定資本減

耗，公的サービス供給に必要な中間投入額や税の合計）を産出額としている。具体的には，国の決算統計や地方財政統計を用いて一般政府の産出額を推計する。

家計による持ち家サービスの生産＝持ち家の帰属家賃　家計が所有する持ち家から得られるサービス（持ち家の帰属家賃）は仮想的なサービスであり，実際に取引されているわけではない。このため，同一の持ち家を賃貸した場合に支払うとみられる家賃を民間貸家の家賃で擬制する。総務省「住宅・土地統計調査」「消費者物価指数」などから得られる持ち家の床面積と民間貸家の家賃単価を用いて産出額を推計する。

> （持ち家の帰属家賃）＝（持ち家の床面積）×（民間貸家の家賃単価）

金融機関の生産　金融機関が提供するサービスのうち，明示的に手数料を得ているサービスは「手数料収入」から，金融資産売買に伴うサービスについては「金融資産売買のマージン」から，各々産出額を算出する。一方，重要度の高い活動である預金・貸出サービスについては，**間接的に計測される金融仲介サービス（FISIM）**として産出額を計測している。

貸出サービスの FISIM

　銀行等の金融機関が企業などに行う貸出の金利が市場金利よりも高くなっているのは，貸出に伴う事務経費等のコストや貸し倒れなどの各種リスクを市場金利に上乗せしているためである。このことから，「貸出金利と参照利子率（＝金融市場のリスクフリー金利）との金利差」を貸出サービスの価格と考えることができる。これに数量である貸出残高を乗じて貸出サービスの産出額（FISIM）を算出する（図 13.10 の A の部分）。

> （貸出サービスの FISIM）＝「貸出金利と参照利子率との差」×貸出残高

預金サービスの FISIM

　家計が銀行等の金融機関に預ける預金の金利が市場金利よりも低いのは，預金者に提供される預金引き出しや振込等の決済サービスのコストやリスクを金融機関が預金者に転嫁しているためである。このことから，「参照利子率と預金金利との金利差」を預金サービスの価格と考え，これに数量である預金残高を乗じて預金サービスの産出額（FISIM）を算出する（図 13.10 の B＋C の部分）。

> （預金サービスの FISIM）＝「参照利子率と預金金利との差」×預金残高

13　国民経済計算（1）：GDP の概念と推計方法　　**325**

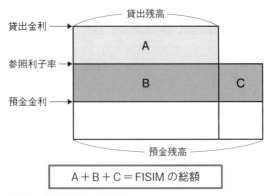

図 13.10 FISIM の計算方法

(出所) 内閣府資料を一部変更

　算出された FISIM のうち，家計ならびに一般政府が消費する分が最終消費支出として GDP に計上される。一方，企業の消費分は中間消費となるため GDP には含まれない。なお，貸出サービスの FISIM では貸出の信用（貸し倒れ）リスクを勘案しないため，リスクの高い貸出を高い金利で実行する（財務状況が悪化した企業や個人に追い貸しを行う）ほど，FISIM が増加するとの歪みが生じる点に注意する。

● 固定資本形成の分割方法：民間／公的・住宅／非住宅への分割
　「コモ法」で推計される固定資本形成は，民間，公的企業，一般政府各々の固定資本形成が合算された計数である。投資主体と投資内容（住宅投資かそれ以外の投資か）を明らかにするため，さらに分割を行う。
　　 公的部門の固定資本形成＝公共投資 　　国の決算，地方財政統計，公的企業財務諸表から公的部門の固定資本形成（一般政府固定資本形成，公的企業設備投資，公的住宅投資）を推計する。
　　 住宅投資 　　住宅投資は「住宅着工統計」から推計される。住宅投資の総額から，上記の公的住宅投資を控除した残差が民間住宅投資である。
　　 民間企業設備〈民間設備投資〉 　　民間企業設備（民間設備投資）は，固定資本形成の総額から，公的固定資本形成や民間住宅投資を引いた残差として推計される。このため，民間企業設備の精度は，公的固定資本形成の精度の影響を受

ける点に注意する。

●生産側 GDP 推計：「付加価値法」による推計

生産側 GDP 推計は，商品別でなく，産業別に付加価値を推計する 次に生産側 GDP の推計方法について説明する。生産側 GDP 推計では，産業（経済活動）ごとに産出額から中間投入額を差し引いて付加価値額を計算する。基準年の「産業連関表」では，商品（財・サービス）ごとに産出額と中間投入額が推計されているが，基準年以外の中間年では商品ごとに中間投入構造（費用構造）を把握できる基礎統計が存在しないため，中間投入構造（費用構造）の基礎統計を入手できる産業ごとに推計を行っている。この推計方法を「付加価値法」と呼んでいる。

生産側 GDP 推計の手順

① 支出側 GDP における「コモディティ・フロー法」で得られた商品別産出額を産業別（企業別）産出額に変換する

「コモディティ・フロー法」で得られる商品別の産出額データを，「産業連関表」の附帯表「経済活動別財貨・サービス産出表（Ｖ表）」（各産業に属する事業所・企業がどのような商品を産出しているかを示した表）を用いて事業所・企業別の産出額に組み替える。事業所・企業別の産出額を各事業所・企業が属する産業別に集計して産業別の産出額を求める。

② 産業別の中間投入額を推計する

「経済構造実態調査」「法人企業統計調査」から得られる産業別投入費用データを用いて産業別の中間投入比率を推計する。産業別の中間投入比率に①で求めた産業別の産出額を乗じて，産業別の中間投入額を求める。

③ 産業別産出額から中間投入額を引いて，産業別の付加価値額を推計する。産業別の付加価値額を合計したものが生産側 GDP である

中間投入比率を把握する基礎統計が十分ではないことから，生産側 GDP の推計に用いる産業別分類が約 100 と粗い。生産側 GDP の精度は「コモ法」で2,000 品目以上に細分化して推計される支出側 GDP よりも低いと考えられる。なお，最近では「経済構造実態調査」が創設（2019 年）されるなど，基礎統計は次第に充実してきている。

13 国民経済計算（1）：GDP の概念と推計方法 *327*

●年次推計：第 1 次から第 3 次までの 3 段階で推計

「国民経済計算」の年次推計は，第 1 次から第 3 次まで 3 段階で行われる。第 1 次年次推計は対象年の翌年 12 月（2022 年の GDP は 2023 年 12 月）に，第 2 次年次推計は翌々年の 12 月（同 2024 年 12 月）に，第 3 次年次推計は 3 年後の 12 月（同 2025 年 12 月）に各々公表される。第 1 次年次推計で GDP の QE 推計値が事後改訂される。その後も，第 2 次年次推計と第 3 次年次推計の 2 回に亘り GDP の推計値の事後改訂が行われる。

第 1 次年次推計と第 2 次年次推計では，既に述べたように「コモディティ・フロー法」により支出側 GDP が，「付加価値法」により生産側 GDP が推計される（前掲表 13.2）。ただし，用いる基礎統計が両者で異なる。第 1 次年次推計では年次の構造統計が公表されていないため，「鉱工業指数」「生産動態統計調査」「サービス産業動態統計調査」「建設総合統計」などの動態統計を用いて推計が行われる。一方，第 2 次年次推計では，利用可能となる各種の構造統計「経済構造実態調査」「建設工事施工統計調査」や国・地方自治体の決算データなどを活用して推計が行われ，精度が向上する。

第 3 次年次推計では，第 2 次年次推計での支出側 GDP と生産側 GDP とのかい離の縮小を図っている。両者のかい離は「コモ法」における各商品の需要項目別配分比率と「付加価値法」における各産業の中間投入比率の精度が十分ではないために生じている。各商品の需要項目別配分比率と各産業の中間投入比率を調整することで支出側 GDP と生産側 GDP を増減させて，両者のかい離をできるだけ小さくする。第 3 次年次推計で GDP は最終的な確定値に近づくが，その後の基準改定でさらに改訂される。例えば，2022 年の GDP は 2020 年基準改定（2025 年 12 月実施見込み）と 2025 年基準改定（2030 年 12 月実施見込み）において改訂される。

13.6　GDP の推計方法②：QE 推計

● QE 推計の流れ

GDP の年次推計は翌年 12 月に初めて公表されるなど公表タイミングが遅いため，景気判断では，速報値である**四半期別 GDP 速報（QE）**が利用されている。日常，見聞きする GDP の数値も QE 推計値である場合が多い。QE 推計値のうち主系列である支出側 QE については，各四半期終了後約 45 日後に公表される 1

328

次 QE と，70 日後に公表される 1 次 QE の改訂値である **2 次 QE** が作成されており，速報性が確保されている。

● QE 推計の概要

QE 推計では支出側 QE が主系列として公表されている。QE 推計値といえば，通常，支出側 QE を指している。なお，最近になって，生産側 QE ならびに「家計の可処分所得」が参考系列として公表が開始されている。

① 支出側 QE

1 次 QE と 2 次 QE の 2 段階で公表される。最も速報性が高い。家計消費や民間設備投資など需要項目別のデータが利用可能である。

② 生産側 QE

長年 QE は支出側のみの公表であったが，2022 年から新たに生産側 QE の公表が開始されている。製造業やサービスなど産業別の生産動向を把握できる。ただし，公表は四半期終了後 100～110 日後と時間を要する。

③ 分配側 QE

分配側 QE は作成されていない。ただし，分配側で最も大きなシェアを持つ家計部門の可処分所得の推計値が 2019 年から新たに公表されている。家計の可処分所得と貯蓄率のデータを利用することが可能である。公表は，生産側 QE と同様に四半期終了後 100～110 日後と時間を要する。

● QE 推計：支出側 QE の推計方法

支出側 QE 推計：「コモ法」類似の供給側推計が中心を担う 支出側 QE 推計では，企業の生産に関する動態統計を用いる供給側推計が推計の中心となる。供給側推計は，商品別のモノの流れから QE の需要項目別の支出額を推計するものであり，年次推計の「コモディティ・フロー法」に類似する手法である。基礎統計として，財では「鉱工業指数」「生産動態統計調査」，サービスでは「サービス産業動態統計調査」，建設では「建設総合統計」，輸出・輸入は「貿易統計」「国際収支統計」を利用している。

ただし，年次推計の「コモ法」が 2,000 品目以上に細分化して推計するのに対し，QE の供給側推計は基礎統計や推計時間の制約から約 170 品目にとどまり，推計は粗い。基礎統計である各種の動態統計も全ての財・サービスをカバーできていない。このため，QE の供給側推計の精度は年次推計の「コモ法」と比べて

13 国民経済計算（1）：GDP の概念と推計方法 ***329***

表 13.8　支出側 QE における供給側・需要側の統合推計

	家計最終消費支出	民間企業設備
（共通推計項目） 供給側推計値のみで 推計	持ち家の帰属家賃，自動車，金融・保険，医療・介護，宿泊・飲食サービスなど 〈全体の 6 割弱〉	研究・開発投資 ソフトウェア投資 〈全体の約 3 割〉
（並行推計項目） 供給側・需要側推計 値の加重平均	財や一部のサービス 〈全体の 4 割強〉	建設投資・機械投資 〈全体の約 7 割〉

見劣りしている。

供給側推計の精度不足をカバーするために需要側推計を併せて利用

　供給側推計の精度不足をカバーするため，家計最終消費支出と民間企業設備では，家計や企業といった需要サイドに対する統計調査（家計消費は「家計調査」等，民間企業設備は「法人企業統計調査」）を用いた需要側推計を並行して実施し，供給側推計値と需要側推計値を加重平均して QE 推計値を求めている（統合推計：表 13.8）。具体的には，家計最終消費支出のうち全体の 4 割強を占める財や一部のサービス，民間企業設備のうち 7 割を占める建設投資と機械投資が統合推計の対象である。なお，両推計値の加重平均の比率（統合比率）は，QE 推計値の事後改訂幅（2 次 QE 推計値と第 2 次年次推計値とのかい離差）が最小となるように回帰分析で決定している。現在の推計期間は，家計消費が 1995〜2019 年，民間企業設備が 1995〜2017 年である。

　このように QE 推計値の精度ができる限り向上するように工夫が行われているが，QE 推計値と年次推計値では推計方法や基礎統計に大きな違いが存在することから，QE 推計値には大きめの事後改訂が生じている。

● 1 次 QE と 2 次 QE

　以上の説明では，四半期終了後 70 日に公表される 2 次 QE における推計方法を取り上げた。同 45 日に公表される 1 次 QE 時点では，民間企業設備の需要側推計ならびに民間在庫変動のうち原材料・仕掛品在庫の基礎統計である「法人企業統計調査」は利用可能ではない（表 13.9）。1 次 QE 時点では，民間企業設備は供給側推計値のみで，原材料・仕掛品在庫は時系列モデルによる仮推計値で，各々代用されている。このため，「法人企業統計調査」が利用可能となる 2 次 QE では，民間企業設備と原材料・仕掛品在庫において，一定の事後改訂が生じ

表 13.9　1 次 QE と 2 次 QE

① 1 次 QE と 2 次 QE の公表日程

	公表日	公表日の決定ルール
1 次 QE	四半期終了後 45 日	供給側推計の基礎統計「鉱工業指数」「生産動態統計調査」「貿易統計（確報）」公表の 10 営業日後
2 次 QE	四半期終了後 70 日	民間企業設備・需要側推計，原材料・仕掛品在庫の基礎統計「法人企業統計調査」公表の 5 営業日後

② 1 次 QE と 2 次 QE での推計方法の違い

	1 次 QE	2 次 QE
民間企業設備	供給側推計値のみで推計	供給側推計値と「法人企業統計調査」需要側推計値との加重平均
民間在庫変動のうち原材料・仕掛品在庫	時系列モデルによる仮推計値を利用	「法人企業統計調査」による推計値を利用

ている。

コラム　QE 推計における供給側推計への依存度の高まり

1. QE 推計における供給側推計値・需要側推計値への依存度の推移

　13.6 節で述べたように QE 推計では，「コモ法」類似の供給側推計値の精度不足をカバーするため，供給側推計値と「家計調査」や「法人企業統計調査」など需要サイドに対する統計調査を用いた需要側推計値との加重平均によって QE 推計値を求めていることが大きな特徴である。

　もっとも，QE 推計における供給側推計値と需要側推計値，各々の依存度をみると，近年，供給側推計値への依存度（＝共通推計項目の割合＋並行推計項目の割合 × 回帰分析から得られる供給側推計値の統合比率〈加重平均の比率〉）が上昇し，需要側推計値への依存度（＝並行推計項目の割合 × 回帰分析から得られる需要側推計値の統合比率〈加重平均の比率〉）が低下している（**表 13.10**）。ただし，家計消費と民間企業設備では状況はやや異なっている。

2. 家計最終消費支出

　「家計調査」を用いる需要側推計値への依存度は，2011 年の約 30％から直近の約 10％へと大きく低下している。これは，サービスの包括的な動態統計である「サービス産業動向調査」（2008 年調査開始：2025 年から「サービス産業動態統計調査」に変更）の整備が進み，QE 推計に利用されるようになったことが大きく影響している。このように，家計消費支出の QE 推計では，供給側推計値の精度向上を受けて，需要側推計値の寄与が顕著に低下し，供給側推計値に左右される度合いが高まっている

13　国民経済計算（1）：GDP の概念と推計方法　　*331*

表 13.10　QE 推計における需要側推計値への依存度の推移

時　点	2011 年	2016 年	2017 年	2018 年	2020 年	2022 年
家計最終消費	約 30%	約 25%	約 15%	約 10%	約 10%	約 10%
民間企業設備	約 50%	約 40%	30% 台前半		約 30%	

（注）　各 12 月時点。
（出所）　内閣府「国民経済計算体系的整備部会」提出資料から筆者推定

表 13.11　2 次 QE から最新の年次推計までの名目 GDP 前年比の事後改訂幅の
　　　　　絶対値平均（2011〜2019 年）

QE 推計値	供給側推計値	需要側推計値
0.84% ポイント	0.60% ポイント	1.62% ポイント

（出所）　内閣府経済社会総合研究所国民経済計算部（2024）

（詳しくは，西村・山澤・肥後（2020）を参照）。

　さらに 2011 年以降の各年データをみると，コロナ禍（2020 年，2021 年）を除いた多くの年次において，供給側推計値と需要側推計値を加重平均した QE 推計値を用いるよりも，供給側推計値のみを用いた方が，第 2 次年次推計値までの事後改訂幅が小さくなっている（表 13.11）。現状，供給側推計値と需要側推計値との統合比率は1995〜2019 年の 25 年間のデータを用いた回帰分析により，第 2 次年次推計値とのかい離が最小となるように決定されているが，2011 年以降の時期に限定すると，供給側推計値と需要側推計値の加重平均を用いるとかえって精度が低下することから，むしろ，供給側推計値のみで QE 推計を行うのが精度面で適切となっている[1]。

　この事実は，家計消費の景気変動は，「消費活動指数」「商業動態統計調査」「サービス産業動態統計調査」など供給サイドの統計で把握するのが適切であり，需要側統計である「家計調査」を利用するのは望ましくないとの第 9 章における結論と整合的である。2025 年末を目途に進められている QE の包括的な見直しでは，家計消費について需要側推計値の利用を取り止め，供給側推計値へ一本化される可能性があると考えられる。

---

[1]　ただし，コロナ禍の 2020 年と 2021 年は，家計消費の供給側推計値は需要側推計値よりも精度が低くなった。これは，供給側推計における国内総供給額の商品別の需要項目別配分比率（家計消費ならびに中間消費の配分比率）が外食需要の大幅減少から変化したためである（詳しくは西村・肥後（2023）参照）。QE の供給側推計値の精度向上には，商品別の需要項目別配分比率の変化を迅速に把握し，それを供給側推計に反映することが不可欠である。

332

3. 民間企業設備

一方，民間企業設備では，「法人企業統計調査」から得られる需要側推計値への依存度は以前よりは低下しているとはいえ，現時点でも 30% 程度となお高めの水準である。これには，第 7 章と第 12 章で述べたように，民間と公的の建設投資の供給側統計である「建設総合統計」の速報時点の精度が低く，事後改訂幅が大きいことが影響している。現時点では「法人企業統計調査」で「建設総合統計」の精度不足をカバーしていく必要性はなお高い。QE の精度向上には，「建設総合統計」の精度向上が不可欠であることが示されている。

◆ 練習問題

問 13.1 国民経済計算は，経済活動を捕捉することを目的とすることから，市場で売買される（カネを対価に取引される）財・サービスの生産を GDP の計測対象とし，無償のものを含めないのが原則である。しかし，現実の GDP では，①政府・非営利団体による無償の財・サービスの生産や，②家計による持ち家サービス（持ち家の帰属家賃）の生産を，GDP に含めている。このような取り扱いをしている理由を説明せよ。

問 13.2 日本の豊かさを適切に把握するには，国内総生産（GDP）ではなく，国民総所得（GNI）をみるのがよいとの意見がある。この点について，①日本企業の海外移転，②最近の資源エネルギー価格高騰，③景気判断に利用する指標としての利便性，の 3 点に着目して説明せよ。

問 13.3 GDP の年次推計では，支出側推計（コモディティ・フロー法）と生産側推計（付加価値法）の二面の推計が行われている。現在の年次推計では，支出側推計の精度が生産側推計の精度よりも高いと考えられている。その理由について述べよ。

問 13.4 現行の QE 推計（支出側推計）では，供給側推計値と需要側推計値を推計し，両者を加重平均して，QE 推計値を求めることが大きな特徴である。なぜ，こうした統合推計を行っているのか，その理由を説明せよ。

334

第14章
国民経済計算（2）
：利用方法と利用上の注意点

- ■14.1　四半期別 GDP 速報（QE）の利用方法
- ■14.2　年次推計の利用方法
- ■14.3　四半期別 GDP 速報（QE）の事後改訂
- ■14.4　基準改定に伴う GDP 年次推計値の上方改訂
- コラム　GDP のカバレッジ拡大に向けた税務情報の活用

　第 14 章では国民経済計算の利用方法と今後の課題を取り上げる。14.1 節では景気分析での利用を念頭に四半期別 GDP 速報（QE）の利用方法を取り上げる。QE の速報性は高い一方で，公表データは限られているほか，事後改訂幅も相応に大きく，データを適切に利用する必要がある。14.2 節では年次推計の利用方法を取り上げる。GDP の構造統計である年次推計はデータ量が膨大で，利用のハードルは低くない。利用のガイダンスを提供する。14.3 節では QE の事後改訂について，14.4 節では国民経済計算の基準改定に伴う年次推計値の上方改訂について，各々利用上の注意点を中心に取り上げる。

14.1　四半期別 GDP 速報（QE）の利用方法

●四半期別 GDP 速報（QE）の特徴

　「国民経済計算」のうち四半期別 GDP 速報（QE）の特徴を整理する。

　QE は景気分析の中核を担う統計　四半期別 GDP 速報（QE）は，1 次 QE が四半期終了後約 45 日，2 次 QE が同 70 日で公表されるなど，GDP 統計のなかでは速報性が高い。このため，景気判断では年次推計ではなく QE が主に利用されている。景気分析では，先行して公表される月次の経済統計（民間ビッグデータも含む）を用いて景気の現状評価を行う。その景気判断の妥当性を，その後公表される QE によって確認する。QE は景気判断の「答え合わせ」を行う役割を担っている。

335

QE が持つメリット：包括性と整合性　各種の経済統計を基礎データとして推計される QE は，個別の経済統計に比べ速報性には劣る一方で，QE は包括性や整合性では優れているとのメリットがある。景気分析に用いられる個別の経済統計はカバレッジにばらつきがあるほか，統計間の指標の定義が異なることから単純な比較が難しい場合も少なくない。一方，QE は統一された定義のもとで経済全体をカバーしていることから，日本経済の動態変化を総合的に評価することができる。

QE が提供するデータは支出側 QE＝需要項目別分析が中心　1 次 QE・2 次 QE で公表される系列は，**支出側 QE** のみである。このため，単に QE といえば支出側 QE を指すことが多い。支出側 QE に加え，内訳である家計消費，設備投資などの需要項目別の動きが分かる。

家計可処分所得・生産側 QE の公表開始　QE は長年支出側 QE のみが提供されてきたが，最近になって参考系列として「**家計可処分所得・家計貯蓄率四半期速報**」（家計部門の所得項目）（2019 年から）と「**生産側系列の四半期速報（生産側 QNA）**」（**生産側 QE**）（2022 年から）の公表が開始されている。この結果，生産⇒所得（分配）⇒支出との循環メカニズムを，一定の範囲に限られるが QE 段階でも分析できるようになっている。ただし，公表は四半期終了後 100〜110 日，すなわち 2 次 QE 公表後 30〜40 日と，時間を要する。

QE 推計値の事後改訂に注意　QE 推計と年次推計では，利用する基礎統計に加え，推計方法が異なることから，QE 推計値が年次推計時点になって大きく事後改訂されることが少なくない。このため，QE を用いて行った景気判断に関する「解答」が事後的に変化してしまう可能性がある。QE に「はしご」を外されるリスクが存在することは，景気分析上の大きな悩みである。

● QE（支出側 QE）の公表資料・データ

公表資料・データ　QE（支出側 QE）の公表資料は，内閣府 HP＞内閣府の政策＞経済社会総合研究所＞国民経済計算（GDP 統計）＞四半期別 GDP 速報における「結果の概要」に掲載されている。「結果の概要」では「国内総生産（支出側）及び各需要項目」「形態別国内家計最終消費支出及び財貨・サービス別の輸出入」の計数ファイルと，概要を説明した「解説ポイント」が掲載されている。QE の時系列データは「統計表一覧」で，CSV 形式で公表されている。

公表データの内容　支出側 QE の各系列は，「統計表一覧」において

1994 年 1〜3 月期以降のデータが入手可能である。同データでは，年次推計の公表期間分については年次推計値が，その後直近までは QE 推計値が提供されている。2024 年 9 月時点では 2022 年 10〜12 月期（一部は 2023 年 1〜3 月期）までが年次推計値，2023 年 1〜3 月期から 2024 年 4〜6 月期までが QE 推計値である。

　時系列データは，支出側 QE と各需要項目について（四半期）実質季節調整系列，実質原系列，名目季節調整系列，名目原系列，（暦年）実質，名目，（年度）実質，名目の 8 系列に関する実額，増加率，寄与度のファイルが提供されている。実質値は基準時点（2015 年）価格での値である。景気判断では（四半期）実質季節調整系列の実額・増加率・寄与度を主に利用する。デフレーターは，四半期・原系列，同・季節調整系列，暦年系列，年度系列に関する実数と増加率のファイルが提供されている。

● QE（支出側 QE）の公表項目

　支出側 QE の各系列，支出側 GDP と需要項目別内訳のほか，交易利得・損失，支出側 GDP に交易利得・損失を加算した国内総所得（GDI），さらに海外からの所得を加算した国民総所得（GNI）が提供されている（**表 14.1 ①**）。

　需要項目別のうち，家計最終消費支出は居住者家計が行う消費支出が対象である。居住者の海外での消費を含む一方，非居住者の国内での消費（インバウンド消費）は除外されている（サービスの輸出に計上）。家計最終消費支出（除く持ち家の帰属家賃）は実際の「カネ」の支払いを伴う家計消費であり，第 9 章で取り上げた家計消費に関する各種統計が捕捉する消費に対応する。民間最終消費支出は家計最終消費支出に対家計民間非営利団体（私立学校等）の消費支出を加えたものであるが，家計最終消費支出がほとんどを占める。公的固定資本形成は般政府（国，地方公共団体，社会保障基金）に加えて，公的企業（独立行政法人，地方公営企業等）の設備投資を含んでいる。

　家計消費支出，総固定資本形成，民間在庫変動について形態別内訳が提供されている（**表 14.1 ②④**）。家計消費支出では，耐久財，半耐久財（衣類など），非耐久財（食料品など），サービスのほか，居住者の海外旅行消費，非居住者のインバウンド消費を把握できる。総固定資本形成では，住宅とその他の建物・構築物（建設投資に該当），輸送用機械とその他の機械設備等（機械投資に該当），知的財産生産物（研究・開発とソフトウェア投資）の内訳が分かる。なお，本計数

表 14.1　QE（支出側 QE）の公表項目

① 国内総生産（支出側）及び各需要項目

項目名		内　容
国内総生産（支出側）		支出側 GDP
民間最終消費支出		家計と対家計民間非営利団体の最終消費支出の合計
家計最終消費支出		居住者家計の最終消費支出（国民概念の家計消費）。国内最終家計消費支出に居住者家計の海外での直接購入（海外旅行消費）を加算し、非居住者家計の国内での直接購入（インバウンド消費）を控除して算出
家計最終消費支出（除く持ち家の帰属家賃）		「持ち家の帰属家賃」を除いた消費支出。実際の「カネ」の支払いを伴う家計最終消費支出に対応する
民間住宅		民間（家計及び民間企業）による住宅投資
民間企業設備		民間（民間企業、家計〈個人企業〉）による設備投資
民間在庫変動		民間の在庫（原材料、仕掛品、製品、流通品）の変動
政府最終消費支出		一般政府の最終消費支出。一般政府の自己産出（雇用者報酬、固定資本減耗等の費用積み上げ）と現物社会移転（医療費・介護費の社会保険給付分）から構成
公的固定資本形成		一般政府及び公的企業による設備投資（公共投資）
公的在庫変動		一般政府及び公的企業の在庫の変動
財貨・サービス	純輸出	輸出と輸入の差分
	輸　出	財・サービスの輸出。非居住者家計の国内での直接購入（インバウンド消費）を含む
	輸　入	財・サービスの輸入。居住者家計の海外での直接購入（海外旅行消費）を含む
交易利得		輸出物価と輸入物価の変動の違いによる所得変化分
国内総所得（GDI）		＝国内総生産＋交易利得
海外からの所得		（受取）居住者が海外から得た賃金、財産所得 （支払）非居住者に支払った賃金、財産所得 （海外からの所得の純受取）＝（受取）－（支払）
国民総所得（GNI）		＝国内総生産＋交易利得＋海外からの所得の純受取
国内需要		＝国内総生産－純輸出（民間・公的需要別も提供）
総固定資本形成		＝民間住宅＋民間企業設備＋公的固定資本形成
最終需要		＝国内総生産－民間在庫変動－公的在庫変動

は民間企業設備、民間住宅、公的固定資本形成の合計の内訳であり、民間設備投資に限定した内訳は公表されていない。

　このほか、雇用者報酬（雇用者に直接支払われる「賃金・報酬」と雇用主企業が負担する社会保険料である「雇主の社会負担」の合計）が公表されている（**表14.1③**）。雇用者報酬は名目値のほか、家計最終消費支出（除く持ち家の帰属家賃及び FISIM）デフレーターで除した実質値も公表される。

338

表 14.1　QE（支出側 QE）の公表項目（続き）

② 形態別国内家計最終消費支出，形態別総固定資本形成及び財貨・サービス別の輸出入（形態別総固定資本形成は 2 次 QE のみの公表）

項目名	内訳項目
家計最終消費支出	国内家計最終消費支出，居住者家計の海外での直接購入，非居住者家計の国内での直接購入
形態別国内家計最終消費支出	耐久財，半耐久財，非耐久財，サービス
形態別総固定資本形成	住宅，その他の建物・構築物，輸送用機械，その他の機械設備等，知的財産生産物
財貨・サービス別の輸出入	輸出：総額，財貨，サービス 輸入：総額，財貨，サービス

③ 雇用者報酬

項目名	内　容
雇用者報酬	生産活動で発生した付加価値のうち雇用者に分配される額。海外との賃金・俸給の受払を調整した国民（居住者）概念ベース。雇用者に直接支払われる「賃金・報酬」と「雇主の社会負担」（雇用主である企業が負担する社会保険料など）から構成。

④ 形態別民間在庫変動，需要側・供給側・共通推計項目推計値

項目名	内訳項目
形態別民間在庫変動	原材料，仕掛品，製品，流通品
需要側・供給側・共通推計項目推計値	（国内家計最終消費支出，民間企業設備） 並行推計項目の需要側推計値，同・供給側推計値 共通推計項目推計値

● QE（支出側 QE）：統計の見方

2024 年 4～6 月期 2 次 QE を例に，QE の見方を説明する（表 14.2）。

① 支出側 QE の各系列の変動は「実質季節調整系列」前期比で把握する

QE 各系列の変動は実質季節調整系列の前期比（四半期ごとの実質成長率）で把握する。なお，四半期前期比の変化が 1 年間続くと仮定した場合の成長率である「年率換算」（四半期前期比の 4 乗）も，併せて利用される。

② 景気の基調判断は実質 GDP 成長率で判断するのが原則だが，振れが大きいことから，在庫変動を除いた最終需要の増減率も併せて利用する

各需要項目のうち在庫変動（民間・公的）は，短期の不規則な振れが大きいほか，「意図せざる」在庫による GDP の上振れの可能性も内包しているなど，QE では景気の基調判断を難しくなる場合がある。そこで，景気判断では GDP から在庫変動を控除した最終需要の増減率も併せて利用する。

14　国民経済計算（2）：利用方法と利用上の注意点

表 14.2　QE の実質成長率：2024 年 4〜6 月期 2 次 QE

(2015 暦年連鎖価格：単位：％)

	前期比（季節調整済）※1						前期比の年率換算
年・期	2023			2024			2024
項目	4〜6	7〜9	10〜12	1〜3	4〜6		4〜6
国内総生産（GDP）	0.7	−1.1	−0.1	−0.6	0.7	***	2.9
［年率換算］	[2.8]	[−4.3]	[0.2]	[−2.4]	[2.9]	***	***
国内需要	−1.0	−0.8	−0.1	−0.1	0.8	***	3.1
	(−1.0)	(−0.8)	(−0.1)	(−0.1)	***	(0.8)	***
民間需要	−1.0	−1.1	0.0	−0.2	0.7	(0.6)	3.0
民間最終消費支出	−0.8	−0.3	−0.3	−0.6	0.9	(0.5)	3.7
家計最終消費支出	−0.8	−0.3	−0.3	−0.6	0.9	(0.5)	3.8
除く持ち家の帰属家賃	−0.9	−0.4	−0.4	−0.7	1.1	(0.5)	4.5
民間住宅	1.4	−1.2	−1.1	−2.6	1.7	(0.1)	7.1
民間企業設備	−2.0	−0.2	2.1	−0.5	0.8	(0.1)	3.1
民間在庫変動	(−0.0)	(−0.6)	(−0.1)	(0.3)	***	(−0.1)	***
公的需要	−0.9	0.1	−0.4	0.1	0.8	(0.2)	3.3
政府最終消費支出	−1.2	0.6	−0.1	0.3	0.1	(0.0)	0.4
公的固定資本形成	1.0	−1.9	−1.7	−1.1	4.1	(0.2)	17.2
公的在庫変動	(−0.0)	(−0.0)	(−0.0)	(0.0)	***	(−0.0)	***
（再掲）総固定資本形成	−0.9	−0.7	0.9	−0.9	1.5	(0.4)	6.3
財貨・サービスの純輸出	(1.7)	(−0.3)	(0.2)	(−0.5)	***	(−0.1)	***
財貨・サービスの輸出	3.2	0.1	3.0	−4.6	1.5	(0.3)	6.1
（控除）財貨・サービスの輸入	−4.1	1.3	2.0	−2.5	1.7	(−0.4)	6.9

(注)　（　）内は国内総生産に対する寄与度。

(参考1)

最終需要	0.8	−0.5	0.2	−1.0	0.8	***	3.4
国内総所得（GDI）	1.2	−0.7	0.1	−0.7	0.7	***	3.0
国民総所得（GNI）	1.5	−0.7	0.2	−0.6	1.3	***	5.1
雇用者報酬	−0.4	−0.6	0.1	0.2	0.8	***	***

(出所)　内閣府「2024 年 4〜6 月期 2 次速報（改定値）結果の概要」

③　QE を構成する各需要項目の変動は「季節調整系列の前期比」に加えて，各
　需要項目の「GDP 成長率に対する寄与度」で捉える
　　GDP 成長率に対する寄与度変化をみると，シェアが大きい家計最終消費支出，
　変動が大きい民間企業設備，純輸出，公的固定資本形成，民間在庫変動の寄与が
　大きい（表 14.2 では寄与度は括弧で表示している）。純輸出を除いた国内需要，
　民間部門の需要である民間需要，政府・公的部門の需要である公的需要別の増減
　率にも着目して，景気の状況を判断する。

④ 交易利得や海外からの所得を含める国民総所得（GNI）にも着目する

　日本企業のグローバル展開に伴い，直接投資が拡大し，海外からの所得が大きく増加していることに加え，資源価格や為替レート変動の拡大に伴い交易利得が実質ベースの所得形成に大きな影響を与えている。よって，国内総所得（GDI）に加えて，国民総所得（GNI）に着目することが重要である。ただし，海外からの所得は直接投資収益の計上タイミングに左右されることから，GNI は GDP と比べ振れが大きいことに注意を要する。

⑤ GDP デフレーターは輸入物価の上昇に対する価格転嫁の度合いを示すホームメードインフレの指標として利用する

　実質 GDP を Y，実質国内需要を D，実質輸出を X，実質輸入を M，各々デフレーターを各々 P_y，P_d，P_x，P_m とすると，名目 GDP：YP_y は

$$YP_y = DP_d + XP_x - MP_m$$

と書ける。

　両辺を Y で割ると，

$$P_y = \frac{D}{Y}P_d + \frac{X}{Y}P_x - \frac{M}{Y}P_m$$

となる。

　国内需要デフレーター P_d や輸出デフレーター P_x が上昇すれば，GDP デフレーター P_y は上昇する。一方，輸入デフレーター P_m が上昇すれば GDP デフレーター P_y は逆に低下する。資源価格の高騰によって輸入物価が上昇しても，輸入コスト上昇分を国内の財・サービスの物価に転嫁され，国内需要デフレーター P_d が上昇しないと付加価値−GDP が減少し，付加価値のデフレーターである GDP デフレーター P_y が低下することを示している。このように GDP デフレーターは，輸入物価の上昇分の国内物価への価格転嫁がどの程度進んでいるかを示すホームメードインフレの指標である。

　最近の GDP デフレーターの動きをみると，2021～22 年度では輸入物価の大幅な上昇に比べて国内の価格転嫁が遅れたため，付加価値が圧縮され GDP デフレーターは低い上昇率となった（図 14.1）。一方，2023 年度になると輸入物価の上昇が一服するなかで国内での価格転嫁が進捗したことから，付加価値が増加し GDP デフレーター上昇率は 4%まで上昇している。

図 14.1 GDP デフレーターと国内需要デフレーター

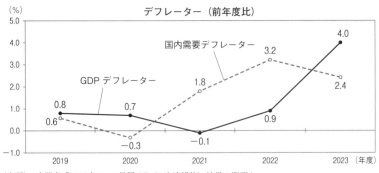

(出所) 内閣府「2024 年 4～6 月期 QE（1 次速報値）結果の概要」

⑥ QE 推計値の事後改訂が大きいことに注意する

QE の精度が十分ではなく，1 次 QE から 2 次 QE，さらに年次推計にかけて QE は事後改訂される。詳しくは 14.3 節で取り上げる。

● 家計可処分所得・家計貯蓄率四半期速報

統計の概要 「家計可処分所得・家計貯蓄率四半期速報」は，GDP の分配面のうち家計部門の可処分所得と貯蓄率に関する QE 推計値を提供する。公表は四半期終了後 100～110 日である。

統計の作成方法 家計の稼働所得である第 1 次所得から税・社会保険料を控除し，社会保障給付を加算した可処分所得を，以下のように算出する（用語は表 14.3 参照）。

> （可処分所得）＝（雇用者報酬）＋（営業余剰・混合所得）＋（財産所得〈純〉）
> －（所得・富等に課される経常税）－（純社会負担）＋（現物社会移転以外の社会給付）＋（その他の経常移転〈純〉）
> （貯蓄）＝（可処分所得）＋（年金受給権の変動調整）－（家計消費）
> （貯蓄率）＝（貯蓄）／（可処分所得＋年金受給権の変動調整）

家計の可処分所得は名目値のほか，家計最終消費支出デフレーターで除した実質値も公表されている。原系列のほか季節調整系列も提供される。

公表資料・データ 公表資料は，内閣府 HP＞内閣府の政策＞経済社会総合研究所＞国民経済計算（GDP 統計）＞その他の統計等の「家計可処分所得・家

表 14.3　家計可処分所得の構成項目

所得の内訳項目	説　明
営業余剰・混合所得	持ち家から生じる営業余剰と個人事業主の所得
財産所得（純）	金融資産の利子・配当金と土地賃貸料から借入金利子を控除したもの
所得・富等に課される経常税	家計が納付する所得税や住民税などの直接税
純社会負担	家計が負担する社会保険料
現物社会移転以外の社会給付	家計が受け取る現金による社会保障給付（公的年金等），企業年金・退職一時金，社会扶助給付
その他の経常移転（純）	一般政府からの給付金・補助金から罰金を控除
年金受給権の変動調整	将来受け取る企業年金・退職一時金の受給権変動分

計貯蓄率四半期速報」のところに，「計数表」（計数ファイル）と「主要計数の推移」（可処分所得・貯蓄・貯蓄率のグラフ）が掲載されている。

■統計の見方

① 家計の可処分所得や貯蓄率は家計消費の現状評価と先行き予測に有益

家計の可処分所得が家計最終消費支出とパラレルに動いているか，貯蓄や貯蓄率がどのように変動しているかを把握する。

② 家計の可処分所得（名目・実質）の変動は季節調整系列の前期比で把握する。併せて貯蓄や貯蓄率（＝1－平均消費性向）の変動を捉える

コロナ禍とその後の回復局面での可処分所得と貯蓄率の動きから，① 2020 年の定額給付金給付に伴う可処分所得の増加と家計消費の落ち込みによる貯蓄の急増，② 2022 年以降での可処分所得の伸び悩みと家計消費の回復による貯蓄の減少との対照的な動きを捉えることができる（図 14.2）。

●生産側系列の四半期速報（生産側 QNA）

■統計の概要　「生産側系列の四半期速報（生産側 QNA）」は，生産側 GDP の QE 推計値（生産側 QE）である。産業別（経済活動別）の産出額及び付加価値額を推計する。いずれも名目値と実質値の原系列・季節調整系列が公表される。産業別の表章区分は 16 産業であり，そのうち製造業はさらに 15 業種に細分化している（表 14.4）。公表は，四半期終了後 100～110 日である。

■統計の作成方法　年次推計の生産側 GDP 推計に近い推計方法を採用するが，基礎統計の制約から簡略化している。産業別の名目産出額は，支出側 QE の品目別供給側推計値を，直近の年次推計における「経済活動別財貨・サービス産

14　国民経済計算（2）：利用方法と利用上の注意点　　*343*

図 14.2 家計可処分所得と貯蓄（名目・四半期・季節調整値）の推移

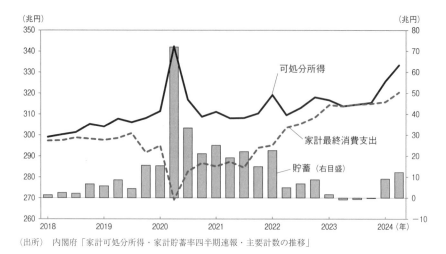

（出所） 内閣府「家計可処分所得・家計貯蓄率四半期速報・主要計数の推移」

表 14.4 生産側 QE における産業の表章区分

中分類 16 産業	製造業，建設業，卸売・小売業，運輸・郵便業，宿泊・飲食サービス業，情報通信業，金融・保険業，不動産業など
うち製造業 15 業種	食料品，電子部品・デバイス，電気機械，輸送用機械など

出表（V 表）」を用いて産業別名目産出額に変換して求める。関連する物価指数で実質化し産業別実質産出額を求める。さらに産業別の実質付加価値額は，（産業別実質産出額）×(1－産業別の中間投入比率) から求める。この際，産業別の中間投入比率は，直近の年次推計時点以降，不変であると仮定している。

 公表資料・データ 　公表資料は，内閣府 HP＞内閣府の政策＞経済社会総合研究所＞国民経済計算（GDP 統計）＞その他の統計等の「生産側系列の四半期速報（生産 QNA）」のところに，「計数表」（計数ファイル）が掲載されている。

 統計の見方
① 各産業の生産動向は，実質付加価値額・実質産出額の「季節調整系列の前期比」で把握する

　生産側 QE は「鉱工業指数」「第 3 次産業活動指数」と比べて統計のカバレッジが広く，非製造業を含む全産業の生産動向を把握できる。生産動向の産業間の相互比較を行うにも適している。

② 生産側 QE の実質付加価値額や実質産出額は財・サービスの品質向上分が反映しており，生産の実勢把握に適している

　生産側 QE の実質付加価値額・産出額は，産業の高付加価値化に伴う財・サービスの品質向上分が反映しており，生産の実勢把握に適している。第6章のコラムでも取り上げたように「鉱工業指数」の生産指数よりも増加率が大きくなる傾向がある。ただし，生産側 QE の公表は遅いことから，「鉱工業指数」で行った基調判断を事後的に確認するかたちで利用する。

14.2　年次推計の利用方法

●年次推計のメリットとデータの使い分け

　年次推計のメリット：QE では分からない詳細データの利用可能　QE データでは，支出側を中心に多くの情報を得ることができる。最近では家計の可処分所得や生産側 QE の提供が開始され，QE の有用性が高まっている。一方，国民経済計算の構造統計である年次推計は多数の基礎統計を用いて推計されることから，QE に比べて精度が高い。幅広いデータが公表されることから，① GDPの支出側，生産側，分配側の三面がフルにカバーされるほか，②フロー（GDP）に加えストック（資産と負債）の情報が得られる点が特徴である。

　QE データと年次推計データをうまく使い分けることが大切　一方で，年次推計データは分量が多く複雑で扱いづらい。QE データで分析可能な分野は，できるだけ QE データで分析するのが効率的である。具体的には，⑴ 支出側 GDP と各需要項目の計数，国民総所得・交易利得・損失，⑵ 家計の可処分所得と貯蓄率，⑶ 生産側 GDP とその産業別内訳は QE データで分析が可能である。双方のデータを適切に使い分けることが大切である。

●年次推計の利用が有益な分野

　QE データでは情報が不十分であり，詳細な分析には年次推計データの利用が欠かせない主な分野は，以下の4つである。

① GDP の所得分配（制度部門別・産業別）に関するデータ

　GDP の所得分配に関するデータは，QE では家計の一部を除いて提供されていないが，年次推計では，分配側 GDP の内訳，家計，企業など制度部門別の所得分配，貯蓄，投資とそのバランス（貯蓄投資差額），産業別の所得分配，国民所

14　国民経済計算（2）：利用方法と利用上の注意点　**345**

得など幅広いデータが利用可能である。

② 労働投入・資本投入に関するデータ

年次推計では，5.1 節で取り上げた需給ギャップや潜在成長率の推計に用いる労働投入と資本投入のデータが提供される。労働投入では就業者数，雇用者数，1 人当たり労働時間のデータが，資本投入では固定資本ストックのデータが，各々産業別に提供される。産業別の労働生産性も計算できる。

③ 財政関連データ

年次推計では，一般政府ならびに中央政府，地方政府，社会保障基金別の歳入と歳出，財政収支とプライマリーバランス，債務残高，家計への社会保障給付ならびに家計の社会保障負担の詳細なデータが提供される。本データは各国間で同一の基準で作成されており，財政の国際比較にも便利である。

④ ストック（資産・負債）データ

年次推計では，制度部門別に非金融資産（建物・構築物や機械・設備などの固定資産，在庫，土地などの非生産資産），金融資産・負債の各残高が提供される。土地や株式を含め全ての資産・負債，正味資産（＝資産－負債）を時価ベースで把握できる。

●年次推計の公表資料・データ

公表資料・データ 年次推計は，毎年 12 月から翌年 1 月にかけて段階的に公表される。年次推計では，内閣府 HP＞内閣府の政策＞経済社会総合研究所＞国民経済計算（GDP 統計）＞国民経済計算年次推計に「結果の概要」と「統計表一覧」が公表される。「結果の概要」（「フロー編ポイント」「ストック編ポイント」）や本書の説明から必要なデータを予め特定し，「統計表一覧」からダウンロードするのが効率的である。

公表データの内容 2024 年央時点での公表期間は 1994 年（年度）から 2022 年（年度）までである。そのうち，2022 年（年度）は第 1 次年次推計，2021 年（年度）は第 2 次年次推計，2020 年（年度）は第 3 次年次推計である。年次推計値は第 1 次年次推計公表後，2 度修正され，第 3 次年次推計で確定する。

多くのデータが暦年，年度，四半期の 3 系列が提供される，一部は暦年ないし年度のみのデータもある。なお，四半期データは原系列のみで季節調整系列は提供されていない。季節調整系列が必要な場合は QE データを利用するか，自分で季節調整を行う必要がある。

●年次推計の公表項目／データの利用方法

年次推計のデータは，GDP などフロー関連のデータを対象とする「フロー編」と実物資産，金融資産・負債の残高を対象とする「ストック編」から構成される。表 14.5 では，項目別に提供データの内訳を紹介している。以下では，目的別にどのデータを利用するのが適切かを説明する。

1. GDP の所得分配（制度部門別・産業別）に関するデータ（表 14.6）

分配側 GDP と内訳：経常勘定のうち所得の発生勘定　フロー編「Ⅱ．制度部門別所得支出勘定／一国経済」のうち所得の発生勘定では，経済全体の分配側 GDP とその内訳である雇用者報酬，営業余剰（企業の利潤），混合所得（自営

表 14.5　年次推計の公表データの構成

① フロー編

項目名	データの内訳
Ⅰ．統合勘定	国内総生産勘定など 4 つのデータ
Ⅱ．制度部門別所得支出勘定	一国経済，制度部門別：非金融法人企業，金融機関，一般政府，家計（個人企業を含む），対家計民間非営利団体
Ⅲ．制度部門別資本勘定・金融勘定	制度部門別：非金融法人企業，金融機関，一般政府，家計，対家計民間非営利団体
Ⅳ．主要系列表	(1) 国内総生産（支出側） (2) 国民所得・国民可処分所得の分配 (3) 経済活動別（産業別）国内総生産
Ⅴ．付　表	(1) ～ (24) を提供。主なデータは以下のとおり。 (2) 経済活動別の国内総生産・要素所得 (3) 経済活動別の就業者数・雇用者数・労働時間数 (6〜8) 一般政府の部門別勘定・機能別支出など (9〜10) 社会保障：家計への移転と家計の負担 (11〜12) 家計の形態別・目的別最終消費支出 (14) 形態別の総資本形成 (18) 制度部門別の純貸出（＋）／純借入（－） (22) 固定資本マトリックス (23) 実質国民可処分所得

② ストック編

項目名	データの内訳
Ⅰ．統合勘定	一国経済の資産・負債残高データ
Ⅱ．制度部門別勘定	5 つの制度部門（非金融法人企業，金融機関，家計，対家計民間非営利団体）別の資産・負債残高データ
Ⅲ．付　表	6 つの残高データから構成。 1. 国民資産・負債，2. 民間・公的別資産・負債，3. 一般政府の部門別資産・負債 4. 固定資本ストックマトリックス 5. 対外資産・負債，6. 金融資産・負債
Ⅳ．参考表	家計の耐久消費財，金融機関ノン・パフォーミング貸付

14　国民経済計算（2）：利用方法と利用上の注意点　　*347*

表 14.6　①GDP の所得分配（制度部門別・産業別）に関するデータ

分　野	利用するデータ：全てフロー編
分配側 GDP と内訳	II. 制度部門別所得支出勘定／一国経済：(1) 所得の発生勘定
制度部門別所得分配	II. 制度部門別所得支出勘定／一国経済・各制度部門
制度部門別貯蓄投資バランス	III. 制度部門別資本勘定・金融勘定／各制度部門 V. 付表 (18) 制度部門別の純貸出（＋）／純借入（－）
産業別所得分配	V. 付表 (2) 経済活動別の国内総生産・要素所得
国民所得	IV. 主要系列表 (2) 国民所得・国民可処分所得の分配 V. 付表 (23) 実質国民可処分所得

業の所得），固定資本減耗（固定資本ストックの減価償却）の計数を提供する
（**表 14.7**）。なお，制度部門別では所得の発生勘定のデータは提供されていない。
このため，労働分配率（雇用者報酬／生産側 GDP）は経済全体では算出可能だ
が，部門別では算出できない。

■**制度部門別所得分配：経常勘定のうち第 1 次所得の配分勘定・所得の第 2 次
分配勘定・現物所得の再配分勘定・所得の使用勘定**■　フロー編「II. 制度部門
別所得支出勘定／一国経済・各制度部門」の各勘定では，一国経済ならびに非金
融法人企業，金融機関，一般政府，家計，対家計民間非営利団体の 5 つの制度部
門別の第 1 次所得，可処分所得，調整可処分所得，貯蓄の計数を提供している。

■**制度部門別貯蓄投資バランス：蓄積勘定のうち資本勘定と金融勘定**■　フ
ロー編「III. 制度部門別資本勘定・金融勘定／各制度部門」では，部門別の貯蓄，
投資，貯蓄投資差額（IS バランス，純貸出（＋）／純借入（－）と呼称）の計数
を提供している。貯蓄投資差額には，GDP 推計など実物面のデータを用いて
「貯蓄＋固定資本減耗－総固定資本形成」から算出する資本勘定ベースと，金融
面のデータを用いて「金融資産の増減－金融負債の増減」から算出する金融勘定
ベース（「資金循環統計」の資金過不足に相当）の 2 つの計数がある。両者には
一定のかい離があるが，一般に貯蓄投資差額といえば資本勘定ベースを指すこと
が多い。**図 14.3** は資本勘定ベースでみた制度部門別の貯蓄投資差額（年度）で
ある。家計と非金融法人企業の大幅な貯蓄超過（黒字）が続く一方，一般政府と
海外の投資超過，すなわち，一般政府の財政赤字と日本の経常黒字（海外の赤
字）が長期間継続していることが分かる。

■**産業別所得分配：経常勘定のうち生産勘定と所得の発生勘定**■　フロー編
「V. 付表 (2) 経済活動別の国内総生産・要素所得」では，産業別（経済活動
別）に生産勘定（産出額，中間投入額，生産側 GDP），所得の発生勘定（分配側

表 14.7　分配側 GDP の内訳・構成比

需要項目	実額 (兆円)	構成比 (%)
雇用者報酬	295.3	52.6
賃金・俸給	249.7	44.5
雇主の社会負担	45.5	8.1
営業余剰（純）	64.9	11.6
混合所得（純）	8.9	1.6
固定資本減耗	145.9	26.0
生産・輸入品に課される税	52.6	9.4
（控除）補助金	▲5.7	▲1.0
国内総生産	561.8	100.0

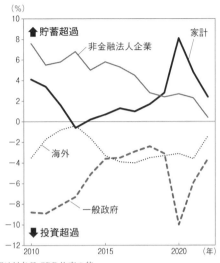

図 14.3　制度部門別の貯蓄投資差額

（注）　表 14.7 は 2022 年の値．図 14.3 の貯蓄投資差額は対名目 GDP 比率の値．
（出所）　内閣府「国民経済計算」

GDP，雇用者報酬などの内訳）の各計数を提供している．産業別の生産構造や労働分配率などの分配構造を把握できる．実質値も提供されており，労働投入で割ることで産業別の労働生産性を算出することができる．

　　　国民所得　　国民所得のデータは，フロー編「Ⅳ．主要系列表（2）国民所得・国民可処分所得の分配」で提供される．実質値のデータも提供されている．

2．労働投入・資本投入に関するデータ（表 14.8）

　　　労働投入〈就業者数，雇用者数，労働時間〉　　労働投入のデータは，フロー編「Ⅴ．付表（3）経済活動別の就業者数・雇用者数・労働時間数」で提供される．労働時間のデータは雇用者のみで，自営業主と家族従業者の労働時間は含まれないが，別途公表される「就業者の労働時間数に係る参考系列」から当該データを入手することが可能である．

　　　資本投入〈固定資本ストック：残高〉　　ストック編「Ⅲ．付表 4．固定資本ストックマトリックス」では，固定資本ストック（残高）について形態別，産業別，民間・公的部門別のマトリックスの計数が提供される．また，フロー編「Ⅴ．付表（22）固定資本マトリックス」では，総固定資本形成（設備投資）について同様の内訳マトリックスの計数が利用できる．いずれも名目値（時価）と

14　国民経済計算（2）：利用方法と利用上の注意点　　349

表 14.8　②労働投入・資本投入に関するデータ

分　野	利用するデータ
労働投入	フロー編Ⅴ. 付表（3）経済活動別の就業者数・雇用者数・労働時間数，就業者の労働時間数に係る参考系列
資本投入	ストック編Ⅲ. 付表 4. 固定資本ストックマトリックス
総固定資本形成	フロー編Ⅴ. 付表（22）固定資本マトリックス

表 14.9　③財政関連データ

分　野	利用するデータ
一般政府の歳入・歳出／財政収支	フロー編Ⅴ. 付表（6）一般政府の部門別勘定，（7）一般政府の機能別支出，（8）一般政府の最終消費支出
一般政府のバランスシート／債務残高	ストック編Ⅱ. 制度部門別勘定／一般政府，Ⅲ. 付表 3. 一般政府の部門別資産・負債残高，6. 金融資産・負債の残高
社会保障：給付と負担	フロー編Ⅴ. 付表（9）一般政府から家計への移転の明細表（社会保障関係），（10）社会保障負担の明細表

実質値が提供される。

　また，「固定資本ストック速報」では QE に対応する資本投入（民間・公的別資本ストック〈残高〉）の直近までの四半期データも提供されている。

3.　財政関連データ（表 14.9）

■ 一般政府の歳入・歳出・財政収支／バランスシート・債務残高 ■ 一般政府ならびに中央政府・地方政府・社会保障基金別の財政の計数は，フロー編「Ⅴ. 付表（6）一般政府の部門別勘定」で提供される。公表計数のうち，純貸出（＋）／純借入（－）が財政収支に対応する。さらに利子の受払の増減を控除したプライマリーバランスも提供されている（図 14.4）。

　実物資産を含む一般政府のバランスシートは，ストック編「Ⅱ. 制度部門別勘定／一般政府」において，一般政府の債務残高は「6. 金融資産・負債の残高」において，各々計数が提供される。

■ 社会保障：家計への給付と家計の負担 ■ フロー編「Ⅴ. 付表（9）一般政府から家計への移転の明細表（社会保障関係）と（10）社会保障負担の明細表」では，年金，医療，介護など分野別の給付と負担に関する詳細な計数が入手できる。

4.　ストック（資産・負債）データ（表 14.10）

　ストック編「Ⅰ. 統合勘定」「Ⅱ. 制度部門別勘定」では，一国経済ならびに部門別に非金融資産（＝実物資産）や金融資産・負債の各残高が提供される。時

図 14.4　一般政府のプライマリーバランス　　図 14.5　非生産資産・土地の残高
　　　　　（対名目 GDP 比率）　　　　　　　　　　　　（時価：年末）

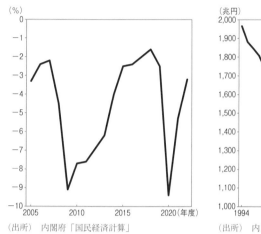
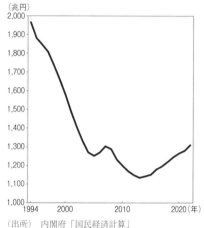

(出所)　内閣府「国民経済計算」　　　　　　　(出所)　内閣府「国民経済計算」

表 14.10　④ストック（資産・負債）データ

分　野	利用するデータ
一国経済・制度部門別の資産・負債残高	ストック編 I．統合勘定，II．制度部門別勘定，III．付表 1．国民資産・負債残高，6．金融資産・負債の残高

価ベースの土地残高など日本経済全体や各部門のバランスシートならびに正味資産を，時価ベースで把握できる。例えば，土地の時価が 2013 年末に底打ちし，緩やかに増加に転じていることが分かる（図 14.5）。

　なお，金融資産・負債残高は日本銀行「資金循環統計」で四半期ごとに同様のデータが公表され，速報性も高い。

●国民経済計算の長期時系列データ

　時系列データの提供期間　「国民経済計算」の利用では，過去どのくらいの期間の遡及データが利用可能かによって利便性が大きく左右される。現行 2015 年基準の年次推計データは 1994 年まで遡って時系列が公表されており，1994 年以降の約 30 年分を利用することができる。さらに支出側 GDP と需要項目別内訳など QE データに限定されるが，簡易遡及系列を含め 1980 年までの遡及系列が公表されており，40 年超のデータが利用可能である。

14　国民経済計算（2）：利用方法と利用上の注意点

より長期の時系列を利用するには　「国民経済計算」には 1955 年からの遡及系列が存在するが，1990 年基準（1968SNA）の計数である。1990 年基準と比べると現行の 2015 年基準（2008SNA）では最終生産物の範囲が拡張され，ソフトウェア，研究・開発，FISIM などが GDP に新たに取り込まれている（13.3 節参照）。このため，新旧基準間で GDP に一定の段差（1980 年の名目GDP，2015 年基準：256 兆円，1990 年基準：240 兆円）が存在し，成長率も幾分異なる。1979 年以前の系列を利用する場合には，旧系列との段差を考慮しながら利用する。

14.3　四半期別 GDP 速報（QE）の事後改訂

●四半期別 GDP 速報（QE）の事後改訂が大きな問題となるのか

　四半期別 GDP 速報（QE）は暫定的な景気判断の「答え合わせ」をする役割を担っているが，QE の精度は十分ではないのが実情である。日本の QE の事後改訂幅（QE から確定値である年次推計値までの改訂幅）は，諸外国と比較しても大きい（表 14.11）。日本の四半期前期比の平均改訂幅は 0.45％ポイントに達する。日本の実質成長率が四半期前期比で平均 0.1％強（年率で 0.5％），その標準偏差が 1.1％であることと比べ，事後改訂幅はかなり大きい。このため，QE で行った景気判断が事後的に変化してしまう可能性がある。斎藤（2020）が指摘するように，日本は米国と比べて経済変動の振れが大きいことに加え，QE の精度が低いことが景気の現状把握を困難にしており，経済予測の精度が低い一因となっている。経済予測の精度の低さが，企業や家計の経済活動にマイナスの影響を及ぼしていることが懸念される。

●四半期別 GDP 速報（QE）の事後改訂（2 次 QE →年次推計）の特徴

　景気判断の難しい局面に事後改訂幅が大きくなる　ここでは，2 次 QE から概ね計数が確定する第 2 次年次推計値までの実質成長率の事後改訂幅をみていく。年度ベースの事後改訂幅をみると，2005 年度から 2021 年度までの改訂幅の絶対値平均は 0.46％ポイントに達する。17 年間のうち 8 年間で改訂幅は同期間の平均成長率（0.5％）を超えており，当初の QE に基づく景気判断の信憑性に相当な影響をもたらしている（図 14.6）。

　例えば 2008 年度では，2 次 QE 時点の実質成長率 ▲3.3％が第 2 次年次推計

352

表14.11 実質GDP速報値の事後改訂幅の国際比較（期間：2002〜2019年）

	日本	米国	英国	豪州
1次速報値から最新値までの四半期前期比変化率の改訂幅の絶対値平均	0.45%	0.27%	0.24%	0.29%

(出所) 小巻（2022）

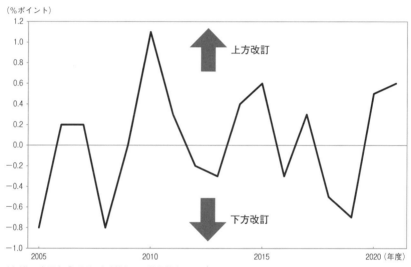

図14.6 実質成長率：2次QEから第2次年次推計までの事後改訂幅（第2次年次推計値−2次QE）

(出所) 内閣府「国民経済計算」から筆者算出

では▲4.1%へと▲0.8%ポイント下方改訂された。リーマンショック時の景気後退の深刻度合いの認識の遅れをもたらした可能性がある。その後、2013年度の下方改訂（2次QE：2.3%→第2次年次推計2.0%：▲0.3%ポイント）と2014年度と2015年度の上方改訂（同▲0.9%→▲0.5%：0.4%ポイント、同0.8%→1.4%：0.6%ポイント）は、2014年4月の消費税率引き上げに伴う消費の駆け込みによる需要増と反動による落ち込みを当初のQEが過大評価していたことを示している。消費税率引き上げが景気に及ぼした影響についての評価を攪乱したことは記憶に新しい。

コロナ禍に伴う大きな景気変動の局面でも、2019年度に大きな下方改訂（同0.0%→▲0.7%：▲0.7%ポイント）が生じており、景気後退の認識が遅れに繋

表 14.12　実質成長率：2 次 QE から第 2 次年次推計までの事後改訂幅
（年度ベース：2005〜2021 年度の平均）

（単位：％ポイント）

	事後改訂幅：絶対値平均		平均実質成長率	
	前年度比	寄与度	前年度比	寄与度
GDP	0.46	0.46	0.53	0.53
民間最終消費支出	0.56	0.30	0.33	0.20
民間住宅投資	1.05	0.04	▲1.81	▲0.06
民間企業設備	1.75	0.25	0.71	▲0.10
民間在庫変動	—	0.20	—	▲0.02
政府最終消費支出	0.47	0.11	1.07	0.28
公的固定資本形成	3.69	0.17	▲0.95	▲0.05
公的在庫変動	—	0.00	—	0.00
純輸出（輸出 − 輸入）	—	0.06	—	0.09
うち輸出	0.31	0.05	2.75	0.39
うち輸入	0.58	0.08	2.08	▲0.33

（出所）　内閣府「国民経済計算」から筆者算出

がった可能性がある。さらに，2020 年度と 2021 年度にも大きめに上方改訂（同 ▲4.6％→ ▲4.1％：0.5％ポイント，同 2.2％→ 2.8％：0.6％ポイント）されており，コロナ禍での景気落ち込みの過大評価，その後の回復度合いの過小評価をもたらした可能性がある。QE の事後改訂は，的確な景気判断ひいては経済政策の立案に支障となっている。これまでの経験では，景気の転換点にさしかかるなど景気判断が難しい局面に事後改訂幅が大きくなることが多い。QE は，政策当局者やエコノミスト泣かせの統計である。

　実質成長率の事後改訂幅に対する需要項目別の寄与　QE の実質成長率の事後改訂は，どの需要項目が寄与しているのであろうか。**表 14.12** は 2 次 QE から第 2 次年次推計までの需要項目別の前年度比の事後改訂幅（**表 14.12 の 2 列目**）と事後改訂幅の実質成長率への寄与度（同 3 列目）を，2005 年度から2021 年度までの絶対値の平均でみたものである。実質成長率への寄与度をみると，民間最終消費支出（0.30％），民間企業設備（0.25％），民間在庫変動（0.20％），公的固定資本形成（0.17％）の 4 項目の寄与が大きい。QE の精度は，民間消費支出，民間企業設備，民間在庫変動，公共投資に左右されることが分かる。

　GDP に占めるシェアが大きい民間最終消費支出と民間企業設備の寄与が大きいのは自然であるが，シェアが小さい民間在庫変動や公共投資の寄与も目立っている。民間企業設備と公共投資の前年度比の事後改訂幅（同 2 列目）は各々

表 14.13　QE と年次推計―基礎統計と推計方法の違い

		基礎統計	推計方法
QE	1 次 QE	動態統計	需要側推計と供給側推計の加重平均
	2 次 QE		
年次推計	第 1 次年次推計	構造統計	コモディティ・フロー法による 供給側推計
	第 2 次年次推計		
	第 3 次年次推計		

（出所）　内閣府「国民経済計算推計手法解説書（年次推計編／四半期別 GDP 速報編）」

1.75％ポイント，3.69％ポイントと大きく，実質成長率の平均（同 4 列目）の
0.71％ポイント，▲0.95％ポイントを大幅に上回る。QE の精度は十分ではなく，
民間設備投資と公共投資の動きを QE で評価するのは難しい。

●四半期別 GDP 速報（QE）の事後改訂にどのように対処すべきか

　QE の事後改訂が生じる要因　QE から年次推計までに大きな事後改訂が
生じるのは，QE と年次推計との間で基礎統計と推計方法に関して大きな
ギャップが存在するためである。

　基礎統計に関してみると，QE と第 1 次年次推計では「生産動態統計調査」な
どの動態統計を利用する一方で，第 2 次年次推計では「経済構造実態調査」など
のより詳細な構造統計を利用している。このように，第 1 次年次推計と第 2 次年
次推計との間に基礎統計のギャップが生じている（**表 14.13**）。

　推計方法をみると，年次推計では「コモディティ・フロー法」による供給側推
計によって GDP を推計する。一方，QE では，「生産動態統計調査」など企業の
生産統計を用いた「コモ法」類似の供給側推計に加えて，家計最終消費支出と民
間企業設備に対象に「家計調査」「法人企業統計調査」など需要サイドの統計を
用いた需要側推計も加味し，供給側推計値と需要側推計値を加重平均して QE を
求めている。QE 推計において統合推計を行うのは QE の基礎統計の粗さから生
じる供給側推計の精度不足を補うためであるが，この結果，QE と第 1 次年次推
計との間で推計方法のギャップが生じている。

　QE の事後改訂を事前に予想できないか　QE 推計値が先行き公表される
年次推計でどのように事後改訂されるかを，QE 公表時点で予想することは難し
い。データからは確定的な知見を得ることはできないが，事後改訂には以下の傾
向がみられる。

14　国民経済計算（2）：利用方法と利用上の注意点　　*355*

① QE 推計に用いる供給側推計値と需要側推計値とのかい離が大きい場合は，QE の年次推計における事後改訂幅が大きくなる可能性が高い

　QE 時点で供給側推計値と需要側推計値とのかい離が大きい場合は，家計消費や民間企業設備の基礎統計に誤差が含まれる可能性がより高いと考えられる。年次推計においてその誤差が修正され，QE の事後改訂幅が大きくなりやすい（西村・肥後（2023）を参照）。QE の事後改訂で「はしご」を外される可能性を織り込んで，QE 推計値を利用することが望ましい。なお，家計消費・民間企業設備の供給側推計値と需要側推計値は QE 公表データで提供されており，両者の動きを確認することができる（前掲**表 14.1** ④）

② 家計消費では，統合推計値である QE 推計値よりも供給側推計値を用いる方が年次推計での事後改訂幅が小さくなる傾向がみられる

　家計消費と民間企業設備の QE 推計値における供給側・需要側推計値の加重平均の比率は，過去 25 年間程度のデータから事後改訂幅が最小となるように回帰分析で決定されている。長期でみれば，QE 推計値は供給側，需要側推計値を各々単独で利用するよりも事後改訂幅が小さくなる性質がある。

　もっとも，家計消費では，供給側統計の整備進展から供給側推計値の精度が近年にかけて向上してきており，2011 年以降の直近ではコロナ禍（2020〜2021年）を除くほとんどの年で QE 推計値よりも供給側推計値の事後改訂幅が小さくなっている（第 13 章のコラム参照）。家計消費については，QE の供給側推計値をより重視して基調判断を行うのが適切と考えられる。

③ 民間企業設備の事後改訂は公共投資の事後改訂と逆相関の関係にある。公共投資の QE 推計値の精度を評価することで民間企業設備の事後改訂の可能性を事前に予想できる可能性がある

　公共投資が下方修正される際には民間企業設備が上方修正される年が多いなど，民間企業設備の事後改訂は公共投資の事後改訂と逆相関の関係がみられる。QE や年次推計において，民間企業設備は固定資本形成の総額から公共投資と住宅投資を差し引くことで推計されるためである。

　QE の公共投資は「建設総合統計」の公共工事出来高から推計されるが，「建設総合統計」の精度は低く年次推計での事後改訂幅は，傾向としてかなり大きくなる。第 12 章のコラムで取り上げたように，「建設総合統計」よりも精度が良好な「公共工事前払金保証統計」の公共工事請負金額を活用することで，年次推計の公共投資をより的確に予測できる可能性がある。公共工事出来高と公共工事請負

表 14.13　QE と年次推計―基礎統計と推計方法の違い

		基礎統計	推計方法
QE	1 次 QE	動態統計	需要側推計と供給側推計の加重平均
	2 次 QE		
年次推計	第 1 次年次推計	構造統計	コモディティ・フロー法による供給側推計
	第 2 次年次推計		
	第 3 次年次推計		

（出所）　内閣府「国民経済計算推計手法解説書（年次推計編／四半期別 GDP 速報編）」

1.75％ポイント，3.69％ポイントと大きく，実質成長率の平均（同 4 列目）の
0.71％ポイント，▲0.95％ポイントを大幅に上回る。QE の精度は十分ではなく，
民間設備投資と公共投資の動きを QE で評価するのは難しい。

●四半期別 GDP 速報（QE）の事後改訂にどのように対処すべきか

QE の事後改訂が生じる要因　QE から年次推計までに大きな事後改訂が
生じるのは，QE と年次推計との間で基礎統計と推計方法に関して大きな
ギャップが存在するためである。

　基礎統計に関してみると，QE と第 1 次年次推計では「生産動態統計調査」な
どの動態統計を利用する一方で，第 2 次年次推計では「経済構造実態調査」など
のより詳細な構造統計を利用している。このように，第 1 次年次推計と第 2 次年
次推計との間に基礎統計のギャップが生じている（**表 14.13**）。

　推計方法をみると，年次推計では「コモディティ・フロー法」による供給側推
計によって GDP を推計する。一方，QE では，「生産動態統計調査」など企業の
生産統計を用いた「コモ法」類似の供給側推計に加えて，家計最終消費支出と民
間企業設備に対象に「家計調査」「法人企業統計調査」など需要サイドの統計を
用いた需要側推計も加味し，供給側推計値と需要側推計値を加重平均して QE を
求めている。QE 推計において統合推計を行うのは QE の基礎統計の粗さから生
じる供給側推計の精度不足を補うためであるが，この結果，QE と第 1 次年次推
計との間で推計方法のギャップが生じている。

QE の事後改訂を事前に予想できないか　QE 推計値が先行き公表される
年次推計でどのように事後改訂されるかを，QE 公表時点で予想することは難し
い。データからは確定的な知見を得ることはできないが，事後改訂には以下の傾
向がみられる。

14　国民経済計算（2）：利用方法と利用上の注意点　　**355**

① QE 推計に用いる供給側推計値と需要側推計値とのかい離が大きい場合は，QE の年次推計における事後改訂幅が大きくなる可能性が高い

QE 時点で供給側推計値と需要側推計値とのかい離が大きい場合は，家計消費や民間企業設備の基礎統計に誤差が含まれる可能性がより高いと考えられる。年次推計においてその誤差が修正され，QE の事後改訂幅が大きくなりやすい（西村・肥後（2023）を参照）。QE の事後改訂で「はしご」を外される可能性を織り込んで，QE 推計値を利用することが望ましい。なお，家計消費・民間企業設備の供給側推計値と需要側推計値は QE 公表データで提供されており，両者の動きを確認することができる（前掲**表 14.1** ④）

② 家計消費では，統合推計値である QE 推計値よりも供給側推計値を用いる方が年次推計での事後改訂幅が小さくなる傾向がみられる

家計消費と民間企業設備の QE 推計値における供給側・需要側推計値の加重平均の比率は，過去 25 年間程度のデータから事後改訂幅が最小となるように回帰分析で決定されている。長期でみれば，QE 推計値は供給側，需要側推計値を各々単独で利用するよりも事後改訂幅が小さくなる性質がある。

もっとも，家計消費では，供給側統計の整備進展から供給側推計値の精度が近年にかけて向上してきており，2011 年以降の直近ではコロナ禍（2020〜2021年）を除くほとんどの年で QE 推計値よりも供給側推計値の事後改訂幅が小さくなっている（第 13 章のコラム参照）。家計消費については，QE の供給側推計値をより重視して基調判断を行うのが適切と考えられる。

③ 民間企業設備の事後改訂は公共投資の事後改訂と逆相関の関係にある。公共投資の QE 推計値の精度を評価することで民間企業設備の事後改訂の可能性を事前に予想できる可能性がある

公共投資が下方修正される際には民間企業設備が上方修正される年が多いなど，民間企業設備の事後改訂は公共投資の事後改訂と逆相関の関係がみられる。QE や年次推計において，民間企業設備は固定資本形成の総額から公共投資と住宅投資を差し引くことで推計されるためである。

QE の公共投資は「建設総合統計」の公共工事出来高から推計されるが，「建設総合統計」の精度は低く年次推計での事後改訂幅が，傾向としてかなり大きくなる。第 12 章のコラムで取り上げたように，「建設総合統計」よりも精度が良好な「公共工事前払金保証統計」の公共工事請負金額を活用することで，年次推計の公共投資をより的確に予測できる可能性がある。公共工事出来高と公共工事請負

金額との動きが一定期間に亘りかい離している場合には，年次推計で公共投資が事後改訂されて民間企業設備に逆方向の事後改訂が生じる可能性があることを念頭に置いて，QE を利用するのが望ましい。

QE の精度向上に向けた取り組み　QE の事後改訂を縮小するには，QE と年次推計との間に存在する推計方法と基礎統計のギャップを解消する取り組み（シームレス化）が不可欠である。内閣府では，QE の精度向上に向けて推計方法の包括的な見直しに取り組んでいる。QE の推計品目の細分化を図り，供給側推計の推計方法を年次推計のコモディティ・フロー法に近づけることで，需要側推計値を利用することなく QE 推計値の精度を向上することを目指している。既に2018 年と 2022 年の見直しにより推計品目は 130 品目から 170 品目まで拡充されており，2025 年末には 400 品目にまで拡充されることが予定されている。推計方法の改善により，家計消費を中心に QE の事後改訂幅の縮小が期待される。

　QE の精度向上には，併せて QE の基礎統計である動態統計の精度向上を図り，年次推計に用いる構造統計との誤差を縮小することがカギとなる。そのうち，公共投資の基礎統計である「建設総合統計」の公共工事出来高の精度改善が，民間企業設備の精度向上にも直結することから最も重要である。例えば，「公共工事前払金保証統計」の公共工事請負金額を QE の基礎統計として活用し，精度向上を図ることを選択肢として考慮すべきであろう。

● 1 次 QE から 2 次 QE までの事後改訂

　1 次 QE から 2 次 QE にかけても，QE 推計値には事後改訂が生じている。これには，民間企業設備の需要側推計ならびに民間在庫変動のうち，原材料・仕掛品在庫の基礎統計である「法人企業統計調査」が 1 次 QE の作成段階では入手できず，2 次 QE の段階になって利用可能となることが影響している。1 次 QE から 2 次 QE までの実質成長率・前期比の事後改訂幅の絶対値平均は 0.19％ポイント（2010 年 4～6 月～2023 年 7～9 月）に達する。民間企業設備と民間在庫変動の 2 つの需要項目で事後改訂が生じるが，民間在庫変動の寄与が目立っている。なお，日本の 1 次 QE から 2 次 QE までの事後改訂幅は米国よりは大きく，英国やドイツと同程度である。

　1 次 QE から 2 次 QE までの事後改訂幅は一定の大きさに達しており，景気判断にも影響を及ぼしている。もっとも，原材料・仕掛品在庫の動きを他の統計等で把握するのは難しく，2 次 QE 公表の直前に公表される「法人企業統計調査」

よりも早い時点で QE の事後改訂を予想するのは容易ではない。

14.4　基準改定に伴う GDP 年次推計値の上方改訂

● GDP 年次推計値の上方改訂

年次推計値の事後改訂　年次推計値は，第 1 次から第 3 次までの 3 段階で推計される。14.3 節で述べたように第 1 次年次推計で QE 推計値が大きめに事後改訂される。第 2 次年次推計でも精度の高い構造統計が利用可能となることから，第 1 次年次推計値からの事後改訂幅が大きくなる場合もある。それらに比べ，第 3 次年次推計での改訂幅は小さめにとどまる。第 3 次年次推計によってGDP は最終的な確定値に近づくが，その後もほぼ 5 年ごとに実施される「国民経済計算」の基準改定で改訂されることに注意を要する。

基準改定に伴う年次推計値の事後改訂：名目 GDP　基準改定におけるGDP の改訂幅は，最近では大きくなっている。図 14.7 は 2000 年基準（2005年 12 月公表～2011 年 11 月まで使用），2005 年基準（同 2011 年 12 月～2016 年 11 月），2011 年基準（同 2016 年 12 月～2020 年 11 月），現行2015 年基準（同 2020 年 12 月～）における名目 GDP（年度値）をプロットしたものである。基準改定によって名目 GDP が上方改訂されている。例えば，2010 年度の名目 GDP は 2000 年基準の 476 兆円から 2015 年基準の 505 兆円へと 15 年間で 29 兆円，2015 年度の名目 GDP は，2005 年基準の 501 兆円から 2015 年基準の 541 兆円へと 10 年間で 40 兆円，各々上方改訂されている。上方改訂の累積幅は名目 GDP の 6～8％ポイントにも達しており，そのインパクトはかなり大きい。

①名目 GDP の大きさを政策の目標とする場合，②租税や社会保障の国民負担，医療費や防衛費などの歳出，財政赤字や政府債務残高の大きさを名目 GDP で割り込んだ「対 GDP 比率」を用いて評価する場合，③名目 GDP を用いて経済規模の国際比較を行う場合では，どの時点の名目 GDP の公表値を利用するかによって結果が異なる。

2015 年 9 月に安倍晋三首相（当時）は，2015 年度の名目 GDP が約 500 兆円であることを念頭に「名目 GDP・600 兆円の早期達成」を目標に掲げた。名目 GDP は 2024 年度には 600 兆円を超え，目標を達成する見込みである。ただし，9 年間の増加額 100 兆円のうち基準改定による増加額が 40 兆円を占めてお

図 14.7 国民経済計算・基準改定による GDP の上方改訂

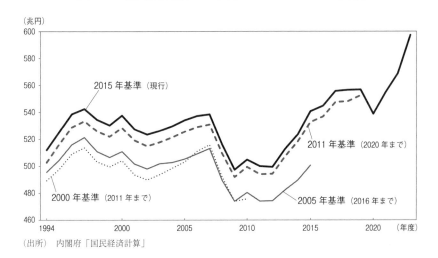

(出所) 内閣府「国民経済計算」

り，この間の GDP の増加は割り引いて評価する必要がある。

　また，一般政府債務残高対 GDP 比率は，名目 GDP の増加に伴い基準改定ごとに過去に遡って下方改訂されている。各時点のリアルタイムの公表値（表14.14 の矢印）の推移をみると，2010 年度末が 221％，2015 年度末が255％，2019 年度末が 241％，2022 年度末が 252％と，政府債務残高の増加度合いが実態以上に緩やかにみえる点には注意が必要である（**表 14.14**）。

基準改定に伴う年次推計値の事後改訂：実質成長率　一方，実質成長率（年度）の事後改訂をみると，長期で均してみればほとんど変化していない（1994〜2013 年度の平均実質成長率：2005 年基準＋0.9％→ 2011 年基準＋1.0％→ 2015 年基準＋0.9％）。

　ただし，個別年度では事後改訂が大きい場合もある。1998 年度（1990 年基準 ▲1.9％→ 2015 年基準 ▲1.0％），2008 年度（2000 年基準 ▲4.1％→同▲3.6％）では上方改訂が，2006 年度（2000 年基準＋2.3％→同＋1.3％），2007 年度（同＋1.8％→同＋1.1％）では下方改訂が目立っている。5〜15 年後に実施された基準改定によって，金融危機やリーマンショックの景気の落ち込みや景気拡張局面での経済拡大ペースがより緩やかであったとの結果が事後的に明らかになっている。

14　国民経済計算（2）：利用方法と利用上の注意点

表 14.14　一般政府債務残高対 GDP 比率（%）：基準改定ごとの変化

	2000 年基準	2005 年基準	2011 年基準	2015 年基準
2005 年度末	186.3	185.5	178.3	175.5
2010 年度末	221.1	218.9	210.6	208.4
2015 年度末		254.6	239.2	235.7
2019 年度末			240.6	238.7
2022 年度末				252.4

（出所）　内閣府「国民経済計算」

表 14.15　2011 年・2015 年基準改定による GDP 上方改訂要因（2015 年度）

GDP 上方改訂要因	増加額	主な内訳
①国民経済計算・作成基準の変更：最終生産物の範囲拡大	＋24兆円	研究・開発（R&D）（＋19 兆円），特許等サービス（＋3 兆円），娯楽作品原本（＋1 兆円）など
②基礎統計の精度向上・GDP 推計方法の改善	＋16兆円	建築物リフォーム・リニューアル工事（＋8 兆円），飲食サービス（＋5 兆円），分譲住宅の販売マージン・非住宅不動産の売買仲介手数料（＋2 兆円）など
合　計	＋40兆円	2015 年度 GDP：501 兆円→541 兆円

（出所）　内閣府公表資料を参考に筆者作成

●基準改定における GDP の上方改訂要因

　基準改定によって GDP はなぜ上方改訂されるのだろうか。2005 年基準の 501 兆円から 2015 年基準の 541 兆円へと 2 回の基準改定（2011 年基準：2016 年 12 月実施，2015 年基準：2020 年 12 月実施）で名目 GDP が 40 兆円増加した 2015 年度を対象に，要因を整理する（表 14.15）。

　上方改訂要因：①作成基準の変更による最終生産物の範囲拡大　GDP の上方改訂は 2 つの要因で生じている。第 1 は国民経済計算の作成基準の見直しによって GDP の対象となる最終生産物の対象範囲が拡大した影響である。13.3 節で述べたように国民経済計算の作成基準では，近年では経済の知的集約化の進展を踏まえ，研究・開発（R&D），特許等サービス，ソフトウェアなどの知的財産生産物の資産価値を認め，知的財産生産物を当期の生産過程のみに利用される中間投入（中間消費）ではなく，次期以降の生産活動にも繰り返し使用できる固定資本形成（資産計上される投資：最終生産物）に計上を変更する見直しが行われてきた。研究・開発（R&D）で 19 兆円，特許等サービス（特許権使用料のサービスへの取り込み）で 3 兆円，映画・テレビ番組・音楽等の娯楽作品原本で

360

1兆円，全体で約24兆円の上方改訂をもたらしており，GDPの上方改訂全体の6割を占めている。

上方改訂要因：②基礎統計の精度向上・GDP推計方法の改善　第2は基礎統計の精度向上やGDP推計方法の改善による寄与である。上方改訂のうち16兆円，全体の4割を占めている。

そのうち，最も寄与が大きい案件は建築物のリフォーム・リニューアル工事の固定資本形成への計上（＋8兆円）である。従来，リフォーム・リニューアル工事は建築物の耐用年数には影響はないとみなし，全て修繕費用として中間投入（中間消費）扱いされていた。もっとも，国土交通省「建築物リフォーム・リニューアル調査」の見直しによって耐用年数を延ばす効果がある工事額が把握可能となったことから，当該工事分を固定資本形成（設備投資）に扱いを変更し，GDPに計上される分が増加したものである。

このほか，「経済センサス活動調査」による飲食サービスの捕捉改善（＋5兆円），分譲住宅における販売マージンの新規捕捉（＋2兆円）など基礎統計の充実を受けたGDP推計方法の改善の寄与が目立っている。以上のように，近年の統計改革によって実現した基礎統計の改善によって，従来捕捉漏れとなっていた経済活動が捕捉可能となり，GDPが上方改訂されている。

●今後の基準改定においてもGDPは引き続き上方改訂されるのか

国民経済計算の基準改定は概ね5年ごとに実施されており，次回の2020年基準改定が2025年12月に，その次の2025年基準改定が2030年12月に実施される見込みである。次回以降の基準改定においてGDPが上方改訂される可能性について現段階で利用可能な情報で整理を行う。

上方改訂要因：①作成基準の変更による最終生産物の範囲拡大　現在，各国の統計専門家が参加して新たな国際基準策定に向けた議論が進められており，2025年に新たな国際基準である2025SNAが採択される予定である。新しい国際基準では近年，順次実施されている知的財産生産物の最終生産物への取り込みの一環として，インターネットでの各種取引を通じて集積が進むデータの資産価値を認め，当該データやデータから構築されるデータベースを新たに固定資本形成に計上する予定である。

2025SNA採択を受けたデータやデータベースの日本のGDPへの取り込みは2025年基準改定（2030年12月）に実施されると見込まれる。河野・吉本

（2024）は GDP の上方改訂幅（2020 年）は約 7 兆円と試算している。

上方改訂要因：②基礎統計の精度向上・GDP 推計方法の改善 GDP 上方改訂のもう一つの要因である基礎統計の精度向上や GDP 推計方法の改善による寄与は，かなり大きくなる可能性がある。3.3 節で述べたように，総務省は企業の母集団名簿である「事業所母集団データベース」のカバレッジ拡大に取り組んでいる。国税庁から提供を受けた法人番号に関する情報を活用し，捕捉漏れの可能性がある 160 万法人をリストアップ，統計調査員が企業活動の有無を確認し，活動実態のある 100 万法人を母集団に追加している。事業所母集団データベースに収録される法人数は，2016 年時点の 200 万法人から 2020 年には 290 万法人へと 90 万法人増加し，母集団名簿のカバレッジは改善している。

母集団名簿のカバレッジ拡大により，「経済センサス活動調査（2021 年）」や国土交通省「建設工事施工統計調査」など「産業連関表」や国民経済計算の年次推計に用いる基礎統計の精度は向上している。2024 年 6 月に公表された総務省「産業連関表（2020 年）」では一連の基礎統計の精度向上分が反映されており，各種計数に大きな変化が生じている（**表 14.16**）。「産業連関表」で算出された名目 GDP（＝「粗付加価値部門計」から企業交際費などの「家計外消費支出」を控除した額）は，2015 年の 533 兆円から 2020 年には 552 兆円へと＋3.6％増加している。需要項目別では，国内総固定資本形成（民間）（「国民経済計算」の民間住宅と民間企業設備の合計）の増加が目立っており，109 兆円から 125 兆円へ＋14.5％増加している。

名目 GDP や国内総固定資本形成（民間）の増加には，統計のカバレッジ拡大による計数の押し上げ効果が 2020 年の産業連関表に反映している点が寄与しており，実力を上回る増加となっている。現行の「国民経済計算」年次推計値をみると，2015 年から 2020 年にかけて名目 GDP は＋0.3％の増加，国内総固定資本形成（民間）は▲0.6％の減少であり，「産業連関表」での増加率は，これらを大きく上回っている（**表 14.17**）。

2015 年の年次推計値に「産業連関表」の伸び率を乗じて 2020 年の仮想推計値を求めてみると，名目 GDP は 557 兆円となる。統計のカバレッジ拡大により，現行公表値（540 兆円）を 18 兆円上回る。2025 年 12 月に公表される国民経済計算・2020 年基準改定では，「産業連関表（2020 年）」での上方改訂幅がそのまま反映するわけではないが，2020 年の名目 GDP が一定程度上方改訂される可能性があるとみられる。同様に国内総固定資本形成（民間）の 2020 年の仮

表 14.16 「産業連関表」2015 年と 2020 年の比較

	2015 年	2020 年	増加率
①粗付加価値部門計	548.2 兆円	561.5 兆円	+2.4%
②家計外消費支出	15.1 兆円	9.3 兆円	▲38.0%
名目 GDP 相当額＝①－②	533.2 兆円	552.2 兆円	+3.6%
うち国内総固定資本形成（民間）	108.8 兆円	124.6 兆円	+14.5%

（出所）　総務省「産業連関表」

表 14.17　GDP・と国内総固定資本形成（民間）（2020 年）：現行 SNA 公表値と「産業連関表」伸び率を用いた推計値との比較

		2015 年	2020 年	増加率
名目 GDP	現行 SNA 公表値	538.0 兆円	539.6 兆円	+0.3%
	「産業連関表」推計値	538.0 兆円	557.2 兆円	+3.6%
	差＝推計値－現行公表値	—	+17.5 兆円	
国内総固定資本形成（民間）	現行 SNA 公表値	107.6 兆円	107.0 兆円	▲0.6%
	「産業連関表」推計値	107.6 兆円	123.2 兆円	+14.5%
	差＝推計値－現行公表値	—	+16.2 兆円	

（出所）　内閣府「国民経済計算」から筆者推計

想推計値を求めると 123 兆円と現行公表値（108 兆円）を 16 兆円上回る。GDP 上方改訂には国内総固定資本形成（民間）が大きく寄与するとみられる。国内総固定資本形成（民間）の仮想推計値と現行公表値とのかい離を品目別にみると，ソフトウェア投資，建設投資，不動産仲介での上振れが目立っており，カバレッジが拡大する前の統計では，情報サービス，建設，不動産の各分野での捕捉漏れが大きかったことを示している。

　今回の統計のカバレッジ拡大と GDP の上方改訂は今次統計改革の最も目覚ましい成果と評価できる。一方で，GDP 上方改訂幅はかなり大きくなる可能性があり，利用には注意を要する。なお，今回母集団名簿に新たに追加された企業のうち，半数以上の企業から統計調査への協力が現時点では得られていない。今後，未把握企業の計数捕捉が進むにつれて，さらに GDP の上方改訂が生じる可能性がある点も念頭に置く必要がある。

14　国民経済計算（2）：利用方法と利用上の注意点

コラム　GDP のカバレッジ拡大に向けた税務情報の活用

1. 税務情報を活用した分配側 GDP の独立推計

　14.4 節で述べたように現在公表されている GDP には，基礎統計のカバレッジの不足から一定の捕捉漏れが存在する。その捕捉漏れがどの程度の大きさであるかを知るには，カバレッジが高い税務情報から得られる計数を利用して直接 GDP を推計することが一つの有効な対策となる。税務情報から得られる計数は，賃金，個人事業主の事業所得，企業の利益などの GDP の分配面のデータが中心である。雇用者報酬，混合所得，営業余剰，固定資本減耗を積み上げて分配側から GDP を推計し，生産側や支出側から算出される GDP と比較検証することは有効だと考えられる。

　税務情報を活用した分配側 GDP の独立推計を行った嚆矢となる研究は，藤原・小川（2016）である。同研究の試算では 2014 年度の分配側 GDP 推計値は 519 兆円と同時点の GDP 公表値 490 兆円を 29 兆円上回る。当時の GDP 公表値の捕捉漏れが少なくとも 29 兆円に達していたことを示している。ただし，同論文の試算は 2005 年基準の計数であり，その後の 2011 年基準改定・2015 年基準改定において基礎統計の精度向上・GDP 推計方法の改善により GDP は 16 兆円上方改訂されている（前掲**表 14.15**）。

　直近の捕捉漏れの大きさは，同様の手法で最新の 2015 年基準の GDP を対象に分配側 GDP の推計を行った Sekine（2022）から推測できる。同論文の試算結果によると，独立推計された一貫して分配側 GDP は GDP 公表値を上回っている（**図 14.8**）。2019 年度では分配側 GDP 推計値は 577 兆円であり，GDP 公表値（557 兆円）を 20 兆円上回る。藤原・小川（2016）に比べてかい離幅は縮小しているが，現行の GDP 公表値には少なくとも 20 兆円の捕捉漏れがあることを示している。Sekine（2022）の試算結果を踏まえると，14.4 節で述べた推計結果 ——「産業連関表（2020 年）」の精度向上により GDP が約 18 兆円上方改訂される可能性がある（前掲**表 14.17**）—— には一定の蓋然性が存在すると考えることができる。

2. 税務情報を活用した生産・支出・分配の三面の相互チェックが有益

　今後も，統計のカバレッジ拡大によって支出側 GDP や生産側 GDP の精度向上に引き続き取り組んでいくことが重要である。同時に税務情報の計数データを直接活用する分配側 GDP の独立推計値を作成・公表し，GDP の三面情報による相互チェックを行い，統計のカバレッジ拡大の達成度合いを定量的に計測することが望ましいと考えられる。統計委員会や内閣府において，分配側 GDP の独立推計値の作成・公表や GDP の三面情報の活用について前向きな検討が進められることを期待したい。

図 14.8 税務情報を活用した分配側 GDP 推計値と GDP 公表値との比較

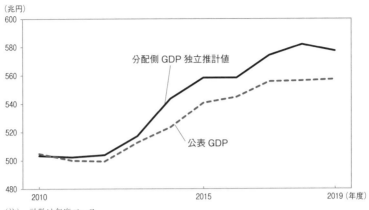

(注) 計数は年度ベース。
(出所) 関根敏隆先生提供のデータから筆者作成

3. 計数が把握できない企業の欠測値補完にも税務情報の活用が有効

現時点では「事業所母集団データベース」に新たに追加された企業のうち半数以上の企業から統計調査への協力が得られていない。企業の売上高や付加価値を把握し、GDP に反映させることを目標とする統計のカバレッジ拡大はなお道半ばである。総務省は、捕捉漏れの企業の計数把握に向けて最大限の努力を続ける方針であるが、統計調査員が訪問しても調査票の回答が得られない企業への督促には一定の限界がある。調査票未回収の企業に対しては、行政記録情報を活用した計数の欠測値補完を検討する必要がある。

その際の有力な候補は「税務申告情報」の活用である。既に個人事業者については e-Tax 申告情報で「経済センサス」の調査票を代用する方向で検討が進んでいる。法人企業についても同様の検討が望まれる。法人税申告データを集計する業務統計「会社標本調査」の標本法人数は、e-Tax 利用の広がりから 2022 年度には 225 万法人と母集団 (291 万法人) の 77％に達している。国税庁では国税総合管理システムを活用した「会社標本調査」の全数調査化や収録計数項目の拡充を検討しており、今後段階的に実現していく見通しである。同調査の調査票が利用可能となれば、「経済センサス」等で調査の協力が得られていない企業の売上高等の欠測値補完が可能となる。税務情報の活用には様々な制約が存在するが、統計のカバレッジ拡大に向けて関係者の前向きな取り組みを期待したい。

◆ 練習問題

問 14.1 四半期別 GDP 速報（QE：支出側 QE）の統計の見方について，6 つのポイントについて説明せよ。

問 14.2 国民経済計算の年次推計を利用するのが適切な 4 つの分野を挙げよ。

問 14.3 四半期別 GDP 速報（QE）の事後改訂はユーザーの大きな悩みであるが，需要項目別にみた場合，実質成長率への事後改訂の寄与度が大きい項目を 4 つ挙げよ。

問 14.4 GDP を景気指標として適切に利用するには，四半期別 GDP 速報（QE）から年次推計までの事後改訂幅を縮小することが不可欠である。事後改訂幅の縮小には，四半期別 GDP 速報（QE）と年次推計における，推計に利用する基礎統計と推計方法のシームレス化（同一化）を進めるのが望ましいとされている。現状，基礎統計と推計方法，各々について，QE 推計と年次推計との間にどのようなギャップ（違い）が存在するのかを説明せよ。

経済統計のより深い理解に役立つ
参考図書・文献／本書で引用した文献

　経済統計のより深い理解に役立つ参考図書・文献，ならびに本書で引用した文献を紹介する。なお，統計作成部署が作成する統計の解説資料については，説明内容が充実し，有益度の高いものを取り上げる。

■第1章　統計とは何か
（参考図書・文献）

総務省統計局「なるほど統計学園　参考　15統計エピソード集　ナイチンゲールと統計」，
　　　総務省統計局ホームページ

竹内啓（2018）『歴史と統計学──人・時代・思想』，日本経済新聞出版

西川俊作（2012）『長州の経済構造──1840年代の見取り図』，東洋経済新報社

西村清彦・山澤成康・肥後雅博（2020）『統計 危機と改革──システム劣化からの復活』
　　　第1章・第2章，日本経済新聞出版

立教大学社会情報教育研究センター（2019）『日本の公的統計・統計調査』，三恵社

■第2章　調査統計の作成方法

　標本調査の作成方法については，土屋（2009），日本統計学会編（2023），福井（2013）が適切な教科書である。

（参考図書・文献）

清水雅彦・菅幹雄（2013）『経済統計──産業活動と物価変動の統計的把握』，培風館

総務省統計局（2023）「労働力調査　標本設計の解説」，総務省統計局ホームページ（層化
　　　二段抽出法の適用事例）

総務省統計局（2018）「家計調査　標本設計の解説」，総務省統計局ホームページ（層化三
　　　段抽出法の適用事例）

土屋隆裕（2009）『概説 標本調査法』，朝倉書店

日本銀行調査統計局（2024）「短観（全国企業短期経済観測調査）の解説」，日本銀行ホー
　　　ムページ（層化抽出法の適用事例）

日本統計学会編（2023）『日本統計学会公式認定 専門統計調査士対応　調査の実施とデー
　　　タの分析』，東京図書

福井武弘（2013）『標本調査の理論と実際』，日本統計協会

（引用文献）

総務省統計局（2020）「世帯消費動向指数（CTIミクロ）の改善について（2020年基準改
　　　定）（案）」，第14回消費統計研究会提出資料

■第 3 章　調査統計が持つ誤差／業務統計の作成方法

（参考図書・文献）

土屋隆裕（2009）『概説 標本調査法』，朝倉書店

西村清彦・山澤成康・肥後雅博（2020）『統計 危機と改革──システム劣化からの復活』
　　第 5 章，日本経済新聞出版

日本統計学会編（2023）『日本統計学会公式認定 専門統計調査士対応　調査の実施とデー
　　タの分析』，東京図書

福井武弘（2013）『標本調査の理論と実際』，日本統計協会

（引用文献）

宇南山卓（2016）「消費関連統計の比較」，『フィナンシャル・レビュー』第 122 号，財務
　　省財務総合政策研究所

尾中裕一（2017）「労働力調査における継続標本を用いた複合推計」，『統計研究彙報』第
　　74 号，総務省統計研究研修所

厚生労働省（2023）「毎月勤労統計調査における特別給与の集計方法変更に伴う影響等の
　　試算」，厚生労働省ホームページ

西村清彦・肥後雅博（2023）「ポストコロナ時代の公的統計（4）──経済構造の変容と統
　　計のカバレッジ」，月刊誌『統計』2023 年 4 月号，日本統計協会（東京大学政策評価
　　研究教育センター・ディスカッションペーパー CREPEDP–139 でも公表）

日本銀行調査統計局（2016）「「経済センサス」を受けた短観の標本設計見直しについて」，
　　調査論文，日本銀行ホームページ

毎月勤労統計調査の「共通事業所」の賃金の実質化をめぐる論点に係る検討会（2019）
　　「報告書　資料編」，厚生労働省ホームページ

■第 4 章　加工統計の作成方法：指数を中心に

　物価指数の理論では阿部（2023）が優れた教科書で一読の価値がある。

（参考図書・文献）

阿部修人（2023）『物価指数概論──指数・集計理論への招待』，日本評論社

中村隆英・新家健精・美添泰人・豊田敬（1992）『経済統計入門』（第 2 版）・第 4 章，東
　　京大学出版会

白塚重典（1998）『物価の経済分析』，東京大学出版会

■第 5 章　統計の利用方法：景気分析を中心に

（参考図書・文献）

小巻泰之（2015）『経済データと政策決定──速報値と確定値の間の不確実性を読み説く』，
　　日本経済新聞出版

新家義貴（2017）『予測の達人が教える 経済指標の読み方』，日本経済新聞出版

高安雄一（2016）『やってみよう景気判断──指標でよみとく日本経済』，学文社

日本銀行調査統計局（1997）「「X-12-ARIMA」操作マニュアルについて」，日本銀行ホー
　　ムページ（古いマニュアルであるが，季節調整方法の入門書として適切な文献である）

日本経済研究センター編（2000）『経済予測入門』，日本経済新聞社

（引用文献）

奥本佳伸（2016）「季節調整法プログラム センサス局法 X-13-ARIMA-SEATS を日本のいくつかの経済統計データに適用した結果とその検討」『千葉大学経済研究』30(4)

川本卓司・尾崎達哉・加藤直也・前橋昂平（2017）「需給ギャップと潜在成長率の見直しについて」，調査論文，日本銀行ホームページ

木村武（1996）「最新移動平均型季節調整法「X-12-ARIMA」について」，『金融研究』第 15 巻第 2 号，日本銀行金融研究所

木村武（1997）「季節調整に関する実務的諸問題」，『統計数理』第 45 巻第 2 号

權田直（2015）「大きな経済的変動が生じた場合の季節調整法が GDP の改定に与える影響について」，『季刊国民経済計算』第 158 号，内閣府ホームページ

權田直・松村陽平（2023）「四半期別 GDP 速報の季節調整における暫定的な異常値処理方法の検証」，『経済分析』第 208 号，内閣府経済社会総合研究所

野木森稔（2013）「季節調整法に関する最近の動向：X-12-ARIMA から X-13ARIMA-SEATS へ」，『季刊国民経済計算』第 150 号，内閣府ホームページ

山岸圭輔・髙井健作・清水美絵（2022）「四半期別 GDP 速報における季節調整方法について —— 大きな経済変動に対する異常値処理」，国民経済計算関連論文 No.3，内閣府ホームページ

吉田充（2017）「GDP ギャップ／潜在 GDP の改定について」，経済財政分析ディスカッション・ペーパー DP–17–3，内閣府ホームページ

■第 6 章　企業に関する統計（1）：生産と収益

（参考図書・文献）

経済産業省大臣官房調査統計グループ経済解析室（2024）「指数の作成と利用（第 9 版)」，経済産業省ホームページ（鉱工業指数の詳細な解説）

日本銀行調査統計局（2024）「短観（全国企業短期経済観測調査）の解説」，日本銀行ホームページ

（引用文献）

片岡雅彦（2010）「短観の読み方 —— 主要項目の特徴とクセ」，日銀レビュー 2010–J–20，日本銀行ホームページ

■第 7 章　企業に関する統計（2）：設備投資

（参考図書・文献）

片岡雅彦（2010）「短観の読み方 —— 主要項目の特徴とクセ」，日銀レビュー 2010–J–20，日本銀行ホームページ

国土交通省総合政策局情報政策課建設経済統計調査室「建設総合統計の概要」，国土交通省ホームページ

西村淸彦・山澤成康・肥後雅博（2020）『統計 危機と改革 —— システム劣化からの復活』第 3 章，日本経済新聞出版

日本銀行調査統計局（2024）「短観（全国企業短期経済観測調査）の解説」，日本銀行ホームページ

■第8章　労働に関する統計：雇用・賃金
（参考図書・文献）

厚生労働省「毎月勤労統計調査の概要」，『毎月勤労統計調査　全国調査　年報』（各年版），政府の統計窓口（e-Stat）ホームページ

齊藤誠・岩本康志・太田聰一・柴田章久（2016）『マクロ経済学』（新版）・第4章，有斐閣

篠崎武久（2022）「労働力調査」，『日本労働研究雑誌』2022年4月号（労働政策研究・研修機構ホームページからダウンロード可能）

総務省統計局（2024）「労働力調査の解説」，総務省統計局ホームページ

西村清彦・山澤成康・肥後雅博（2020）『統計 危機と改革――システム劣化からの復活』第4章，日本経済新聞出版

肥後雅博（2022）「毎月勤労統計調査」，『日本労働研究雑誌』2022年4月号（労働政策研究・研修機構ホームページからダウンロード可能）

労働政策研究・研修機構『ユースフル労働統計　労働統計加工指標集（各年版）』，労働政策研究・研修機構ホームページ

労働政策研究・研修機構「労働統計のあらまし」，労働政策研究・研修機構ホームページ
（引用文献）

肥後雅博（2025）「賃金統計の精度向上に向けて――毎月勤労統計調査の再生への取り組みと今後の課題」，『フィナンシャル・レビュー』近刊，財務省財務総合政策研究所

■第9章　家計に関する統計：家計消費
（参考図書・文献）

宇南山卓（2023）『現代日本の消費分析――ライフサイクル理論の現在地』第11章・第12章，慶応義塾大学出版会

大久保友博・高橋耕史・稲次春彦・高橋優豊（2022）「オルタナティブデータ消費指数の開発――オルタナティブデータを用いた個人消費のナウキャスティング」，調査論文，日本銀行ホームページ

佐藤朋彦（2020）『家計簿と統計――数字から見える日本の消費生活』，慶應義塾大学出版会

中村康治・河田皓史・田中雅樹・植前理紗（2016）「消費活動指数について」，調査論文，日本銀行ホームページ

渡辺努・辻中仁士（2022）『入門オルタナティブデータ――経済の今を読み解く』，日本評論社

■第10章　物価に関する統計

物価統計では統計作成部署が作成する解説資料が充実している。解説資料のほか，5年ご

との基準改定の際に公表される基準改定の内容を説明した資料が詳細で分かりやすく，統計の解説資料としても利用価値が高い。

（参考図書・文献）

国土交通省不動産・建設経済局（2020）「不動産価格指数（住宅）の作成方法」「不動産価格指数（商業用不動産）の作成方法」，国土交通省ホームページ

白塚重典（1998）『物価の経済分析』，東京大学出版会

総務省統計局（2021）「2020 年基準 消費者物価指数の解説」，総務省統計局ホームページ（サービスのモデル式ならびに品質調整方法を詳しく説明）

総務省統計局（2024）「小売物価統計調査のはなし」，総務省統計局ホームページ（消費者物価指数の財・サービスの価格調査方法を詳しく説明）

西村清彦・山澤成康・肥後雅博（2020）『統計 危機と改革——システム劣化からの復活』第 8 章，日本経済新聞出版

日本銀行調査統計局（2022）「2020 年基準企業物価指数の解説」，日本銀行ホームページ

日本銀行調査統計局（2022）「最終需要・中間需要物価指数（2015 年基準）の解説」，日本銀行ホームページ

日本銀行調査統計局（2024）「企業向けサービス価格指数（2020 年基準）の解説」，日本銀行ホームページ

（引用文献）

白塚重典（2023）「消費者物価指数の精度向上に向けて」，渡辺努・清水千弘編『日本の物価・資産価格——価格ダイナミクスの解明』第 4 章，東京大学出版会

総務省統計局消費統計課物価統計室（2021）「消費者物価指数における民営家賃の経年変化の調整方法」，総務省統計局ホームページ

西村清彦・肥後雅博（2023）「ポストコロナ時代の公的統計（2）——物価・賃金統計の精度問題」，月刊誌『統計』2023 年 2 月号，日本統計協会（東京大学政策評価研究教育センター・ディスカッションペーパー CREPEDP–136 でも公表）

吉田二郎（2023）「限界家賃指数の推計」，渡辺努・清水千弘編『日本の物価・資産価格——価格ダイナミクスの解明』第 6 章，東京大学出版会

■第 11 章　対外バランスに関する統計

　国際収支統計については，本書のほか，齊藤・岩本・太田・柴田（2016）を読んでから，日本銀行国際局（2022）を利用すると理解しやすい。

（参考図書・文献）

齊藤誠・岩本康志・太田聰一・柴田章久（2016）『マクロ経済学』（新版）・第 3 章，有斐閣

日本銀行国際局（2022）「国際収支関連統計（IMF 国際収支マニュアル第 6 版ベース）の解説」「国際収支関連統計 項目別の計上方法」，日本銀行ホームページ

日本銀行国際局「国際収支統計および本邦対外資産負債残高（各年版）」，日本銀行ホームページ（国際収支統計の解説資料としても有益な文献だが，2023 年 7 月公表の 2022 年版をもって作成が中止となった）

萬俊秀・柴﨑彩奈・長田充弘・東将人（2017）「実質輸出入の見直しと活用のポイント」，調査論文，日本銀行ホームページ

■第 12 章　財政と金融に関する統計

　資金循環統計については，本書のほか，齊藤・岩本・太田・柴田（2016）を読んでから，日本銀行調査統計局（2023）を利用することを勧める。

（参考図書・文献）

齊藤誠・岩本康志・太田聰一・柴田章久（2016）『マクロ経済学』（新版）・第 3 章，有斐閣

日本銀行調査統計局（2023）「資金循環統計の解説」「資金循環統計の作成方法」，日本銀行ホームページ

日本銀行調査統計局（2024）「マネーストック統計の解説」，日本銀行ホームページ

東日本建設業保証株式会社（2023）「公共工事前払金保証統計の見方」，東日本建設業保証ホームページ

■第 13 章　国民経済計算（1）：GDP の概念と推計方法

　国民経済計算（SNA）を学ぶには，本書のほか，齊藤・岩本・太田・柴田（2016），李（2023），中村（2022）を順に読むとよい。齊藤・岩本・太田・柴田（2016）と李（2023）が入門書，中村（2022）が最新の 2008SNA の内容を詳細に説明している唯一の専門書である。また，コイル（2015）は GDP の歴史や特徴に関する分かりやすい読物である。最近の GDP の精度向上の取り組みは西村・山澤・肥後（2020）がフォローしている。なお，SNA 作成部署である内閣府による解説資料はいずれも難易度が高い。本書や上記の書籍で，国民経済計算の基本的な内容を学習してから利用することを勧める。

（参考図書・文献）

齊藤誠・岩本康志・太田聰一・柴田章久（2016）『マクロ経済学』（新版）・第 2 章，有斐閣

ダイアン・コイル（2015）『GDP〈小さくて大きな数字〉の歴史』，みすず書房

内閣府経済社会総合研究所国民経済計算部「国民経済計算の見方・使い方」，内閣府ホームページ

内閣府経済社会総合研究所国民経済計算部（2024）「国民経済計算推計手法解説書（年次推計編）2015 年（平成 27 年）基準版」，内閣府ホームページ

内閣府経済社会総合研究所国民経済計算部（2023）「国民経済計算推計手法解説書（四半期別 GDP 速報（QE）編）」，内閣府ホームページ

内閣府経済社会総合研究所国民経済計算部（2023）「2008SNA に対応した我が国国民経済計算について」，内閣府ホームページ

中村洋一（2022）『GDP 統計を知る──国民経済計算の基礎』（改訂第 2 版），日本統計協会

西村清彦・山澤成康・肥後雅博（2020）『統計 危機と改革──システム劣化からの復活』第 6 章，日本経済新聞出版

純貸出（＋）／純借入（－）　306,348,350
準通貨　296
純輸出　261,263,280,340
商業・法人登記簿情報　29,68
商業動態統計調査　16,44,49,203,211,213,324,
　332
証券投資　262,274,276,278
消費活動指数　203,209,332
消費活動指数（旅行収支調整済）　210
消費支出　206,208,209,223,230
消費者態度指数　119,203,220
消費者物価指数（CPI）　5,9,52,81,84,94～96,
　98,101,103,110,118,120,206,210,227,229,
　230,237,241,244,249,254,256,325
　　── の下方バイアス　255,258
　　── の精度　237,254
消費者物価指数・総合指数　230,238,239,246,
　256
消費者マインド　202,203,219,222
消費動向調査　203,219
情報基盤（公共財）　4
常用雇用指数　195
常用労働者（常用労働者数）　189,193,195
職業安定業務統計　9,74,178,186
所定外給与　60,189
所定内給与　59,189,194,197
所定内労働時間　195
新規求職申込件数　186,187
新規求人数　186,187
新規求人倍率　186～188
新車登録台数　13,203,215
信頼区間　36
信頼係数　36,37,57,76,121,122
垂直的アプローチ　291
水平的アプローチ　291
数量指数　9,78,80,86,99,129,131,166,171
数量の計測単位　131,148
裾切り調査　49,63,131
税関長公示レート　267,271
正規雇用者（正規の職員・従業員）　182,184,
　191
生計費　83
生産側GDP　27,149,304,305,312,313,
　316～318,321,327,328,345,348,364
生産側QE（生産側GDPのQE推計値，生産側
　QNA）　110,329,336,343
生産側系列の四半期速報（生産側QNA）　336,
　343
生産関数アプローチ　108
生産指数　80,129
生産者物価指数　229,242
生産動態統計調査（経済産業省）　15,49,50,63,

131,323,328,329,355
生産の概念（GDPの）　308
生鮮食品及びエネルギー除く総合指数　110,
　239,240
生鮮食品除く総合指数　110,239,240,255
製造工業生産予測指数　134
政府最終消費支出（政府消費）　282
政府の統計窓口（e-Stat）　137,164,170,182,
　186,192,206,217,220,238,287
税務情報（税務申告情報）　364,365
世帯消費動向指数（CTIミクロ）　53,212
接続指数　96
設備稼働率（稼働率指数）　124
設備投資（民間設備投資，民間企業設備）　151
　　── の一致指標　153,166,168,171
　　── の先行指標　153,159,165
前月比（前期比）　113
潜在GDP　104,105,108,122,177
　　── の計測誤差（不確実性）　107,108,122
潜在成長率　104,105,108,122,346
　　── の計測誤差（不確実性）　109,122
潜在労働力人口　185
全数調査（全数統計）　15,21,24,45,49,50,56,
　63,73,122,137,138,162,186,187,191,286,301
前年同月比（前年同期比）　113,118
全要素生産性（TFP）　108,124
層化　42,45,178,191
総概念　311
層化多段抽出法（層化2段抽出法，層化3段抽
　出法）　39,41,45,178,191,204
層化抽出法　39,42,44,137,143,191
総合価格指数　83,100
総合数量指数　86
総消費動向指数（CTIマクロ）　212
総平均（除く国際運輸）指数　249
総平均指数（企業物価指数，企業向けサービス
　価格指数）　244,245,247,249
遡及改訂　170～172
速報性　122,129,132,141,143,146,148,203,
　209,211,215,216,218,220,222,232,245,263,
　265,269,286,295,298,299,329,335,351
その他サービス　275,278
その他投資　274,276
その他の加工統計　78
ソフトウェア（ソフトウェア投資）　152,156,
　158,308,337,352,360,363

た 行

第1次所得　305,342,348
第一次所得収支　262,274,276,278
対外純資産残高　278

第３次産業活動指数　9,129,211,212,344
大数の法則　32
第二次所得収支　274
代表的店舗調査　233,237
多段抽出法（２段抽出法，３段抽出法）　39,40,
　45,219
ダブルデフレーション　317,319
短観（全国企業短期経済観測調査）　9,13,40,
　44,49,58,63,65,119,140,153,154
　──「新卒者採用状況」　142,154
　──「設備投資計画」　154,156
　──「設備投資計画」の修正パターン　157
　──「年度計画」　142,146,147,154
　──「判断項目」　142,147,154
　──「物価見通し」　142,154
　──「新卒者採用状況」　154
単純無作為抽出（無作為抽出，単純無作為抽出
　法）　32,39,41,42,52,179,191,217,218
地価公示　230,250,254
蓄積勘定　305
知的財産生産物　308,314,337,360,361
着工床面積（建築物の延べ床面積）　162,164,
　170
中間生産物　314
中間投入（中間消費）　304,311,313～317,319,
　322～327,348,360,361
中間投入比率　327,328,344
中間年　327
抽出率　33
中心極限定理　34
調査区（調査区フレーム）　24,40,45,46,178,
　204
調査統計　8,9,20,24,30,39,44,46,49,52,56,67,
　75,78,178,203,213,216,217
調査票回収率（価格回収率）　69,131,137,143,
　192,205,216,217,245,286,300
調整表　291,292
直接投資　262,274,276,278,310
直接投資収益　276,278,341
直接比較法　236
貯蓄（家計貯蓄）　201,306,329,342,348
貯蓄投資差額　294,306,345,348
貯蓄率（家計貯蓄率）　201,208,219,342,343,
　345
賃金　177,178,188
賃金引上げ等の実態に関する調査　194
追加就労希望就業者　185
通貨発行主体　296
通貨保有主体　296
通信料（携帯電話）　231,234,254,255
データ／データベース　361
東京都区部の消費者物価指数（中旬速報値）

232,240
統計　2
統計委員会　18
統計調査　9,20,30,44,46,52
統合推計　355
統合比率（QE の）　330,331
動態統計　15,30,47,62,69,75,121,307,321,328,
　329,355,357
特別に支払われた給与　189,193,195
都道府県地価調査　250,254
届出統計調査　18
ドリフト現象（連鎖指数の）　98,100

な　行

日経 CPINOW　229,241
ネイマン配分法　45
年次推計（GDP の）　50,51,105,111,121,209,
　284,289,300,307,321,328～330,336,342,345,
　347,352,354,355,358,362
年次フレーム　27,67

は　行

パーシェ・チェック　93,95,99
パーシェ価格指数（パーシェ指数）　84,88,92,
　93,97
パーシェ型効用不変価格指数　91,92
パーシェ数量指数　87,88
パートタイム労働者　190,193,194,197
非正規雇用者（非正規の職員・従業員）　182,
　184,191,194
ビッグデータ　14,122
非標本誤差　56,67,71,73,75,122,137,192
非復元抽出　33,35
標準誤差　34,37,48,57
標準誤差率　37,57,62,64,76,121,138,183,207,
　208
標本　21,40,42,52
　──の大きさ（標本サイズ）　30,37,45,49,53,
　56,75,138,139,195,202,218,301
標本入れ替えによる段差・振れ　137,139,143,
　144,147,180,192,195,198,205
標本誤差　21,31,36,41,42,45,47,50,56,61,73,
　121,122,138,183,185,207,213
標本設計　37,39
標本抽出　21,32,39,42,45,51,53,191
標本調査　15,21,30,32,39,45,47,49,52,56,137,
　191
標本平均　31,33
比例配分法　45
非労働力人口　59,178,180,183

品質調整（品質調整方法）　98,99,235,237,238,
　244,248
フィッシャー価格指数　89
フィッシャー指数　89
フィッシャー数量指数　89
フィリップス曲線　103,104,109
付加価値　304,308,311,313,316,317,319,327,
　341,343,345
付加価値法　322,327,328
不規則変動（ノイズ）　116,119,120
復元乗率（乗率，抽出ウエイト）　33,43,154
不詳補完値　23
物価指数　52,63
不動産価格指数　230,250,252
　　──（住宅）　252
　　──（商業用不動産）　252
不動産鑑定価格（不動産鑑定士が鑑定評価した
　価格）　250～252,254
不動産取引価格情報　253
不偏分散　31,35
プライマリーバランス　346,350
振れ（ノイズ）　237,239,241,244,249,
　250～252,254
分散型統計機構　16
分配側GDP　304,305,312,313,316,318,322,
　345,347,348,364
分配側QE　329
ヘドニック関数　253
ヘドニック法　235,245,248
変化率の標準誤差　64
変化率の標本誤差　64
ベンチマーク更新　195
変動調整値（家計調査の）　224
貿易価格指数（輸出・輸入の価格指数）　265
貿易金額指数（輸出・輸入の金額指数）　265
貿易指数　265,266
貿易収支　261,262,266,274
貿易数量指数（輸出・輸入の数量指数）　265,
　268
貿易統計　9,74,119,122,166,244,263,264,269,
　274,324,329
貿易取引の通貨別比率　267
法人企業統計調査　9,291,324,327,330,333,
　355,357
　　──（四半期調査）　40,44,48,49,57,62,65,69,
　119,121,122,135,146,171
　　──（年次調査）　135
法人番号公表サイト・法人番号の通知状況に関
　する情報　29,68
訪日外国人消費動向調査　275
母集団　20,32,33,39,42,45,52,204
　　──の大きさ　30,35,45

　　──の総計（母集団の総計の推定量）　30,33,
　43
　　──の総計の推定量の分散　34,43
　　──の特徴を表す量（母数）　30
　　──の比率（母集団の比率の推定量）　31,34
　　──の比率の推定量の分散　35
　　──の分散　31,35,42
　　──の平均（母集団の平均の推定量）　30,33
　　──の平均の推定量の分散　35
母集団名簿（母集団情報）　24,26,39,40,44,46,
　52,67,73,98,222,362,363
ボルトキヴィッチの関係式　93
本邦対外資産負債残高　272,277,278,291

ま 行

毎月勤労統計調査　9,40,44,48,49,59,62,65,69,
　72,122,178,188
マネーストック統計（マネーストック）　13,
　284,296
マネタリーベース　284,295,296
　　──と日本銀行の取引　295
未活用労働　185
民間・非居住用建築物（民間建築主による非居
　住用建築物）　164,165,170
民間企業設備（民間設備投資）　326,330,333,
　338,340,354～357
民間建築（非居住用）　170～172
民間建築（非居住用）＋民間土木　170,172
民間在庫変動　339,340,354,357
民間最終消費支出　337,354
民間住宅（住宅投資）　338,356
民間統計　10,13
民間土木　170,172
民需（船舶・電力除く）受注額　161,165
無回答誤差　67,69,73,74
無職世帯　205
持ち家の帰属家賃（家賃）　202,208,231,254,
　257,309,324
モデル式　233,234,238,254

や 行

有意抽出調査（有意抽出法，主観的な標本抽
　出）　49,51,63,98,221
有限母集団修正項　34
有効求人倍率　75,178,186,188
輸出　261,263,265,269,274,280
輸出デフレーター　341
輸出物価指数（EPI）　243,247,263,269,271
輸入　261,263,265,269,274,280
輸入デフレーター　341

輸入物価指数（IPI） 243,246,247,263,269,271
要素 21,30,32,33,39,44,47,52
容量比による換算（単価比較法） 235,245
預金・現金・貸出金 299
預金通貨 296

ら 行

ラスパイレス価格指数（ラスパイレス指数）
　84,88,92,93,97,100
ラスパイレス型効用不変価格指数 91,92
ラスパイレス指数 230,244,247
ラスパイレス数量指数（ラスパイレス指数）
　87,88,93,129
旅行（旅行サービス） 275,277
旅行収支 211
連鎖指数（ラスパイレス連鎖指数） 97,99,100,
　238,245
労働時間 109,124,178,188,189,194,346,349
労働投入（労働投入量） 108,124,346,349
労働分配率 348
労働保険情報 29,68
労働力人口 59,177,178,180,183
労働力人口比率（労働力率，労働参加率） 59,
　108,124,177,178,180,183,184,187
労働力調査 9,24,40,46,48,59,62,65,178,187,
　189,191,195
ローテーション・サンプリング（標本の部分入
　れ替え） 47,48,64,137,179,183,191,195,205

数字・欧字

1993SNA 292,308
1次QE（QEの1次速報） 110,307,328,330,
　335,342,357
1品目1銘柄調査 232,237
2008SNA 292,308,352

2025SNA 361
2次QE（QEの2次速報） 110,307,329,330,
　335,342,352,357
2人以上世帯のうち勤労者世帯 206,223
2人以上の世帯 206
CIF（Cost Insurance and Freight＝運賃・保険
　料込み）価格 265,274
DI（ディフィージョン・インデックス） 142
EDINET情報 29
FISIM（金融仲介サービス，間接的に計測され
　る金融仲介サービス） 308,325,352
FOB（Free on Board＝本船渡し）価格 265,
　274
GNI（国民総所得） 310,320,337,341
GDI（国内総所得） 310,320,337,341
GDP（国内総生産） 3,9,26,50,128,200,261,
　268,274,280,282,300,301,303,304,308,310,
　311,315,320,324,328,352,358,362,364
　──の三面等価 305,312,314,315
　──実質化 316
　──の推計方法 321,328
GDPデフレーター 341
GDP年次推計値の上方改訂 358,360,363
IS曲線 103,104
JCB消費NOW 203,218
M1 296
M2 296,297
M3 296
NDP（国内純生産） 311
POSデータ 14,122,229,235,240,241
　──による物価指数 229,240,241,254
RDD法 53
SRI・一橋大学消費者購買価格指数と単価指数
　229,241
X-12-ARIMA 116
X-13-ARIMA-SEATS 116

李潔（2023）『入門 GDP 統計と経済波及効果分析』（第 3 版），大学教育出版

（引用文献）

内閣府経済社会総合研究所（2023）「無償労働の貨幣評価」，内閣府ホームページ

内閣府経済社会総合研究所国民経済計算部（2024）「1 次 QE の公表前倒しの可能性に関する研究について」，第 36 回統計委員会国民経済計算体系的整備部会提出資料，2024 年 3 月 25 日

西村清彦・肥後雅博（2023）「ポストコロナ時代の公的統計（3）──「今」を映す四半期別 GDP 速報の課題」，月刊誌『統計』2023 年 3 月号，日本統計協会（東京大学政策評価研究教育センター・ディスカッションペーパー CREPEDP–137 でも公表）

李潔（2018）『入門 GDP 統計と経済波及効果分析』（第 2 版），大学教育出版

■第 14 章　国民経済計算（2）：利用方法と利用上の注意点

（参考図書・文献）

小巻泰之（2015）『経済データと政策決定──速報値と確定値の間の不確実性を読み解く』，日本経済新聞出版

西村清彦・山澤成康・肥後雅博（2020）『統計 危機と改革──システム劣化からの復活』第 5 章・第 6 章・第 7 章・第 10 章，日本経済新聞出版

（引用文献）

小巻泰之（2022）「生産側 QNA のさらなる向上に期待──パブリックコメントの実施を」，東京財団政策研究所

斎藤太郎（2020）「経済予測はどのくらいはずれるのか（3）──四半期別 GDP の予測精度（個別機関 VS コンセンサス予測）」，基礎研レター，ニッセイ基礎研究所

西村清彦・肥後雅博（2023）「ポストコロナ時代の公的統計（3）──「今」を映す四半期別 GDP 速報の課題」，月刊誌『統計』2023 年 3 月号，日本統計協会（東京大学政策評価研究教育センター・ディスカッションペーパー CREPEDP–137 でも公表）

藤原裕行・小川泰尭（2016）「税務データを用いた分配側 GDP の試算」，日本銀行ワーキングペーパー No.16–J–9，日本銀行ホームページ

河野陽介・吉本尚史（2024）「データの資本としての記録方法について──2025SNA（仮称）に向けた国民経済計算における試算」，『経済分析』第 209 号，内閣府経済社会総合研究所

Sekine, Toshitaka（2022）"Looking from Gross Domestic Income: Alternative view of Japan's economy," *Japan and the World Economy*，101159

経済統計のより深い理解に役立つ参考図書・文献／本書で引用した文献　　373

索 引

あ 行

アクチュアル方式　180
一次統計　8
一般職業紹介状況　186
一般統計調査　18
一般労働者　190,193,194,197
移動平均法を用いた季節調整　116
インターネット・モニター調査　13,53
インプリシット・デフレーター　317
インフレ率（物価上昇率）　104,109
ウエイト　79,83,85,86,88,95,97,100,129,131,
　230～232,238,239,244,247,256
ウェブスクレイピング技術　235
営業余剰　305,312,313,316,318,322,347,364
エンゲル係数　61
円ベースの指数　244,247
オーバーラップ法　236,245
オプション・コスト法　236

か 行

海外からの所得の純受取　310,311,321,341
会社標本調査　365
外食産業市場動向調査（外食売上高）　203,216,
　218
回答者の記入誤り・記入漏れによる誤差　67
価格指数（物価指数）　9,78,80～82,99
　――の精度　98
価格調査（価格調査方法）　98,99,232,237,244,
　248
夏季電力料金調整後の指数　246
家計可処分所得・家計貯蓄率四半期速報　336,
　342
家計最終消費支出（家計消費）　200,212,219,
　315,322～324,330,331,337,340,343,355,356
家計最終消費支出（除く持ち家の帰属家賃）
　209,337
家計最終消費支出デフレーター　338,342
家計消費デフレーター　256
家計統計　24,40,46,48,53,60,62,65,71,75,122,
　202,203,223,230,255,330,331,355
家計の消費性向（平均消費性向）　201,208,219,
　223
加工統計　8,9,78,168,209,268,287
貸出先別貸出金　299

貸出・預金動向（速報）　298
可処分所得（家計の可処分所得）　110,201,209,
　219,223,305,329,342,343,345,348
家族従業者　182,183
偏り（バイアス）　42,51～53,69,70,74,143,147,
　148,156,162,188,209,217,241,287,289
　――の補正　218
カバレッジ　68,73,74,160,162,165,166,170,
　172,187,239,241,244,264,275,278,285,
　362～365
カバレッジ誤差　67
下方バイアス（品質バイアス）　265,268
完全失業者　59,177,178,180,183
完全失業率　59,109,124,177,178,181,183,185,
　187
機械受注統計調査　120,153,160,165
機械受注見通し調査　160
機械投資（機械・設備）　152,160,166,330,337
基幹統計　17
基幹統計調査　18
企業所得　135
企業物価指数（CGPI）　5,9,13,52,80,82,84,89,
　94,95,97,98,131,148,229,240,242
企業マインド（景況感）　140,142～145
企業向けサービス価格指数（SPPI）　9,13,52,
　80,82,84,95,98,118,229,240,242,247,256
基準改定　121,131,232,245,265,307,314,316,
　328,358,360,361
基準年　81,95,96,129,230,316,323,324,327
基準年推計　308,321
季節調整　116
　――の歪み　117
季節調整済系列（季節調整系列，季節調整
　値）　113,116,117,132,137,161,164,168,170,
　182,183,187,206,210,214,215,220,238,249,
　254,266,271,277,294,298,337,339,342～344,
　346
季節変動（季節変動成分）　116～118,132
基本計画　18
きまって支給する給与　60,189
供給側推計（供給側推計値）（QE の）　329,
　331,343,355～357
供給側統計　202,208
業況判断DI　142,144,145
業況判断DI（先行き）のくせ　146
業種分類指数1　130

行政記録情報　9,13,28,68
共通事業所による前年同月比　192,195〜197
業務統計　8,9,73,78,186,215,218,263,264
居住者　310,311,337
金額条件　88
金融勘定　306,348
金融資産・負債残高表（ストック表）　290,292
金融収支　273,276
金融取引表（フロー表）　289,292
勤労者・無職以外の世帯　205
勤労者世帯　205
クレジットカードデータ（クレジットカード情報）　14,122,203,218
景気ウォッチャー調査　52,119,122,203,220
景気循環（景気変動）　107,111,112,118,122,124,131,133,135,139,141,145,239,249
景気の現状判断DI（家計関連）　222
傾向スコア　54
経済構造実態調査　11,15,18,28,49,50,63,69,89,244,323,324,327,328,355
経済センサス（経済センサス活動調査）　3,9,11,15,18,21,24,28,50,51,63,68,73,89,213,214,307,361,362,365
経常勘定　305
経常収支　262,272,277
計数の段差　292,352
計数の段差（「国際収支統計」その他サービスの）　277,278
計数の振れ　207,216,217
計数の段差（消費支出，可処分所得，平均消費性向）　209,223
計数補填（「国際収支統計」その他サービスの）　276〜278,280
継続標本　139,143,144,147,148,156,160,180,183,192,195,197,213
継続標本（継続標本を利用した前年同月比〈同期比〉の系列）　47,49,51,64
契約通貨ベース指数　244,247
月間有効求職者数　178,186,187
月間有効求人数　178,186
欠測値補完　70,365
研究開発投資（R&D，研究・開発）　152,156,158,308,315,337,352,360
現金給与総額　60,189,193,195,197
現金通貨　296
建設工事受注動態統計調査　69,165,168,173,286,287,289,300
建設工事進捗率調査　168
建設工事施工統計調査　323,328,362
建設工事出来高（民間）　154,166,168,171,172,287
建設総合統計　9,69,121,122,154,166,168,171,172,284,287,300,301,323,328,329,333,356

建設投資（住宅以外の建物，土木構築物）　152,160,162,168,172,283,285,300,301,330,333,337,363
　──の先行指標　162
建築着工統計　9,74,153,160,165,168,170,287
建築物リフォーム・リニューアル調査　165,171,361
コア指標（消費者物価指数の）　110,239
交易条件　247,319
交易利得・損失（交易利得）　247,320,337,341,345
公共工事請負金額　13,284,285,288,301,356
公共工事出来高　284,286,287,300,301,356
公共工事前払金保証統計　284,285,301,356
公共投資の一致指標　284,287,300
公共投資の先行指標　284,285
広義流動性　296,297
鉱工業指数　9,49,50,63,80,88,95,116〜118,124,129,148,166,212,265,328,329,344
　──の下方バイアス（品質バイアス）　132,148
鉱工業総供給表　154,166
工事進捗ベース　168
工事費予定額　162,164,,165
高人件費率サービス　250
構造統計　15,30,63,203,208,307,321,328,345,355,357,358
公的固定資本形成（公共投資）　282,286,288,300,301,326,337,354,356
公的統計　10,11
公的統計の整備に関する基本的な計画（基本計画）　17
効用不変価格指数（真の価格指数）　90
国際収支統計　13,211,263,265,267,272,278,291,304,324,329
国勢調査　9,11,18,21,22,39,40,45,63,69,178,204,218
国内企業物価指数（PPI）　243,246
国内需要デフレーター　341
国内総供給　323,324,332
国内の概念（GDPの）　310
国民経済計算（SNA）　6,9,11,17,26,78,89,149,256,265,267,274,280,291,294,303,305,307,308,314,316,328,335,345,351,358,361,362
　──の国際基準（作成基準）　304,308,360,361
国民所得　135,311,345,349
国民所得（市場価格表示）　311
国民所得（要素費用表示）　311
国民の概念（GDPの）　310
誤差脱漏　273

コスト評価法　245,248
固定価格バスケット　87
固定資本形成　314,315,322〜324,326,349,
　360〜362
固定資本減耗　306,311,324,348,364
固定資本ストック　346,349
固定資本ストック速報　350
固定数量バスケット　83
コモディティ・フロー法（コモ法）　322,324,
　327〜329,355,357
雇用形態　182
雇用者（雇用者数）　59,177,178,182〜184,189,
　195,346,349
雇用者報酬　135,176,305,312,313,316,318,
　324,338,347,364
混合所得　305,313,316,322,347,364

さ 行

サービス　261,264,272,274,277,278
サービス産業動態統計調査　16,44,69,203,211,
　216,217,323,328,329,331
サービス収支　273,277
財（財貨）　261,263,264,270,272,273
在庫指数　80,129
在庫率　133
財産所得　135
最終家計消費支出（家計消費）　314
最終需要　339
最終需要・中間需要物価指数（FD-ID指数）
　246,247
最終生産物　314,315,352,360
財政収支　346,350
再投資収益　276
財別分類指数　130
サバイバル・バイアス　71
差分の標準誤差　64
産業連関表　9,17,26,304,307,312,315,316,321,
　323,327,362
産出（産出額）　304,311,313,316,317,319,322,
　323,325,327,343,345,348
参照利子率　325
自営業主　182,183
時間当たり給与（時給）　194
事業所母集団データベース（ビジネスレジス
　ター）　27,39,44,67,143,362,365
資金過不足　289,292,294,348
資金循環統計　13,284,289,304,351
シグナルノイズ比率　62
時系列統計データ検索サイト（日本銀行）
　144,245,249,277,292,298
事後改訂（遡及改訂）　51,69,111,118,120,131,

191,209,213,217,232,245,249,256,284,286,
287,289,292,298,300,311,316,328,330,332,
336,342,352,354,356,358,359
支出側GDP　27,200,305,312,314,315,317,318,
321,324,328,345,351,364
支出側QE　329,336,337
指数　9,78,79
　──の基準改定　95,96
　──の経済理論　89
失業者　185
実質GNI（実質国民総所得）　320
実質GDI（実質国内総所得）　319,320
実質GDP（実質国内総生産）　104,105,110,
317〜319
　──の二面等価　318
実質GDP成長率（実質成長率）　104,105,112,
113,317,339,352,354,359
実質輸出入の動向　263,268
四半期別GDP速報（QE）（QE推計値）　51,
105,110,117〜119,121,154,166,171,202,209,
211,284,286,288,300,307,321,328,330,331,
335,345,350〜352,354,355,357,358
資本移転等収支　273
資本勘定　306,348
資本財国産指数　168
資本財総供給（資本財総供給指数）　154,166,
167,171
資本財輸入指数　168
資本投入（資本投入量）　108,124,346,350
就業形態計　193,195,197
就業者（就業者数）　59,178,180,183,184,346,
349
　──の労働時間数に係る参考系列　349
就業状態　180
従業上の地位　182
就業率　109,182
住宅着工統計　162,163
住宅投資（民間住宅）　326
住宅・土地統計調査　325
集中型統計機構　16
集落抽出法　39
需給ギャップ（GDPギャップ）　103,105,106,
108,112,122,177,182,185,239,346
　──の計測誤差（不確実性）　107,109,122
宿泊旅行統計調査　69,203,216
出荷・在庫バランス（「出荷の前年比」−「在庫
　前年比」）　133
出荷指数　80,129
需要側推計（需要側推計値）（QEの）　330,
331,355〜357
需要項目別配分比率　324,328,332
純概念　311

376

品質調整（品質調整方法） 98,99,235,237,238, 244,248
フィッシャー価格指数 89
フィッシャー指数 89
フィッシャー数量指数 89
フィリップス曲線 103,104,109
付加価値 304,308,311,313,316,317,319,327, 341,343,345
付加価値法 322,327,328
不規則変動（ノイズ） 116,119,120
復元乗率（乗率，抽出ウエイト） 33,43,154
不詳補完値 23
物価指数 52,63
不動産価格指数 230,250,252
　　──（住宅） 252
　　──（商業用不動産） 252
不動産鑑定価格（不動産鑑定士が鑑定評価した 価格） 250〜252,254
不動産取引価格情報 253
不偏分散 31,35
プライマリーバランス 346,350
振れ（ノイズ） 237,239,241,244,249, 250〜252,254
分散型統計機構 16
分配側GDP 304,305,312,313,316,318,322, 345,347,348,364
分配側QE 329
ヘドニック関数 253
ヘドニック法 235,245,248
変化率の標準誤差 64
変化率の標本誤差 64
ベンチマーク更新 195
変動調整値（家計調査の） 224
貿易価格指数（輸出・輸入の価格指数） 265
貿易金額指数（輸出・輸入の金額指数） 265
貿易指数 265,266
貿易収支 261,262,266,274
貿易数量指数（輸出・輸入の数量指数） 265, 268
貿易統計 9,74,119,122,166,244,263,264,269, 274,324,329
貿易取引の通貨別比率 267
法人企業統計調査 9,291,324,327,330,333, 355,357
　　──（四半期調査） 40,44,48,49,57,62,65,69, 119,121,122,135,146,171
　　──（年次調査） 135
法人番号公表サイト・法人番号の通知状況に関 する情報 29,68
訪日外国人消費動向調査 275
母集団 20,32,33,39,42,45,52,204
　　──の大きさ 30,35,45

　　──の総計（母集団の総計の推定量） 30,33, 43
　　──の総計の推定量の分散 34,43
　　──の特徴を表す量（母数） 30
　　──の比率（母集団の比率の推定量） 31,34
　　──の比率の推定量の分散 35
　　──の分散 31,35,42
　　──の平均（母集団の平均の推定量） 30,33
　　──の平均の推定量の分散 35
母集団名簿（母集団情報） 24,26,39,40,44,46, 52,67,73,98,222,362,363
ボルトキヴィッチの関係式 93
本邦対外資産負債残高 272,277,278,291

ま 行

毎月勤労統計調査 9,40,44,48,49,59,62,65,69, 72,122,178,188
マネーストック統計（マネーストック） 13, 284,296
マネタリーベース 284,295,296
　　──と日本銀行の取引 295
未活用労働 185
民間・非居住用建築物（民間建築主による非居 住用建築物） 164,165,170
民間企業設備（民間設備投資） 326,330,333, 338,340,354〜357
民間建築（非居住用） 170〜172
民間建築（非居住用）＋民間土木 170,172
民間在庫変動 339,340,354,357
民間最終消費支出 337,354
民間住宅（住宅投資） 338,356
民間統計 10,13
民間土木 170,172
民需（船舶・電力除く）受注額 161,165
無回答誤差 67,69,73,74
無職世帯 205
持ち家の帰属家賃（家賃） 202,208,231,254, 257,309,324
モデル式 233,234,238,254

や 行

有意抽出調査（有意抽出法，主観的な標本抽 出） 49,51,63,98,221
有限母集団修正項 34
有効求人倍率 75,178,186,188
輸出 261,263,265,269,274,280
輸出デフレーター 341
輸出物価指数（EPI） 243,247,263,269,271
輸入 261,263,265,269,274,280
輸入デフレーター 341

輸入物価指数（IPI） 243,246,247,263,269,271
要素 21,30,32,33,39,44,47,52
容量比による換算（単価比較法） 235,245
預金・現金・貸出金 299
預金通貨 296

ら 行

ラスパイレス価格指数（ラスパイレス指数）
　84,88,92,93,97,100
ラスパイレス型効用不変価格指数 91,92
ラスパイレス指数 230,244,247
ラスパイレス数量指数（ラスパイレス指数）
　87,88,93,129
旅行（旅行サービス） 275,277
旅行収支 211
連鎖指数（ラスパイレス連鎖指数） 97,99,100,
　238,245
労働時間 109,124,178,188,189,194,346,349
労働投入（労働投入量） 108,124,346,349
労働分配率 348
労働保険情報 29,68
労働力人口 59,177,178,180,183
労働力人口比率（労働力率，労働参加率） 59,
　108,124,177,178,180,183,184,187
労働力調査 9,24,40,46,48,59,62,65,178,187,
　189,191,195
ローテーション・サンプリング（標本の部分入
　れ替え） 47,48,64,137,179,183,191,195,205

数字・欧字

1993SNA 292,308
1次QE（QEの1次速報） 110,307,328,330,
　335,342,357
1品目1銘柄調査 232,237
2008SNA 292,308,352

2025SNA 361
2次QE（QEの2次速報） 110,307,329,330,
　335,342,352,357
2人以上世帯のうち勤労者世帯 206,223
2人以上の世帯 206
CIF（Cost Insurance and Freight＝運賃・保険
　料込み）価格 265,274
DI（ディフィージョン・インデックス） 142
EDINET情報 29
FISIM（金融仲介サービス，間接的に計測され
　る金融仲介サービス） 308,325,352
FOB（Free on Board＝本船渡し）価格 265,
　274
GNI（国民総所得） 310,320,337,341
GDI（国内総所得） 310,320,337,341
GDP（国内総生産） 3,9,26,50,128,200,261,
　268,274,280,282,300,301,303,304,308,310,
　311,315,320,324,328,352,358,362,364
　──の三面等価 305,312,314,315
　──実質化 316
　──の推計方法 321,328
GDPデフレーター 341
GDP年次推計値の上方改訂 358,360,363
IS曲線 103,104
JCB消費NOW 203,218
M1 296
M2 296,297
M3 296
NDP（国内純生産） 311
POSデータ 14,122,229,235,240,241
　──による物価指数 229,240,241,254
RDD法 53
SRI・一橋大学消費者購買価格指数と単価指数
　229,241
X–12–ARIMA 116
X–13–ARIMA-SEATS 116

著者紹介

肥後　雅博（ひご　まさひろ）

1965 年，北海道に生まれる。東京大学大学院経済学研究科・経済学部教授。
1988 年東京大学理学部地球物理学科卒業，1990 年東京大学大学院理学系研究科修士課程修了（地球物理学専攻），1997 年ミシガン大学 M.A.（経済学専攻）。1990 年日本銀行入行，調査統計局物価統計課長，国際局国際調査課長，調査統計局参事役（統計担当），総務省参与・統計委員会担当室次長，日本銀行京都支店長を経て，2020 年から現職。

主要著書・論文

『統計 危機と改革──システム劣化からの復活』（西村清彦・山澤成康との共著），日本経済新聞出版，2020 年 9 月

「「アウトプット型」建築物価指数の有効性──市場取引価格の反映による景気評価への影響」，渡辺努・清水千弘編『日本の物価・資産価格　価格ダイナミクスの解明』第 3 章，東京大学出版会，2023 年 6 月

"Constructing Building Price Index Using Administrative Data," (with Yumi Saita, Chihiro Shimizu, and Yuta Tachi), *Journal of Official Statistics* Vol.39(2), 229–251, 2023

"What caused the downward trend in Japan's labor share?," *Japan and the World Economy* Vol.67, 101206, 2023

● ライブラリ 経済学への招待—10

経済統計への招待

2025 年 3 月 10 日 ©　　　　　　　　初 版 発 行

著　者　肥 後 雅 博　　　　　発行者　御園生晴彦
　　　　　　　　　　　　　　　印刷者　小宮山恒敏

【発行】　　　　　株式会社　新世社
〒151-0051　東京都渋谷区千駄ヶ谷1丁目3番25号
編集☎(03)5474-8818(代)　　　サイエンスビル

【発売】　　　　　株式会社　サイエンス社
〒151-0051　東京都渋谷区千駄ヶ谷1丁目3番25号
営業☎(03)5474-8500(代)　　振替　00170-7-2387
FAX☎(03)5474-8900

印刷・製本　小宮山印刷工業(株)
《検印省略》

本書の内容を無断で複写複製することは，著作者および
出版者の権利を侵害することがありますので，その場合
にはあらかじめ小社あて許諾をお求め下さい。

ISBN978-4-88384-402-9
PRINTED IN JAPAN

サイエンス社・新世社のホームページのご案内
https://www.saiensu.co.jp
ご意見・ご要望は
shin@saiensu.co.jp　まで.